新标准学科教育系列教材　　i教育·融合创新一体化教材

英语教学论 （第三版）

主　编◎鲁子问　　　　副主编◎罗少茜　张荣干
编　委◎（按编写章节顺序排列）
　　　　呼和塔拉　邢加新　陈晓云　孙晓慧　侯云洁　黄　剑

华东师范大学出版社
·上海·

图书在版编目(CIP)数据

英语教学论/鲁子问主编. —3 版. —上海:华东师范大学出版社,2022
ISBN 978-7-5760-2749-5

Ⅰ.①英… Ⅱ.①鲁… Ⅲ.①英语—教学研究 Ⅳ.①H319.3

中国版本图书馆 CIP 数据核字(2022)第 067387 号

英语教学论(第三版)

主　　编	鲁子问
责任编辑	李恒平
特约审读	徐思思
责任校对	张亦驰　时东明
装帧设计	庄玉侠

出版发行	华东师范大学出版社
社　　址	上海市中山北路 3663 号　邮编 200062
网　　址	www.ecnupress.com.cn
电　　话	021-60821666　行政传真 021-62572105
客服电话	021-62865537　门市(邮购)电话 021-62869887
地　　址	上海市中山北路 3663 号华东师范大学校内先锋路口
网　　店	http://hdsdcbs.tmall.com
印 刷 者	上海市崇明县裕安印刷厂
开　　本	787毫米×1092毫米　1/16
印　　张	27.5
字　　数	675 千字
版　　次	2022 年 6 月第 3 版
印　　次	2025 年 6 月第 5 次
书　　号	ISBN 978-7-5760-2749-5
定　　价	59.00 元
出 版 人	王　焰

(如发现本版图书有印订质量问题,请寄回本社客服中心调换或电话 021-62865537 联系)

前 言

教育促进社会的发展,实现文化的代际传承与时代更新。进入21世纪之后,社会发展要求发展核心竞争力,发展学生核心素养成为教育的重要目标,我国为此研制了"中国学生发展核心素养"体系。中小学英语课程和各学科课程一样,确立了课程培养的学生核心素养内涵,包括语言能力、文化意识、思维品质、学习能力。

英语课程培养的学生核心素养目标的确立,标志着英语教学向英语教育的基本转向,英语教学论也正在转向英语教育学。为促成这一转变,我们决定在修订《英语教学论(第二版)》的基础上,编写《英语教学论(第三版)》,作为高等师范院校英语教育本科专业的"英语教学论"课程的教材,亦作为在职教师的培训教材。本教材力图体现"中国学生发展核心素养"以及英语课程培养的核心素养的要求,把握先进的外语教学思想,继承我国外语教学优秀传统,体现英语教育的发展方向,指导中小学英语教育实践。本教材以实践性为基本定位,呈现大量案例,理论介绍也从实践的需求、实践的运用出发进行介绍。本书为教学论课程教材,理论与实践并重,可与华东师范大学出版社出版的《中学英语教学设计》(鲁子问主编)、《小学英语教学设计》(鲁子问主编)、《小学英语课程标准与教材研究》(鲁子问、陈则航主编)配合使用。

全书按照19周为一个教学周期设计为19章。若教学周期多于或少于19周,可根据学生情况在一周内完成多个章节,或者多周完成一个章节进行教学,也可增加或减少一定章节。全书各章每一节都设置了"学习目标"专栏,将需要突出的重点内容和学习要点用蓝色文字标注。对于图表表述更为清晰明了的内容,采用图表形式总结归纳以有助于理解;部分可能理解有困难的内容,也辅助以图表形式。

本教材每一节均包括三部分:第一部分为"思考",这一部分从教学案例或教学思考中提出问题。第二部分为"学习",这一部分先列出本节学习目标,然后呈现本节内容。内容目次清晰,运用图表辅助讲解。每一节在教学过程中都设计了思考问题,引导读者思考常见问题,包括英语学习和教学中的问题。第三部分为"实践",这一部分呈现实践分析活动并提供参考答案。每一章在所有节内容之后设计了"本章小结"与"进一步阅读建议"。

本教材由鲁子问(博士,教授,博士生导师,兴义民族师范学院中国民族师范教育研究中心主任,教育部教师教育资源专家委员会专家,国家《义务教育英语课程标准(2011版)》编制组成员)主编;罗少茜(博士,教授,博士生导师,北京师范大学外文学院)、张荣干(利兹大学博士在读)担任副主编。鲁子问设计全书结构,鲁子问、罗少茜、张荣干对书稿进行审读和修改,鲁子问对全书进行进一步审读与修改,并最终定稿。每一章思考问题和实践作业的参考答案,附于全书正文之后。

具体修订工作为:第1、15、16、18章由鲁子问完成;第2、19章由张荣干完成;第3、4章由呼和塔拉(博士,内蒙古师范大学教授)、鲁子问完成;第 5 章由鲁子问、邢加新(博士,曲阜师范大学副教授)完成;第 6、13 章由陈晓云(广东省正高级教师,广州大学附属中学教师)完成;第 7 章由罗少茜、鲁子问完成;第 8 章由孙晓慧(博士,北京师范大学副教授)完成;第 9、10、11 章由侯云洁(云南师范大学副教授,上海外国语大学博士在读)、陈晓云、鲁子问完成;第 12 章为新增内容,由张荣干编写;第 14 章由鲁子问、陈晓云完成;第 17 章由黄剑(博士,中央财经大学副教授)完成。

本教材基于《新编英语教学论》(鲁子问、王笃勤编)(本教材第一版)、《英语教学论(第二版)》(鲁子问主编,罗少茜、王军副主编)编写,部分章节为新写,其他各章节均基于第一版、第二版进行了补充与修订,特此说明,并致谢因多种原因没有参加随后版次编写的第一、二版作者。

本书为教材,主要呈现已有共识或定论的观点,这类观点一般不单独注明文献,独到观点则采用学术著作方式注明文献出处,特此说明。鉴于多种原因,本书肯定还存在很多不足与错误,诚请广大读者批评指正,以便我们不断修订。

本书引用了一些教材作为实践材料或者其他说明与分析材料,均已注明出处。特此致谢! 有些教材内容虽不是最新修改版本,但其作为实践、说明、分析的对象,具有代表性或参考性,故而在本教材中继续使用。本教材使用者若有需要,可自行运用最新版本教材进行说明、分析与实践。特此说明。

需要特别说明的是,我国基础教育改革与英语课程改革发展迅速,本书尽可能依据现阶段英语课程标准与英语教育发展的最新研究成果和理念来编写。本教材在引用国家英语课程标准时,对于义务教育阶段内容,引用《义务教育英语课程标准(2022 年版)》内容;对于高中教育阶段内容,引用《普通高中英语课程标准(2017 年版)》内容;对于《普通高中英语课程标准(2017 年版 2020 年修订)》新修订少量内容,则引用其最新内容。同时需要说明的是,随着课程发展或学段需要,不同时间或学段的课程标准的内容或表述会出现变化。本教材基于需要选择了其中一个或多个课程标准的内容,而不一定是时间最近的内容。本教程使用者可根据自己需要选择相关内容或表述。我们将随着基础教育改革和英语教育改革而不断修订,以适应英语教育发展需要。

鲁子问

2022 年 1 月于渡寨

目 录

第一章　中小学英语教育基本概念 / 1
第一节　教育与教学 / 1
第二节　语言与语言学习 / 8
第三节　中小学英语教育 / 13

第二章　国内外英语教学理念发展 / 20
第一节　国外英语教学理念发展 / 20
第二节　国内英语教学主要理念 / 42

第三章　中小学英语教学要素 / 51
第一节　学生 / 51
第二节　教师 / 57
第三节　教学内容 / 62
第四节　教学环境 / 68

第四章　中小学英语教学原则 / 73
第一节　学习中心原则 / 73
第二节　目标一致原则 / 77
第三节　有效原则 / 83
第四节　真实原则 / 87

第五章　中小学英语教学策略 / 93
第一节　教学准备策略 / 93
第二节　课堂管理策略 / 97
第三节　有效提问策略 / 103
第四节　教学整合策略 / 107

第六章　中小学英语教学设计 / 114

第一节　教学设计的内涵 / 114

第二节　教学设计方法 / 122

第七章　中小学英语课堂教学过程 / 135

第一节　促进整合学习的教学过程 / 135

第二节　任务型语言教学过程 / 143

第三节　PWP 教学过程 / 162

第八章　中小学英语教学活动 / 171

第一节　课堂教学活动 / 171

第二节　课外教学活动 / 179

第九章　中小学英语知识教学方法 / 187

第一节　语音教学方法 / 187

第二节　词汇教学方法 / 193

第三节　语法教学方法 / 200

第四节　语篇知识教学方法 / 206

第五节　语用知识教学方法 / 214

第十章　中小学英语理解性技能教学方法 / 223

第一节　听力教学方法 / 223

第二节　阅读教学方法 / 232

第三节　观看教学方法 / 241

第十一章　中小学英语表达性技能教学方法 / 249

第一节　口语教学方法 / 249

第二节　写作教学方法 / 256

第十二章　中小学英语思维品质教学方法 / 266

第一节　思维品质的内涵 / 266

第二节　思维品质的发展方法 / 271

第十三章　中小学英语文化意识教学方法 / 281

第一节　文化意识的内涵 / 281

第二节　文化理解与传播能力教学方法 / 285

第三节　跨文化品格教学方法 / 296

第十四章　中小学英语学习能力教学方法 / 301

第一节　学习能力与学习策略 / 301

第二节　学习能力发展方法 / 310

第十五章　中小学英语教育技术运用与资源开发 / 320

第一节　教育技术选择与运用 / 320

第二节　教学资源选择与开发 / 330

第十六章　中小学英语学习评价与测试 / 341

第一节　形成性评价与总结性评价 / 341

第二节　试题设计与复习教学 / 348

第十七章　中小学英语课堂教学评价 / 366

第一节　课堂教学评价标准 / 366

第二节　课堂教学反思评价 / 378

第十八章　中小学英语教学研究 / 389

第一节　校本教研 / 389

第二节　磨课教研 / 397

第三节　教学实验 / 402

第十九章　中小学英语教师专业发展 / 413

第一节　新教师成长 / 413

第二节　优秀教师发展 / 420

第一章
中小学英语教育基本概念

教学是教育实践,学习英语教学论,需把握教育的本质内涵。同时,基于社会发展的要求,英语教学开始向英语教育转型。从教育的内涵把握英语教学,是学习英语教学论的必然要求。本章主要介绍英语教育的相关基本概念,从教学到教育,从语言到语言学习。通过本章的学习,不仅可以了解英语教育的基本概念,更可以形成对于英语学习的本质性理解。

第一节 教育与教学

思 考

现象反思

L老师是在一所著名高中从事英语教学的老教师,他教学非常认真,深度讲解每一项语言知识,全面分析每一个考点,耐心讲解每一道错题,从不讲教材和试题之外的内容,他认为那是浪费学习时间。很多学生因为他的认真而获得好的分数从而考入理想的大学,但很多学生高中毕业后对L老师评价不高。他们反映,一是他教的语言知识和考点对他们进入大学乃至工作之后的作用不大,而他们高中之后学习和工作中更需要的英语相关的文化知识与思维方式等,L老师几乎从来没有讲过;二是因为他对做错试题的学生的严苛态度而导致他们产生英语学习倦怠。

你认为导致学生在毕业之后的学习和工作中对L老师评价不高的主要教育因素是什么?

学习目标

学习本节后,你能:
1. 进一步理解教育与教学的本质;
2. 掌握教学论的基本定义与内涵;
3. 基于教育与教学本质,分析教学行为的基本特性。

本节结构

学 习

一、教育

当你阅读这行文字之时,你已经接受了至少十多年的教育,甚至可能已经成为一名教育工作者。作为一名受教育者或者教育者,你对教育已经有了深刻的感受,因为正是教育把你从一个无知的婴儿塑造成了今天的你。

教育对于每一个人类个体以及人类整体的存在与发展作用重大,因为正是教育在传承人类的既有经验,正是教育把单个的个人培养成社会的组成部分。

何为教育?中文的"教""育"分别是"上施下效""使之为善"之义,英文的 education 本义是"导出"之义。教育的学术性定义也正是在这一语义基础上形成的。

教育是人类的社会行为,我们可以从社会文化层面广义地理解教育,而把握教育的内涵则需从教育学视角进行解读。《教育大词典》从教育学视角对教育做出了界定,教育是"传递社会生活经验并培养人的社会活动"。学校教育则是"根据一定的社会要求和受教育者的发展需要,有目的、有计划、有组织地对受教育者施加影响,以培养一定社会(或阶级)所需要的人的活动"。①

从教育的不同视角探讨教育的本质内涵,可以形成不同的发现。从社会视角看,教育是人类的社会实践行为。叶澜从教育作为社会实践的视角指出:"教育是有意识的、以影响人的身心发展为直接目标的社会活动。"②从受教育者个人视角看,教育是人的个人实践行为。肖川从教育作为个人实践的视角指出:"教育的真义就是价值引导与自主建构的统一。奠基于价值引导与自主建构相统一的教育,从学生的成长过程来说,是精神的唤醒、潜能的显发、内心的敞亮、主体性的弘扬和独特性的彰显;从师生共同活动的角度来说,是经验的共享、视界的融合和灵魂的感召。"③

由此可知,教育是引导人发展的活动。因此我们要理解教育,就必须把握教育的两个基本要素:引导、发展。引导说明教育是有目的的活动,因为引导说明了方向的规定性,"使之

---

① 顾明远.教育大辞典[D].上海:上海教育出版社,1997:725.
② 叶澜.教育概论[M].北京:人民教育出版社.1991:8.
③ 肖川.教育的视界[M].长沙:岳麓书社.2003:4.

向善"是最根本的目的。引导说明教育不是强制,教育也不可能强制,不可能强制学生掌握知识、技能、价值观,一切外在的引导都要依靠内在的接受才会起作用。发展是指学生的发展,教育是否实现其目的,在于学生是否得到与所设定目的一致的发展。

请分析:基于你自己接受教育的经历,分析"教育是引导人发展的活动"这一定义中"引导"的重要性。

随着社会的发展,社会对教育的要求也不断发展,社会对教育的推动也不断发展。农业文明时代的教育,既需要满足农业文明对人的要求,也只能基于农业文明的教育要素而实践。工业文明时代的教育,则需要满足工业文明对人的要求,也可以基于工业文明的教育要素而实践。当代人类社会正在进入信息时代,教育则需要满足信息时代对人的要求,也基于信息时代的教育要求,尤其是信息技术要求,而进行教育实践。

从 20 世纪末开始,到进入 21 世纪之后,核心素养(关键能力)成为当代社会发展对人的发展的基本要求。2002 年,经济合作与发展组织(OECD)发布了关键能力研究成果,随后很多国家开始研制本国的关键能力体系,《中国学生发展核心素养体系》的研究成果于 2016 年发布。① 这一成果指出,我国学生发展核心素养体系以培养"全面发展的人"为核心,由文化基础、自主发展、社会参与三个方面组成,综合表现为人文底蕴、科学精神、学会学习、健康生活、责任担当、实践创新六大素养,具体细化为国家认同等 18 个基本要点(图 1-1,表 1-1)。

图 1-1 中国学生发展核心素养体系

表 1-1 中国学生发展核心素养体系

领域	核心素养	基本要点	主要表现描述
文化基础	人文底蕴	人文积淀	具有古今中外人文领域基础知识和成果的积累;能理解和掌握人文思想中所蕴含的认知方法和实践方法等。
		人文情怀	具有以人为本的意识,尊重、维护人的尊严和价值;能关切人的生成、发展和幸福等。
		审美情趣	具有艺术知识、技能和方法的积累;能理解和尊重文化艺术的多样性,具有发现、感知、欣赏、评价美的意识和基本能力;具有健康的审美价值取向;具有艺术表达和创意表现的兴趣和意识,能在生活中拓展和升华美等。
	科学精神	理性思维	崇尚真实,能理解和掌握基本的科学原理和方法;尊重事实和证据;有实证意识和严谨的求知态度;逻辑清晰,能运用科学的思维方式认识事物、解决问题、指导行为等。

---

① 汪瑞林,等.中国学生发展核心素养研究成果正式公布[N].中国教育报.2016-09-14(01).

(续表)

领域	核心素养	基本要点	主要表现描述
		批判质疑	具有问题意识;能独立思考、独立判断;思维缜密,能多角度、辩证地分析问题,做出选择和决定等。
		勇于探究	具有好奇心和想象力;能不畏困难,有坚持不懈的探索精神;能大胆尝试,积极寻求有效的问题解决方法。
自主发展	学会学习	乐学善学	能正确认识和理解学习的价值,具有积极的学习态度和浓厚的学习兴趣;能养成良好的学习习惯,掌握适合自身的学习方法;自主学习,具有终身学习的意识和能力等。
		勤于反思	具有对自己的学习状态进行审视的意识和习惯,善于总结经验;能够根据不同情境和自身实际,选择或调整学习策略和方法等。
		信息意识	能自觉、有效地获取、评估、鉴别、使用信息;具有数字化生存能力,主动适应"互联网+"等社会信息化发展趋势;具有网络伦理道德和信息安全意识等。
	健康生活	珍爱生命	理解生命意义和人生价值;具有安全意识和自我保护能力;掌握适合自身的运动方式和技能,养成健康文明的行为习惯和生活方式等。
		健全人格	具有积极的心理品质,自信自爱,坚韧乐观,有自制力,能调节和管理自己的情绪,具有抗挫折能力等。
		自我管理	能正确认识和评估自我;依据自身个性和潜质选择适合的发展方向;合理分配和使用时间和经历;具有达到目标的持续行动力等。
社会参与	责任担当	社会责任	自尊自律,文明礼貌,宽和待人;孝亲敬长,有感恩之心;热心公益和志愿服务,敬业奉献,具有团队意识和互助精神;能主动作为,履职尽责,对自我和他人负责;能明辨是非,具有规则和法治意识,积极履行公民义务;理性行使公民权利;崇尚自由平等,能维护社会公平正义;热爱并尊重自然,具有绿色生活方式和可持续发展理念及行动等。
		国家认同	具有国家意识,了解国情历史,认同国民身份,能自觉捍卫国家主权、尊严和利益;具有文化自信,尊重中华民族的优秀文明成果,能传播、弘扬中华优秀传统文化和社会主义先进文化;了解中国共产党的历史和光荣传统,具有热爱党、拥护党的意识和行动;理解、接受并自觉践行社会主义核心价值观,具有中国特色社会主义共同理想,有为实现中华民族伟大复兴中国梦而不懈奋斗的信念和行动。
		国际理解	具有全球意识和开放的心态,了解人类文明进程和世界发展动态;能尊重世界多元文化的多样性和差异性,积极参与跨文化交流;关注人类面临的全球性挑战,理解人类命运共同体的内涵与价值等。
	实践创新	劳动意识	尊重劳动,具有积极的劳动态度和良好的劳动习惯;具有动手操作能力,掌握一定的劳动技能;在主动参与的家务劳动、生产劳动、公益活动和社会实践中,具有改进和创新劳动方式、提高劳动效率的意识;具有通过诚实合法劳动创造成功生活的意识和行动等。
		问题解决	善于发现和提出问题,有解决问题的兴趣和热情;能依据特定情境和具体条件,选择制订合理的解决方案;具有在复杂环境中行动的能力等。
		技术运用	理解技术与人类文明的有机联系,具有学习掌握技术的兴趣和意愿;具有工程思维,能将创意和方案转化为有形物品或对已有物品进行改进与优化等。

图1-1非常清晰地呈现出中国学生发展核心素养体系通过文化基础、自主发展、社会参与促进学生成为全面发展的人的结构特性。

该项成果还确定了中国学生发展核心素养体系的具体内涵,即表1-1内容。

基于核心素养的课程方案和各学科课程标准随后陆续发布,指出核心素养包括正确价值观念、关键能力和必备品格[①],高中各学科课程标准明确规定了各学科的核心素养目标。这一系列文件明确了核心素养在各个学科的内涵,具体体现了立德树人这一国家意志在学科教育中的实践方式与路径。

核心素养是学生发展的核心目标,全面发展是学生发展的总体目标。核心素养促进学生全面发展,核心素养作为目标包含在全面发展的目标之中。人的教育是终身教育,学校教育是人一生中集中接受教育的阶段,作为学校教育目标的核心素养是全面发展目标在学校教育阶段的体现,学校教育聚焦学生的核心素养发展,助力学生的全面发展,核心素养促进学生全面发展目标的实现,促进学生成为全面发展的人。

全面发展不是每一方面、每一领域、每一维度都要实现高度发展,而是在德、智、体、美、劳五方面实现基于社会与个人需要的发展。在知识领域相对有限的时代,曾经出现类似于王阳明、康德那种可以在当时几乎所有知识领域实现高度发展的全才,但也只是非常有限的极少数。而即使这种极少数,在知识领域非常丰富的当代,也已经不可能再出现。所以,我们要科学地理解学生的全面发展的内涵。核心素养则是基于德、智、体、美、劳五个方面学生发展的相关目标。

二、教学

在教育中,教学不仅是一个非常基本的要素,而且也是一个非常复杂的要素,因为教学不仅涉及人类庞杂的知识体系和文明传承,而且涉及教师、学生、管理者、家长等各方面的人。

教学是一种教育活动。从教师视角而言,教学是教师引导学生学习的教育活动;从学生视角而言,教学是在教师的引导下的学习活动,学生是否得到发展是教学是否实现其目标的关键。由此可知,教学是一个师生互动的过程,是教师教的过程,也是学生学习并在学习过程中全面发展的过程,是学生在教师引导下掌握知识和技能,同时发展能力,而且身心获得一定的发展、形成相关的情感态度价值观、建构核心素养的过程。所以,尽管教学需要师生共同参与,是师生双方教和学的共同活动,没有教师有计划地教,就不可能有教学活动,但更为关键的是,没有学生积极主动地学,就更没有教学活动,教学是教和学相结合或相统一的活动。所以从师生互动的角度来说,教学应该是教师引导、学生主导的互动活动。当然,不同阶段、不同风格、不同自主性的学生对自己学习的主导能力不同,比如接受性风格的学习者,可能更多地接受教师的引导,而不是自己主导。是否接受教师的引导,尽管可能受教师引导、家长要求、同伴例示的影响,但在本质上依然是学生自己主导的决定。

---

① 中华人民共和国教育部.普通高中课程方案(2017版)[S].北京:人民教育出版社.2018:4.以下简称为教育部。

> **请讨论：**在教学过程中，必然有很多知识讲解活动，比如"一般过去时用于说明过去的状态与行为"这类讲解。如何进行这些知识的教学以达到师生互动？

教学是有目的的活动。教育是人类有目的的活动，教学是学校教育最主要的教育活动，具有明确的目的。不同学科的教学虽然具有共同的教学目的，但也有各自不同的学科教学目标。在不同学段、学年、学期、星期，不同的教材、单元、课文、活动，教学目的表现为不同的教学目标。教学目标可以分为不同的领域或层次。

教学需要具体的内容。教学是一定知识、技能的传递，是人类生存经验的传递，这些知识、技能、经验表现为具体的课程内容和教学内容。教学内容也具有不同的内容或层次。

教学具有系统性和计划性。教学是学校教育中有计划的、系统的活动，通常表现在课程计划、教学计划上。即使某一个具体的教学活动（如基于学生课堂生成而开展的教学活动）可能没有明确的系统性和计划性，但总体上仍然具有系统性和计划性。当然，这种系统的计划主要是由教育行政机构、学校和教师制定的。

教学需要采用一定的教学方法，借助一定的教育技术。教学有着深厚的历史积淀，形成了大量有效的方法。现代科学技术，尤其是信息技术的发展，也为教学提供了多种多样可以借助的教育技术。在大数据时代，基于有效数据的精准教学，为教学目标的实现提供了更加有效的支持。

由此可知，教学是在有计划的、系统性的过程中，依据一定的内容，按照一定的目的，借助一定的方法和技术，教师引导学生认识世界、学习和掌握知识与技能、发展核心素养、促进全面发展的活动。

三、教学论

对于教学活动的研究属于教学论的研究范畴。教学论（Pedagogy，Instructional Theory 或 Didactics）是教育学的组成部分，是与课程论平行的教育学的重要分支，也是教育学多个领域共同的研究内容，比如教育哲学对教学中的交往的研究、教育心理学对学习论的研究、教育社会学对教学中的师生关系的研究、教育技术学对教学设计的研究等。

教学论以教学活动为研究对象。教学首先是一种活动，教学论的研究亦因此以教学活动为对象。其具体的研究内容包括教学目的、教学内容、教学目标、教学过程、教学原则、教学方法、教学模式、教学评价、教学科研等。

教学论的研究目的是发现教学活动的基本特征和规律，提高教学效益、效率、效果等教学成效。

基于教学的内涵和教学论的特性可知，作为教育学的一个重要组成部分，教学论是一门研究教学活动的基本原理、一般规律、主要方法等，以提高教学成效，对教学目的、教学内容、教学目标、教学过程、教学原则、教学方法、教学模式、教育技术运用、教学评价、教学科研等进行研究的学科。

实 践

请你回答

1. 根据本节理论,你认为导致本节开始时"现象反思"中学生毕业之后对 L 老师评价不高的主要教育因素是什么?
2. 你认为怎样的课堂教学活动才是符合教育本质的教学活动?
3. 如何把握核心素养发展与全面发展的关系?

请扫描二维码
查看参考答案

请你分析

请根据本节对于教育与教学的界定,分析以下教学活动:

时间	教学步骤	教师活动	学生活动
第 1 分钟	启动教学	向学生问好:Hello! Everyone!	向教师问好:Hello!
第 2—3 分钟	呈现材料	Ask Ss to read a passage as quickly as they can, in which some words are not clear.	仔细阅读文章,看看能不能读懂。
第 3 分钟	理解大意	问学生:Can you tell me the main idea of the text? 并请一两位同学回答,并进一步提问:How do you get it? 教师根据学生的回答情况总结。	根据自己的理解回答文章的主旨大意,并说出是怎么得出这个大意的。
第 4—8 分钟	猜测缺失语词	There are some words that are not clear. What words may you use? 教师给出 2 分钟时间给学生思考。 请学生依次说出文章中被遮盖的单词是什么,并询问为什么用这个单词。	根据自己的理解回答,并说明为什么用这个词。
第 9—11 分钟	核对正确语词	教师用幻灯片将正确答案呈现出来,并解释为什么用这些词更好。 鼓励学生尝试用这种方法进行语词猜测。 引导学生总结基于语境推测词汇、基于不完整信息推测信息的方法,发展学生克服困难的毅力、思维能力。	认真核对答案,并听教师的解释,仔细分析答案和自己的选择不一样的单词。

请你设计

请设计以下课文的教学目标：

1　The panda is one of the animals most in danger. There are about 1,000 pandas living in nature reserves today. Zoos and research centres look after about 160 pandas. Scientists are studying how they live and more baby pandas are born in the zoos.

2　Pandas live in the forests and mountains of Southwest China. They mainly live on bamboo, and each panda needs to eat a lot of bamboo every day. The area of bamboo is becoming smaller for many different reasons, so pandas have less and less land to live on. Pandas don't have many babies, and baby pandas often die. The situation is becoming very serious.

3　Our government is working hard to save pandas. There are more than 30 nature reserves to protect pandas but these are not enough. The government has made a new plan to help pandas. The nature reserves will be bigger and the bamboo will grow better. Then the pandas will have enough food to eat and enough places to live in. Pandas born in the zoos may go back to live in the nature reserves.

4　Most people love pandas. The panda is one of the best-known animals in the world. It is the symbol for the World Wide Fund for Nature. The WWF works to protect all animals in danger, so the panda has become the symbol of all animals in danger. There is still a long way to go to save the panda. Think of other animals in danger such as tigers, whales, turtles and elephants—we need to save the panda, and we need to save them, too.

选自：陈琳，(英)西蒙·格里诺尔(Simon Greenall).英语(新标准，八年级下册)[M].北京：外语教学与研究出版社，2017：74.

第二节　语言与语言学习

思　考

现象反思

R老师认为，中国的中小学英语教学不需要以核心素养为目标，甚至不需要以培养学生英语运用能力为目的,而应该强调英语语言知识的学习,因为英语课时太少,没时间发展学生核心素养;在中国中小学英语课堂无法开展交际,也没有什么真实运用的机会,无法培养和提高学生的英语运用能力。

你是否同意这一观点?为什么?

 学习目标

学习本节后,你能:
1. 了解语言的基本特征;
2. 了解学习的基本特征;
3. 基本掌握语言学习的基本内涵。

 本节结构

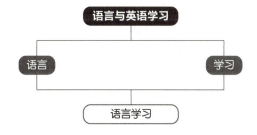

学 习

一、语言

我们每天都在使用语言,正如海德格尔所说:"语言是人类的存在方式,语言是人类的家园。"①我们是语言的使用者,甚至是非母语的使用者。同时,我们也是语言学习者,即使是母语,我们也需要通过学习来掌握。本书的读者还即将或者已经成为语言的教学者,可能或已经以语言为职业基础。然而,语言到底是什么?如何理解语言的内涵才有助于我们理解语言学习,从而理解语言教学?

尽管我们都是语言使用者,但给语言下一个准确的定义却并非易事。一般的定义都是如同理查兹(Jack Richards)等人在《朗文语言教学与应用语言学词典》(*Longman Dictionary of Language Teaching and Applied Linguistics*)中所给出的定义。Language:the system of human communication which consists of the structured arrangement of sounds (or their

---

① Heidegger, Martin. *Poetry, Language and Thought* [M]. trans. A. Hofstadter. London:Harper & Row, 1971:215.

written representation) into larger units, e. g. morphemes, words, sentences, utterances.① 这一定义看起来明了,但只是从语言实体(object)对语言所作的界定,而对语言的教学本质却涉及较少,尤其是语言的运用特性,几乎没有涉及。

国际应用语言学会主席克里斯托(David Crystal)领衔主编的《剑桥语言百科全书》(*The Cambridge Encyclopedia of Language*)没有给语言一个单独的定义,而是从众多视角解释语言,但在附录的"术语表"中给出了如下的综合性定义。Language:The systematic, conventional use of sounds, signs, or written symbols in a human society for communication and self-expression.② 这个定义说明语言是一种"运用活动",不同于常见的"语言是一种符号系统、语言是一种交际工具"等解释。

要真正把握语言的本质必然需要了解语言的特征。从《剑桥语言百科全书》对语言定义可知语言的基本特征为:交际和自我表达的功能,声音、符号或书写符号的体系,系统和规范的运用。

从社会视角看,语言是人类社会的交际工具。若我们认同把各种文化符号、身体姿势和体态等都看作宏观意义上语言的外延形态时,我们可以说,语言是人类社会唯一的交往工具。

但语言不只用于人与人的交往,自我表达也是语言的一种重要功能。虽然绝大多数的自我表达可能是向他人进行的表达,是一种人际交往,但绝对的自我表达并不属于人际交往,因为真正自我的表达是完全以自我表达为目的的表达,如不少人写不让他人看的私密日记,这便是一种典型的自我表达,他们写日记并非为了与他人交往,尽管有时可以认定为与另一个时空的自己进行交往,但仍然不是社会交往。祈祷是一种最常见的自我表达,我们并不知道是否有谁在听我们的祈祷,但是我们还是会说:"祈求上苍保佑全家平安!"

请讨论:有人说语言是文化的载体,有人说语言是文化的内容。从外语教育的视角,我们如何理解语言和文化的关系,更有助于外语教育?

从个体视角看,语言也是人类认知,尤其是思维的基本工具,发展语言能力有助于认知能力发展,尤其是思维能力发展。

对于语言的功能,有很多系统的表达,韩礼德(M. A. K. Halliday)的研究就是一种经典表达。《剑桥语言百科全书》列出了语言的七种功能:emotional expression, social interaction, the power of sound, the control of reality, recording the facts, the instrument of thought, the expression of identity.③ 语言的这些功能都应该转变为语言教学引导学生获得的语言运用能力。不过,不同阶段的语言教学所培养的语言运用功能还是存在一定的差异,比如 the instrument of thought, the expression of identity 等功能在小学教学中的实现

---

① Richards, J., John Platt, Heidi Platt. *Longman Dictionary of Language Teaching and Applied Linguistics* [M]. 北京:外语教学与研究出版社,2000:245.

② Crystal, D. *The Cambridge Encyclopedia of Language* [M]. Cambridge, UK: Cambridge University Press. 1997: 430.

③ Crystal, D. *The Cambridge Encyclopedia of Language* [M]. Cambridge, UK: Cambridge University Press. 1997: 10-13.

程度就肯定低于在高中阶段的实现程度,因为小学生的平均认知水平低于高中生的平均认知水平。这里的 the control of reality, recording the facts, the instrument of thought, the expression of identity 都自然会涉及语言的另一特性:语言是文化的重要组成部分,在 identity 成为政治学、社会学、文化研究的重要焦点之后,language 和 identity 也就自然成为语言学的焦点之一。

语言的声音、符号或者书写符号的体系,是语言功能得以呈现的物质基础,因为我们无论是交际还是自我表达,都需要以声音或者符号为形态。这些声音与符号以系统、规范的方式组合才可以有效地交际与表达,因为这样的组合形态(词汇、语法、语篇等)才能成为他人可以理解的表达思想、情感、事实等的话语。当然,这种规范可能是约定俗成的,也可能是人为规定之后得到社会认可的。语言教学自然需要进行对语言的声音与符号体系及其系统和规范组合形态的教学。

在语言教育的意义层面,语言不能只被看作实体、符号、工具,而应从本体与功能相结合的视角去了解:语言是人类基于一定的系统和规范,运用约定的声音、符号或书写符号体系,实现交际和自我表达,进行自我、社会与自然认知,关涉人类的政治、经济、社会文化等各个方面的实践活动。微而言之,语言是人类基于一定的系统和规范,运用约定的声音、符号或书写符号体系,实现交际和自我表达的系统。宏而言之,语言是人类的生存形态,是人类的生存实践。

二、语言学习

《论语》开篇有孔子对于学习的解释:"学而时习之,不亦说乎?"孔子所说的"学"是指见与闻,知与识,获得知识、技能,也就是"知";孔子所说的"习"则是指温习、练习,也包括实习,也就是"行"。所以在孔子而言,学习是知与行的统一与整合,是知识和技能与实践和运用的统一与整合。

从教学层面探讨学习,则主要有教育学、心理学两种视角。心理学意义上,学习是人类和动物共有的心理活动,是行为与行为潜能的变化过程。教育学意义上,学习是学生在教师指导下掌握知识、获得能力、形成情感态度的过程。心理学视角的界定比较规范,教育学视角的界定比较全面,两种视角结合的界定有助于我们更加准确地把握学习的实质。我们在此意义上理解学习:学习是指人在内在因素与外在因素的作用下,通过个人实践而促进知识、行为或行为潜能、各项素养等发生变化的活动过程。从学习而言,广义的学习指向各项相关素养,而不只是核心素养,应既包括核心素养,也包括其他素养,学校教育中的学习则更关注发展学生的核心素养。

学习有广义和狭义之分。广义的学习是指人和动物为了适应生存环境而改变原有的先天遗传的、本能的反应,在与环境互动过程的中形成一些新反应的活动。在这一意义上,动物都具有学习的能力,因为凡是能建立条件反射的有机体,就有学习行为,建立条件反射的过程就是学习的过程。狭义的学习指人类的学习。人类的学习在形式、内容、心理机制等方面都和动物的学习行为有着本质的不同,人类的学习形成人的倾向或能力的变化,这种变化包含着人类自身的内在变化,不是单纯基于与环境互动发生的变化。

本书讨论的学习都是指人类的学习。人类的学习是一种复杂的心理过程,从简单的知觉学习到以思维为核心的学习,都有着复杂的心理过程和心理机制。行为或行为潜能是否出现变化是衡量一种学习是否发生的重要标志,这种变化可以是外显的行为变化,如学会骑自行车、学会阅读等;也可以是行为潜能的变化,如知识、能力的增长与情感态度、意识倾向的变化。

学习是由反复经验引起的。由经验引起的学习主要有两种:一种是由有计划的练习或训练而产生的学习,如学生在学校中的学习;另一种是由偶然的生活经历而产生的随机学习,如在生活中获得某些知识经验的学习。所以,有些学习内容需要操练,有些学习内容可以短时间掌握。

学习所引起的变化是通过主体与环境相互作用产生的,是后天习得的,是学习者通过主体的作用自我建构形成的。在建构的过程中,外在因素的作用是间接的,却是重要的,因为只依靠内在因素,学习者不可能获得间接的经验,人类有很多经验是不能重复的,或者说重复的代价非常巨大,比如我们不能通过每一代人亲身经历地球的诞生,也不能让每一个地区的人都经历罗布泊的干旱来体验保护环境的重要性,不可能也更不能够让每一个人都经历第二次世界大战的法西斯集中营以体验安妮(Anne Frank)的苦难和失去生命的悲怆。在人类文化传承中,教师的作用之所以重要,就在于教师可以向学生直接传授间接经验,缩短和减少人类下一代获得人类有史以来生存发展的经验教训的时间与成本。

基于以上讨论可知语言学习作为一种学习活动,是指人在内在因素与外在因素的共同作用下,通过个人语言实践促进其语言知识的积累、语言行为或行为潜能的形成以及相关素养的发展等发生变化的活动过程。语言行为包括运用语言的各种行为,既包括交际行为,也包括认知行为等。

当然,语言学习也是一种语言活动。语言是人类的生存实践。就语言而言,语言学习是一种生存实践的学习活动,或者学会生存的实践活动。语言学习是学习者通过语言实践活动而产生语言行为或语言行为潜能变化的活动。研究者在不同阶段提出了不同的语言学习学说,对于这些理论,本书第二章将进行介绍,此处不赘述。

实 践

 请你回答

1. 你认为"中国的中小学英语教学不需要以核心素养与语言运用能力为目标"这一观点的主要误区是什么?

2. 反思你自己的英语学习,你认为你的英语学习主要存在哪些问题?

 请你分析

从学习的本质分析以下写作教学活动。(课文部分参见本章第一节"请你设计"材料。)

6 Look at this paragraph about the panda.

The panda is in danger. It has less and less land to live on. Only about 1,000 pandas live in nature reserves today. Our government and the World Wide Fund for Nature are trying to save the panda.

Now choose another animal in danger such as a bear, camel, elephant, lion, tiger, turtle, snake or whale.

Answer the questions and write a passage about it.

- What is the animal and why is it in danger?
- What is the problem?
- Give an example of the cause of the problem and if possible, show how serious it is.
- What can we do to save the animal?

Learning to learn

Sometimes you can learn new words through translation. For example, when you learn "government", you can learn through translation. Take a card and write the English word on one side and the Chinese word on the other side. Practise saying the English words and check that you remember the meaning.

选自：陈琳,(英)西蒙·格里诺尔(Simon Greenall).英语(新标准)(八年级下册)[M].北京：外语教学与研究出版社,2017：75.

请扫描二维码
查看参考答案

请你设计

请根据以上"请你分析"活动材料,设计一个真实运用活动。

注意：必须使用所学新语言项目"动词不定式"。

第三节　中小学英语教育

思　考

 现象反思

M老师在初一开学第一节课时告诉学生："学外语的关键是背单词,词汇量的大小决定着你的英语学习是否成功"。他赠送了初中学生英语词典,要求学生每天背诵,到初一结束时背完整本词典。

你是否同意M老师这一做法？为什么？

 学习目标

学习本节后,你能：

1. 了解英语教育的基本特征；
2. 基本掌握中小学英语教学的特性；
3. 基本掌握英语教学论的内涵。

🏛 **本节结构**

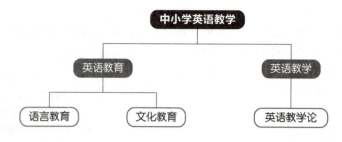

学　习

一、英语教育

英语教育是语言教育,更是文化教育。英语课程是一门语文课程,具有语言与文化的双重规定性。

> **请讨论**:为什么说"英语教育是语言教育,更是文化教育"?

英语是一种语言,英语教育自然是对于这一语言的教育。语言教育通常应以培养学生运用语言的能力为目的,为了专门研究语言而学习语言知识的人并非以运用这门语言为目的,因为他们学习语言的目的是研究语言知识,如学习古埃及文字、我国古代的西夏文等已经不再运用的语言。

对于中国中小学生来说,英语是一种外国语,英语教育是外语教育。从人类外语教育的历史看,对于已经形成母语运用能力的中小学生的外语教育,离不开外语知识教育,以外语知识为基础的外语教育,有利于高效率地培养运用外语的能力。

因此,对于中国中小学生来说,英语语言教育是以英语知识教育为基础的、培养学生运用英语的能力的活动,其目的是培养学生运用英语的能力,英语知识教育只是为培养运用英语的能力这一目的提供基础。因此,从本质上说,中小学的英语教育应该是素养教育与能力教育,而不是知识教育,只有在素养与能力发展教育需要时,才进行相应的知识教育。如我国学生素养与英语运用能力发展需要准确读出字母 A 的读音并能写出字母 A,所以我们进行字母 A 的读音与书写教学,学生素养与英语运用能力发展不需要学习为什么字母 A 是英语字母表第一个字母,我们则不需要进行字母表发展历史与字母 A 成为英语字母表第一个字母的过程的知识教学。

那么,英语教育作为语言教育,其本质应该是培养学生语言相关素养与运用英语的能力。

英语不仅仅是一种语言,也是以英语为母语、国语和工作语言的人类群体的文化的重要内容,还是这些文化的载体,甚至是世界文化的重要载体(因为当前人类很多群体使用英语表达自己的文化,而且很多国际组织也使用英语记载人类文化)。因此英语教育也是文化教育,甚至可以说,英语教育更是文化教育。

对于我国中小学生而言,英语国家文化是不同于中华文化的外在文化。因此,英语教育作为文化教育对于中国中小学生来说，应该是一种跨文化的教育。跨文化教育的目的是通过认知和理解外在文化建立起开放合理的认知、理解、选择和吸取外在文化的跨文化心态、价值取向和行为模式。英语教育作为文化教育，其本质应该是通过让学生认知英语国家的文化，建立其认知、理解、选择和吸取英语国家文化的开放合理的跨文化心态、价值取向和行为模式。

跨文化教育的特性不仅仅在于英语教育中的英语国家文化、世界文化的教育，也在于英语教育中的本国文化教育。对中国学生而言，英语教育可以使学生更加深刻地从跨文化视角感知、领悟、学习、理解中华文化，以及运用英语传播中华文化。

文化教育不仅仅是文化知识教育、跨文化传播能力教育，更是人文教育，是对包括个人品格发展、社会道德发展等情感态度、价值观念的教育，这也是英语教育的教育特性的内涵所在。

国家英语课程标准说明英语教育的性质，如《普通高中英语课程标准（2017版）》指出："与义务教育阶段的课程相衔接，为学生继续学习英语和终身发展打下良好基础。普通高中英语课程强调对学生语言能力、文化意识、思维品质和学习能力的综合培养，具有工具性和人文性融合统一的特点。普通高中英语课程应在义务教育的基础上，帮助学生进一步学习和运用英语基础知识和基本技能，发展跨文化交流能力，为他们学习其他学科知识、汲取世界文化精华、传播中华文化创造良好的条件，也为他们未来继续学习和职业发展提供更多机会；普通高中英语课程同时还应帮助学生树立人类命运共同体意识和多元文化意识，形成开放包容的态度，发展健康的审美情趣和良好的鉴赏能力，加深对祖国文化的理解，增强爱国情怀，坚定文化自信，树立正确的世界观、人生观和价值观，为学生未来参与知识创新和科技创新，更好地适应世界多极化、经济全球化和社会信息化奠定基础。"显然，英语教育的文化教育特性使英语教育具备英文教育的特性，是英语教育的底色。

核心素养时代的教育目标是发展学生的核心素养，核心素养时代英语教育的目标则是在英语教育中发展学生的核心素养，是英语课程工具性与人文性的统一。鉴于核心素养的综合性，英语学科基于自身学科特性，聚焦于发展学生的英语课程培养的学生核心素养。英语课程标准全面阐释了英语课程培养的学生核心素养的内涵，包括语言能力、文化意识、思维品质、学习能力四项素养。《普通高中英语课程标准（2017年版2020年修订）》陈述的英语课程培养的学生核心素养内涵与目标如表1-2所示。

表1-2 英语课程培养的学生核心素养内涵与目标[①]

英语课程培养的学生核心素养	素养内涵	素养目标
语言能力	语言能力指在社会情境中，以听、说、读、看、写等方式理解和表达意义的能力，以及在学习和使用语言的过程中形成的语言意识和语感。英语语言能力构成英语课程培养的学生核心素养的基础要素。英语语言能力的提高蕴含文化意识、思维品质和学习能力的提升，有助于学生拓展国际视野和思维方式，参与跨文化交流。	语言能力总体目标是具有一定的语言意识和英语语感，在常见的具体语境中整合性地综合运用已有语言知识，理解口头和书面语篇所表达的意义，识别其恰当表意所采用的手段，有效地使用口语和书面语建构意义和进行人际交流。

---

① 根据《普通高中英语课程标准（2017年版2020年修订）》相关内容整理。

(续表)

英语课程培养的学生核心素养	素养内涵	素养目标
文化意识	文化意识指对中外文化的理解和对优秀文化的认同,是学生在全球化背景下表现出的跨文化认知、态度和行为取向。文化意识体现英语课程培养的学生核心素养的价值取向。文化意识的培育有助于学生增强国家认同和家国情怀,坚定文化自信,树立人类命运共同体意识,学会做人做事,成长为有文明素养和社会责任感的人。	文化意识总体目标是获得文化知识,理解文化内涵,比较文化异同,汲取文化精华,形成正确的价值观,坚定文化自信,形成自尊、自信、自强的良好品格,具备一定的跨文化沟通和传播中华文化的能力。
思维品质	思维品质指思维在逻辑性、批判性、创新性等方面所表现的能力和水平。思维品质体现英语课程培养的学生核心素养的心智特征。思维品质的发展有助于提升学生分析和解决问题的能力,使他们能够从跨文化视角观察和认识世界,对事物作出正确的价值判断。	思维品质总体目标是能辨析语言和文化中的具体现象,梳理、概括信息,建构新概念,分析、推断信息的逻辑关系,正确评判各种思想观点,创造性地表达自己的观点,具备初步运用英语进行独立思考、创新思维的能力。
学习能力	学习能力指学生积极运用和主动调适英语学习策略、拓宽英语学习渠道、努力提升英语学习效率的意识和能力。学习能力形成英语课程培养的学生核心素养的发展条件。学习能力的培养有助于学生做好英语学习的自我管理,养成良好的学习习惯,多渠道获取学习资源,自主、高效地开展学习,提高学习效率。	学习能力总体目标是进一步树立正确的英语学习观,保持对英语学习的兴趣,具有明确的目标意识,能够多渠道获取学习资源,有效规划学习时间和学习任务,选择恰当的策略与方法,监控、评价、反思和调整自己的学习内容和过程,逐步提高使用英语学习其他学科知识的意识和能力。

以上核心素养及其内涵与目标是对于高中英语课程的规定,义务教育阶段的英语课程培养的学生核心素养与之本质内涵相同,只是根据学段的特性与要求而表述略有不同,具体内容参见《义务教育英语课程标准(2022年版)》。

基于以上分析,我国中小学英语教育的总体目标应是:通过英语语言知识(语音知识、词汇知识、语法知识、语篇知识、语用知识等)、语言技能(听、说、读、看、写等)和文化知识教育,培养学生运用英语进行交际和自我表达的基本能力,并促使学生形成开放、合理的跨文化意识与相关情感态度价值观,同时促进学生思维能力、创新精神、终身学习能力等综合素养的发展,尤其是语言能力、文化意识、思维品质、学习能力等核心素养的发展。简言之,我国中小学英语教育的总体目标是通过英语教育,促进学生核心素养的发展。

请分析:中小学英语教育的总体目标是发展学生的核心素养。请分析你自己在中小学阶段的英语学习所达到的目标、没有达到的目标,并阐明其原因。

二、中小学英语教学与英语教学论

一切教育教学活动的逻辑起点与最终目的应是学生的发展。中小学英语教育教学活动作为学校教育活动的重要组成部分,必须以中小学生的发展为逻辑起点和最终目的。从教育教学活动特性分析,中小学英语教学具有以下特性:

1. 中小学英语教学具有基础性

中小学教育是人的终身学习的基础阶段,应该为人的终身发展打下各方面的基础。因此,中小学英语教育的内容知识应该是英语语言知识的基础内容,技能应该是英语语言技能的基础技能,综合素质应该是基础素质。

2. 中小学英语教学具有未来性

中小学教育面向学生的未来发展,这就要求中小学英语教育的知识学习、技能获得、素质建构都应该是指向未来发展的,在英语学习中学会学习英语,必须强调英语学习策略的形成,为未来根据需要进一步学习英语打下基础。

3. 中小学英语教学具有全面性

中小学教育的目的促进学生的全面发展,这就要求中小学英语教育活动必须通过英语教育促进学生的全面发展,包括英语语言素养和综合素养的全面发展。不过,英语学科主要应培养学生以语言能力为基础的英语课程培养的学生核心素养。

以上特性所规定的中小学英语教学活动的内涵,是通过中小学英语教育教学活动,引导学生面向未来的基础性的英语运用能力和基础性的综合素质的全面建构与发展,而研究中小学英语教育活动的英语教学论则应该研究如何通过中小学英语教育教学达到这一目的。

由此可知,本质意义上,英语教学论是一门研究中小学英语教学目的、教学内容、教学目标、教学过程、教学原则、教学方法、教学模式、教学评价、教学科研的理论与实践的基本原理、一般规律、主要方法等,以全面培养学生面向未来的基础性的英语运用能力和基础性的核心素养与综合素质的学科。

从学科范畴看,英语教学论首先是学科教育学在外语学科的应用性学科,同时也是外语教育学在中小学阶段的阶段性学科。

从学科属性看,英语教学论既是一门理论性学科,又是一门应用性学科,它既要揭示中小学英语教育教学的基本原理,研究中小学英语教育教学的一般规律;又要探讨中小学英语教育教学的具体方法,更要促进中小学英语教育教学的改革。

从学科特征看,英语教学论是教育学与语言学的交叉性学科,主要有教育学(教育哲学、教育学原理、课程论、教学论、教育评价学、教育社会学、教育政策学、教育心理学与学习理论、外语教育学等)的特色,也有语言学(语言哲学、应用语言学、语言政策规划、社会语言学、心理语言学、神经语言学等)的特色。

从学科对象看,英语教学论的学科对象主要是中小学生、中小学英语教师、中小学教育管理者与研究者。从学科对象分析,英语教学论要为中小学英语教师提供中小学英语教育理论和教学实践的方法、技巧、操作工具等,为中小学英语教育教学的管理者提供中小学英语教育教学管理与评价的方法、技巧、操作工具等,并为中小学英语教育教学的研究者提供进行中小学英语教育教学研究的方法。

在学科性质上,中小学英语教学论具有双重性质,既具有英语教学论的性质,是中小学阶段的英语教学论,也具有中小学教学论的性质,是英语学科的中小学教学论。

实 践

 请你回答

1. 你认为"词汇量是英语学习是否成功的标志"这一观点的主要误区是什么?
2. 你认为英语课程与英文课程的本质区别是什么?你怎么理解国家《义务教育英语课程标准(2022年版)》《普通高中英语课程标准(2017年版)》对于英语学科的工具性与人文性性质的规定?

 请你分析

请根据英语学科的性质分析以下教学活动:

时间	教学步骤	教师活动	学生活动
第1—2分钟	启动教学,呈现任务	学校要举办一个English Festival,我们需要一个英语主持人。给学生机会,看看谁可以做这个主持人。并提出了做一个好的主持人的要求。	听教师讲解,了解任务要求。
第3—4分钟	呈现语法项目	告诉学生作为主持人,介绍嘉宾的方法。Ladies and Gentlemen, here comes the next actor/... who is ....并邀请一个学生扮演嘉宾,教师作为主持人,来介绍嘉宾。	了解介绍嘉宾的方法。
第5分钟	操练语法项目	让学生跟着教师朗读介绍嘉宾的句子。	跟着教师朗读句子。
第6分钟	操练语法项目	询问学生是否了解了主持人介绍嘉宾的方法。让学生自己陈述句子。	陈述主持人介绍嘉宾的方法。
第7—11分钟	运用语法项目	让学生两人一组,讨论自己想要介绍的嘉宾。然后到讲台前表演,一个扮演嘉宾,另一个作为主持人,然后互换。教师在学生扮演过程中及时纠正学生的错误。	讨论自己想要介绍的嘉宾,然后合作做介绍嘉宾的活动。

请你设计

请为贵州省望谟县民族中学设计3门英语选修课。
基本材料:

望谟县位于贵州省南部,黔西南州东部。东与罗甸县接壤,南与广西乐业县隔红水河相望,西与贞丰、册亨两县以北盘江为界,北与紫云、镇宁两县毗邻。根据2016年数据,全县国土面积3 018平方公里,辖12个乡镇3个街道,161个行政村4个社区,总人口32.6万人,居住着布依族、苗族、瑶族等19个少数民族,少数民族人口占全县总人口的80.2%,是典型的少数民族聚居县,人均收入有待大幅度提高。

本章小结

教育是引导人发展的活动。要理解教育,就必须把握教育的两个基本要素:引导、发展。教学是在有计划的、系统性的过程中,依据一定的内容,按照一定的目的,借助一定的方法和技术,教师引导学生认识世界、学习和掌握知识与技能,促进学生核心素养发展与全面发展的活动。作为教育学的一个重要组成部分,教学论是一门研究教学活动的基本原理、一般规律、主要方法等,以提高教学效益和效率,对教学目的、教学内容、教学目标、教学过程、教学原则、教学方法、教学模式、教育技术运用、教学评价、教学科研等进行研究的学科。

语言学习则是指人在内在因素与外在因素的作用下,通过个人语言实践促进语言知识、语言行为或行为潜能、语言相关素养等发生变化的活动过程。英语教学是通过英语语言知识、语言技能和文化知识教育,培养学生运用英语进行交际和自我表达的能力,并促使学生形成开放合理的跨文化意识和相关素养的活动。英语教学论是一门研究中小学英语教学目的、教学内容、教学目标、教学过程、教学原则、教学方法、教学模式、教学评价、教学科研的理论与实践的基本原理、一般规律、主要方法等,以全面培养学生面向未来的基础性的英语运用能力和基础性的综合素质的学科。

进一步阅读建议

Stern, H. 1983. *Fundamental Concepts of Language Teaching* [M]. Oxford: Oxford University Press.

教育部. 2022. 义务教育英语课程标准(2022年版)[S]. 北京:北京师范大学出版社.

教育部. 2018. 普通高中英语课程标准(2017年版)[S]. 北京:人民教育出版社.

第二章
国内外英语教学理念发展

英语教育在国内外都有着比较长的历史,对英语教育的认知也不断发展,形成了不断发展的丰富的教学理念,推动英语教育发展,使我们可以站在前人的基础上开展今天的英语教学。本章介绍国外和国内英语教学理念的发展,使我们可以了解这些理念,深化对英语教学的理解,进行相应的理论思考和思辨,并在英语教育教学实践中形成理念意识,从而基于理据来选择恰当的教学方法,开展新的教学理念探索。

第一节 国外英语教学理念发展

思 考

 现象反思

M老师刚大学毕业来到一所小学教英语。虽非师范专业毕业,但她在校成绩优秀,应聘中表现出众,所以她对未来工作充满自信。一拿到教材,她一口气就把整本书的教学内容都备好了课。开学第一周,她自我感觉良好,不知不觉头两节课把大半个单元的内容讲完了,可一个单元原本是两周的教学任务啊,按这样的进度,第二周她可能就完全没有内容可教了!

M老师该怎么办?请你基于你的理解为M老师支个招,帮她解开无内容可教之愁。请说明你的解愁方法的依据,并进一步思考M老师的问题症结在什么地方。

学习目标

学习本节后,你能:
1. 掌握国外主要外语教学法流派的特征、产生的历史背景、理论基础和发展脉络;
2. 具有对国外主要外语教学法流派的初步批判性认识;
3. 初步形成运用恰当教学法进行英语教学的意识。

📖 **本节结构**

📝 **学　习**

英语教学有英语作为母语的教学和英语作为外语(或第二语言)的教学之分。在我国，英语是一门外语，探讨英语教学理念自然是探讨英语作为外语教学的理念。

外语教学在国内外都有悠久的历史。国外外语教学理念中有影响的主要是西方的外语教学理念，按其兴盛时期顺序，大致可以确定为以下发展历程：语法—翻译法(19世纪40年代至20世纪40年代)、直接法(19世纪60年代至20世纪20年代)、情景法(20世纪30至60年代)、听说法(20世纪40至60年代)、人本主义的教学法(20世纪70至80年代)、交际教学(20世纪70年代至今)。① 各种方法有着各自的起源和发展，有着各自的特征和模式，丰富和深化了对外语教学的认知，从不同的视角诠释外语教学的全景。

一、语言视角的外语教学方法

外语是一种语言，对其教学方法的探索，首先是从语言视角开始。

(一) 语法—翻译法

1. 语法—翻译法产生的历史背景

无论是两河流域、古埃及、西方古代的对外交往，还是我国的"四夷馆"，人类在历史上面对外语的第一需求就是翻译，外语教学的起始目的就是翻译。所以，在外语教学成为专门的学科教学之始，外语教学的方法开始形成，首先产生的就是"语法—翻译法(Grammar-Translation Method)"。这一方法并非当时的外语教育者的自觉命名，也非其倡导者所命名，而是由其反对者命名的。②

语法—翻译法是一种通过语法学习和在母语与外语之间的译入、译出活动以培养学生阅读外语文献作品能力的教学方法。它起源于18世纪末的德国，准确来说是当时的普鲁士文法学校，所以也可称为"文法学校方法"。当时学习者研习外语的传统方法是先研习目标语的语法，然后借助词典和所学语法知识译述外语文献。语法—翻译法沿袭了这一传统方法并使之适合文法学校的教学。因为传统方法是学习者个人自学外语所用的方法，他们有扎实的文法基础并能把熟知的语法术语应用到研习外语中，这一方法显然不绝对适合在文法学校集体授课班级学习外语的青少年学生(个人学习与集体授课班级学习不同，成年学习

---

① Richards, J.C. and Rodgers, T. *Approaches and Methods in Language Teaching* (3rd Edition)[M]. Cambridge: Cambridge University Press. 2014.
② Howatt, A. *A History of English Language Teaching*[M]. Oxford: Oxford University Press. 1984.

者与青少年学生语法认知能力不同),因此语法—翻译法保留了传统方法的语法和翻译的基本框架,同时把传统篇章替换为示例单句,以期降低语言学习的难度。

2. 对语法—翻译法的反思

作为外语教学方法的开端,语法—翻译法是一种实践形成的教学法,迄今仍被广泛使用,但却没有真正的学术性的倡导者,迄今也没有学术文献为其提供理论支持。[1] 这看似矛盾的状况反映了语法—翻译法的生命力,同时也说明它有着严重的不足。

对语法—翻译法的质疑主要来自四方面。(1)单句的使用。尽管单句在语法—翻译法的教学中便于进行语法和翻译练习,并为语法规则提供简明的范例,但它们却因被剥离篇章语境而显得生硬,甚至除了为语法规则服务以外别无意义。(2)对听说的忽视。显然,对外语书面语的读写技能的掌握并不是人们学习外语的所有目的。(3)以母语为教学语言。在外语教学中,母语与外语的相关性是"不争的必然事实(an indisputable fact of life)"[2],因此,母语在外语学习中的作用或影响一直是学界关注的焦点之一,其中包括在外语教学中使用母语的不利影响,如强化语言处理过程中对母语的依赖等。(4)对翻译教学活动的使用。早在 19 世纪后期的"改革运动(Reform Movement)"就基于当时新生的心理学理论质疑翻译活动会导致"交叉联想(cross association)"以致妨碍外语的发展(Howatt,1984:173),而在 20 世纪几乎所有理论和教学法流派均对翻译活动在语言教学中的使用持否定态度。[3] 此外,语法—翻译法的课堂强调死记硬背语法规则,导致气氛沉闷,这也使这一教学法备受非议。

但是,语法—翻译法同时又具有其独特的优势,其中包括它便于应用,如对教师的外语水平要求不高,不需要太多的配套教具和设备等。此外,外语学习的目的包括对口语和书面语有所要求的,同时也有以学习文献篇章为主而对外语口语表达要求不高的教学环境,即教师认为适合使用语法—翻译法的教学环境。而学界对母语在外语教学中的作用和影响,以及翻译活动作为外语学习和测试的手段及其本身作为一种语言技能等方面的深入研究也为人们对语法—翻译法的认识提供了更多的观察视角。[4]

基于已有的对外语教学方法的认知可判断,语法—翻译法作为教学的一种路径(approach)可能对语句理解与翻译、对于成年人外语学习具有一定成效,但其整体学习成效不如随后发展形成的外语教学方法显著。不过,语法—翻译作为一种教学活动,在一些学习环境中较为有效,仍然会长时间持续存在。

(二) 直接法

1. 直接法的产生及其理论基础

直接法产生于 19 世纪末反思语法—翻译法的改革运动。尽管改革学者在具体的教学操作上见解不一,但他们都有共同的主张,其中包括三项基本的原则(Howatt,1984:177):

---

[1] Richards, J.C. and Rodgers, T. *Approaches and Methods in Language Teaching (3rd Edition)* [M]. Cambridge: Cambridge University Press. 2014:7.

[2] Stern, H. H. *Issues and Options in Language Teaching* [M]. Oxford: Oxford University Press, 1992:282,282-87.

[3] Cook, G. Translation in Language Teaching. In K. Johnson and H. Johnson (Eds.) *Encyclopedia Dictionary of Applied Linguistics: A Handbook for Language Teaching* [M]. Oxford: Blackwell. 1999:359-60.

[4] Howatt, A. *A History of English Language Teaching* [M]. Oxford: Oxford University Press. 1984:192-193.

(1)强调口语的首要性,即语言首先是口头语言;(2)强调连贯篇章在教学过程中的中心地位;(3)强调口语教学在课堂的绝对优先权。在这些主张为新教学法的诞生提供理论基础的同时,也有学者主张借鉴语言学习中的自然原则来发展外语教学法,其中包括借鉴母语学习中的原则。因此,他们所主张的外语教学法也被称为自然法(natural methods),其中最广为人知的自然法是直接法(the Direct Method)。[①]

仿效母语学习进行外语教学的例子早有记载,其中突出的例子是 16 世纪蒙太古(M. Montaigne)记录自己学习拉丁语的例子:他自小就由一名只对他说拉丁语的德国人照看,而他身边的人也只对他说拉丁语。[②] 19 世纪 60 年代后期,法国人索维尔(L. Sauveur)在美国波士顿开办了一所语言学校,他主张放弃使用翻译或母语去教授外语,而应该通过演示和动作直接表达外语的语义,他的教学方法很快就被称为自然法。自然法的发展促使直接法的形成,在 19 和 20 世纪之交,直接法在法国和德国得到官方认可,在美国则由于伯利兹(M. Berlitz)等人创办的语言学校成功使用,这一方法广为人知。

自然法的外语教学在德国学者弗兰克(F. Franke)的心理学著作《实用语言习得》得到了心理学上的理论支持,书中他提出了关于语言形式与意义直接联系的心理学原则,并主张通过积极使用语言而学习语言是最好的教授语言的方法。教师无需通过对语法规则集中讲解的分析性程序,而应鼓励学生在课堂上直接、同步地使用外语,这样学生就能自行形成相关语法规则。

2. 对直接法的反思

直接法的教学在伯利兹的语言学校取得相当的成功。尽管伯利兹本人从没有使用过"直接法"这一名称,而自称其教学方法为"Berlitz 方法",但提到直接法人们一般会联想到伯利兹语言学校的教学法。

不过,人们对直接法的质疑也首先针对它难以在公立学校系统实施这一点。它过度强调自然环境中母语学习和课堂里的外语教学之间的共同之处,对公立学校课堂的实际情况欠缺考虑,如学生不像私立语言学校的学员那样因交费就读而学习主动性很强,公立学校也难以保证聘请以所教外语为母语的教师等。此外,直接法严格排斥母语的使用也给外语教学带来限制和麻烦,譬如有时候使用母语或翻译可以更简单有效,却因必须使用外语教学而令教师费时费力而学生仍不得要领,尤其是起始阶段的外语学习,完全不使用母语,实际上会加大学习难度。

在改革运动中更注重理论研究的学者看来,直接法的革新只停留在教学程序层面上,而缺乏强有力的应用语言学理论支持。尽管如此,直接法是外语教学史上教师和学者首次自觉关注的外语教学法,也由此把外语教学与研究带进一个新的纪元(Richards & Rodgers,2014:14)。

(三) 情景法

1. 情景法的产生及其课堂特征

情景法(the Situational Approach)的产生源自 20 世纪二三十年代英国学者为语言教学

[①] Richards, J.C. and Rodgers, T. *Approaches and Methods in Language Teaching (3rd Edition)* [M]. Cambridge: Cambridge University Press. 2014.
[②] Howatt, A. *A History of English Language Teaching* [M]. Oxford: Oxford University Press. 1984:192-193.

寻找比直接法更具学科理论基础的努力,其中主要的成果是在教学中对词汇和语法的控制。研究发现约有两千左右的英语核心词汇在书面语中频繁出现,掌握它们就能大大地帮助学习者阅读外语。因此,英语作为外语教学的最常用词汇表应运而生。此外,经过对英语的分析,学者们把语法结构提炼成不同的句型以便外语学习者对这些句子结构规则内在化。这些努力为情景法的诞生奠定了坚实的理论基础。

情景法的主要课堂特征包括:①
- 教学材料首先呈现的是其口语形式然后才是其书面形式;
- 以外语作为课堂教学语言;
- 在情景中引入和练习新的语言点;
- 根据最常用词汇表确定所教词汇;
- 语法项目按照先易后难的原则分级教授;
- 在学生掌握语法和词汇基础上开展阅读和写作教学。

情景法上述第三点特征在20世纪60年代成为该教学法的关键特征,也就从那时始"情景法"这一名称逐渐被广泛使用。在这之前,该教学法一般被称为"口语法",尽管情景法的主要代表学者之一霍恩比(A. S. Hornby)在1950年发表在《英语语言教学》杂志的一系列极具影响力的论文中就使用了"情景法"这一名称。

2. 情景法的理论基础

情景法的语言学基础是英国结构主义语言学理论,强调口语是语言的基础,而结构是口语教学的核心。就语言学理论而言,这一点与美国结构主义学者所主张的没有太大的区别。只是在20世纪50年代美国结构主义的学说大多不为英国学者所知,而英国结构主义学者则在自20世纪30年代以来语言学研究强调语言功能的影响下把注意力集中在"情景"这一理念上。

在语言学习观方面,情景法则基于行为主义的心理学理论认为语言学习就是习惯的养成。和直接法一样,情景法同样主张采用归纳法教授语法。不过,情景法不主张用母语或外语讲解词语或结构的语义,而强调在情景中呈现这些词语和结构,学生由此可归纳其语义并概括迁移到新情景中使用。

3. 对情景法的反思

情景法是一种以语法为基础,强调口语和句型教学,在教学过程中分级处理语法和词汇并通过情景呈现新教学项目的外语教学法。随着后来交际法的兴起,20世纪60年代中期始情景法的语言观和语言学习观受到了质疑,情景法的影响力也日渐减弱。不过,情景法的影响直至20世纪八九十年代仍可见于3P(Presentation-Practice-Production,"呈现—练习—运用"②教学过程之中。此外,直至今天,情景法的教材仍在世界各地被广泛使用,其中包括亚历山大(L. G. Alexander, 1967)编写的《新概念英语》(*New Concept English*)等。

值得指出的是,情景法的教学大纲仍是一种结构大纲(structural syllabus),即按基本结构和句型编排的教学大纲。换言之,尽管情景法强调情景,但它的教学大纲并非按情景来选

---

① Richards, J.C. and Rodgers, T. *Approaches and Methods in Language Teaching (3rd Edition)* [M]. Cambridge: Cambridge University Press. 2014: 47.
② Willis, J. and Willis, D. *Challenge and Change in Language Teaching* [M]. Oxford: Heinemann, 1996.

择、组织和练习语言,而它的情景指的是呈现和练习句型的方式,并不涉及话题情景。因此,情景法借助实物、图片和直观教具以及动作、手势等创设情景来呈现新的句型,而练习句型的方式则是通过模仿和替换等活动进行操练。

(四) 听说法

1. 听说法的产生背景

听说法(the Audiolingual Method)形成于20世纪50年代的美国,它的产生源自美国在"二战"期间及其后对外语教学的重视。首先,基于战时的需要,美国政府于1942年提出"军方专项培训计划(the Army Specialized Training Program)",并自1943年始由55所高等院校为军方培训急需的外语人才。该项目仅持续了两年,但它的成功却引起了大众传媒以及语言学界的极大兴趣。尽管它的教学没有清晰的理论支持,却让不少语言学家相信其中口语的高强度训练的重要性。这一背景使得听说法也曾被称为"军队法(The Army Approach)"。

此外,随着美国日渐成为世界大国,越来越多的外国学生来到美国大学留学。由于他们当中的许多人都需要先接受英语培训才能正式开始美国大学的学习,因此,英语作为第二语言教学的需要也日渐增加。自密歇根大学(University of Michigan)于1939年开设英语语言学院(English Language Institute)后,美国各大学也纷纷设置英语作为外语或第二语言的教学和师资培训机构,语言学家也因而更多地参与指导英语教学课程。美国结构主义语言学由此直接影响这些机构的英语教学并形成对外语教学的应用理论,其中包括语言对比分析(contrastive analysis)。语言对比分析认为外语学习的问题来源于不同语言结构系统的冲突。因此,对母语和目标语的对比分析可以预估外语学习中的潜在困难和问题,并通过精心设计的教学材料加以应对和解决。

"二战"结束后冷战开始,尤其是苏联发射人类第一个人造卫星,促使美国政府意识到亟需培养外语人才,以了解其他国家的科技进步与发展,因此积极资助现代语言研究、外语教材研发和外语师资培训。在积极寻求适合美国大学外语课堂的教学法的努力中,美国学者们把"二战"军方外语教学项目以及各大学英语作为外语教学的经验与当时的行为主义心理学理论结合,最终促成听说法的形成。

2. 对听说法的反思

听说法是一种强调先教听说,后教读写,以对话和操练为课堂基本要素,利用对比分析,基于语法的外语教学法。听说法在20世纪60年代达到它的鼎盛时期,相关教材如英语语言服务公司(English Language Services, 1964)编写的《英语900句》(*English 900*)和拉多(R. Lado, 1977)编写的《拉多英语系列》(*Lado English Series*)等也广为流传。不过,听说法随后在理论上和实践上受到双重质疑。在理论上,听说法赖以为基础的结构主义语言学和行为主义心理学均受到乔姆斯基(N. Chomsky)的质疑,被认为不能提供恰当的语言和学习理论。另一方面,在教学实践中许多人发现听说法的课堂沉闷,有欠成效,学生通常无法把所学的技能迁移到课堂以外真实的交际活动中。

听说法和情景法有很多共同之处,如听、说、读、写等技能的训练顺序,对句型结构操练以及准确性的强调等。但值得指出的是,两者相比,情景法更多的是对早期直接法的继承和反思,而听说法则更多地与结构主义语言学和行为主义心理学密切相连。显然,尽管源自不同的传统,但情景法和听说法的共同之处反映了两者对语言和语言学习的本质特性的共同理解。

(五)交际法

1. 交际法的产生背景及其发展

交际法形成于 20 世纪 70 年代初期,它形成的理论基础主要源自之前学界对语言本质的两方面新的认识。一方面是美国语言学家乔姆斯基的学说所揭示语言的创造性本质。1957 年,乔姆斯基的后来被称为语言学革命的著作《句法结构》(*Syntactic Structure*)出版,他指出,当时盛行的结构主义语言学理论不足以解释语言的根本特征,即创造性语言的出现和单一句子的独特性。另一方面是英国语言学家如韩礼德(M. A. K. Halliday)等所强调的语言的功能和交际性特征,这也正是当时语言教学所忽视的。基于此,学者们提出语言教学的重点应该是培养学生的交际能力,而不是语言结构的掌握。显然,20 世纪五六十年代社会语言学和语言哲学等研究的发展也为交际法的形成提供理论支持。

在语言教学实践方面,外语教学大纲方面的研究发展直接推动并标志着交际法的形成。20 世纪 60 年代,欧洲共同体建立。此后,欧洲各国间的交流日益频繁,相互学习各国语言的要求也随之增加。为此,欧洲委员会于 1971 年组织专家组研制入门水平外语教学大纲。其间,英国语言学家威尔金斯(D. A. Wilkins)提交论文,分析了语言学习者所需要理解和表达的交际意义,这包括意念(如时间、顺序、数量、地点、频率等概念)和交际功能(如请求、拒绝、致谢、抱怨等)。在此基础上,威尔金斯在 1976 年出版了交际法的标志性著作《意念大纲》(*Notional Syllabuses*)。

随着欧洲委员会工作的开展以及交际学者们的理论研究成果的广泛接受和应用,交际法(Communicative Approach),又称交际语言教学(Communicative Language Teaching)逐渐形成,语言教学也自此进入了一个新的时代:交际时代。交际语言教学大致可分为两个时期,早期交际法时期(20 世纪 70 至 90 年代)和当前交际语言教学时期(20 世纪 90 年代后期至今)。

2. 交际法的理论基础

进入交际时代的语言教学抛弃了曾一度占据主导地位的结构主义语言教学思想,使得语言运用本身得以受到重视,交际的语言观也被广为接受。交际法强调语言是表达意义的系统,语言的首要功能是交际,因此,培养学生的语言交际能力是语言教学的基本目标。换言之,语言教学不应只停留在教学生语言知识,以及听、说、读、写等语言技能,更要培养他们运用语言进行交际的能力。

早在 1965 年,乔姆斯基(Chomsky)提出语言能力(competence)的概念,以区别于语言运用(performance)。[①] 语言能力指的是一个理想的说话人或听话人所拥有的内在化的语言知识,而语言运用则是这种知识在语言理解和表达过程中的具体运用。其后,美国社会语言学家海姆斯[②]在 1972 年针对乔姆斯基的语言能力定义只研究实际上不存在的理想的说话人或

---

① Chomsky, N. *Aspects of the Theory of Syntax* [M]. Cambridge, MA: MIT Press, 1965.
② Hymes, D. On Communicative Competence. In J. B. Pride and J. Holmes (Es.) *Sociolinguistics* [M]. Harmondswort: Penguin, 1972: 269 - 293.

听话人,并没有包括交际和文化的因素,提出交际能力(communicative competence)的概念。交际能力指的是不仅能使用语法规则来组成语法正确的句子,而且知道何时何地向何人使用这些句子的能力。此后,卡内尔和斯温[1]、巴克曼[2]、和默西亚、多尼耶与萨里尔[3]先后分别对语言交际能力做了进一步分析和阐述,这都为交际语言教学提供了相应的目标,同时也推动着交际法的发展。

> **请分析**:请根据乔姆斯基的界定,结合具体案例,分析语言能力和语言运用之间的区别。

此外,韩礼德的功能语言学理论也为交际法提供强了有力的理论支持。韩礼德对儿童学习母语过程中的七种语言基本功能做了描述[4]:(1)工具功能(使用语言获取东西);(2)规章功能(使用语言操控他人行为);(3)相互关系功能(使用语言与他人建立和维持关系);(4)个人功能(使用语言表达个人情感或意思);(5)启发功能(使用语言去学习或发现);(6)想象功能(使用语言创造想象的世界);(7)描述功能(使用语言交流信息)等。基于此,交际法学者认为第二语言或外语学习也同样地就是学习使用目标语言的手段去实现各种不同的语言功能。

显然,交际法的语言观有着丰富的理论内涵和坚实的理论基础,相比之下,交际法学者则甚少论述交际法的语言学习理论。不过,交际法实践本身也反映其相应的语言学习观,其中包括:

- 交际原则(the communication principle)(涉及真实交际的活动有利于语言学习);
- 任务原则(the task principle)(为完成有意义的任务而使用语言的活动有利于语言学习);
- 意义原则(the meaningfulness principle)(对学习者具有意义的语言有利于语言学习)等。

值得指出的是,自 20 世纪以来人们从应用语言学、语言学、心理学、心理语言学、生理心理学、神经语言学、哲学、认知科学等多角度对语言学习进行研究,这些研究都与交际法教学实践所反映的语言学习观有着直接或间接的联系。其中,最引人注目的是 20 世纪 70 年代形成的第二语言习得这一新兴学科,它的研究对交际语言教学的语言学习观,乃至交际法的发展都有着重要的影响。

3. 早期的交际语言教学

在早期的交际法时代(20 世纪 70 至 90 年代),交际法主要关注两大问题:一是研发与交际能力的理念相一致的交际法教学大纲,二是如何确认学习者的交际需要。交际法在提出

---

[1] Canale, M., and Swain, M. Theoretical Bases of Communicative Approaches to Second Language Teaching and Testing [J]. *Applied Linguistics*, 1980(01): 1-47.
[2] Bachman, L. *Fundamental Considerations in Language Testing* [M]. Oxford: Oxford University Press, 1990.
[3] Celce-Murcia, M., Dornyei, A. and Thurrell, S. Direct Approaches in L2 Instruction: A Turning Point in Communicative Language Teaching? [J]. *TESOL Quarterly* 31, 1997(01): 141-52.
[4] Halliday, M. A. K. *Learning How to Mean: Explorations in the Development of Language* [M]. London: Edward Arnold, 1975: 11-17.

以培养学生语言交际能力为目标的同时,事实上也就放弃了之前的情景法和听说法所坚持的基于语法的教学大纲。因此,与交际法教学目标一致的交际法教学大纲不只是需要明确规定学习者所必须掌握的语法和词汇,也要明确说明与之相关的话题、功能、意念、情景等。此外,考虑到许多学习者学习英语是为了在不同的职业或教育环境下使用英语,交际法学者意识到根据学习者交际角色(如护士、工程师、飞行员)的需要教授相应的语言和交际技能才最有效。因此,需求分析也就应运而生。

早期的交际法课堂,基于其不同的教学大纲,明显有别于之前的情景法或听说法的课堂。这时期的交际法的课堂教学指导原则主要包括:①

- 把真实的交际作为语言学习的中心;
- 给学生提供实验和尝试运用所学的机会;
- 容许学生出错,因为错误是学生的交际能力正在发展的反映;
- 让学生有机会发展其语言准确性,也有机会发展其语言流利性;
- 把听、说、读等不同技能联系在一起教学,因为真实生活中它们是相互关联的;
- 让学生归纳或发现语法规则。

4. 当前的交际语言教学

自20世纪90年代以来,交际法被广泛应用,交际法已得到广泛认同,其原则已成为了语言教学的基本原则。基于培养学生语言交际能力的核心理念,交际法描述了一系列具有广泛意义的语言教学原则,因此,交际语言教学的分支发展成为了可能。当前的交际语言教学在坚持共同的交际法基本原则的基础上,在吸收来自不同领域或传统的理念的过程中形成了多种交际法的分支,形成了交际语言教学形态(Communicative Approaches)。

一般来说,这些不同的交际语言教学形态都有着共同的基本假设,其中10大共同的核心假设如下:②

- 参与互动练习和有意义的交际有利于外语学习。
- 有效的课堂学习任务或练习应该提供机会给学生进行意义协商,拓展语言资源,注意到语言如何使用,以及参与和他人有意义的交流。意义协商(negotiation of meaning)指的是对话中参与者为弄清楚相互意思而做的努力。意义协商被认为对第二语言或外语的发展有促进作用。
- 有意义的交际源自学生所处理内容的相关性、趣味性,以及是否有目的,是否投入。
- 交际是一个整体过程,它通常需要运用多种语言技能或模式。
- 对语言运用和组织规则的归纳或发现学习活动和语言分析与反思活动一样都可以促进语言学习。
- 语言学习是一个渐进过程,它涉及创造性地使用语言,以及尝试与出错。尽管出错是学习过程中的正常现象,但学习的最终目的是能够准确并流利地运用新语言。
- 不同学习者的语言学习都有其各自的发展路径与速度,以及不同的需要与动机。

---

① Richards, J. C. *Communicative Language Teaching Today*. Language Teaching (Vol. 25) [M]. NY: Cambridge University Press, 2006: 13. https://doi.org/10.2307/3587463
② 同上,第22—23页。

- 成功的语言学习与运用有效的学习和交际策略相关。
- 教师在语言课堂中的角色就是学习的推动者,他营造有利于语言学习的课堂氛围,并提供机会给学生使用和练习语言,并对其语言使用和学习进行反思。
- 课堂是学习者的社区,他们在这里通过合作和共享学习。

此外,当前交际语言教学的课堂活动主要有以下一些共同特征(Richards,2006:23-24):

- 课堂活动把培养学生的交际能力与语法发展结合在一起,因而语法通常不会孤立地出现,而往往在交际任务中出现,这也就使具体的语法项目有了学习的需要。
- 通过诸如问题探究、信息共享和角色表演等活动为学生创造交际互动和意义协商的需要。
- 既提供归纳,也提供演绎学习语法的机会。
- 利用与学生生活和兴趣相关的内容材料。
- 允许学生个性化学习,把所学应用到他们自己的生活中去。
- 利用真实的文本作为课堂教学材料,这样既可使之有趣,也可提供有效的语言范本。

5. 学科内容教学

当前交际语言教学的分支发展对如何达成交际法的总体目标,即培养学生的语言交际能力,各自有不同的侧重,其中基于教学过程(process-based)而提出的有学科内容教学和任务教学,而文本教学和能力教学则针对教学的成果(product-based)而提出。

学科内容教学(content-based instruction)是一种主张围绕学生所学的学科内容而展开教学的交际语言教学形态。在学科内容教学中,教学内容虽然使用外语呈现,但教学中基本上没有脱离学科内容而直接或明晰地教授外语语言本身。换言之,学科内容是基础,语言学习在学科内容教学中是学生在学习学科内容的过程中所获得的副产品。

学科内容教学的关键是在语言教学中对意义的重视,这与语言教学历史上主张利用实物、图片、演示等方式表达语义的做法是一致的,但学科内容教学对语言意义的重视显然是摆在首位的。学科内容教学的提出主要基于以下三项基本假设:①

- 当把语言作为获取信息的工具,而不是作为学习内容本身的时候,语言学习更容易获得成功。
- 学科内容教学可以更好地反映学习者学习外语的需要。例如对于到美国大学学习的留学生来说,学科内容教学可以让他们尽快地接触到他们所需要学习的学科内容,而不需要专门在语言学习上耗费一段时间。
- 学科内容教学中的教学内容可以为各种语言技能的发展提供一个相互关联的发展平台。

自 20 世纪 80 年代以来,学科内容教学在各种教学环境中被广泛应用。早期的学科内容教学在特定用途英语(Specific-purpose English)教学以及沉浸法(immersion approach)中广泛应用,而目前也在自幼儿园至高中的教学以及大学的课程中实施。随着双语教育的需要及其实践越来越受到重视,"学科内容与语言整合学习法(Content and Language Integrated

---

① Richards, J.C. *Communicative Language Teaching Today. Language Teaching* (Vol. 25)[M]. NY: Cambridge University Press, 2006:28. https://doi.org/10.2307/3587463

Learning, CLIL)"于20世纪90年代在欧洲被提出并逐渐影响世界各地,获得越来越多的关注。① 学科内容与语言整合学习法是一种主张学科内容与语言学习并重的教育路径。从语言教学的角度看,它是学科内容教学的一种形态,但更明确强调学科内容与语言学习的整合。

不过,学科内容教学也面对一些质疑。首先的疑问是学科内容教学在多大程度上可以帮助学生发展其语言技能,这是因为人们常发现当外语作为学科内容教学的工具时,学习者会首要关注学科内容的掌握而忽略英语语言使用的准确性。另一问题是外语教师是否有足够的学科专业知识和技能教授其中的学科专业内容。最后的关键问题是如何评价学生的发展,是以学科知识的掌握还是语言运用,还是两者同时考评?是按照学科内容标准评价,还是按照语言学习标准评价?

6. 任务教学

另一种基于教学过程而提出的交际语言教学形态是任务教学。任务教学(task-based instruction,或者 task-based language teaching)是一种主张基于任务展开教学的交际语言教学形态。任务教学强调通过围绕任务而展开的教学活动,学生能更好地发展他们的语法能力以及交际能力的其他方面。

一般来说,教师在日常教学中都会利用各种任务安排教学。不过,任务教学中的"任务"定义显然有别于一般意义上的任务。首先,在任务教学中,任务不只是被用以组织课堂教学,而且还可以是设计教学大纲的基本单位。其次,任务教学对任务有着明确定义以区别于一般意义上的任务。任务教学中关于任务的核心特征有以下几点:

- 任务是学习者自主调用其语言资源所做的或完成的事情。
- 任务要求有明确定义的交际性结果。
- 任务参与者首要关注的是语言意义,而不是语言形式。
- 涉及和在真实世界里一样的语言运用过程。

任务教学起源于在1979至1984年间普拉布(N. S. Prabhu)等人在印度开展的 Bangalore/Madras 交际教学实验,理论界通常简称为"班加罗尔实验(Bangalore Project)"。该实验强调不是"为了交际而学习英语",而是"通过交际来学习英语";不是"学习英语以便将来能做事说话",而是"现在通过做事说话来学习英语"。② 显然,任务教学代表的是强式交际语言教学观,即主张通过使用目标语去学习目标语。③

自班加罗尔实验之后,任务教学得到广泛的实践与研究,大量的研究成果相继发表出版,并成为外语教育乃至其他学科教育所使用的教学路径。

任务的使用可以促进外语课堂的交际和真实语言的运用,这一点是毋庸置疑的。但任务教学的不少方面仍有待进一步的深入研究,譬如任务类型、任务的排序、任务完成的评价等。其中,在实际的课堂操作中,尤其在我国近年来对任务教学的倡导尝试中,教师对任务

---

① Coyle, D., Hood, P. & Marsh, D. *Content and Language Integrated Learning* [M]. Cambridge: Cambridge University Press, 2010.
② Beretta, A. Attention to Form or Meaning?: Error Treatment in the Bangalore Project [J]. *TESOL Quarterly*, 23, 1989(02): 283-303.
③ Howatt, A. *A History of English Language Teaching* [M]. Oxford: Oxford University Press. 1984: 279.

的定义难以准确把握,容易含糊混淆,这反映任务教学正在发展的现状,同时也说明任务教学需要更明确一致的任务定义。

7. 文本教学

与学科内容教学和任务教学不一样,文本教学与能力教学一样,是基于教学成果而提出的。文本教学(text-based instruction),又称体裁法(genre-based approach),是一种强调掌握各文本类型的运用以培养交际能力的交际语言教学形态。在文本教学中,文本(text)特指在特定语境以特定方式组织的语言,它以整体的形式存在,因而有其开始、过程和结束。譬如与朋友聊天的对话都有特定的内容和结构,且需要恰当运用相应的语法和词汇,而这些都与在电梯里和陌生人的对话不一样。交际能力因此与能否在特定的语境恰当运用各类型的口头或书面文本相关。显然,文本教学的理论基础很大程度上源自韩礼德的功能语言学学说。

文本教学主要在澳大利亚等地应用,其中 2002 年新加坡就采用了文本教学作为其中小学教学大纲框架。文本教学显然更多地关注学习的成果而不是学习的过程。换言之,它基于韩礼德的功能语言学理论强调了文本的运用与语言交际能力的关系,但之于学习过程中如何培养学生恰当运用文本的能力则有欠坚实的理论支持。不过,对文本教学的质疑更多的是它缺乏对学生个体创造性和自主表达的照顾,因为它相当依赖文本范本而开展学习或建构新的文本。其次,当文本教学的五大教学基本步骤(创设语境、文本建模和解构、合作建构文本、独立建构文本、联系相关文本)不断循环反复应用之后,其课堂教学就很有可能因此而变得重复和沉闷。

8. 能力教学

与文本教学同样着眼于教学成果而提出的是能力教学(competency-based instruction),它是一种以掌握不同工作或生活领域中所需的语言技能或能力为教学目标的一种交际语言教学形态。自 20 世纪 70 年代在美国形成以后,能力教学被广泛应用于与工作内容相关的或基于生存的成人语言课程中。最近,能力教学在许多国家也得以应用,尤其在职业技术教育方面,同时也越来越多地被一些国家外语课程采用,如印度尼西亚、泰国和菲律宾等国。[1]

能力教学突出特点是以学习目标成果作为教学和课程的推动力,因而它的课堂教学有以下八点关键特征[2]:

- 强调以让学生成为能够适应社会需求的自主个体为教学目标。
- 侧重生活技能。把语言作为具体任务中的交际功能来教学,不孤立地教学语言。只教授学生生活情境功能所需的语言形式或技能,而这些语言形式或技能通常根据需求分析决定。
- 基于任务或语言运用的教学。教学的成果关键在于学生能做什么,是可见的行为,而不是知识,不是语言技能。
- 模块化的教学。分模块进行教学,教学目标分解为可集中学习的小目标,以便师生能

---

[1] Richards, J. C. *Communicative Language Teaching Today. Language Teaching* (Vol. 25) [M]. NY: Cambridge University Press, 2006:41. https://doi.org/10.2307/3587463
[2] Auerbach, E. R. Competency-based ESL: One Step Forward or Two Steps Back? [J]. *TESOL Quarterly 20*, 1986 (03): 411-30.

清楚感受到学习的进展。

• 教学结果明晰化。学习结果由学习者和教师共同协商决定,以行为目标界定,以便学生知道他们还需要学会做的是什么。

• 连续同步的评估。课程开始前对学生进行前测以决定他们缺乏什么技能,经过相应技能的针对性教学之后进行后测。如果学生没有达到理想的目标水平,他们将继续进行相应的学习,然后再接受测试。

• 通过演示检查语言运用目标的掌握情况。不同于传统的纸笔测试,测试检查的是学生是否具有演示指定行为的能力。

• 以学生的学习为中心的个性化教学。根据学生个体需要制定相应的教学内容、水平要求以及教学进度和目标等。课程安排也考虑学生之前的学习经历和程度。教学不以时间计算,学生可以根据他们各自的进展速度学习,并只需专注学习他们各自语言能力所不足的内容。

能力教学通常在面向有明确而具体语言需要的学习者的课程中应用,所关注的通常不是普通的语言能力,而是在某一特定环境下所需要的特定的语言技能。这与英语作为特殊用途教学相似,也在一定程度上与任务教学相像。能力教学的课程设计首先需要确定学习者在其特定环境中所需要实施的工作任务(如餐厅服务员、护士等)以及这些工作任务所需的语言要求,并由此确定成功实施这些工作任务所需的语言能力(language competencies)。显然,这在实际操作中并不如设想中那么容易,因为不少领域(如在社区中有效运用语言等)都不容易确定其中所涉及的语言能力,或者说所确定的能力清单更多是基于直觉,而不是基于实证或理论的支持。此外,人们也质疑能力教学是一种简化论的方法,因为它把语言学习简化为一系列的能力清单,从而忽略了诸如思维能力、文化素养等语言教育的更多目标。

9. 自然法

另一种当前的交际语言教学的形态是自然法(the natural approach)。自然法首先由特雷尔(T. Terrel)在 1977 年[①]提出,她当时是美国加利福尼亚州的一名西班牙语教师,因而自然法的提出源自其西班牙语的课堂教学实践;而其理论则主要是当时美国南加利福尼亚大学的应用语言学家克拉申(S. Krashen)的第二语言习得理论。1983 年两人合作出版《自然路径》[②]一书,介绍了克拉申的第二语言习得理论和特雷尔的课堂操作,成为自然法的标志性文献。

由于自然法承认交际是语言的首要功能,并强调语言学习以培养交际能力为目的。因此,就这个意义上说,自然法与其他交际语言教学形态一样。但值得指出的是,自然法与交际法的分支发展不一样,因为它不是基于交际法提出的。

此外值得注意的是,克拉申和特雷尔的自然法与之前第二部分"直接法"中所讨论的自然法(natural methods)不一样。直接法中的"自然",强调的是与在自然环境中学习母语一致的自然原则,而克拉申和特雷尔的自然法所强调的则是成功第二语言习得中的自然原则。例如,直接法重视直接模仿、准确说出目标语的句子等,而克拉申和特雷尔的自然法强调的

---

① Terrel, T. D. A Natural Approach to Second Language Acquisition and Learning [J]. *Modern Language Journal*, 1977 (61): 325-36.
② Krashen, S. and Terrel, T. D. *The Natural Approach: Language Acquisition in the Classroom* [M]. Oxford: Pergamon, 1983.

是目标语言的接触(exposure)或输入,不是练习等。在本小节的讨论中,除特别说明外,"自然法"均指克拉申和特雷尔的自然法。

自然法的主要理论依据是克拉申的第二语言习得理论,一般认为包括习得与学得假设、监控假设、自然顺序假设、输入假设和情感过滤假设等五个关于第二语言习得的基本假设。基于这些假设,自然法认为:①

- 必须提供尽可能多的可理解的语言输入。
- 无论什么,只要能帮助理解就重要,因此,主张使用直观教具和接触范围广泛的词汇,不主张句法结构的学习。
- 课堂教学应该侧重听和读,并允许说的自然出现(emerge)。
- 为了减少情感过滤,学生的学习应该以有意义的交际,而不是语言形式为中心;应该提供有趣的语言输入以便营造自在的课堂氛围。

自然法的课堂教学技巧和活动多是取之于其他教学法为其所用,如全身反应法(TPR, Total Physical Response)的基于指令的活动,直接教学法中的借助模仿、手势和上下文进行问答练习,交际法中的小组活动,甚至情景教学中的情景化结构和句型练习等。这些活动和技巧在自然法的框架下主要为提供可理解的语言输入、营造有助理解的课堂氛围服务,使学生的焦虑最小化,自信最大化。

自然法是一种强调可理解语言输入以及有意义练习,以培养学生交际能力为教学目标(基于克拉申第二语言习得理论提出)的交际语言教学形态。自然法在世界各地都有广泛的影响,尤其是在美国,而其主张仍为学界关注与争论的主题。如前所述,自然法继承了之前教学法对自然环境中学习母语和第二语言的观察和理解,反对以语法结构作为教学的基础,重视语言理解和有意义的交际以及提供恰当的可理解的输入以满足第二语言和外语学习的必要的和充分的条件。基于此,自然法借其他教学法的技巧为己所用。因此,自然法的贡献不在于其所使用的课堂教学技巧和活动,而是应用这些技巧和活动时对可理解的和有意义的练习活动的强调。

二、人本主义的外语教学方法

20世纪七八十年代外语教学法流派发生转向,人们不再寻求以语法为基础的教学法。在主流外语教学越来越倾向于交际法教学的同时,一些主流教学以外的教学法在这一时期也相继出现,其中源自人本主义教育理念的人本主义的外语教学法尤是值得关注。人本主义教育(humanistic education)的主要理念有②:

- 教育的主要目的是提供学习的机会以及有助于充分挖掘学生潜能的环境。
- 学校都有责任去促进学生个性与认知的发展。因此,教育应该涵盖人的认知或智力以及情感两方面。

---

① Richards, J. C. and Rodgers, T. *Approaches and Methods in Language Teaching* (3rd Edition)[M]. Cambridge: Cambridge University Press. 2014: 267.
② Moskovitz, G. *Caring and Sharing in the Foreign Language Class* [M]. Rowley, MA: Newbury House. 引自 Roberts, J. Humanistic approaches. In Johnson, K. and Johnson, H. (Eds.) *Encyclopedic Dictionary of Applied Linguistic: A Handbook for Language Teaching* (158-61). Oxford: Blackwell, 1999.

- 为了有效学习,必须承认情感的存在并恰当利用。
- 有效的学习是自己发现的。
- 每一个人都希望能展现自己的潜能。
- 健康的同学关系有利于学习。
- 了解自己是激励学习的一种方式。
- 增强自尊是激励学习的一种方式。

典型的人本主义的外语教学法有社区化语言学习、沉默法和暗示法等。

(一) 社区化语言学习

20世纪70年代,美国芝加哥洛约拉大学(Loyola University)心理学教授、心理咨询专家卡伦(C. A. Curran)及其同事基于罗杰斯(C. R. Rogers)的心理咨询理论,把心理咨询手法应用到教学上,其做法被称为咨询法学习(Counseling-Learning)。[①] 社区化语言学习(Community Language Learning)是源自心理咨询的咨询法学习理论在语言教学中的应用。

简单地说,心理咨询就是一个人对另一个有问题或有某些需要的人提供建议、协助和支持,而社区化语言学习则从心理咨询的角度把教师的角色比喻为课堂教学中的"咨询师(counselor)",学习者则为"咨询人(client)"。社区化语言学习的教学因而是建立在这咨询师与咨询人的角色比喻上的:其课堂基本组织形式是学习者或咨询人形成一个学习者社区,围坐在录音机周围;而咨询师(教师)一直在社区的外围,只在需要的时候为咨询人提供与其所用母语表达的话语相应的目标语表达。

基于咨询法学习理论的社区化语言学习显然对语言教师提出了特殊的要求,他们首先需要精通母语和外语,其次必须熟悉和认同心理咨询中咨询师的角色,再者必须能在没有传统教学材料的情况下工作,就学生的话题因势利导和鼓励全班学生,等等。社区化语言学习也因此被质疑其中的师生角色比喻是否恰当,教师是否应该没有经过特别培训就担任咨询工作。此外,社区化语言学习被质疑的原因还包括它缺乏教学大纲,因而其教学目的就难免含糊,评估也难以开展等。不过,社区化语言学习的长处也是明显的,它以学生为中心,不只是强调了语言学习中的语言方面,也强调人本主义的一面。

(二) 沉默法

沉默法(the Silent Way)是一种以培养学生成为独立、自主、负责任的学习者为教学目标,主张在课堂里教师应尽可能地保持沉默而鼓励学生尽可能地多表达输出语言的外语教学法。沉默法由盖特诺(C. Gattegno)在20世纪六七十年代[②]提出,其中的大多做法源自盖特诺数学教育方面的经历。因此,沉默法同样反映了盖特诺的基本教育理念,其中的学习理论假设大致有以下三方面[③]:

- 不是重复、强记,而是发现或创造促进了学习。

[①] Curran, C. A. *Counseling-Learning in Second Languages* [M]. Apple Rivers, IL: Apple River Press, 1976.
[②] Gattegno, C. *Teaching Foreign Languages in Schools: the Silent Way* (1st and 2nd eds). [M]. New York: Educational Solutions, 1972.
[③] Richards, J. C. and Rodgers, T. *Approaches and Methods in Language Teaching (3rd Edition)* [M]. Cambridge: Cambridge University Press, 2014: 291.

- 学习可以因为有实物可依助而被促进。
- 与学习内容相关的问题探究有利于学习。

基于此,沉默法有其典型的教具,其中包括:

- 读音色彩图:上面有多个不同颜色的长方形,每种颜色对应目标语言中一个读音(音素)。在教学过程中,当学生知道了颜色与读音之间的对应关系后,教师可以不需要说任何东西,而只需指着其中一些长方形就可以让学生拼读所学语言中的话语。
- 读音色彩归类图(Fidel):这是读音色彩图的拓展版本,它按颜色(即音素)把所有具有相同颜色的图(即发音的拼写)都归类在一起。
- 单词图表:用彩色印刷的单词表,其中的字母都用不同颜色印刷但与读音色彩图和读音色彩归类图的一致。
- 彩色棒(Cuisenaire rods):一套由10根1到10厘米长短不等的彩色棒组成,最早由一名比利时小学数学教师库森纳尔(G. Cuisenaire)发明,后被盖特诺在世界各地推广在数学以及外语教学中使用。在沉默法(尤其是初级水平)的课堂里,彩色棒常被用来创设直观的象征性情景,如组合起来它们可以示意房子、城市,而单独的一个直立的绿色棒也可以是一个人物等。

沉默法认为成功的学习与个体自我的投入有关,在语言学习中,学习者需要具有沉默意识(silent awareness)并在其后积极尝试。沉默被沉默法认为是最佳的学习方式,因为沉默可以帮助学生保持学习的警觉性,集中精神,以及组织思维等。沉默法认为意识是可以培养的,它可以在注意、尝试表达、自我更正以及吸收的学习过程中得以培养。沉默法认为其教学法与其他教学法最大的不同就在于沉默法有让学生通过自我意识自我更正的活动。

总的来说,沉默法的创新主要在哲学理念层面上,而在实际的教学中沉默法则相对缺乏新意。沉默法使用的是较传统的以结构和词汇为基础的教学大纲,其具体教学方法也多具有传统的情景法、听说法的特征。而沉默法课堂的创新表现在其课堂组织形式的特殊性,如有教师对学生课堂表现的间接引导和控制,以及学生自负责任弄清楚语言的构成和运作等,而这些要求在外语课堂实践中对教师、学生均有很高的要求,有效实践的难度较大。

(三) 暗示法

暗示法(Suggestopedia,亦作 Desuggestopedia)是保加利亚心理学家罗扎诺夫(G. Lozanov)[1]在20世纪70年代基于他所创立的"暗示学(suggestology)"而提出的。"暗示学"强调的是暗示对人类行为的影响,而暗示法的语言教学则希望利用这些影响以提高学习的效率。暗示法与众不同之处首先在于其课堂的装饰、家具和布局,以及音乐的运用和教师的权威角色。音乐在暗示法的课堂中占中心地位,它被认为可以让学习者放松,还可以为语言材料的呈现提供结构和节奏。

暗示法的核心学习理念是如果学习障碍和心理紧张被消除(desuggested),学习效率就可以提高。其教学理念大致体现在以下几方面[2]:

- 强调教师的权威性,因为来自权威的信息最能让人记住且影响最深。
- 把学习者的角色孩童化,因为教师的权威性也意味着师生关系如同父母与孩子的关系

---

[1] Lozanov, G. *Suggestology and Outlines of Suggestopedy* [M]. New York: Gordon and Breach, 1978.
[2] Bancroft, 1972,引自 Richards & Rodgers, 2014:319-321.

一样,而且在孩童化角色中的学习者可以重获孩童所拥有的自信、自然和开放。

- 学习者不只是从直接的教学中学习,而且也从课堂环境中学习,因此,明亮的课堂装饰、背景音乐、椅子的形状、教师的个性魅力等都与教学材料同等重要。
- 教师朗读语言材料时的语调、节奏要有变化,一方面可以避免单调重复以免课堂沉闷,另一方面也有助于使语言材料戏剧化和情感化而变得有意义,不至于枯燥无味。
- 语调和节奏的变化要与背景音乐协调一致。背景音乐可以引导学习者进入放松状态,这也是学习的最佳状态,因为这时所有的焦虑和紧张已被释放,而学习新材料所需的精力也已逐渐集中。

暗示法是一种强调暗示对人类行为影响的,并以在课堂教学中结合音乐和朗读进行语言教学为特色的外语教学法。暗示法作为教学技巧,具有明显的作用,但作为教学方法,则缺乏教学大纲、教学内容的系统性,没有系统性的教学理念、教学过程与方法。有些暗示法的质疑者甚至认为暗示法是伪科学,它所取得的某些成功是由于它的安慰作用而带来的[①],但也有学者认为暗示法反映了人本主义教学的理念。[②] 我们认为,分析研究暗示法为什么取得一定的成功要比争论暗示法是否为伪科学更具有建设性意义。

三、建构主义的外语教学理念

(一)建构主义的教学理念

建构主义(Constructivism)教学理论的形成源自认知心理学和社会心理学研究,一般认为杜威(J. Dewey)为其奠定了哲学基础,而推动其发展的主要学者有奥苏贝尔(D. Ausubel)、布鲁纳(J. Bruner)、皮亚杰(J. Piaget)、维果茨基(L. Vygotsky)等。建构主义是一种认为人类的知识源自其经验的心理学知识理论。建构主义强调学习者在学习中的作用,认为学习是学习者的自我建构过程,教师只是学习自我建构活动的引导者、帮助者、评价者。毫无疑问,建构主义的理念把握了学习的过程性特征,因此成为当代教育改革的重要理论基础。

尽管近年来建构主义有不同方向的发展,但它们都有共同的主张,其中包括:

- 知识并不是不变的客观存在,它是随着人类的进步而不断发展的;知识不以实体的形式存在于具体个体之外,它存在于个体学习者基于自己的经验背景而建构起来的不同的理解。
- 学习的过程不是知识由教师向学生的传递,而是学生自己通过寻找意义和规律建构知识的过程。
- 学习过程中,学习者不是被动的信息吸收者,而是主动的知识建构者。

建构主义的课堂教学有以下五大主要指导原则[③]:

- 设置与学生经验背景相关的问题情景。
- 围绕基本概念组织教学。提供学生问题的整体情景,让学生选择各自解决问题的途径,并由此构建他们对概念的各自理解。

---

① Scovel, T. Review of Suggestology and Outlines of Suggestopedy [J]. *TESOL Quarterly*, 13: 255 – 66, 1979.
② Stevick, E. W. *Teaching Languages: A Way and Ways* [M]. Rowley, MA: Newbury House, 1980.
③ Brooks, J. G. and Brooks, M. G. *In Search of Understanding: the Case for Constructivist Classrooms* [M]. Alexandria, VA: Association for Supervision and Curriculum Development, 1999.

- 发现并重视学生的个人观点,因为学生的观点是教师因材施教的切入点。
- 根据学生的现有认识调整教学。
- 在教学过程中评价学生的学习。把教学与评价分离是没有必要也是有失成效的,因为学生的学习更多地反映在教学中(如师生之间、学生之间的互动,以及学生处理观点和材料的方式等)而不是与教学分离的评价测试中。

(二) 建构主义的教学模式

1. 支架式教学

布鲁纳[①]是最早提出支架式教学(scaffolding instruction)的学者之一,他认为支架教学的过程就是先建立情景以使学生容易成功开始学习,然后随着学生逐渐熟练,教师渐次撤除支架,交由学生自主学习的过程。

支架式教学与维果茨基[②]的最近发展区理论密切相关。最近发展区(Zone of Proximal Development, ZPD)指的是儿童现有发展水平与即将达到的发展水平之间的发展区域。儿童独立解答问题时反映的是他们现有的发展水平,而在成人的指导下或与能力更强的同伴合作下完成问题所体现的是儿童即将达到的发展水平。因此,支架式教学就是利用最近发展区进行教学,这也就意味着支架式教学因为给学习者提供了相应的支持而使其获得比独立学习更高的发展水平。

支架式英语教学可以有以下六种教学支架方式[③]:

- 提供学习模板或范例(modelling)。
- 桥接新旧知识与认识(bridging)。
- 基于学生经验背景提供教学内容情景(contextualising)。
- 帮助学生建构图式(schema building)。
- 通过改写、改编、表演等形式重组课文(re-presenting text)。
- 发展元认知学习策略(developing metacognition)。

支架式教学需要特别注意的是,教师不仅要为学生的学习搭建支架,还要帮助拆除支架,在语言运用中不依赖支架。支架在英语学习中的功能就像婴儿的学步车,在婴儿学步的时候可以帮助婴儿学习走路,一旦婴儿会走路了,婴儿就会不再使用学步车。所以,教师应该注意引导学生在掌握语言之后拆除事先搭建的支架。支架式教学的实践要求教师对学生最近发展区有准确了解,而且需要设计多种支架,以基于学生发展而随时更换,同时强调及时撤除支架,以保证学生最终达到自主学习发展,这也恰恰使得一部分学生可能对支架产生长期依赖。

2. 抛锚式教学

抛锚式教学(anchored instruction)是布兰斯福德(J. Bransford)领导的美国范德毕特大学(Vanderbilt University)认知与技术研究小组(Cognition & Technology Group at

---

① Bruner, J. *Child's Talk* [M]. New York: Norton, 1983.
② Vygotsky, L. *Mind in Society* [M]. Cambridge, MA: Harvard University Press, 1978.
③ Walqui, A. Scaffolding Instruction for English Language Learners: A Conceptual Framework [J]. *The International Journal of Bilingual Education and Bilingualism*, 9(2), 159-80, 2006.

Vanderbilt，CTGV)在 20 世纪 90 年代研发的教学模式。① 其主要理念是把学习设定在(或"抛锚"于)有意义的问题情景中以帮助学生发展有效解决问题的思维技能和态度。

抛锚式教学有两大教学指导原则：

• 教学活动应该围绕某种学生感兴趣的真实案例或真实问题情景展开。这些案例或问题情景就是所谓的"锚(anchor)"。

• 教学材料应该包括丰富的资源以便学生搜索相应的问题解决方案(如交互式的音像电脑程序等)。

抛锚式教学强调提供学生思考和解决问题的机会，体现认知建构主义的理念，而它重视小组或合作解决问题则是反映了社会建构主义的理念。在抛锚式教学中，锚的确定需要尽可能准确，从而才可能起到锚的作用，这些锚因学生不同而不同，从而难以用教学大纲、教材的形式确定，需要教师基于所教学生而确定，这也就需要教师付出一定的时间与精力。同时锚定需要较多材料，这也就需要教师付出一定时间与精力选定材料，同时也使得学生需要付出较多时间从可能的锚定材料中发现自己所需的能够真正起到锚定作用的学习材料。

在英语课堂教学中，教师可以随时根据学生生活中的真实事件创设英语学习的相关情境，甚至设计为任务，以帮助学生学习。

建构主义还有随机进入等多种教学方法，也可以在英语学科教学中运用。

请讨论：请就"在外语课堂教学中是否可以运用建构主义的教学指导原则"开展小组讨论，并形成小组结论，与全班同学进行分享。

四、信息技术辅助外语教学的理念

外语教学自作为学科开始就一直使用各种可能的技术作为支持手段，从早期的简单的图表、图片，到录音机、幻灯片，到电视机，一直到当前的信息技术。随着信息技术发展，信息技术逐渐影响人类社会各个领域，包括外语教育。20 世纪 90 年代，查佩尔(C. Chappel)等学者就开始着力探讨计算机辅助语言学习/外语教学(Computer-Aid Language Learning，CALL)的理论与实践，一直到现在，信息技术已经成为英语课堂不可或缺的基本技术形式。

正如查佩尔等指出，信息技术对于外语教学只是起到辅助作用，对学习者真正起作用的还是学习者运用信息技术所开展的学习活动与任务，只是信息技术能提供更好的学习环境、更精准的学习成效分析、更智能的学习活动等。②

信息技术辅助外语教学的发展相当迅速，尚没有出现非常显著的不同流派。信息技术辅助外语教学如何克服数字鸿沟的风险，如何帮助信息技术不足甚至缺乏的学生的外语学习，如何避免技术依赖甚至网络上瘾等问题，是信息技术辅助外语教学亟待解决的问题。

---

① The Cognition and Technology Group at Vanderbilt Anchored Instruction and Its Relationship to Situated Cognition [J]. *Educational Researcher*，1990：19(6)，2-10.

② Cummins, J; Davidson, C. *International Handbook of English Language Teaching* [M]. NY: Springer. 2007：747-762.

表2-1 国外外语教学理念发展

视角	教学方法	产生时代	主要观点	主要不足	代表人物
语言视角的外语教学方法	语法—翻译法	18世纪	通过语法学习和在母语与外语之间的译入、译出活动,培养学生阅读外语文献作品能力。	使用脱离语境的单句进行训练;不重视听说;在外语课堂主要使用母语,导致学生较少接触外语;导致母语—外语交叉联想。	文法学校教师
	直接法	19世纪末	强调口语的首要性,即语言首先是口头语言;强调连贯篇章在教学过程中的中心地位;强调口语教学在课堂的绝对优先权。	过度强调自然环境中母语学习和课堂里外语教学之间的共同之处,在师资和语言环境不足情况下难以实施;严格排斥母语的使用,造成起始学习和需要母语进行解释时的困难。	伯利兹等
	情景法	20世纪20—30年代	教学材料首先呈现的是其口语形式然后才是其书面形式;以外语作为课堂教学语言;在情景中引入和练习新的语言点;根据最常用词汇表确定所教词汇;语法项目按照先易后难的原则分级教授;在学生掌握语法和词汇基础上开展阅读和写作教学。	外语基本结构和句型编排教学大纲,而不是按情景来选择、组织和练习语言;采用模仿和替换等活动训练语句结构,而不是采用情景。	霍恩比等
	听说法	20世纪40—70年代	强调先教听说,后教读写,以对话和操练为课堂基本要素,利用对比分析;强调口语的重要性;对母语和目标语的对比分析可以预计外语学习中的潜在困难和问题,通过精心设计的教学材料进行训练。	其理论基础(结构主义语言学和行为主义心理学)存在理论不足;实践中课堂沉闷,有欠成效,学生通常无法把所学的技能迁移到课堂以外真实的交际活动中。	拉多等
	交际法	20世纪70年代至今	交际原则,认为真实交际的活动有利于语言学习;任务原则,认为为完成有意义的任务而使用语言的活动有利于语言学习。意义原则,认为对学习者具有意义的语言有利于语言学习等。交际法发展形成多种分支,如学科内容教学、任务教学、文本/体裁教学、能力教学等。	强调语言的工具性(交际),对语言的文化内涵强调不足,对语言教学的教育特性强调不足;对教师把握语言交际的语义、语境、语用能力要求较高。	欧洲委员会等
人文视角的外语教学方法	社区化语言学习	20世纪70年代	以学习者为中心,采用心理咨询技术,学习者形成一个学习者社区,进行学习,教师在学生学习需要时提供与其所用母语表达的话语相应的目标语表达。	对教师要求很高,教师需要掌握心理咨询的基本方法;没有教学大纲,教学目的难免含糊,评估也难以开展等。	卡伦等
	沉默法	20世纪60—70年代	强调在课堂里教师应尽可能地保持沉默而鼓励学生尽可能地多表达输出语言,认为是发现或创造促进学习;学习可以因为有实物可依赖而被促进;与学习内容相关的问题探究有利于学习。	没有自己的教学大纲,要求教师对学生课堂表现的间接引导和控制,以及学生自负责任弄清楚语言的构成和运作等实践中均有较大难度。	盖特诺等

(续表)

视角	教学方法	产生时代	主要观点	主要不足	代表人物
心理视角的外语教学理念	暗示法	20世纪70年代	强调教师的权威角色，因为来自权威的信息最能让人记住且影响最深；认为学习者不只是从直接的教学中学习，而且也从课堂环境中学习，强调课堂的装饰、家具和布局；教师朗读语言材料时的语调、节奏要有变化，语调和节奏的变化要与背景音乐协调一致，强调背景音乐的作用。	暗示法作为教学方法，缺乏教学大纲、教学内容的系统性，没有系统性的教学理念、教学过程与方法。	罗扎诺夫
	支架式教学	20世纪80年代	强调基于学生最近发展区进行教学，给学习者提供相应的支持使其获得比独立学习更高的发展水平，包括：提供学习模板或范例；桥接新旧知识与认识；基于学生经验背景提供教学内容情景；帮助学生建构图式；通过改写、改编、表演等形式重组课文；发展元认知学习策略。	对教师要求较高，要求教师对学生最近发展区有准确了解，而且需要设计多种支架，以基于学生发展而随时更换，同时强调及时撤除支架，以保证学生最终达到自主学习发展；同时可能导致学生对支架产生长期依赖。	布鲁纳等
	抛锚式教学	20世纪90年代	强调教学活动应该围绕学生感兴趣的真实案例或真实问题情景展开，以这些案例或问题情景为"锚"展开教学；教学材料应该包括丰富的资源以便学生搜索相应的解决问题的方案。	要求教师付出一定的时间与精力确定锚定内容（真实案例与问题）和学生可选择锚定材料，同时要求学生需要付出较多时间确定能够真正起到锚定作用的学习材料。	布兰斯福德等
技术视角的外语教学理念	信息技术辅助语言教学	20世纪90年代	信息技术能提供更好的学习环境，更精准的学习成效分析，更智能的学习活动等。	信息技术辅助外语教学的发展相当迅速，尚没有出现非常显著的不同流派。信息技术辅助外语教学如何克服数字鸿沟的风险，如何帮助信息技术不足甚至缺乏的学生的外语学习，如何避免技术依赖甚至网络上瘾等问题，是信息技术辅助外语教学亟待解决的问题。	查佩尔等

实 践

 请你回答

1. 根据本节理论，你可以为 M 老师提供什么建议以替她解开无内容可教之愁？

2. 你认为什么样的教学法才是最佳的教学法？

请扫描二维码
查看参考答案

 请你分析

请根据本节对教学法流派的介绍，分析以下教学活动：

教学步骤	教师活动	学生活动
启动教学	向学生问好：Hello! Everyone!	向教师问好：Hello!
引入教学	使用含以 who 引导的定语从句的句子描述班内的部分学生，如 He is among those who play football every afternoon。	根据老师对同学的描述，猜测老师所描述的是谁。
讲解分析	把刚才说过的含定语从句的句子写在黑板上，并邀请学生观察其中的共同点和不同点。	观察黑板上的句子，归纳分析其特点。
呈现任务	向学生介绍任务：奥运会需要选拔志愿者，请大家为选拔制订一个标准。要求学生讨论时使用定语从句。	思考如何完成任务。
完成任务	观察、指导学生，在学生需要时提供适当的帮助。	分组讨论。
小结巩固	要求学生把刚才用过的定语从句写下来。	写下刚才自己使用过的定语从句。

请你设计

请为以下课文的教学设计一个运用任务：

选自：人民教育出版社课程教材研究所英语课程教材研究开发中心. 英语（高中必修一）[M]. 北京：人民教育出版社，2007：2.

第二节　国内英语教学主要理念

思　考

现象反思

N 老师从事高中英语教学多年,他非常敬业,不过,近些年他有些抱怨,说备课越来越难,课越来越难上:"教材语法讲解过于简单,练习也不够,因此要费时费力补充很多材料;同时教材的活动安排太多,浪费了不少时间。"

你认为 N 老师产生抱怨的原因何在?

学习目标

学习本节后,你能:
1. 了解我国外语教学的历史发展及其所受到的影响;
2. 基本掌握我国 21 世纪的英语教育教学新课程理念;
3. 根据英语课程培养的学生核心素养理念分析评价一节英语课的教学。

本节结构

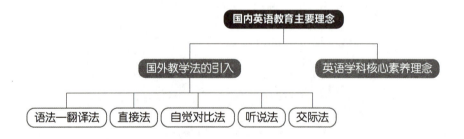

学　习

我国在 20 世纪初期规定在中学开设外语课程,语法—翻译法也随之进入我国英语课堂教学。其后,国外的其他外语教学法先后被引进我国,包括直接法(民国时期)、自觉对比法(20 世纪 50 年代)、听说法(20 世纪 60 年代)、交际法(20 世纪 80 年代)。

与其他很多领域一样,20 世纪同样见证了我国英语教育领域逐渐与国际接轨的过程。在此过程中,我国英语教育的思想主要反映在不同时期所制订的教学大纲和课程标准上。这些文件在反映国际上语言教学思想发展的同时,也体现了我国学者结合我国国情所提出的英语教育教学主张。值得指出的是,自 20 世纪 80 年代后,有学者积极实验,先后独立提出自己的外语教学法。

进入 21 世纪后，我国推行新课程改革，新的课程标准也由此成为反映当前我国英语教育思想的标志性文件。

一、借鉴国外外语教学理念

（一）语法—翻译法

语法—翻译法在我国外语教学的应用是随着 20 世纪初外语课程在中学开设而开始。我国的英语教学最早可以追溯到 1862 年创办的京师同文馆，但大范围的教学一般认为始于 1902 年清政府颁布的《钦定中学堂章程》，该章程首次把"外国文"列入中学堂的课程门目表。

1904 年的《奏定中学堂章程》在其中的"分科教法"建议"当先审发音、习缀字，再进则习简易文章之读法、译解、书法，再进则讲普通之文章及文法之大要，兼使会话、习字、作文"。其中对语法和翻译的重视显然反映了当时语法—翻译法的影响与地位。据一些学者回忆，翻译在清末的英语课堂教学中是常用的教学手段，换言之，语法—翻译法是当时大部分教师所采用的方法。[①]

民国期间，尽管有学者努力宣传和推广直接法，但语法—翻译法在实际英语教学中仍然占有主导的地位。新中国成立之后，我国的外语教学广泛采用源自苏联的自觉对比法，这是一种与语法—翻译法一脉相承的教学法。我国外语教学以语法—翻译法为基本路子的局面直至 20 世纪 80 年代后才逐渐被改变。

（二）直接法

在我国把外语课程引入中学课堂的时候，语法—翻译法在欧洲已经备受改革运动学者质疑，而直接法也已在美国广为人知，并在法国和德国获得官方认可。1911 年后，不少学者开始主张推广直接法，其中最突出的是张士一。1922 年张士一编著的《直接英语教学法》由中华书局出版，其后于 1930 年参与商务印书馆的直接法教材《初中直接法英语教科书》的编写并亲自进行教学实验和培训直接法教师。

1923 年民国实行新学制，中小学各学科分别制订课程纲要，张士一等学者主张直接法的努力在外语的纲要中得到体现。由胡宪生起草的《新学制课程纲要初级中学外国语课程纲要》中，明确推荐具有直接法特征的教授方法：[②]

(1) 应注重反复练习，使能纯熟；

(2) 多用直接会话，减少翻译；

(3) 在学生已经学习的范围内鼓励学生自由应用；

(4) 耳听，口说均须注重；

(5) 随时提示文法，使能切实应用；

(6) 随时指导学习的方法。

朱复起草的《新学制课程纲要高级中学公共必修的外国语课程纲要》也同样反映直接法

[①] 何广铿. 英语教学法基础[M]. 广州：暨南大学出版社. 1996：37.
[②] 本部分及 44 至 45 页引述内容参考了：课程教材研究所编，《新中国中小学教材建设史 1949—2000 研究丛书》总论卷与英语卷的内容，可参见人民教育出版社网站。

的观点。不过,如前所述,直接法在民国的实际课堂教学中没有得到广泛的采用,此后也没有在我国的外语教学中得到再次的推广。

(三) 自觉对比法

自觉对比法(Conscious-comparative Method)是源自苏联的外语教学法,20 世纪 50 年代是其鼎盛时期。十月革命之后,苏联就主张建立自己的外语教学法体系,其后,自觉对比法被提出来。

苏联建立外语教学法的指导思想是以理论指导实践,因此,结合苏联教育学所提出的自觉性原则,外语学习活动被认为是一种在语法规律指导下进行的自觉活动。另一方面,斯大林在 20 世纪 50 年代发表《马克思主义与语言学问题》,提出语言与思维不可分割的主张,因而苏联外语教学界提出在外语教学中要依靠母语的原则。基于此原则,母语和目标语的对比成为外语教学的基本方法。

自觉对比法主要有以下课堂教学特征:

- 语法教学是外语课堂教学的重要内容,因此,课堂时间大多用以讲解、分析和提问有关语法规则。
- 母语和目标语言的对比分析是新课教学的重要环节,而翻译练习也被看作巩固和熟练掌握所学语言知识的重要方法。
- 以阅读教学为中心,在阅读的基础上开展听、说、写的训练。
- 为了让学生彻底理解所学的外语,强调由简入繁的课堂教学顺序,因此,一般由单词开始教学,继而操练词组,最后是复用和活用的造句练习。

在新中国成立之初,我国在政治、经济等多方面都明显地受到苏联的影响,很多领域甚至直接套用苏联的模式。因此,自觉对比法在 50 年代被广泛介绍、提倡和推广。由于它与语法—翻译法之间的继承和发展关系,自觉对比法从这个意义上说延续了语法—翻译法在我国的应用和影响。

(四) 听说法

听说法在 20 世纪 60 年代曾在我国一些高等学校和中学得到提倡,并出现强调听说领先的热潮。其中反映当时结构主义语言学思想且影响较大的是许国璋主编的大学英语教材《英语》,该教材在 20 世纪末仍被通俗地称为"许国璋英语"而广为使用,尤其是作为考试指定用书。不过,"当听说法在 1964 年引进时,我们只注意了方法方面的问题,对于学习内容和以学生为中心的学习策略等方面都未能涉及"。[①]

听说法的影响可见于 1978 年的《全日制十年制中小学英语教学大纲(试行草案)》。这是经历"文化大革命"之后的第一个全国性教学大纲,也是我国首次包括小学和中学两个学段的教学大纲。其中,"先听说,后读写"在"教学原则"部分提出,句型练习则被认为能"提供典型结构,是进行基本语法项目教学的有效方式"。这些理念都在根据此大纲编写的初、高中教材中有所反映,如 1979 年和 1984 年出版使用的全日制十年制学校初中、高中英语课本及其后来的修订版。

---

① 何广铿. 英语教学法基础[M]. 广州: 暨南大学出版社, 1996: 39.

（五）交际法

自 1978 年开始改革开放后，交际法逐渐被介绍并引入我国。交际法的理念最早在我国教学大纲上的反映是 1986 年的《全日制中学英语教学大纲》和《大学英语教学大纲》。其中，《全日制中学英语教学大纲》在"教学原则"部分提出"着重培养学生运用语言进行交际的能力"。

明显体现交际法影响的是 1988 年制订的《九年制义务教育全日制初级中学英语教学大纲(初审稿)》。该大纲在"教学目的"部分明确指出"义务教育全日制初级中学英语教学的目的，是通过听、说、读、写的训练，使学生获得英语基础知识和为交际初步运用英语的能力"。该大纲最引人注目的是教学内容具体材料的附表一就是"日常交际用语简表"。经过实验，该大纲于 1992 年正式颁发为《九年制义务教育全日制初级中学英语教学大纲(试用)》。

不过，交际法理念在我国中小学英语课堂教学中的普及是从推广使用依据 1988 年和 1992 年教学大纲编写的教材开始的。在国家一部教学大纲下允许多本教材选择使用的"一纲多本"政策推动下，交际法的教学理念也随着各出版社的教学参考书以及其他教学辅助材料的使用逐渐被一线中小学英语教师所熟悉。

请分析：请分析一节中小学英语课，说明以上五种教学法对这节课的影响。

二、基于中国实践的外语教学理念

我国外语教育工作者在我国外语实践中逐渐开始探索基于中国外语教育实践的外语教学理念，如陈琳的辩证外语教育理念、张正东的立体外语教学法等。[①][②]

进入 21 世纪后，教育部推行面向 21 世纪的新的基础教育课程体系，其中英语课程的主要纲领性文件包括《全日制义务教育、普通高级中学英语课程标准(实验稿)》(教育部，2001)、《普通高中英语课程标准(实验)》(教育部，2003)等和其后的修订版《义务教育英语课程标准(2011 年版)》、《普通高中英语课程标准(2017 年版)》、《普通高中英语课程标准(2017 年版 2020 年修订)》、《义务教育英语课程标准(2022 年版)》等文件。这些课程标准基于我国英语教育实践，提出了我国进入 21 世纪后的主流的英语教育思想，其核心为以英语课程培养的学生核心素养为课程目标的英语教育理念，具体表现在教育观、语言观、语言学习观等方面。

（一）教育观

1. 全人教育观

20 世纪 80 年代中叶，国际教育界逐渐形成全人教育(holistic education)思潮，以反对当时主流教育学科过分细化且缺乏关联的机械化的教育观。尽管在后来的发展中人们从不同的角度去定义和理解全人教育，但基本的共识是教育要以促进学习者的潜能发展为目标。换言之，教育要帮助学生尽其可能地发展，这也就需要教育关注学习者个体在身体、智力、情

---

① 陈琳. 辩证实践外语教育途径[M]. 北京：教学与研究出版社，2013.
② 张正东. 外语立体化教学法的原理与模式[M]. 北京：科学出版社，1999.

感、精神等各方面的整体发展。①

我国21世纪颁布的英语课程标准反映了全人教育观,例如在《义务教育英语课程标准(2022年版)》中的表述从上一版的"注重素质教育,体现语言学习对学生发展的价值""面向全体学生,关注语言学习者的不同特点和个体差异"变为"发挥核心素养的统领作用",而在《普通高中英语课程标准(2017年版)》的"基本理念"部分则有"发展英语学科核心素养,落实立德树人根本任务"②"构建高中英语共同基础,满足学生个性发展需求"等。因此,英语课程的任务不只是培养和发展学生的语言能力,还包括文化意识、思维品质、学习能力等核心素养,培养具有中国情怀、国际视野和跨文化沟通能力的社会主义建设者和接班人。

我国的教育素有强调学习者德、智、体、美、劳等各方面全面发展的传统,21世纪课程标准在学科课程内对全面发展的强调显然推进了人们对全人教育观的理解。

2. 终身教育观

终身教育(lifelong learning)强调的是教育应该贯穿人的一生的教育思想。我国素有"活到老,学到老""学无止境"等朴素的终身教育思想。自20世纪末人类社会逐渐进入知识经济时代,仅靠年少时的学校教育已无法满足终身需要,终身教育因而成为国内外教育界讨论的主题。一如我国的传统所说"授人以鱼,不如授人以渔",培养学生学会学习、自主学习能力因而也成为人类教育的重要目标。

我国《义务教育英语课程标准(2022年版)》明确指出"义务教育阶段的英语课程体现工具性和人文性的统一","……为学生的终身学习、适应未来社会发展奠定基础",而《普通高中英语课程标准(2017年版)》也明确"必修、选择性必修和选修相结合的课程结构有利于学生全面而有个性的发展,为学生终身学习奠定基础,也为学生适应未来社会生活、接受高等教育和规划职业做准备"。此外,终身教育理念还体现在课程目标、课程内容、实施建议等更多具体描述中,尤其是对学习策略、学习能力方面的描述。

3. 核心素养发展观

2018年1月教育部颁布了《普通高中英语课程标准(2017年版)》,这是我国首个基于核心素养的英语课程纲领性文件,也是把核心素养发展观纳入我国英语新课程理念的标志性文件。该课程标准以及其他普通高中学科课程标准的颁布意味着我国新一轮教育教学改革的正式展开。为落实立德树人的教育根本任务,自2013年以来,我国先后启动中国学生发展核心素养的研制和普通高中课程标准的修订,由此拉开我国基于核心素养的教育教学改革序幕。这一轮改革呼应了多个国际组织、世界主要国家和地区自20世纪末以来在全球化与信息化背景下展开的核心素养(或关键能力)研究与探索。③ 核心素养的相关理论研究与教育实践探索逐渐形成21世纪教育的核心素养发展观,即主张面向未来,培养和发展学生的核

---

① Rudge, L. T. Holistic Education: An Analysis of Its Pedagogical Application [D]. Doctoral dissertation. The Ohio State University, Ohio, 2008.
② 学术界对"学科核心素养"的说法有不同的学术观点,除引用文献中的原有表述外,本书在表述中一般不采用"学科核心素养"一词。
③ 参阅,e.g. Organisation for Economic Co-operation and Development (OECD). *The Definition and Selection of Key Competencies*: *Executive Summary*. 2005. Retrieved April 22, 2010 from www.oecd.org/dataoecd/47/61/35070367.pdf.

心素养,以使他们成功融入未来社会并推动整个社会健康发展的教育思想。

基于2001年以来的课程改革的经验与发展,《普通高中英语课程标准(2017年版)》基于学科本质凝练了英语学科的核心素养,明确了学生学习英语课程后应达成的正确价值观、必备品格和关键能力,并把普通高中英语课程的具体目标列明为培养和发展学生的语言能力、文化意识、思维品质、学习能力等应培养的学生核心素养。

(二) 语言观

我国21世纪英语课程标准体现的是交际语言观,这方面最突出的体现是对英语课程目标的描述。《普通高中英语课程标准(2017年版)》把培养具有中国情怀、国际视野和跨文化沟通能力的社会主义建设者和接班人列为英语课程的总目标,而对具体核心素养目标中的语言能力目标描述也落脚于"有效地使用口语和书面语表达意义和进行人际交流"。这既承接也发展了进入21世纪首个英语课程纲领性文件《全日制九年义务教育·普通高中英语课程标准(实验稿)》(2001)以培养学生综合语言运用能力为基础教育英语课程总体目标的表述。此外,《普通高中英语课程标准(2017年版)》把主题语境、语篇类型、语言知识、文化知识、语言技能和学习策略列为英语课程内容的六要素,并明确列明主题语境与语篇类型的具体内容要求,呼应了之前英语课程标准提供《功能意念项目表》和《话题项目表》的做法。这些都明显地反映了交际语言教学的特征。

以下是我国21世纪课程标准所体现的语言观的一些特征:
- 语言是表达意义的系统。
- 语言的首要功能是交际。
- 语言的基本单位不仅是它的语法和结构特征,也是它在语篇中的功能和交际意义。
- 语言教学的目标是培养学生的综合语言运用能力或跨文化沟通能力。
- 语言的运用能力就是能运用语言做事。
- 综合语言运用能力或跨文化沟通能力涉及语言知识、文化知识、语言技能、学习策略、交际策略、情感态度、文化意识、思维品质等。

(三) 语言学习观

1. 运用原则

在交际语言教学中,一直存在弱式和强式两种交际语言教学观,前者可以描述为"学会运用(learning to use)"目标语言,而后者则是"通过运用目标语言去学习目标语言(using to learn)"。[①] 自20世纪90年代以来,当前的交际语言教学更多地把学会运用目标语言作为其语言观来认识,而通过运用去学习目标语言则逐渐成为交际语言教学的默认语言学习观。具体来说,当前交际语言教学的语言学习观包括交际、任务、意义等方面原则,也就是说,如果让学生参与真实交际的活动,或为完成有意义的任务而运用语言,或使用对学生来说是有意义的语言都有利于语言的学习。[②] 这些原则同样体现在我国21世纪英语课程标准中。换

[①] Howatt, A. *A History of English Language Teaching* [M]. Oxford: Oxford University Press. 1984:279.
[②] Richards, J.C. and Rodgers, T. *Approaches and Methods in Language Teaching (3rd Edition)* [M]. Cambridge: Cambridge University Press, 2014:90.

言之，我国英语课程新理念的语言学习观首先体现的是运用原则。

2. 探究原则

我国 21 世纪英语课程标准除了体现当前交际语言教学的语言学习观外，还在此基础上反映来自其他领域的学习观。这包括探究原则，即语言发现、探究活动有利于语言学习。《普通高中英语课程标准（2017 年版）》明确指出"探究式学习注重对过程和概念的探究与发现方式，是学生获得结构化知识、发展分析问题和解决问题能力的重要途径"，并把引导学生参与主题意义的探究活动作为构建与课程目标一致的教学方式之一提出，强调"学生对主题意义的探究应是学生学习语言的最重要内容，直接影响学生语篇理解的程度、思维发展的水平和语言学习的成效"。

3. 整合原则

整合原则是我国 21 世纪英语课程标准反映的另一重要语言学习原则，指的是有关联性、综合性和实践性的整合学习活动有利于语言学习。整合学习是"基于学生学习的视角，把学生的知识学习、技能发展、素养发展等整合到一个主题下，而且是真实的情景中，以让学生在此情境中参与相应的活动，获得学习发展"。①《普通高中英语课程标准（2017 年版）》提出以培养学生核心素养为目标的英语学习活动观，"具体而言，指向学生学科核心素养的英语教学应以主题意义为引领，以语篇为依托，整合语言知识、文化知识、语言技能和学习策略等学习内容，创设具有关联性、综合性和实践性的英语学习活动，引导学生采用自主、合作的学习方式，参与主题意义的探究活动，并从中学习语言知识，发展语言技能，汲取文化营养，促进多元思维，塑造良好品格，运用学习策略，提高学习效率，确保语言能力、文化意识、思维品质和学习能力的同步提升"。我国新英语课程理念的整合原则除了体现交际语言教学的语言学习观以外，也反映了当前国际上整合学习（integrated learning）的教育学理念。

4. 自主原则

我国首个基于核心素养的英语课程纲领性文件《普通高中英语课程标准（2017 年版）》把学习能力与语言能力、文化意识、思维品质一起列为英语课程培养的学生核心素养课程目标，并把学习策略作为课程内容的六要素之一明确提出。如前所述，这体现了我国 21 世纪英语课程标准的终身教育观，而从语言学习观的角度看，则反映的是自主原则，即认为自主学习以及学习策略的运用有利于语言学习。

自主学习（learner autonomy）指的是学习者自觉为自己的学习负责②，因此，学习策略的运用是自主学习的一种体现。人们对自主学习和学习策略的关注源于对学习者差异（尤其是成功学习者）的研究，一般认为语言学习者的成功通常与其自主学习和有效运用学习策略相关。《普通高中英语课程标准（2017 年版）》强调"有效使用学习策略有助于提高学生学习英语的效果和效率，有助于学生发展自主学习的习惯和能力"，显然是其语言学习观中自主原则的反映。

---

① 张荣干. 基于真实任务的英语整合学习路径探究[J]. 兴义民族师范学院学报，2017(6)：95—101.
② Holec, H. *Autonomy and Foreign Language Learning* [M]. Oxford: Pergamon Press, 1981.

实　践

 请你回答

1. 你认为 N 老师称"教材语法讲解过于简单，练习不够，活动安排太多"的主要误区是什么？

2. 反思你所知道的老师的英语教学，你认为他的教学是否体现了新课程标准的理念？

 请你分析

分析以下教材内容是如何体现新课程标准的教育观、语言观、语言学习观。

选自：人民教育出版社课程教材研究所英语课程教材研究开发中心. 英语（高中必修一）[M]. 北京：人民教育出版社，2007：8.

请你设计

请根据以下对话材料，设计一个探究学习活动。

John：Hi, Amy.

Amy：Hello, John. Come in. My dad's waiting for you.

John：Oh, yeah? You know, I want to ask …

Amy：Yes, I've told my dad everything.

John：Well …

Amy：Don't worry … Daddy, this is John Green.

Mr. Anderson：Nice to meet you, Dr. Green.

John：Nice to meet you, Mr. Anderson.

Mr. Anderson：Please take your seat.

John：Thank you.

Mr. Anderson：Now Dr. Green. Amy told me that you need

请扫描二维码
查看参考答案

some help.

John: Yes, Mr. Anderson. I was wondering if …

本章小结

自 19 世纪 40 年代语法—翻译法形成以来,国外主要的外语教学思想流派按其兴盛时期顺序大致还有直接法、情景法、听说法、人本主义的教学法、交际法等。其中自 20 世纪 70 年代交际法兴起以来,语言教学就进入了一个交际时代,即在交际法的基本原则和理念的基础上发展并由此形成学科内容教学、任务教学、文本教学、能力教学、自然法等多种当前的交际语言教学形态。从 20 世纪 90 年代开始,对放之四海而皆准的最佳教学法的追寻受到质疑,学界也更多地主张在遵循语言教育教学基本规律与基本原则的基础上因地制宜、创造性地运用各种教学法。

我国的外语教学发展始于清末。20 世纪初,语法—翻译法也随之被引入我国。尽管民国期间直接法被引进并得以倡导,但实际的教学仍以语法—翻译法为主。新中国建立后,源自苏联的自觉对比法在 20 世纪 50 年代被引入我国并受到广泛倡导和应用。这一种与语法—翻译法有继承和发展关系的教学法延续了语法—翻译法在我国外语教学中的影响。听说法、交际法分别在 20 世纪 60 年代和 80 年代被介绍到我国,至 90 年代初通过推行体现交际法理念的中小学教材,交际法逐渐进入我国广泛的中小学英语课堂。

我国英语教育的思想主要体现在不同时期所制订的教学大纲和课程标准上。进入 21 世纪,教育部颁发的课程标准反映了我国当前的英语教育思想,相应课程改革的推进广泛倡导了全人教育观、终身教育观、核心素养发展观以及交际语言观和语言学习观等新课程理念。

进一步阅读建议

Richards, J. C. and Rodgers, T. *Approaches and Methods in Language Teaching (3rd Edition)* [M]. Cambridge: Cambridge University Press, 2014.

教育部.2012.义务教育英语课程标准(2011 年版)[S].北京:北京师范大学出版社.

教育部.2018.普通高中英语课程标准(2017 年版)[S].北京:人民教育出版社.

第三章
中小学英语教学要素

教学离不开教师,更需要学生,还需要教学内容、教学环境,这些是教学的基本要素。本章主要解读中小学英语教学中的学生、教师、教学内容和教学环境等要素,使读者对中小学英语教学要素具有一个整体认识和把握,促进中小学英语教学有效进行。

第一节　学生

思　考

现象反思

K老师是一名刚刚入职的初中英语教师,她发现一个让她十分困惑的现象:尽管她上课时尽可能公正对待每一个学生,但有的学生英语学得又快又好,而有的则学得既慢又未能真正掌握,有的学生解决问题时策略较为成熟,而且能考虑各种不同的假设,而有的则完全不知所措,毫无策略意识。

你认为是什么导致了这一现象?

学习目标

学习本节后,你能:
1. 掌握学生的角色定位;
2. 明确中小学学生存在的个体差异;
3. 掌握成功语言学习者具有的共同特点;
4. 了解外语学习者策略的内涵、分类及培养步骤。

本节结构

学 习

教学是否真的发生,在于学生是否真的进行学习。探讨教学要素,首先必须分析的要素当然是学生。

一、学生的角色定位

中小学英语教学应面向全体学生,为学生全面发展和终身发展奠定基础,以学生学习为核心,强调培养学生学习的愿望、习惯和能力,倡导学生积极主动的学习方式,关注学生自我评价、评价激励、反馈和调整功能。这些都赋予了学生新的角色意义。

(一)主体(subject)

学习是学生的行为,学生是学习的主体,从而也是教学活动的主体。学生在教师指导下,在教学环境作用下,探索、发现、吸收和内化知识,逐步构建自己的知识体系,通过实践发展自己的能力,发展核心素养。在学生学习过程中,学生自己起到主体作用,其他要素起协助作用。

(二)参与者(participant)

学生是学习的主体,在教师的教的活动中,学生是参与者。学生在教师引导下,参与教学过程,认真听教师讲授,全面理解教师教授的内容,及时反馈自己的理解程度,接受教师对自己掌握程度的评价。没有学生的参与,教师的教的活动就无法真正进行。

同时,学生也是其他同学的学习活动的参与者,包括参与小组学习等,也包括参与对其他同学学习的同伴评价反馈等。

(三)合作者(cooperator)

教学活动是一种互动活动,包括师生、生生、学生与学习内容和学习活动之间、学生与和教学环境之间(尤其是信息技术时代的技术环境)、学生与评价活动之间的互动。学习过程是合作的过程,在合作中,各要素彼此促进,共同推进。

小组合作学习中,学生也是合作者。

(四)反馈者(feedbacker)

学生按照教师要求参与评价反馈活动,反馈自己的学习进展与掌握程度。学生也作为自主学习者自主进行评价反馈,尤其是基于互联网的自主学习,可以进行有效、全面的反馈。

同时,学生根据自身的学习经历和教学法的适用性向教师提出建议,协助教师就相关问题改进和完善教学内容和教学方法,以此促进教学。

二、学生的个体差异

教育的根本目的在于培养人,这就要求教育者必须掌握学生生理、心理发展的规律和个体差异。由于中小学学生的个体差异,尤其在学习动机、学习态度以及自身性格等方面的差异,使他们理解和掌握新知识的速度和程度不同。根据学生的个体差异制定教学计划,选择适合的教学材料和方法,具有重要的实践意义。学生个体存在以下几方面的差异,对英语教学成效影响较为显著。

(一) 语言潜能

语言潜能(language aptitude)本质上是指语言学习潜能。语言学习潜能指的是个体学习者能否学好另一门语言的能力特征。卡罗尔和萨彭(J. B. Carroll, S. M. Sapon)研制的"现代语言学习潜能测试(Modern Language Aptitude Test,以下简称'MLAT')"认为,语言学习潜能的主要由以下四方面能力构成[①]:

(1) 语音编码能力,即能以某种方式解码外语语音并在随后回忆起来的能力;
(2) 语法敏感性,即识别语句中语词的语法功能的能力;
(3) 归纳学习能力,即确定形式和意义的对应与关系的能力;
(4) 记诵学习能力,即形成并记忆刺激之间关联性的能力。

语言学习潜能是学习者一组重要的个体差异要素,是与语言学习过程相关的一组认知能力。它是预测语言学习成功的一个关键指标,同时也是当前人们探索交际语言教学(communicative language teaching)的重要视角。因此,讨论语言学习潜能的目的除了思考利用语言学习潜能判断谁是可能的成功学习者外,更重要的是探索如何利用语言学习潜能促进语言学习的成功。所以,教师首先要注意到,每一个学生都有语言学习潜能,只是重点领域、优势程度不同而已;其次,关注学生的语言学习潜能,是要发现其语言学习潜能促进其语言学习的领域,而不能因此制约学生的语言学习;最后,不能过于强调语言学习潜能对语言学习的制约作用,语言教学依然必须坚持"有教无类"的思想。

(二) 性格

性格指一个人对现实的态度和行为方式表现的比较稳定但又可变的心理特征,是学生的重要情感因素,也是决定其外语学习成功与否的关键因素之一。

人的性格常分为内向型和外向型。一般而言,外向型学生有利于交际方面的学习,因其喜欢交际,不怕出错,能积极参与外语学习活动并寻求更多的学习机会;而内向型学生在发展认知型学术语言能力上更占优势,因其善于利用沉静的性格从事阅读和写作。分析和研究学生性格差异的最终目的是使教师充分了解学生的个体差异和不同的心理状态,发挥不同性格学生的优势,因材施教,以获得更理想的教学效果。

(三) 认知风格

认知风格是人在信息加工(包括接受、储存、转化、提取和使用)过程中表现出来的认知组织和认知功能方面持久一贯的风格。不同学习个体有不同的认知风格,不同认知风格各有其优势和劣势,但这并不代表学生的学习成绩有差别。他们有各自偏爱的信息加工方式,在学习不同材料时会各有所长。当学生的认知风格与教师的教学风格、学习环境中的其他因素相吻合时,其学习成绩会更好。认知风格同样影响学习策略和教学策略的选择。教师应了解并尊重学生不同的认知类型,针对不同的学习任务和学习环境因材施教,妥善引导,

---

① Carroll, J. B. *Cognitive Abilities in Foreign Language Aptitude: Then and Now*. In T. S. Parry & C. W. Stansfield (Eds.) *Language Aptitude Reconsidered* [M]. New Jersey: Prentice-Hall, 1990: 11-29.

使自己的教学特点与学生的需要有机联系,进而取得良好的教学效果。

(四)情感因素

中小学学生在学习过程中受到个人情感因素的影响,如学习动机、兴趣、态度等。

1. 学习动机

学习动机是指激发个体进行学习活动,维持已引起的学习活动,并使行为朝向一定学习目标的一种内在过程或内部心理状态,是直接推动学生进行外语学习的内部动力,是影响外语学习成绩的一个关键因素。

学习动机来源于学习活动,也是学习活动得以发动、维持、完成的重要条件,并由此影响学习效果。有强烈动机的学生,学习外语目的明确,热情持久,专心致志,积极向上,成绩较好。而缺乏学习动机必然负面影响学习效果。

学生学习动机的影响因素有很多,通常归纳为内因和外因,即内部动机和外部动机。具有内部动机的学生一般是思维发展水平较高、学习能力较强的学生。这部分学生学习的自觉性强、觉悟高,学习动机也较正确。具有外部动机的学生学习基础存在不足,自觉性有待加强,在学习上处于被动状态。教师不仅要培养学习者学习外语的动机,而且还要在教学中利用一定的诱因随时激发学习者已形成的动机,使学习者已形成的动机由潜伏状态转入活动状态,成为推动学习的内部动因,从而调动学习的积极性,来完成当前的学习任务。

2. 兴趣

兴趣是指趋向某一对象活动的内在倾向。这种倾向是在社会实践中产生和发展起来的。兴趣可以分直接兴趣和间接兴趣两种类型。对学习本身感到需要而产生的兴趣就是直接兴趣;对学习将取得的结果感到需要而产生的兴趣就是间接兴趣。

智商高的学生如果缺少学习兴趣,学习效果就一般;而智商一般的学生由于内在学习兴趣的推动,继而产生比之前更大的学习动力,经过努力,却可以获得优异成绩。学习兴趣不是与生俱来的,它是通过多种教育机制加以培养形成的。

学生刚刚开始学习英语之时,一般都表现出浓厚强烈的兴趣。而随着语言难度加大、需要记忆内容增多、活动要求提高、评价内容增多,绝大多数学生都会出现兴趣下降。一方面教师要呵护学生一开始学习英语时的兴趣,使学生兴趣尽可能持续;另一方面,教师要客观面对学生的兴趣衰减,引导学生用英语开展感兴趣的活动,从而扩展学生基于兴趣学习英语的广度。如初二学生可能不再对英语有浓烈兴趣,但可能依然对足球比赛有浓烈兴趣,教师则可以引导学生提高英语,以了解足球新闻、俱乐部历史等,扩展学生英语学习兴趣的广度。从而,既要努力"将英语学习兴趣化",更要加强"将学生已有兴趣英语化",促进学生的英语学习兴趣的形成、发展和稳定。

3. 态度

态度是对某种活动具有明确的目的性或为达到该目的而作出的一定努力的心理倾向,是影响外语学习的重要因素之一。从态度倾向性,分为积极、消极态度以及两者之间的中间状态。从内容看,态度包括:认知成分,即对某一目标的信念;情感成分,即对某一目标的好恶程度;行为意向成分,即对某一目标的行动意向及实际行动(Van Els et al, 1973)。斯特恩

(Stern)区分了外语学习中的三种基本态度：(1)对目的语社团和本族语的态度；(2)对学习该语言的态度；(3)对语言和学习语言的一般态度。一般来说，对其他民族文化抱有好感，向往其生活方式，渴望了解其历史、文化和社会习俗的学生对其文化与语言会持积极态度，可以获得良好的学习效果。相反，对某外在文化抱有轻蔑、厌恶甚至仇视的态度的学生，一般很难认真地了解该文化并学好语言。此外，学生对学习材料、教学活动的组织形式及对教师的态度都会影响其外语学习效果。

人的态度是可以转变的，引导学生从消极态度向积极态度转变，是教师的职责。外语教育要引导学生形成正确的文化态度，既要避免崇外媚外、妄自菲薄，也要避免闭关自守、妄自尊大，引导学生形成自主开放、求同存异、尊重差异的态度。

> **请分析：** 你认为外语学习态度有哪些类型？态度是可以改变的吗？怎样才能改变英语学习的消极态度，培养积极态度呢？你自己用过哪些方法改变自己的学习态度？它们的效果如何？

（五）学习优势

无论什么要素，都可以成为促进学生学习的优势，也可能形成制约，即使是通常具有显著促进作用的潜能、兴趣、动机等，亦是如此。

所谓优势，就是一个人持续以近乎完美的水平完成具体任务的能力，学习优势就是学习者持续以近乎完美的水平完成具体的学习任务的能力。优势来源于内在因素和外在因素，内在因素是人先天获得的天分等，外在因素是外在环境因素。这些因素并非必然是优势，因为只有这些因素得到充分运用，方才可能成为优势。[①]

用一个公式表示，就是：

$$\frac{\text{内在优势要素与外在优势要素}}{\times \text{运用}(\text{投入时间、精力、资源等，运用天分与环境，主动追求自我发展的行为})}$$
$$\text{优势}(\text{人持续以近乎完美的水平完成具体任务的能力})$$

显然，要素本身并不就是优势，要素在学习中充分运用，才能成为学生的英语学习优势。对于内在因素，我们可以直接观察发现学生已经表现出来的优势，包括学生在行为中已经表现出但自己却不知的优势，同时我们可以通过观察之后对学生行为进一步询问，发现学生的潜在优势。若班级较大、学生较多，或者教师对于通过观察和询问发现优势的方法尚不能自如运用，或者希望获得关于优势的客观分析，则可以使用问卷。对于外在因素，我们可以通过客观分析发现。

三、成功语言学习者的学习策略

应用语言学家和外语教学法研究人员发现，有一部分学生是成功的语言学习者，无论教师采用什么教学方法，他们都能学好语言。这些成功的外语学习者具有一些相同特点：他们是积极的语言实践者、运用者，对使用语言有强烈的愿望；他们注意语言的形式，也重视语言

[①] 鲁子问. 试论优势教育[J]. 教育科学研究. 2015(03)：5—10.

形式的意义;他们能利用语言知识对自己的表达进行监察,发现错误时会去改正;他们有自己的学习策略,能通过语言的线索、猜测意义去解决矛盾,创造性地学习。成功的语言学习者能够掌握并善于运用学习策略,因为学习策略有助于提高他们的语言学习水平。

(一)学习策略的内涵及分类

外语学习策略的研究是以一般学习策略的研究为基础的,是学习者为了获取学习机会、更加有效地学习、巩固学习成果、解决言语习得过程中和交际中的问题而做出的各种反应以及采取的策略。

学习策略可依据不同的标准分为不同的类别,根据其是否对学习过程产生直接影响,可分为学习策略、交际策略和社交策略。根据学习者对外语本质和过程的认识和态度,可分为:积极主动的参与态度;把语言作为一个系统;视语言为一种交际和交往的工具;控制情感因素;对外语表达进行监控。按照策略与语言输入及语言输出的关系,可分为学习策略和交际策略。从认知学习的角度可分为元认知策略,认知策略和社会情感策略。

(二)发展学习策略的意义

使用有效的学习策略,可以改进外语学习方式,减轻学习负担,提高学习的效果和质量,并且有利于学生形成自主学习的能力。中小学学生的重要任务之一就是学会如何学习,既促进当下学习,也有助于步入社会之后能够实现自主的终身学习,形成有效的学习策略是发展他们自主的终身学习能力的必经之路。

在教学中渗透学习策略的培养,可以促进学习潜能偏低或智力发育迟滞学生的进步,减少他们学习的困难。同时,教师研究学习策略理论,探寻学生使用的策略,有助于了解学生学习外语的普遍规律,并以此制定讲授学习策略的计划,有的放矢地调整教学策略和方法,帮助学生掌握和形成有效的学习策略,进而提高教学效果。

学习策略的培养在本书第十四章部分章节进行全面、深度讨论。

实 践

 请你回答

1. 在外语学习中,学习者的个体差异主要表现在哪些方面?
2. 如何在中小学的英语教学中培养学生的学习策略?

请扫描二维码
查看参考答案

请你分析

请根据外语学习策略的分类,分析下列各项属于哪种类型的策略。

(1)小明来美国学校交流一段时间之后,可以进行简单的日常生活对话。但是由于词汇量有限,她与超市、饭店的服务员交流时经常要借助手势和物品的帮助。

(2)李强从小学开始学习英语。对所学知识和技能,他能较好地掌握,每次考试过后都能认真地思考,及时地总结,对未来的英语学习更是充满浓厚的兴趣和饱满的热情。

(3) 陈刚在平时学习单词的时候,总是采取"过度"学习的方法。如果遇到比较难记的单词的时候,他也会采取联想的方法来记忆读音和拼写。

请你设计

请为以下两个话题设计导入(lead-in)活动,教学设计时应充分考虑学生的个体差异,激发学生的学习兴趣。

(1) shopping

(2) doing sports

第二节　教师

思　考

现象反思

M老师工作一向兢兢业业,认真负责。每次上课他都严格要求学生认真听讲,做笔记,让学生记下每个词的用法以及相关词组,但他往往在课堂上缺少与学生交流和互动的环节。课后他发现所教的内容学生们并没有记住,一些学生的成绩甚至越来越不理想。他很不理解,请你帮助M老师分析原因。

学习目标

学习本节后,你能:

1. 了解教师在中小学英语教学中的角色;
2. 明确中小学英语教师应具备的基本素质。

本节结构

学　习

尽管所有人都对其他人能起到教育作用,但只有教师才是专业的教育工作者。教师的专业能力直接影响教师作用的发挥,影响教育成效。

教师是教学活动的组织者,也是影响教学效果的最重要的变量之一。教师的主导作用是在与学生的交往中得以实现的。作为英语学科的教师,在充分地发挥教师主导作用的同时也要清醒地意识到教师角色、教师应具备的基本素质以及教师的专业化发展问题。

一、教师的角色

根据安德希尔(Andrian Underhill)的研究,从教师促进学生学习的视角分析,教师可以大致分为三类:解释者(explainer)、吸引者(involver)、赋能者(enabler)。解释者通过解释学习内容促进学生学习,吸引者通过让学生参与学习活动而促进学生学习,赋能者通过赋能学生学科能力与学习能力而促进学生学习。解释者关注学科知识,吸引者关注学科知识与方法,赋能者则关注学科知识、方法与人。①

在英语学科教学中,教师若只是关注英语知识的教学,只能起到解释者的作用;若关注语言知识运用的方法和学习的方法,可以起到吸引者的作用;而当教师关注让学生获得语言知识的运用能力、学习能力,则可以起到赋能者的作用。核心素养时代的英语教育,更要求教师承担起核心素养的赋能者的作用。

教师对自己的角色定位,其实就是教师对自己的教育教学职责、功能的定位,直接影响教师的教育教学行为。从教育教学的本质而言,教师应在教育教学中呈现以下角色:

(一)教育教学的主体(subject)

如前所述,学生是学习的主体,教师是教育教学的主体,是教师对课堂内外的教育教学的每一具体行为做出具体决策。国家制定宏观的教育政策,地方政府、学校制定中观的教育政策,教师自己制定课堂内外具体教育教学行为的决策,这是微观的教育政策。正是因为教师的决策不同,每一班级的发展才有不同。也正是因为学生自主的学习决策不同,才有每一学生发展的不同。正因为此,教师自己应该承担自己的课堂内容决策的主体责任,为本班学生的教育教学行为负责。即使是面对全国统一考试,也应基于本班学生而做出不同决策。

(二)知识的传授者(instructor)

教师主要扮演知识的传递者和信息源的角色。教师不但要传授知识以及传授学习的策略和方法,还要传授做人的道理和做事的方法。

(三)课堂的管理者(manager)

课堂管理是以充分发挥教师主导作用为前提,以克服教学随意性、力争取得较好的教学效果为目的。教师的课堂管理主要表现在熟悉课堂教学基本要求,严格执行教案程序以及严格掌握教学时间的分配等方面,也包括对学生行为的管理。

(四)行为的评价者(assessor)

作为行为的评价者,教师的工作主要是纠正学生所犯的错误和组织反馈。教师纠正错误的方式应该是温和的,同时要避免小题大做。组织反馈是评价学生行为的有效方式,能判断出他们是否掌握了英语学习的方法。

---

① 转引自:Scriverner, J. *Learning Teaching* [M]. London: Macmillan. 2011: 17-19.

(五) 活动的组织者 (organizer)

成功的教学活动主要在于组织，使学生明白自己要干什么。在教学活动中，教师应把教学任务清楚地告诉学生，使其明白自己的活动任务，以及如何开展活动，活动结束后如何组织评价反馈，等等。

在组织活动的过程中，教师也应该是活动的促进者 (prompter)。在学生发言、回答问题、完成任务等学习过程中遇到困难时，教师应提供有帮助的信息，或提示新旧知识之间联系的线索，促使学生将当前的学习内容与已有的知识经验联系起来，帮助学生构建新的知识经验体系。

(六) 活动的参与者 (participant)

在学生执行课堂活动时，教师把自己当成学生中的一员，参与到他们的活动中，这样既可以增进课堂气氛，增进师生感情，又可以帮助学生解决难题，还可以从学生那里吸纳很多自己意想不到的有效的方法。

(七) 资源提供者 (resource-provider)

教师是活动的资源中心，可以提供教学活动所需要的背景知识、答案、范例、机会等，时时刻刻准备着帮助学生。

(八) 研究者 (researcher)

每一位老师要真正扮演教师与研究者的双重角色，不仅必须具备一定的教育科研能力，还要明确自己的研究方向和责任，不断发现问题，解决问题，将课堂教学与科学研究结合起来，从而完成自己的教育教学。教师要研究课程、教材、评价与考试、教学方法，更要研究学生，包括学生学习心理、学习机制等。

(九) 促进者 (facilitator)

促进者是以学生为中心的教师角色，把课堂的控制权基本上移交给学生，教师引导、鼓励和促进学生学习。这一角色要求教师必须具备广博的知识和说服、促进学生的学习能力。

总之，教师的角色是多元化的，它主要来自社会、学校、家长和学生的要求和期望，这正体现了教师工作的艰巨和崇高。此外，教师的角色是相互转换的。只有当教师根据具体的情况以适当的角色去组织课堂活动，才会收到应有的效果。

> **请讨论**：请结合自己的学习经历，评价你的英语教师在课堂教学中都扮演过哪些角色。你认为还需要在哪些方面加以改进？

二、教师的专业素质

我国学者对英语教师基本素质的构成虽各持不同观点，但归纳起来主要包括以下三方面：教师的师德素质、教师的人格素质和教师的专业素质。

(一) 英语教师的师德素质

师德是教师最重要的素质，是教师之灵魂，是教师从事教育教学活动的动力源泉。它决定着教师对学生的热爱和对事业的忠诚,和他自身对教学执著的追求和人格的高尚;同时,师德直接影响着学生们的成长。因此,英语教师应该具有坚定的理想信念和科学的世界观、人生观、价值观,忠于人民的教育事业,具有爱岗敬业的奉献精神,热爱学生,教书育人,团结协作、相互尊重、勤于进取、严谨治学,等等。

(二) 英语教师的人格素质

英语教师的人格是教师素质的综合体现。"学高为师,身正为范"是对教师职业特征和专业特征的概括,也是对现代英语教师人格塑造的要求。一位优秀的英语教师应具有高尚的道德品行,令人愉快的个人性格,宽容、谦逊、好学的品质,幽默的语言表达,和谐的人际交往,正确的自我意识,端庄的仪表风度、良好的心理素质、崇高的审美素质,积极耐心的工作态度以及丰富的知识经验等。这些方面并不是孤立的,而是相互联系并相互影响的。

(三) 英语教师的专业素质

英语教师的专业素质概括起来主要包括如下方面:

1. 具有扎实的专业知识和专业技能

英语教师必须具备扎实的语言知识和较高的语言技能。英语教师应具备的专业知识包括系统的英语语言基础知识,如英语语法、词汇、语音、语篇等知识,扎实的语言基本功和较好的语言综合运用能力,如教师能用英语实施课堂教学,阅读专业文献,参加学术交流。

具体地说,中小学英语教师应能听懂英语作为母语的人的简单生活对话,听懂一般的英语广播电视节目;语音语调标准,口语流利,能和英语作为母语的人对话,轻松用英语组织教学;能阅读英语原版小说,掌握阅读理论和技巧;熟悉英语应用文的写作,并能完成英语论文的写作;能准确、忠实地翻译简单的英语文章,口译英语母语者简单的讲话等。同时,英语教师作为英语所承载的文化在课堂里的呈现者,应该充分了解和理解英语所承载的文化,尤其是英语语言所呈现的价值取向、思维方式等文化内涵,并在教学中适当地呈现。

2. 具备全面的教育教学能力

教育教学能力主要包括教育教学组织能力和教育教学实施能力。英语教师必须具备心理学、教育学和教学法方面的知识,熟悉教学组织的步骤和基本的教学原则;能把握课程标准、教材的主旨;选择运用适当的教学参考书;根据教育教学理论的指导和课程标准的要求,设计符合学生特点的教学活动;课堂讲授科学准确、简洁易懂、逻辑严密;适当运用非语言表达手段,如手势、动作和表情辅助教学;善于调控课堂教学气氛,协调教学中突发事件;善于指导学生评价教学;具有决策能力和信息管理能力;能运用传统的和现代化的教学辅助工具和手段进行教学,善于使用多媒体技术、网络技术进行教学以及能够开展第二课堂活动等。

3. 掌握系统的教学理论知识

所谓系统的教学理论知识除了教育学、心理学理论以外,还要具备外语教学理论知识,主要包括现代语言知识、外语习得理论知识和外语教学法知识等。

4. 具有一定的科研能力

教师要扮演好研究者的角色,具有较强的教育科研意识和科研能力,创造性地运用先进的教育理论和教育思想为教育教学服务,通过不断调查研究教学实践过程,分析总结经验,改进教学,并将其中成功的经验上升为新的理论,更好地指导实践。

本书第十九章将会对教师专业发展进行全面、深度讨论。

实　践

 请你回答

近30年来,中小学英语教师的角色有哪些转变?

请扫描二维码
查看参考答案

 请你分析

请分析你自己作为英语教师的专业素养,你认为你自己现在哪一项尚需发展。为什么?

请你设计

请根据自己的情况如实填写调查问卷,并设计提高你自己英语教师专业素养的有效方案。

	项　目	程度				
1	教学督导或听课教师在场时好好表现	1	2	3	4	5
2	感到自己适合从事教师职业	1	2	3	4	5
3	自己的工作为专业人士所接受	1	2	3	4	5
4	得到积极的教学评价	1	2	3	4	5
5	维持对课堂的适度控制	1	2	3	4	5
6	能满足不同学生的需要	1	2	3	4	5
7	诊断学生存在的问题	1	2	3	4	5
8	激励缺少动机的学生	1	2	3	4	5
9	引导学生在智力和情感方面的成长	1	2	3	4	5
10	满足学生的需要	1	2	3	4	5
11	缺乏教学资料	1	2	3	4	5
12	缺乏有效的教学设施和设备	1	2	3	4	5
13	感到有很大的时间压力	1	2	3	4	5
14	非教学的任务太多	1	2	3	4	5
15	所任教的班级学生人数太多	1	2	3	4	5
16	缺乏先进的教学理论指导	1	2	3	4	5

第三节 教学内容

思 考

现象反思

A 老师是一名小学英语教师。他认为,小学生能把英语语言知识学明白就不错了,那些文化等,学生就那么一点儿英语水平,根本不可能学明白。于是,他在平时讲课的时候主要讲解词汇和语法知识点,讲解习题,而教材的游戏、歌曲、歌谣以及文化活动全部省略。

你同意 A 老师的教学内容选择吗?为什么?

学习目标

学习本节后,你能:
1. 掌握教学内容的基本含义;
2. 了解中小学英语教学内容的特征;
3. 明确中小学英语教学内容的范畴;
4. 初步运用本节理论分析与教学内容相关的现实问题。

本节结构

学 习

教学内容是教学活动的基础,是教师与学生进行教学活动的重要依据,是学生学习的主要对象。对于国家课程的教学内容,由国家根据教育目标,确定课程内容,研制课程计划与课程标准,编制教科书,地方与校本课程则由地方和学校编制课程计划与教科书,教师基于课程标准与教材,基于学生最近发展区,选择并确定教学内容,在教学过程中发挥师生的主动性,活化教学内容,促进学生有效掌握,是实现教育目标的重要前提。

一、教学内容的基本含义

教学内容是指在教学活动中为实现教学目标,师生共同作用的知识、技能、技巧、思想、观点、概念、原理、事实、问题、行为习惯的总和。

教学内容泛指所有教学材料，我国外语教学中的教学内容核心是教科书，在教育实践中，教师通常以教材指代教科书，故而以下以教材指称教科书。我国中小学的英语教材是由专业出版机构组织教材编写人员基于国家英语课程标准的理念与相关要求而编写、国家统一审查通过、在中小学课堂合法使用的教学内容。

教材是教育目标、课程内容、教学进程的具体呈现。分析教材需从教育、课程高度进行把握。我国中小学英语课程的总目标是发展学生的核心素养，重点发展语言能力、文化意识、思维品质、学习能力四项英语课程培养的学生核心素养。教学内容应该既是核心素养的呈现，又是发展学生核心素养的资源。教材也应体现这些目标、内容要求。准确把握教材的教学内涵，需要掌握教材分析的基本框架，具体分析框架可参考已有研究，如《小学英语课程标准与教材研究》绪论第四部分"小学英语教材研究的基本框架"所介绍的分析框架，以及该书的大量的教材分析案例。①

二、中小学英语教学内容的特征

英语学科的教学内容是一种特殊的知识系统，它既不同于语言知识本身，也不同于日常经历；既要考虑到英语学科知识体系，又要考虑到学生的年龄特点和需要等因素。中小学英语教学内容，尤其是教材，必须具备以下几个特征：

（一）思想性与科学性

英语教学内容应渗透思想情感教育，提高学生道德素质，同时具有爱国情怀和国际视野，培养学生的道德品质、科学精神和人文素养，帮助他们形成正确的人生观和价值观，以及强烈的使命感和责任感。

教学中的语言、内容、信息、知识等方面必须准确无误，并注重学科融合，既在语言内容上具有科学性、规范性，引证正确，语言真实、自然、地道，又在呈现方式、活动形式等方面符合儿童心理发展机制等科学性要求，同时，中小学阶段整个教学内容系统也需要强调自身的科学性，如在小学段可以更强调语音的学习，初中可以更强调语法的学习，高中可以更强调写作的学习等。

作为国家课程的教学内容，思想性优先于科学性。作为补充材料的教学内容，如系统的语法学习材料，可以在思想性正确的情况下，更注重科学性。

（二）基础性与发展性

中小学教育属于基础教育，其教学内容应保证绝大多数学生的共同基础，要包括使学生成为一名合格公民所必备的基础知识和基本技能，及其日后继续学习所必需的技能和能力。

如前所述，学生具有显著的个性差异，英语学业水平发展存在差异，未来学业与职业发展也存在差异。教学内容要充分考虑学生发展的需求，做到"保底不封顶"。

基础性是前提，发展性是空间，我们要在保障全体学生达到基础要求的前提下，为学有余力、学有需要的学生提供更多、更大的发展空间。

---

① 鲁子问，陈则航.小学英语课程标准与教材研究[M].上海：华东师范大学出版社，2020.

（三）系统性与时代性

语言自身具有系统性，教育本身也具有系统性。教学内容和结构应符合我国学生学习外语的认知规律，有利于构建学生自己学习所需的知识系统。知识的安排应当循序渐进、循环往复，做到分散与集中相结合，理论与实践相结合，语言技能、知识与语言的功能、话题相结合。

教学内容应当以当代外语教育研究中的最高、最新成果为起点，具有时代气息和一定的前瞻性，满足社会发展、科技进步对学生语言能力的要求，反映当代青少年的生活和精神面貌，紧密联系学生的生活经验。

系统性是基础，为了适应时代发展的需求，我们可以更强调系统中的某些内容的时代性要求，如在多媒体信息时代，更强调"看（viewing）"的技能等。

（四）实践性与适切性

英语需要在实践中学习，教学内容要充分体现实践性，促进学生实践，有利于学生学以致用，并且能够启发学生独立思考、亲身体验，着力培养他们探索、发现、提问、批判、处理信息、分析问题、解决问题的实践能力。

教学内容必须以人为本，适切于学生身心发展的实际需要，关注学生的共性、个性、差异性、独特性，基于学生先前所学的知识，通过有限的教学，培养学生终身学习的能力。

实践性优先于适切性，但二者通常能融合，因为不同学段、不同特性的学生都有大量的真实的语言实践，既有小学的游戏、初中的阅读、高中的写作的不同，也有小学、初中、高中都进行表演的相同。

教材是面向全国学生而编写的，每个地区、每所学校、每位教师经常需要根据本地、本校、本班学生情况而自主选择、开发教学内容。这些内容的选择或开发亦应符合或遵循以上原则。

三、中小学英语教学的内容

中小学英语教学内容的范畴应该符合课程标准的要求，体现英语课程培养的学生核心素养的要求，涵括语言能力、文化意识、思维品质、学习能力四个维度。这也是现行教材应体现的要素，亦是教师分析教材应把握的维度。

1. 语言能力

语言能力是人的基本能力之一，关涉人的生存与发展。中小学英语课程所发展的语言能力，是一种基础性的能力，既为学生未来发展奠定基础，也是基本运用基础语言知识的能力。《义务教育英语课程标准（2022年版）》与《普通高中英语课程标准（2017年版）》对整个中小学阶段英语学科语言能力有详尽的界定，应该成为中小学教学内容中语言能力的基本要求。

语言能力指在社会情境中，以听、说、读、看、写等方式理解和表达意义的能力，以及在学习和使用语言的过程中形成的语言意识和语感。英语语言能力构成英语课程培养的学生核心素养的基础要素。英语语言能力的提高蕴含文化意识、思维品质和学习能力的提升，有助于学生拓展国际视野和思维方式，参与跨文化交流。

语言能力总体目标是具有一定的语言意识和英语语感，在常见的具体语境中整合性地综合运用已有语言知识,理解口头和书面语篇所表达的意义,识别其恰当表意所采用的手段,有效地使用口语和书面语建构意义和进行人际交流。①

从课程标准要求可知,对于英语课程的语言能力,首先应把握其意义本质,无论是理解还是表达,或者是听、说、读、看、写,其对象都是意义,即:语言运用的能力,是理解与表达意义的能力,社会情境是语言运用的语境,听、说、读、看、写是我们运用语言的形式,不指向意义,就不是真正的语言能力。这里的意义不只是语言本体的语义,更是语言的社会意义。对中小学英语而言,语言本体的语义与非语言本体的意义,都应是中小学英语教学内容的语言能力的应有之义。

在语言能力的知识范围中,不仅规定了语音、词汇、语法等传统意义的语言知识作为教学内容的要求,更规定了语篇知识、语用知识等语言知识作为教学内容的要求,以及文化知识等作为教学内容的要求。

2. 文化意识

英语教育是语言教育,更是文化教育。英语教育对中国学生的意义首先在于养成对外开放、而不是闭关自守的文化心态,英语教育在中国也正是伴随中国与世界交往而发展的。英语课程属于语文类课程,而不是单纯的语言课程,其"文"(按照夏谷鸣的界定②)包括文字、文法、文学、文化、文明,把学生培育成为一个文明人,是英语(英文)教育的必然之义。

《义务教育英语课程标准(2022年版)》《普通高中英语课程标准(2017年版)》对文化意识作为教学内容提出了明确要求。

文化意识指对中外文化的理解和对优秀文化的认同,是学生在全球化背景下表现出的跨文化认知、态度和行为取向。文化意识体现英语课程培养的学生核心素养的价值取向。文化意识的培育有助于学生增强国家认同和家国情怀,坚定文化自信,树立人类命运共同体意识,学会做人做事,成长为有文明素养和社会责任感的人。

文化意识总体目标是获得文化知识,理解文化内涵,比较文化异同,汲取文化精华,形成正确的价值观,坚定文化自信,形成自尊、自信、自强的良好品格,具备一定的跨文化沟通和传播中华文化的能力。③

语言有丰富的文化内涵。在外语教学中,文化是指所学语言国家的历史地理、风土人情、传统习俗、生活方式、行为规范、文学艺术、价值观念等。在学习英语的过程中,接触和了解外国文化有益于对英语的理解和使用,有益于加深对中华民族优秀传统文化的认识与热爱,有益于接受属于全人类先进文化的熏陶,有益于培养国际意识。在教学中,教师应根据学生的年龄特点和认知能力,逐步扩展文化知识的内容和范围。在起始阶段应使学生对中外文化的异同有粗略的了解,教学中涉及的外国文化知识应与学生的学习和生活密切相关,并能激发学生学习英语的兴趣。在英语学习的较高阶段,要通过扩大学生接触外国文化的范围,帮助学生拓展视野,使他们提高对中外文化异同的敏感性和鉴别能力,进而提高跨文化交际能力。

---

① 参见《普通高中英语课程标准(2017年版2020年修订)》
② 夏谷鸣,杨良雄.走进新课标,迎接新挑战——《普通高中英语课程标准(2017年版)》解读[J].福建教育,2018(11):18—41.
③ 参见《普通高中英语课程标准(2017年版2020年修订)》

文化意识作为教学内容，体现了英语课程培养的学生核心素养的价值取向。这要求我们不仅仅从文化的视角理解文化意识，更要从价值取向的高度把握文化意识。开展文化意识教育，既包括"学会做人做事"这一对学生发展的个人要求，也包括"有文明素养和社会责任感"这一对学生发展的社会要求，乃至正确的价值观、文化自信，亦即自尊、自信、自强的良好品格等，都使得英语课程的文化意识更具有品格教育的内涵。而我们知道，品格教育关键在于中小学阶段，因为中小学阶段学生具有较为显著的可塑性、向师性，更适合开展积极的品格教育。显然，这要求中小学英语课程的文化意识教育必须具有品格教育的本质。英语学科的文化意识教育属于跨文化教育，可以引导学生通过跨文化视角认识和观察世界，客观面对世界的多样性，丰富跨文化知识，同时通过英语思维方式的学习、理解，进一步发展多元思维意识和能力，而且通过跨文化交往发展开放意识、尊重他人、平等交往等优秀品格。所以，文化意识作为教学内容，要充分遵循跨文化教育的基本要求。

> **请讨论：**所有学科都在引导学生"学会做人做事"，英语学科具有显著的跨文化教育优势。如何通过英语教育引导学生学会做人做事？

3. 思维品质

在人类个体的思维发展中，语言具有显著的促进作用，不同的语言对思维发展有着不同的促进作用。对于我国中小学生，英语作为外语，可以从不同的层面促进我国学生的思维品质的发展。

思维是一个多学科研究领域，哲学、心理学、神经科学等不同学科对思维有着不同定义。"从广义上讲，思维就是人和动物能动地、连续性地获得各种环境信息、有特定的组织（大脑）或组织系统（神经回路）对获得的环境信息进行编码，产生应对环境变化的方案和行为。"[①]从教育心理学视角看，思维是人的神经系统与环境互动中表现出的心理行为。

基于意识在思维中的作用这一视角，人的思维活动分为三类：无意识思维（指人的神经系统在受到外界影响时的本能反应所表现出的思维活动，如规避危险等）、潜意识思维（指人的神经系统在人没有主动开展有意识行为时，在受到外界影响时表现出的思维活动，相当部分是文化基因导致的思维活动，如听到《二泉映月》表现出悲伤心情）、有意识思维（指人的神经系统在受到外界刺激之后，主动进行思维的活动）。有意识思维是人类思维的主要形态，也是思维品质可以提升的主要领域。基于思维的抽象性，人的有意识思维活动可以分为三种：直观行动思维、具体形象思维和抽象逻辑思维。

《义务教育英语课程标准（2022年版）》明确指出："思维品质反映核心素养的心智特征"。就工具性而言，英语课程承担培养学生基本英语素养和发展学生思维能力的任务，即学生通过英语课程掌握基本的英语语言知识，发展基本的英语听说读写技能，初步形成用英语与他人交流的能力，进一步促进思维能力的发展——反映学生在理解、分析、比较、推断、批判、评价、创造等方面的层次和水平，为今后继续学习英语和用英语学习其他相关科学文化知识奠定基础。

《普通高中英语课程标准（2017年版）》不仅将思维品质纳入总体目标，更是规定了具体

[①] 唐孝威,何洁. 思维研究[M]. 杭州：浙江大学出版社,2014：3.

的内容目标要求,是中小学英语教学内容中思维品质要求的具体目标。

思维品质指思维在逻辑性、批判性、创新性等方面所表现的能力和水平。思维品质体现英语课程培养的学生核心素养的心智特征。思维品质的发展有助于提升学生分析和解决问题的能力,使他们能够从跨文化视角观察和认识世界,对事物作出正确的价值判断。

思维品质总体目标是能辨析语言和文化中的具体现象,梳理、概括信息,建构新概念,分析、推断信息的逻辑关系,正确评判各种思想观点,创造性地表达自己的观点,具备初步运用英语进行独立思考、创新思维的能力。

发展中小学生思维品质,应把握中小学英语课程发展学生思维品质的主要思维领域,即课程标准所规定的思维的逻辑性、批判性、创新性等。

4. 学习能力

正如我们在讨论语言运用一样,语言学习属于广义的语言运用,中小学英语学习能力理论上也应与中小学英语语言能力直接相关。所以,发展中小学生英语学习能力,也同时发展中小学生英语运用能力。

学习能力指学生积极运用和主动调适英语学习策略、拓宽英语学习渠道、努力提升英语学习效率的意识和能力。学习能力形成英语课程培养的学生核心素养的发展条件。学习能力的培养有助于学生做好英语学习的自我管理,养成良好的学习习惯,多渠道获取学习资源,自主、高效地开展学习。

学习能力总体目标是进一步树立正确的英语学习观,保持对英语学习的兴趣,具有明确的目标意识,能够多渠道获取学习资源,有效规划学习时间和学习任务,选择恰当的策略与方法,监控、评价、反思和调整自己的学习内容和过程,逐步提高使用英语学习其他学科知识的意识和能力。

英语课程的学习能力并非综合所有学科的学习能力,而是英语学科的学习能力。如同任何学科的学习,发展英语学习能力,其实是发展学生学习如何使用学习策略促进自己的英语学习成效提升的能力。这一能力首先是确定目标的能力,这包括确定合理的个人人生目标、学业目标、总分目标、学科分值目标、本学期英语学科目标甚至本月学习目标等,基于实现这一目标所需要的学习策略的使用能力。然后是制定促进学习目标实现的计划的能力,以及随后的实施计划的能力、检测与评估计划达成度的能力,以及发展这些能力所需的学习策略。

中小学英语教学内容的以上四个方面不是分割地呈现,而是有机地整合,呈现为教学内容。教学内容如何体现核心素养的要素,如何分析教材的核心素养要素的体现形式,可通过课程标准与教材研究课程,进行较为系统的学习。

实 践

 请你回答

1. 中小学英语教学内容具有哪些基本的特征?
2. 中小学英语教学内容所涵盖的范畴是哪些?

请扫描二维码
查看参考答案

请你分析

请从核心素养视角，分析以下教学内容的教学特性。

Thanksgiving

1　Thanksgiving is an American festival. It is celebrated on the fourth Thursday in November. It is a time for a special dinner among family and friends. People make short speeches and give thanks for their food.

2　We have celebrated the festival since the first pioneers from England arrived in America by ship in the seventeenth century. While they were crossing the Atlantic, many people died, and after they landed, their first winter was worse than any English winter. The local people, the Native Americans, taught the pioneers how to grow corn. The following year they celebrated together by eating a dinner of the new food.

3　We still celebrate Thanksgiving today with a traditional dinner. The kitchen is always the most crowded room in our house because we all help prepare the food. We lay the table, and then before we begin dinner, my father gives thanks for the food, so we remember why we celebrate the festival. We usually eat too much, but it is only once a year! We often talk a lot and tell stories after dinner as well. When it is all over, everyone helps wash the dishes.

4　The festival is a very busy time for travel when friends and families come together to celebrate. During the festival, there are plenty of other things to see and do. We live in New York City, and we go to watch the Macy's Thanksgiving Day Parade. The parade goes along several streets and finishes at the famous Macy's store. Thanksgiving is the start of the Christmas season, and we start shopping for presents. Football is also important at Thanksgiving, with many teams playing games. Like many Americans, we usually watch the games on television and enjoy ourselves very much.

选自：陈琳，(英)西蒙·格里诺尔(Simon Greenall). 英语(新标准)(九年级上册)[M]. 北京：外语教学与研究出版社，2013：12.

 请你设计

请以 *Wildlife Protection* 为话题，为高一学生设计能够培养学生核心素养的一课时的教学内容。

第四节　教学环境

思　考

 现象反思

　　A、B老师都是从一年级开始接班的英语老师。A老师从教学之初就努力为学生营造充满语言氛围的学习环境：在教室内布置随处可见的英语名言警句、英语文化知识,带领学生在校园建立英语角,让本班和其他班级的同学和老师都参与其中。课堂上 A 老师组织学生将课文排成英语话剧进行表演,还定期举办英文歌曲大赛和英文演讲比赛。而同时接班的 B 老师则是根据课程与教材的要求,按部就班地进行教学,课堂上多是结构和语言点的讲授。结果 A 老师班的学生明显比 B 老师班的学生对英语感兴趣,学习效果也相对更好。

请你说出 A 老师比 B 老师的教学相对成功的原因是什么。

学习目标

学习本节后,你能:
1. 熟悉英语教学环境的内涵及其主要内容;
2. 明确英语教学环境的构成要素;
3. 了解教学环境在教学中的意义和作用;
4. 基本掌握调控与优化教学环境的策略。

本节结构

学 习

任何教学活动都是在一定的教学环境中进行的,它是教学活动的基本因素之一,是开展教学活动的依托。英语在我国属于外语,我国英语语言环境较少,英语教育更受环境制约。因此,重视教学环境建设,对于英语教学活动的顺利进行具有重要的意义。

一、教学环境的内涵

教学环境是一种特殊的环境。概括地说,教学环境是学校教学活动所必需的诸客观条件和力量的综合,它是按照人的身心发展的特殊需要而组织起来的育人环境。英语教学环境是指英语教学赖以进行的实际条件,即能推动或制约英语教学,促进或抑制个体发展的英语教育条件和环境因素。环境因素是制约和影响英语教学活动和效果的外部条件。

教学环境的构成要素主要有:

(一) 社会环境

社会环境是影响和制约外语教学过程的首要因素。它主要指社会制度、国家的教育方针、外语教育政策、经济发展状况、科学技术水平、人文精神、社会群体对英语学习的态度以及社会对英语的需求程度等。社会环境因素具有导向作用,是英语教学向前发展的动力。

（二）学校环境

学校是一个为学生提供学习场所和学习手段的最佳环境，它对英语教学的影响更为重要和直接，决定着绝大多数学生英语学习的成败。它包括课堂教学、接触英语时间的频率、班级的大小、教学设施、教学资料、英语课外活动、英语教师及其他教职工对英语的态度及其英语水平、校风班风和师生人际关系等。

（三）个人环境

学生自身所涉及的个人环境对其英语学习也产生一定程度的影响，主要包括学生的家庭成员、同学、朋友的社会地位、物质生活条件、文化水平、职业特点和对英语学习的态度、经验、水平及学习方式、成员之间的关系及感情、学生的经济状况、拥有的英语学习设备和用具等。

二、教学环境的功能

（一）教学环境分析对英语教学的意义

成功的英语语言学习活动离不开其得以存在、发展、交流、应用的各种环境因素。教学环境是学生学习活动赖以进行的主要环境，它潜在地影响着教学活动的效果，其意义主要表现在：

（1）帮助教师正确认识环境对学生英语学习带来的客观影响，结合中国的英语教学实际，理性地分析、判断和选择英语教学理论和教学方法。

（2）促进教师在教学中更加努力地营造良好的英语课堂教学环境，充分利用现代化教学手段与教学资源，优化教学环境，提高学生英语的运用能力。

（3）帮助教师有效地加工语言学习材料，科学地设计语言练习，创设良好的课堂英语使用环境。

（4）有利于教师在不断学习和实践优化课堂教学环境的策略，创设良好的英语教学环境的过程中，提高其自身的教学素质。

> **请分析**：你认为教学环境在哪些方面对学生的英语学习产生重要的影响。学生应该如何发挥自己的能动作用，利用教学环境的积极作用帮助自身的学习？

（二）教学环境对学生英语学习活动的影响

让·皮亚杰(Jean Piaget)认为：人的发展、智力的发展是靠他自己与周围环境（人、事物）发生交互作用而慢慢地建立起来的。英语是一门社会性、综合性、实践性较强的学科，英语教学环境对学生的学习活动会产生重要影响。其影响包括：

（1）有利于拓宽学生英语学习视野，扩大学习资源。英语学习资源除英语教材，还有学校的图书馆、宣传栏、板报、墙报、广播等。社会上的英语学习资源更是丰富多彩，如报纸、杂志、小说、戏剧、广播、电视、网络与广告等。

（2）有利于创造和谐、宽松、愉快、民主的学习氛围，发展学生良好的心理状态，激发学生的思维潜能,提高学生的语言表达能力。

(3) 有利于培养学生对英语学习的浓厚兴趣,使他们将学到的知识自然地运用到生活中,感受英语学习的意义。

(4) 有利于帮助学生化解英语学习过程中阻碍因素,帮助学生保持积极的学习态度,遵循正确的学习方法。

(5) 有利于培养学生英语学习的习惯,形成英语学习的意识,如主动求知、大量阅读、查阅字典等,这在很大程度上依赖于教学环境的影响和作用。

(6) 有利于先进的英语教育理论成果的转化。良好的英语教学环境能够积极创建与英语教育理论成果相适应的教学环境。

(三) 英语教学环境的调控与优化

教学环境是一个由多种要素构成的复杂整体,对学生学习过程中的认知、情感和行为产生潜在的影响,对教学活动的进程和效果施加系统的干预。为了最大限度地发挥英语教学环境的积极作用,降低消极影响,实现教学环境的最优化,可以采用一些具体的策略对其进行必要的调节控制。

1. 整体协调策略

教师要具有全局观念,从整体上对教学环境进行规划调整,有机地协调英语教学的各种环境因素,努力营造积极、和谐的英语教学环境,使其有利于学生身心的健康发展和教学质量的提高。

2. 增强特性策略

增强或突出环境的某些特性,有意识地形成某种特定的环境条件来影响教学活动及教师行为。如在校园内可设立中英双语告示牌或标语牌;开设英语橱窗,介绍国外风情或展览学生学习英语的成果;开辟英语角,提供口语训练机会;成立英语广播站,让学生时时听英语;举办英语节,开展形式多样的英语活动等,营造良好的英语学习氛围,提高学生的兴趣和意识。

3. 利用优势策略

充分发掘和利用学校、家庭、社会已有的有利条件创建优良的英语教学环境,提供广泛的教学空间。如组织学生参加各种与英语学习相关的外出学习、访友、出游、聚会、夏令营以及社会考察等活动;聘请外籍教师,提升教学成效;利用先进的教学场所,如多媒体语言实验室,发挥现有资源的优势,开展英语交互活动,巩固英语教学与学习的效果。

4. 筛选转释策略

对存在于教学环境中的各种信息进行一定的选择转化处理,实现信息优化,如通过广播、电视、书刊、互联网等接收各类英语学习文本、课件、音频与视频等信息,对其进行及时的筛选转释,保留有利于教学的内容,以此丰富和拓展英语学习资源和手段,保证自然、真实、合理的英语语言环境的建构。

5. 自控自理策略

同教师一样,学生也是教学环境的主人。学生在教学环境的改善和建设中往往发挥着极为重要的作用。教师要重视学生在调控教学环境方面的作用,培养学生自控自理英语学习环境的能力,如调动学生设计并开展各种英语活动、保持和谐愉悦的英语学习环境、布置与装饰教室或英语角、建设良好的校风和班风、维持学校纪律与秩序等,使教学环境在学生自觉自愿的不懈努力中得到良性的发展。

实 践

 请你回答

1. 英语教学环境主要包括哪些要素?这些因素分别指哪些方面的内容?
2. 你认为应如何构建良好的英语教学环境?

 请你分析

请分析你自己在高中时的英语学习环境对你英语学习的作用。

请扫描二维码
查看参考答案

 请你设计

请为你自己所在班级或所教班级,设计教室教学环境,并说明理由。

本章小结

本章讨论了中小学英语教学要素:学生、教师、教学内容和教学环境要素相关问题。中小学英语教学是紧紧围绕学生与教师的活动展开的,这就必须明确两者的角色定位。中小学学生存在一定的个体差异,但根据成功语言学习者具有的共同特点,必须积极培养学生作为外语学习者应使用的策略。英语教师要掌握必备的职业素质,并积极完成自身的专业化发展。教学内容是师生进行教学活动的重要依据,在教学过程中应发挥师生的主动性,活化教学内容。同时了解良好英语教学环境的构成要素,及其对教学的重要意义和作用,掌握调控与优化教学环境的策略,以确保教学顺利地进行。

进一步阅读建议

Brown, H. D. *Strategies for Success: A Practical Guide to Learning English* [M]. New York: Pearson Education. 2002.

Johnson, K. *An Introduction to Foreign Language Learning and Teaching* [M]. Beijing: Foreign Language Teaching and Research Press. 2003.

陈琦,刘儒德. 当代教育心理学[M]. 北京:北京师范大学出版社,2007.

第四章
中小学英语教学原则

教学有着内在的规定性,教学原则就是一种规定性的教学规范。教学原则是教学体系的组成部分,即以一定的教育思想为基础,在教学活动中应当遵循的规范性准则。中小学英语的教学原则是指在中小学英语知识传授、技能训练、运用能力培养、跨文化教育等教学活动中应遵循的基本规范与准则。正确理解和运用中小学英语教学原则有利于中小学英语教师进一步掌握和运用英语教学的客观规律,把握中小学英语教学进程,提高中小学英语教学效果,实现中小学英语教学目标。本章介绍学习中心原则、目标一致原则、有效原则、真实原则这四项中小学英语教学中的基本原则。

第一节 学习中心原则

思 考

现象反思

K老师是刚刚走上教学工作岗位的一名年轻英语教师,和学生年龄相差不大,和学生关系也特别好,他特别了解学生喜好、性格特性等。于是他基本按照他和学生都喜欢的电子游戏形式、人物等开展教学设计和课堂教学,学生非常喜欢,课堂上也非常积极。但学生英语学习成效却非常不理想,不仅考试分数低,而且参加英语能力展示活动也远远低于年级平均水平。其他老师认为K老师太纵容学生,但他认为他这样做是体现以学生为中心,学生成绩不理想是因为这些考试评价方式不适合他的学生。

你认为K老师的观点对吗?为什么?

学习目标

学习本节后,你能:
1. 理解中小学英语教学的学习中心原则;
2. 明确学习中心原则在中小学英语教学中的必要性;
3. 基本掌握在中小学英语教学中有效地实现学习中心原则的主要方法。

本节结构

学 习

教学是教师引导学生学习的活动，没有学习，教学就无法实施。所以教学要以学生的学习为中心、促进学生自主学习。这是提高教学质量、完成教学任务的有力保障。

一、学习中心原则的内涵

中小学英语教学的学习中心原则（learning-centered principle）就是在教学过程中从学生的学习需求出发，基于学习机制，设计和开展促进学生学习英语的活动，引导学生体验、参与这些学习活动，让学生的学习成为整个教学活动、整个教学过程的中心，从而发展学生的核心素养。学习中心原则要求教师在教学中以学习为起点、以学习为过程、以学习为终点，促进学生开展自主学习，实现学习目标。实施学习中心原则，就是让学生学习，让学在教学中发生。

以学习为中心是以学生为中心的发展，二者不完全相同，因为学生不总是在学习，当学习内容、学习活动、评价考试等与他们的兴趣不一致时，他们可能抗拒学习。以学习为中心，强调以学生的学习行为为中心，学生的非学习行为甚至反学习行为，并不能成为教学活动的中心。

> **请讨论**：基于此处对以学生为中心和以学习为中心的分析，你认为本节开始的"现象反思"中介绍的 K 老师的做法存在什么根本性错误？他应该如何改进其教学？

二、学习中心原则的必要性

（一）外语教学观念的转变

现代外语教学理论带来外语教学观念上的变化，主要反映在以下方面：外语教学研究的重点由"怎样教"转向"促进学生怎样学"；教学内容开始由重语言技能向重学生核心素养发展；课堂教学更加关注学生的学习；教学中知识呈现的方式发生变化，强调让学生接触英语。这就要求中小学英语教学必须变革，由教师对语言知识的提炼转向学生对英语语言的体验，由"应试英语"转向"应用英语"；由"满堂灌"的传授转向开放式的自主、合作和探究性的学习；由讲教材转向用教材教；由单一的、被动的"听中学""读中学"转向多渠道、多种方式的学习，使学生在"做中学""用中学"等。总之，英语教学的一切变化都是围绕学生的学习这个中心，一切为学生的学习服务。

（二）英语课程标准的要求

《义务教育英语课程标准(2022年版)》在"课程理念"第四条"践行学思结合、用创为本的英语学习活动观"中明确规定：(义务教育英语课程)秉持在体验中学习、在实践中运用、在迁移中创新的学习理念，倡导学生围绕真实情境和真实问题，激活已知，参与到指向主题意义探究的学习理解、应用实践和迁移创新等一系列相互关联、循环递进的语言学习和运用活动中。坚持学思结合，引导学生在学习理解类活动中获取、梳理语言和文化知识，建立知识间的关联；坚持学用结合，引导学生在应用实践类活动中内化所学语言和文化知识，加深理解并初步应用；坚持学创结合，引导学生在迁移创新类活动中联系个人实际，运用所学解决现实生活中的问题，形成正确的态度和价值判断。

《普通高中英语课程标准(2017年版)》在课程理念第三条"实践英语学习活动观，着力提高学生学用能力"中明确规定：普通高中英语课程倡导指向核心素养的英语学习活动观和自主学习、合作学习、探究学习等学习方式。教师应设计具有综合性、关联性和实践性特点的活动，使学生通过学习理解、运用实践、迁移创新等一系列融语言、文化、思维为一体的活动，获取、阐释和评判语篇意义，表达个人观点、意图和情感态度，分析中外文化异同，发展多元思维和批判性思维，提高英语学习能力和运用能力。

显然，以学习为中心，尤其是学习过程中学习的中心地位，是课程标准对英语课堂教学的理念层面的基本要求。

三、实施学习中心原则的方法

中小学英语教学的学习中心原则不仅要求中小学英语的课堂教学过程要以学生的学习为中心，而且中小学英语教学目标、教学任务、教材制定、教学计划、教学效果的评定及教师对教材的分析、备课、教学活动设计等都要以学习为中心，以中小学生获得英语运用能力、发展核心素养为中心。所有以学习为中心的教学活动内容与活动目标都应为中小学英语教学的总体教学目标、教学任务服务，保证教学活动的实效性。在中小学英语教学中实施学习中心原则应从以下方面进行：

（一）充分理解学生及其英语学习优势与学习机制

学习是学习者的行为，要实施以学习为中心，就要首先充分理解学习者，把握他们的学习动机、学习优势、学习兴趣、学习困难等；同时，要把握英语作为外语的学习机制，尤其是通过接触、理解、实践，最终达到运用的过程机制；语言与文化意识、思维品质等融合的整合机制；教师的语言教学与读物和计算机等因素促进语言学习的环境机制等。把握对学习影响较大的学习优势、学习机制，是以学习为中心的基础。学习者内在因素影响下形成的学习优势、学习机制基本相同，但外在因素影响下的学习优势、学习机制则可能不同。一般而言，中小学英语教师与中小学生存在较大的年龄差距，学习英语的起始条件可能完全不同，环境等外在因素条件下形成的学习优势、学习机制可能也不同。因此，教师不能只是基于自己的英语学习经验把握学生的英语学习优势、学习机制，而要基于学生把握他们的学习优势与学习机制。

(二)以学习为中心设计和开展教学

1. 以学习为中心进行教学设计

通过充分的学习者分析,准确把握学生的学习目标、学习优势、学习困难等,基于学生的学习机制,设计教学目标、教学内容、教学活动、教学过程、教学评价。

教学设计需要准确了解学生,但更需要准确了解学生的学习优势、学习机制等,然后教师要基于此确定教学目标、选择或设计教学内容、教学活动与教学过程,并设计评价内容与活动。

2. 以学习为中心实施教学

教学总是一个过程,以学习为中心的教学实施要求我们在教学过程中基于学习机制开展教学活动,如在学生充分接触学习内容之后,再引导学生理解所接触内容,在学生达到足够的理解程度之后,再引导学生进行学习内容的实践,最终通过足够的实践促进学生内化所学内容。在教学实施的过程中,还需要根据学生的学习成效,动态调整预设的教学内容、教学活动、教学过程、教学评价,使之可以持续促进学生学习。

3. 以学习为中心进行评价

学习总是需要评价的,以学习为中心的教学,需要使对学习成效的评价也遵循以学习为中心的原则,包括评价内容、评价活动、评价过程、评价标准。以学习为中心的评价可以分为对学习的评价(assessment of learning)、在学习之中的评价(assessment in learning)、作为学习的评价(assessment as learning)、促进学习的评价(assessment for learning)等多种形式与方法。

> **请分析**:在教学中,教师常采用教师问、学生齐答,或教师问、单个学生答的方式。有时,一个学生回答占2—3分钟,而其余的学生只是在听。偶尔也安排"结对子"活动。请问这种教学活动是否真正实现了学习中心原则?为什么?

实 践

 请你回答

1. 如何判断一项教学活动是否是以学习为中心?
2. 如何基于课程标准实施学习中心原则?

 请你分析

请你从学习中心原则视角分析以下学习活动。

请扫描二维码查看参考答案

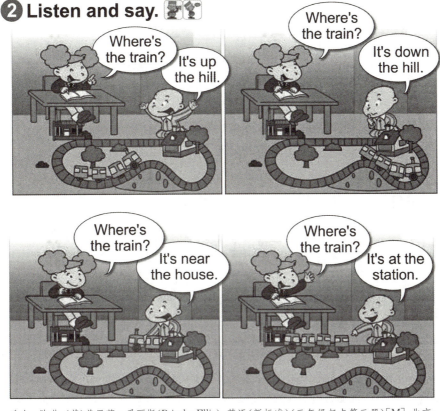

选自：陈琳，(英)普里莎·爱丽斯(Printha Ellis).英语(新标准)(三年级起点第三册)[M].北京：外语教学与研究出版社，2013：5.

请你设计

请根据学习中心原则为初二学生设计一个阅读活动。

第二节 目标一致原则

思 考

现象反思

W 教师是一位刚刚走上教学岗位的高中英语教师，他认为高中英语课堂教学评价活动应按照高考题型设计，而不应设计其他活动，这样才能真正培养学生在高考中获得理想分数的能力。但在一学期训练后，他发现学生的考试分数并无显著提升，反而是另一位老师不大使用高考题型，学生分数提升却比较显著。他对此非常疑惑：难道坚持高考题型进行教学评价错了？

你认为是什么导致 W 老师的教学困惑？应如何调整？

学习目标

学习本节后，你能：
1. 理解中小学英语教学的目标一致原则；
2. 明确目标一致原则在中小学英语教学中的表现特征；
3. 基本掌握在中小学英语教学中实现目标一致原则的主要方法。

本节结构

学 习

教学是一种有目的的活动，因此教学需要确定明确的目标，目标错误会导致教学成效降低，甚至无效。教学目标是课程目标的具体化，应与学生的学习目标一致，而促进学习的评价的目标则应与教学目标、学习目标一致。所以，教学必须确定一致性的目标。

一、目标一致原则的意义

（一）教学目标的内涵

教学目标可以简单地理解为教师预计促进学习者在规定时间之内达到的学习结果。教学目标不同于学习目标，我国中小学英语课程的教学目标应该是国家教育意志、社会对人的发展的需求、教师的教育理念在中小学英语教学中的体现，应与课程标准的教学目标要求、国家审定教材的教学内容和教师的教学实践相符合。教学目标是教学要求、教学内容和教学实践的依据，教学要求、教学内容和教学实践是教学目标的具体体现。也就是说，教学目标决定教学内容的选择和组织。教学任务是对某一项或一组教学目标的直接体现，它的完成情况直接决定着教学目标能否实现和在何种程度上得以实现。

学生个人意志与需求主要体现为学生个人的学习目标，与教学目标有所不同。当然，合理的教学目标要基于学生最近发展区而设计，不过其总体要求应该是国家、社会、教师意志的体现，而不是只考虑学生个人意识。

课程标准对教学目标有明确的要求，通常可以用"能识别、能理解、能运用"等进行陈述，如使学生能识别大小写字母的差异，能理解字母表序的作用，能运用字母表的序列把班级同学的姓名按字母表排序，能体验与理解字母表序的文化内涵、所呈现的思维特性，发展有效运用字母表序的社会规则意识等。

评价是对学习目标是否能达成的检测，因此，评价的目标应与教学目标、学习目标一致，方才能成为促进学习的评价。

请分析：你认为教学目标和学习目标在表述上应该有什么区别？

(二) 教学目标的分类

对于教学目标,以美国教育学家布鲁姆(B. S. Bloom)为代表的很多学者都进行了详细的分析和深入的探讨,不仅从不同层面提出了教学目标的体系,而且规范了教学目标的语言。布鲁姆认为教学目标包括三个主要内容,即"认知领域""情感领域"和"技能领域"。其中认知目标包括知识、理解、运用、分析、综合和评价;情感目标包括接受、反应、形成价值等;技能目标包括观察、模仿、练习和适应。2000年,安德森发展了布鲁姆的教学目标层次理论,认为教学目标应包括六个层次:

我国往往将教学目标按教学时段分类。中小学英语教学目标可以分为中小学英语课程总体目标、学段(小学、初中、高中)教学目标、学年教学目标、学期教学目标、单元教学目标、课时教学目标。确定前两类教学目标,应依据英语课程标准而确定;后四类教学目标,则可以根据英语课程标准和教材综合、基于学生最近发展区来确定。

一般而言,我们应该从英语课程培养的学生核心素养四个维度设计单元学习目标,即:

(1) 单元语言能力目标:通过本单元学习,学生能运用所学语言知识与技能进行什么语言理解与表达活动。

(2) 单元文化意识目标:通过本单元学习,学生能从跨文化视角理解、分析、阐释哪些文化知识、文化现象、价值观念等。

(3) 单元思维品质目标:通过本单元学习,学生能发展哪些逻辑性、批判性、创造性思维品质。

(4) 单元学习能力目标:通过本单元学习,学生能发展哪些运用学习策略进行学习的能力,如记忆、比较、归纳、概括、类比、记笔记等认知策略、元认知策略、交际策略以及资源使用等。

在确定课时教学目标时,我们可以根据情况确定英语课程培养的学生核心素养四项目标中某一些素养的目标,而不必设计所有(四项)核心素养目标。

请讨论：若教学内容是字母表这样的内容,如何设计课时教学目标？

（三）目标一致的必要性

一致性教学目标在英语教学中的作用非常重要，因为教学目标正确与否直接关系到教学行为是否有效。以与课程标准理念、要求与目标一致的教学目标引领的教学活动，即使其组织和实施有一些瑕疵，但只要目标方向不出现错误，教学效果也就不会出现方向上的错误。反之，则会使整个教学活动出现错位。同时，教学目标应该是学生可以达到的，应该让学生跳起来够得着，要基于学习最近发展区。在英语教学中，目标还要符合语言学习的内在机制，按照一定的顺序进行呈现与学习。与教学活动相关的评价活动的目标，应与教学目标、学习目标一致，方能真正促进学习，亦才能避免不合理的评价导致的教学顿挫。所以，中小学英语教学必须遵循目标一致原则(alignment objective principle)。

二、确定一致性目标的标准

对于任何教学活动，为了实现其教学目标，都要进行适当的组织和设计，必须清楚每个单元、每一堂课以及每一个预设目标。要确定教学目标，首先必须明确课程目标。教师应将教材中的单元目标与课程目标比较联系，然后根据教材与新课程标准的要求，使单元目标与课程目标相一致。那么，如何确定一致性目标原则呢？

首先，教学目标要与课程标准一致。根据《义务教育英语课程标准(2022版)》，英语课程的目标包括总目标和分类目标两部分。基础教育阶段英语课程的总体目标是发展学生的语言能力、文化意识、思维品质、学习能力。语言能力的形成建立在学生语言技能、语言知识、文化意识、思维品质、学习能力等素养整体发展的基础上。其分类目标采用国际通用的分级方式，按照语言学习的规律和不同年龄段学生心理和生理发展的需求和特点将英语课程目标按照能力水平设为九个级别。国家英语课程要求从3年级起开设英语课程。如《义务教育英语课程标准(2022年版)》规定第二级为6年级结束时应达到的基本要求；第三级为9年级结束时应达到的基本要求；《普通高中英语课程标准(2017年版)》规定必修、选择性必修、选修级别为完成高中学业的基本要求。各级别教学目标的设置有利于对各层次教学的指导。具体的教学目标则需要将课程标准的目标转化为具体学段、学年、学期、单元、课时的教学目标，结合布鲁姆和加涅等人的教育目标分类理论对教学目标的分类，按照规范的表述方式进行表述。

其次，要与学习目标一致。教学目标是由教师基于课程标准、教材等教学内容、全班学生而设定的目标，学习目标则是学生个体基于自己的人生规划、学业规划、学习计划而设定的目标。教学目标应是全班学生学习目标的集合，涵盖全班每个学生的学习目标，从而与每个学生的学习目标一致。若班级学生差异化较为突出，教学目标则需要兼顾不同需求的学生的学习目标，使每个学生都可以选择出符合自己学习目标的目标，如：

> 在本节课，教师将通过指导全班同学阅读 Sandstorms in Asia 课文：
> 1. 引导学生对课文的理解，了解课文中提到的沙尘暴的成因与解决措施。
> 2. 引导学生对课文的理解和基于补充中文材料的讨论，了解课文中提到、补充材料提到的沙尘暴的成因与解决措施。
> 3. 引导学生对课文文章结构、写作特点的理解，了解如何阅读新闻报道类文章，如何

发现新闻的视角特性,如何可能形成丰富的多方位视角,洞察作者写作目的。

4. 引导学生用 Problem-Causes(Solvable causes+Unsolvable causes)-Solution 框架讨论分析问题成因与对策的过程,了解本节课讨论形成的问题成因与对策分析的 PCS 方法,以及基于这一方法,分析自己所面对问题的成因与可能的对策。

5. 引导学生对课文中一些基础性单词、语句和其他语言因素的使用特点的理解与分析。

你可基于教师的以上教学目标,设定符合你自己需求的学习目标。若以上目标与你预期学习目标有较大差异,请与老师讨论,增设符合你自己需求的学习目标。

以上目标既使基础较好学生能够讨论沙尘暴成因与有效解决对策,也使基础需要提高的学生能从单词、语句开始进行学习,从而满足不同需求学生的学习目标。

最后,评价目标应与教学目标、学习目标一致。教学中的评价应是对教学目标、学习目标的评价;悖离教学目标、学习目标的评价,不是教学评价,也不是促进学习的评价。所以,教学目标应促使评价目标与其一致,这就需要保证教学目标可评价,而不是过于模糊、不可评价。升学考试等评价的目标,也应与教学目标一致。《新时代教育评价改革总体方案》要求推进教育评价的全面改革,明确要求改进结果评价,强化过程评价,探索增值评价,健全综合评价。[①] 同时,评价活动的最终形式并非能力形式,其能力需要基于一个有序的发展过程而建构。如完形填空评价活动的最终能力形式是选择所给词语补全短文,但其能力来自于完形心理学所支撑的从局部建构整体的能力建构过程,需要先把握文章特性,尤其是整个语篇、语段、语句关联所规定的语词特性,基于这一特性,方能准确选择恰当的语词补全短文。这一能力就需要从阅读文章,把握语篇整体内涵及其语词、语句、语篇特性,然后把握语段内涵及其语词、语句、语篇特性,进而把握语句及其语词特性,最终再训练选择恰当的语词补全短文的能力。任何一项能力都需要一个发展过程,所以评价活动应把握其能力发展过程的需求,而不是关注评价形式。

三、设置一致性教学目标的方法

在中小学英语教学中,要设置与课程标准、学习目标一致并可评价从而确定评价目标具有一致性的课堂教学目标,必须做到以下几点:

(一) 以学习为中心

学生是学习的主体,课程教学目标的设定要适应学生的年龄、个性、兴趣、认知规律等心理因素,还应考虑学生目前的经验、知识、能力水平、发展方向和教学环境等教育因素。学生之间水平和层次的差异、知识储备、心理和技能特点以及各自的学习需求,都会对学习结果产生深刻的影响。作为指导教学实施的航标,教学目标的设计更要以学情为基础,根据学生的实际情况来制订符合学生接受水平和需要的教学目标,这样才能有的放矢,增强目标的针

[①] 中共中央国务院深化新时代教育评价改革总体方案[OL]. http://www.gov.cn/zhengce/2020-10/13/content_5551032.htm. 20201015 析出.

对性。由此可见,目标一致原则必须与学习中心原则相结合。

(二)基于学生最近发展区,符合教学规律

任何目标都要以可实现为前提,不可实现的不是目标,而是空想。可实现的目标应该在学生最近发展区之内,既不过低,也不过高,要使学生通过学习而能够实现。

从哲学的角度看,规律是指事物运动过程中固有的、本质的、必然的联系。在教学的矛盾运动过程中,只有符合规律的模式才会达到预期目标,否则只会是徒劳。教学目标要基于学生最近发展区而设定,要是学生通过学习可以实现、可以达成的目标,还要符合学习的基本原理与教学的基本规律,如先有语言学习才有语言输出的学习原理。外语教学活动本质上应该是语言实践活动,所以外语知识教学应该服从于语言运用能力的教学规律。

(三)符合课程标准

课程教学目标要依据英语课程标准,也要依据符合课程标准的评价标准。鉴于考试对于中国学生的重要作用,尤其要注意评价目标是否符合课程标准的理念与要求。在进行教学目标设计时,不要随意提高教学目标。比如课程标准要求初中毕业学生掌握1 600个左右词汇,显然这不是要求学生会写这1 600个左右词汇,因为初中英语毕业考试的写作一般只有100个词左右的要求。实际上学生能运用500个词进行写作,就能在初中毕业考试中取得非常优异的成绩。所以设置教学目标就不要过高地提升词汇学习的要求,而应把词汇分作写作词汇(运用词汇)和阅读词汇(认读词汇)进行教学。同时,处理教学目标与教材的关系时,教师要以课程标准为纲。有时候,教材可能会出现教师们所说的"超纲"或与此相反的比课程标准低的现象,在这种情况下,教师应该以课程标准为依据。

(四)具有全面性

国家课程标准突出英语课程的人文性,凸显教育中的"人"的地位,促进人的全面发展是教育的初心。因此,课程教学目标应包括不同学习领域全面发展的目标,如认知、情感、能力等领域的目标,并要符合语言素质与综合素质共同发展的要求。

(五)具有阶段性

教学目标按时间分类可分小学阶段的、初中阶段的和高中阶段的目标。各个阶段又能可分为学年的、学期的、单元的和课时的目标。不要把整个中学阶段的、整个学年的、整个学期的、整个单元的目标设计为一个课时的目标。一个课时的课堂教学只需要完成一个课时的教学目标。

(六)具有可选择性、可调整性

教学目标让学生充分考虑自身的实际情况,但明确规定所有学生必须达到的最基本的教学目标,实现共性和个性的统一,既保证基础教育目标的实现,又为学生个体的差异性发展提供足够的空间。有些中小学英语教材的教师用书一般都会列出比较详细的单元教学目标。但是,这些教学目标是基于教材内容设计的,而不是基于具体的学生设计的。所以,教师还需要根据学生的实际情况对教材设计的教学目标进行必要的调整。

(七)具有可评价性

教育目标可以比较宽泛,而教学目标则应具体,具有明确的可评价特性,使教学评价与

教学目标保持一致,从而使教学评价成为促进学习的评价,而不是背离教学目标、学习目标,甚至制约学习的进行。可评价的教学目标可促进全面的教学评价改革,以及终极的教育评价改革,尤其是招生考试、升学评价改革,从而促进全面的教育改革。

实　践

请你回答

合理目标原则一定要与学习中心原则结合起来,才能真正实现教学目标。现在请你说说小学、初中、高中的关于 sports 话题的教学目标。请注意目标的差异。

请扫描二维码
查看参考答案

请你分析

请你从目标一致原则分析本节列出的学习目标,以及你自己确定的本节学习目标。

请你设计

请你为下面的教学内容设定课时教学目标。

Dear Jack,

　　I had a very unusual experience on Sunday. At around ten o'clock in the morning, I was walking down the street when a UFO landed right in front of me. You can imagine how strange it was! An alien got out and walked down Center Street. I followed it to see where it was going, and I was very surprised when it went into a souvenir shop. While it was looking at the souvenirs, the shop assistant called the police. Before the police arrived, the alien left the shop and then visited the Museum of Flight. While the alien was in the museum, I called the TV station. Isn't that amazing!

Ted

选自:人民教育出版社课程教材研究所英语课程教材研究开发中心.英语(八年级下册)[M].北京:人民教育出版社,2013:20.

第三节　有效原则

思　考

现象反思

D 老师反映,尽管她在各个教学环节都做了充足的准备,课堂上教学活动的开展也能够顺利进行,但就是不能得到满意的教学效果,学生的成绩提高幅度很小,成效不明显。

你认为如何才能保证教学活动达到预期的教学效果?

学习目标

学习本节后,你能:
1. 理解中小学英语教学的有效原则;
2. 明确有效原则在中小学英语教学中的表现特征;
3. 基本掌握在中小学英语教学中实现有效原则的主要方法。

本节结构

学习

一、有效原则的内涵

科学、合理地设计教学目标,是使其得以实现的最重要前提因素。有效的教学活动是达到教学目标的最重要的过程因素。只有教学过程中的教学活动都有效地指向目标,才能最终实现教学目标。所以,中小学英语教学要坚持有效原则(effective principle)。

中小学英语学科的有效教学包括有效果(effectiveness)和有效率(efficiency)两个层面。有效教学既强调达到教学效果,又强调在规定的教学时间内达到这一教学效果,也就是说,教学目标应该是规定在一定教学时间内要达到的教学效果。这是学校教育的特性之一。有效教学强调教学效果,即学生在教师引导下通过一定时间的学习所获得的进步与发展。这就必须同时强调教学效率,即用尽可能少的时间来实现教学目标。

有效教学首先要求教学目标设计恰当,而教学目标设计又要求必须以学习为中心,考核教学目标是否合理、科学,是否符合课程标准的要求,是否符合课程改革的理念。有效教学要求时间等教学资源恰当,英语课堂教学应该有助于学生在规定的学习时间内达到或超过规定的学习目标。

由此可知,中小学英语教学的有效原则指:中小学英语的课堂教学应该有助于学生在规定的学习时间内达到或超过规定的学习目标。

二、实施有效原则的方法

有效原则要求课堂教学直接针对教学目标,同时要最大化提高有限的教学时间内的效益。根据有效教学原则,在教学中应该做到:

（一）尽可能全面、充分地了解学生学习需求

全面地了解学生就是要了解学生各方面的发展进程，主要包括学生不断变化的兴趣特征和心理状态。如要了解学生是如何内化知识，获得技能和发展思维技巧的，要明确学生在生理、社会交往、情感、道德和认知等方面个体变化的幅度，以及这些发展变化对学习产生的影响，要掌握如何促进学生学习的教学策略等。教师在组织和设计教学活动中一定要认真考虑这些要素。

请分析： 如果一位老师为了让学生巩固对话："Look, this is my family. This is my father. This is my mother..."他先要求学生画出自己的全家福，并与同桌进行 pair work。在课堂上，同学们画图用了10分钟，然后开展了5分钟的用英语介绍家庭成员的活动。你如何评价这个活动的有效性？

（二）制定合理的教学计划

制定合理的教学计划包括理解学习理论、学科材料、课程开发、学生发展，以及掌握在教学计划中如何运用这些知识来达成课程目标；在课程与学生经验之间建立起联系；使教学计划充分适合个人学习的风格和表现模式；教学计划关注学生原有的知识并积极拓展与深化；教学计划应根据学生的需求和表现分短期和长期来考虑实施。

（三）让学生明确学习目标

学习目标是学习活动的出发点和归结点。让学生清楚地了解学习目标，并鼓励和指导他们确定自己的学习目标。因此，教师要帮助学生在学习前认真地钻研课程标准和教材，弄清教材的重点、难点和关键，准确地制订教学目标，使他们了解教学的基本要求和较高要求，鼓励和指导学生根据自身的特点来合理地确定自己的学习目标。要防止在实践中无限地扩充知识内容，滥用复习材料，大量拼凑练习题等导致负荷过重的错误做法，确保实现培养综合语言运用能力的目标。

（四）精心设计教学活动

语言学习的有效性要建立在学生主动参与语言实践的基础上。设计的活动要从学生主体意识的建构出发，科学地设计教学活动，使学生通过体验、合作、探究活动得到全面发展。每一项教学活动教师都要精心设计，从学生的实际水平出发，尤其是要考虑在学习上有困难的学生的实际，对那些有难度的教学内容，要尽可能降低入门难度，然后再循序渐进地提高，坚决反对一步到位的思想。

（五）使用容易理解的教学语言

英语既是教学的对象，又是教学的手段。课堂上要求教师尽量使用学生已学过的语言来指导和讲解，也就是说必须以学生能听懂为标准。不熟悉的教学语言则应尽量使用体态语。教师可配以表情、手势、简笔画，并尽可能使用学过的英语来解释或介绍新授内容，以降低语言难度。另外，尽量使用英语并不排除必要时教师可以使用汉语的情况。如解释某些词义抽象的单词和复杂的句子的意思，或讲解某些难以分辨的词语的词义差别等，这样既能

使学生立刻明白该句子结构的意思,又能节省出更多的教学时间开展其他的教学活动。

(六)细心观察学生的反应

在课堂教学中通过观察学生的反应,可以及时掌握教学情况,了解学生是否理解了教学内容,是否能达到教学要求。教师通过观察学生的行为反应,及时地调节课堂活动,达到有效的教学效果。教师可以通过与学生目光的交流、观察学生的动作、表情以及与教师的接近度等行为获得有关课堂教学效果和学生实际水平的各种信息,从而及时调整教学方式或节奏,以更有效的方式取得更佳教学效果。

(七)鼓励学生提问题

要实现课堂教学有效原则,首先要鼓励学生"敢问"。教师必须充分尊重学生,鼓励学生大胆质疑,敢于提出不同见解和看法;激励学生提问的积极性,多肯定少否定,让学生经常品尝思维的乐趣与成功的喜悦。再次,教师应鼓励学生大胆向老师提问,向老师挑战,向教材挑战,培养"不惟上""不惟书"的开拓精神和创造才能。教师应着力培养学生发现问题的能力,促使学生"要问",让学生"会问"。因此,教师要教给学生提问的方法,增强学生提问能力,正所谓"授人以鱼",不如"授人以渔"。

(八)鼓励学生进行自我评价

教学评价是英语课程的重要组成部分,科学的评价体系是实现课程目标的重要保障。在评价过程中教师要建立目标多元化、评价方法多样化的评价体系,使学生清楚地了解评价目标,鼓励学生进行自我评价。教师应提供有关学习调控与评价的信息,培养学生能够对学习不断地进行自我诊断、自我反馈、自我调整和自我激励,真正做到引导学生改变学习方式,使学生的个性化学习成就得到展现,为他们的终身学习奠定基础。

(九)为全体学生提供丰富的学习资源

英语教学仅仅靠教材提供的知识空间是难以从根本上提高学生的知识素养的。为此广大教师要为全体学生提供尽可能丰富的学习资源。它主要包括两个方面:一是可以作为学习和教学内容的材料,如教科书、课外读物、音像材料、报刊杂志、广播电视节目等;二是使学习和教学能够顺利进行的客观条件和设施,如教室、桌椅、音响设备、电脑、网络及图书馆等。教师应加强学生对自身感知通道偏好、对学习环境偏好等的自我了解,并给出相应的学习建议,鼓励并指导学生根据自己的实际情况选择和利用不同的学习资源,同时加强对各种学习媒体技术的使用方法指导,最终使学生能够自主、合理地选择,综合利用各种学习资源。

实 践

 请你回答

1. 有效原则与学习中心原则之间呈现出什么关系?
2. 你认为什么样的课堂活动最有效?

请扫描二维码
查看参考答案

请你分析

请分析你在前一节设计的教学目标的有效性。

请你设计

下面是一则高一英语阅读课的设计片段。本节课的教学目标是让学生了解导致动植物濒临灭绝的原因,认识保护野生动植物的重要性和必要性,探讨保护濒危动植物的措施。针对教材特点和教学要求,重点培养学生的阅读能力,同时加强听、说、写综合技能的训练。请从设计理念上思考体会教学的有效性原则。

教学过程:

首先让学生观看《人与自然》中几个关于濒危物种的小片段,并描述片中介绍的动物,让学生了解濒危物种生活的环境,以及导致其濒临灭绝的主要原因。

接下来介绍另一种濒临灭绝的动物——麋鹿,并介绍其他一些濒临灭绝的动植物。由此引出本课主题——保护好野生动植物,并提出问题:

1. 它们为何濒临灭绝?
2. 我们能做些什么?

在处理课文语言知识点时由学生一边听课文录音一边在文中勾出语言知识点,并以小组比赛形式检验学习效果,以培养学生自学能力。

采用电视谈话节目形式,先由一名学生带领大家参观保护藏羚羊的图片展,然后让大家以小组形式谈谈我们能为保护野生藏羚羊做些什么。以此作为阅读后的一个拓展和升华,体现素质教育中培养学生创造性思维的要求。

布置相关任务。学生课后以小组为单位在网上查找相关资料并在课堂上展示成果,帮助他们成为学习过程的积极参与者和主动探索者,提高学生信息收集的能力和创新精神。

第四节 真实原则

思 考

现象反思

初中英语教师 M 为了让学生记住本节教学内容,进行了大量的操练活动。首先让学生背诵对话,进行同桌间对话、小组内对话;然后进行填空练习,填充对话中的重要句型;再进行替换练习,用所学词汇进行替换操练;最后默写对话。本节课的教学内容同学们倒背如流,可是在第二天的测验中,学生却不会灵活运用所学的词和句型。

请你分析 M 老师的教学问题出在哪里，为什么？

学习目标

学习本节后，你能：
1. 理解中小学英语教学的真实原则；
2. 明确真实原则在中小学英语教学中的表现特征；
3. 基本掌握在中小学英语教学中实现真实原则的主要方法。

本节结构

学 习

一、真实原则的内涵

英语教学中真实性问题的讨论始于 20 世纪 70 年代，其核心主要是关于语言材料和教材的真实性。英国英语教学专家杰里米·哈默（Jeremy Harmar）和大卫·努南（David Nunan）都做过相关的研究。后来随着交际法的推广和运用，真实性问题的研究内容得到进一步扩展，除语言材料以外，还包括课堂活动、交际情景、社会文化因素等各个方面。关于真实性问题，布林（Breen）提出比较全面的观点，认为"真实性"应涵盖以下四层意义：语言输入的真实性；学习者对语言输入的理解的真实性；对语言学习有益的练习活动的真实性；语言课堂所需再现的社会情境的真实性。

一般来说，真实是指教师应该依据以英语为母语的人在实际情境使用的英语，设计教学内容；依据以英语为母语的人使用英语的真实情境，设计教学过程、教学方法、技巧、教育技术等。中小学英语教学的真实原则（realistic principle）指为了提高英语教育的教育质量、教学效率和教学成绩，英语教师应该把握教育因素的真实内涵，特别是英语教育的真实目的、学习者的真实学习目的和动力、真实学习兴趣与真实学习困难和真实的英语学习机制等，并依据对前述因素的真实内涵的把握，在英语教学中运用语义真实、语境真实、语用真实的教学材料、教学过程、教学策略、教学方法和技巧以及教学技术。在英语教学中，坚持真实原则就是要在教学各个环节上做到真实，以培养学生综合语言运用能力为总目标，以交际法和任务型教学为策略，在真实环境中习得真实语言能力。

> **请分析**：这里讲到真实时候用的是 realistic，而在讲教学内容的时候，我们经常用 authentic，你如何理解这两者之间在教学上的联系与区别？

二、实施真实原则的方法

真实原则是英语教学中的重要原则。贯彻真实性原则，将有助于教师更好地理解英语教学的实质，从而全面提高学生的综合语言应用能力。当培养学生的英语运用能力成为教学目标时，真实原则中最重要的内涵之一就是语用真实。此处的语用真实是指按照英语实际运用的规范和习惯，在实际运用英语的真实语境中准确理解和恰当表达语句的真实语言意义和语用意义。实现语用真实，必须做到以下方面：

（一）把握真实语言运用的目的

首先要把握教学内容、教学材料的真实目的。英语教学的最终目的是培养学生的综合语言运用能力，这种能力不是语法能力，而是一种语用能力。这里的语用目的不是语用学概念，而是指教学内容体现在语用能力方面的教学目的，主要表现在如下三个方面：语句的语用功能目的、对话语篇的语用功能目的以及短文语篇的语用功能目的。其语用功能目的又可分为功能性语用目的和学习性语用目的。

（二）采用语用真实的教学内容

这里的教学内容不仅指课文教材，还包括例句、课内外训练材料和练习等所有供学生学习的材料。英语教师在开始教学前应从语用的角度认真分析课文，不仅分析课文语句的结构意义，更要着重把握语句的语用意义，了解语句使用的真实语境，研究语句中包含的情感、态度、语气、意图等，准确把握课文中所有语句的真实语用内涵，同时编写或者从已有的教学用书中选择语用真实的教学例句和课内外练习。这样就可以在教学前就指向语用教学，而且明确指向以培养运用英语能力为目的的语用教学，从而保证学生能够获得语用真实的英语运用能力。如听力教学中的真实材料会呈现以下口语言语特征：不时地重复、说话人话语的重叠、犹豫、自我修正等。因此，在将原始对话材料编入听力教材时，要体现这些真实环境下的口语特征，从而培养学生的听力能力。

（三）设计组织语用真实的课堂教学活动

课堂教学是由一系列的课堂教学活动来完成的。在中小学英语课堂教学活动中，呈现、讲解、例释、训练、巩固等课堂教学活动都要与语用能力培养密切相关。对学生语用能力的培养要贯穿于英语教学的全过程，融于语言学习其他各环节的学习和训练之中。在这些教学活动中，英语教师应基于语用真实的指导思想来设计教学活动；呈现、讲解教学内容时，不仅要呈现、讲解教学内容的真实语义，还要明确呈现、讲解教学内容的语境和言外之意；例释环节中所有的例句不仅要语义真实，语境和语用意图也要真实；进行训练和巩固时不仅要进行真实语义的训练和巩固，更要关注如何在恰当的语境下表达恰当的语用意图。所有教学活动都要充分考虑语用的真实性。学生通过课堂学习，听老师呈现、讲解例释，在老师引导下训练巩固，从而获得运用所学知识的语用能力。

（四）设计与实施语用真实的教学评价活动

教学检测评估对教学，特别是对学生学习，具有很大的反拨作用。通过设计编排语用真实的教学检测评估，可以发现学生的语用能力还存在哪些不足，从而调整改进教学，特别是关于学生语用能力培养方面的教学,能起到更直接、快捷、有效地培养学生运用英语的能力的作用。教学检测评估题既要符合测试的基本原理,更要注重测试的运用能力,检测评估题不仅要语义真实,更必须语用真实,否则就会误导教学,弱化学生英语运用能力的培养。语用真实会引导学生在学习中更自觉地去把握学习内容的真实语用内涵,从而进一步强化学生获得英语运用能力的自我意识。毫无疑问,这将促进学生更有效地获得运用英语的能力。

实 践

 请你回答

下面的师生对话是一种典型的课堂句型操练形式,你认为哪一组操练形式更适合真实原则?

对话 1:

A:What is on the table?

B:There is a book on the table.

对话 2:

A:Where are my shoes?

B:Under the bed.

 请你分析

请结合你自己学习英语的经历,分析真实原则的重要性。

 请你设计

请你分析以下小学四年级英语教学案例,说明这个案例在哪些具体环节和教学活动中体现了真实原则和学习中心原则。应该如何调整教学活动,以更好地体现学习中心原则?

Step 1:热身

T:Hello, boys and girls. I'm very happy to be here today. Your school is so big and beautiful. The classroom is so new. The new ...

S:The new desk, new chair, new door, new board, new window ...

T:Good! So, I want to ask you a question. How many windows can you see? How many?

S:One, two, three, four, five, six. We can see six windows.

Task 1:

T:Excellent!(从口袋中拿出尺子。)What's this?

S:It's a ruler.

T：（再拿一把。）

S：Two rulers.

T：（再拿一把。）

S：Three rulers.

T：（再拿一把。）

T：（再摸一摸。）

S：Four rulers.（其实没有了。）

T：No, that's all I have. So I have three rulers. How many rulers do you have?

S：I have ...

Step 2：新知呈现

Task 2：

T：（假装一不小心碰掉讲台上的书包。）Oh, my schoolbag.（引出课题并板书。）

T：Show me your schoolbag. What color is your schoolbag?

S：My schoolbag is yellow.（学生就自己书包的颜色展开交流。）

Task 3：

T：Boys and girls. What's in my schoolbag? Guess.

S：Pencil-case, ruler, eraser, pen, bread, book ...

T：Let's see.（打开书包，拿出的居然是衣服。）

S：（很惊讶。）Clothes!

T：（拿出一个铅笔盒。）What's this?

S：It's a pencil case.

T：What's in my pencil case?

S：Pencil, ruler, eraser ...

T：（顺手从书包里拿出一本英语书。）Boys and girls, look!

S：English book. An English book!

T：（继续拿书，手在书包里掏了半天也没有，然后把书包倒过来倒。）Oh, my god. Where's the book? Where's my book?

S：In the home ... ?

T：Oh, no.（作冥思苦想状，突然在后裤袋摸到什么。）Oh, it's here. Chinese book/a Chinese book! 然后从衣服袋、裤袋中掏出不同的书，引出 math book/a math book, notebook/a notebook, story book/a story book。

请扫描二维码查看参考答案

本章小结

教学原则是教学体系的重要组成部分，也是教学活动中必须遵循的规范性准则。随着英语教学课程改革的不断深入，在英语教学中教学原则的重要地位显得异常重要。本章主要介绍了学习中心原则、目标一致原则、有效原则和真实原则。掌握学习中心原则的实施方法能够培养学生的语言能力，达到交际能力和持续发展能力的提高。教学目标正确与否直接关系到教学行为是否有效,因此要科学、合理地设置课堂教学目标。有效的教学活动是达到教学目标的最重要的过程因素,这要求课堂教学直接针对教学目标,并充分发挥有限教学时间内的效率。贯彻真实原则有助于更好地理解英语教学的实质。学生在教师的指导下,在"做中学",在"学中做",全面提高综合语言应用能力。这四项原则并不孤立,而是相互联系,相互渗透。

进一步阅读建议

Brown H. *Principles of Language Learning and Teaching* [M].北京:外语教学与研究出版社,1994.

教育部.义务教育英语课程标准(2022年版)[S].北京:北京师范大学出版社,2022.

教育部.普通高中英语课程标准(2017年版)[S].北京:人民教育出版社,2018.

第五章
中小学英语教学策略

教学是教师主导的行为,教师可以根据教学因素,设计合理的教学策略展开教学,促进学习成效的提升。教学策略可以泛指教师为实现预设教学目标所采用的一系列有效教学行为,可以按所作用的领域分为认知策略、情感策略、语言策略,或者按照行为过程分为组织策略、传递策略、管理策略。本章将基于中小学英语课堂教学需要,聚焦教学准备策略、课堂管理策略、有效提问策略、教学整合策略。

第一节 教学准备策略

思 考

现象反思

J老师在大学读研究生时参加了导师的中小学教材编写工作,协助做了很多教材编写的基础性工作,包括课文试讲、练习试做等,形成对教材的深刻把握。于是,他毕业后很快就成长为有娴熟教材驾驭能力的教师,上课基本不再需要花时间备课,而可以随时就教材中的教学内容展开教学。但他的学生成绩和能力均不够理想。

你认为为什么J老师对教材的娴熟掌握没有促进学生的学习?

学习本节后,你能:
1. 了解教学准备的内涵;
2. 掌握教学准备的主要过程;
3. 基本能够开展有效的教学准备。

> 学 习

教学准备是教师课前进行准备的过程,其主要活动是备课,为教学活动制定蓝图、设计教案。通过教学准备,教师可以对教学活动的基本过程形成整体的把握。教案是教学活动得以顺利进行的基本保证,好的教案可以为教学活动提供科学的行动纲领,使教师在教学工作中事半功倍,取得良好的教学效果。

一、教学准备的内涵

凡事豫则立。教学准备是教学的预备,忽视教学准备,不仅难以取得好的教学效果,而且容易使教学过程走偏、教学活动低效,影响教学成效的实现。教学准备不仅仅是一节课的备课,更应该是一段时期的备课,比如一个单元、一个月、一个学期,甚至更长时间。所以,教学准备要有规划意识,为一节课、一个单元、一个月、一个学期进行教学规划,这便是教学准备与教学设计的不同。

教学准备起于教学要素分析。备课程、备学生、备教材、备考试评价,使教学不打无准备之战。教学设计要求教师准确把握课程、学生、学习内容、考试评价要求,基于分析设定符合课程、学生、教材、评价的教学目标、教学过程、教学活动、教学评价、教育技术等。若没有准确把握教学要素,教学从一开始就会出现危机。

教学准备是一种规划,要有规划意识。一节课的教学准备要符合一个单元的整体设计,一个单元的整体设计要符合一个月、一个学期的规划,更需要符合学生在小学、初中、高中不同学段,乃至整个基础教育阶段的学业规划。如在小学四年级下学期第二周第一节课进行一般现在时教学,显然需要有清晰、合理的规划意识,因为一般现在时中的主语为第三人称单数时行为动词的形式变化等有很多内容,学生无法在一个课时完全掌握,无法在一个月、一个学期完全掌握,甚至可能终生无法完全正确。所以,这一内容的教学,不能只是拘泥于一个课时,而必须从一个月、一个学期、一个学段、整个基础教育阶段进行规划。教学准备的规划意识,将使语言知识、语言技能、语言运用能力、文化意识、思维品质、学习能力等各方面的教学更加科学、合理。

教学准备是经验的准备。课堂教学是教师个人化的课堂教学实践,在课堂教学过程之中,无法得到他人的支持。如,当一位年轻教师在教学过程中发现学生无法完成预设的理解文章主旨大意活动时,教师无法中止课堂教学过程而打电话向有经验的教师求教,只能基于自己的能力、经验,引导学生开展理解文章主旨大意的新的活动。若教师进行了足够的教学准备,则可以保证教学过程顺利推进,学生达到预设学习目标。在进行教学准备时,教师需充分考虑学生学习可能出现的情况,如设计的问题,学生会如何回答,会出现多少种可能的不同回答,若学生没有达到学习目标,如何通过进一步提问引导学生达到学生目标。经验可以来自书本,但更应该来自本校教师的分享,因为书本的经验并不一定完成适合本校学生,而本校教师的经验则可能更为适合。所以,本校教研组集体备课时,应关注经验分享。

教学准备要对考试评价进行适度的准备。学习需要评价,以确保学生达到了学习目标。教学准备时对评价的准备要适度,目标、难度不宜过高,也不宜过低,应适合本班学生。一味使用其他学校的考试评价目标、活动、试题,尤其是名校试题,可能反而使本班学生失去学习动力。

教学准备也包括技术准备。英语课堂教学可以通过有效地使用音频、视频、网络词典等各种技术,但这些技术在使用中可能出现无法达到预期效果,甚至无法使用的问题,若无预设,则必然影响教学。尤其是展示课,更需要必要的技术准备,包括教育技术的提前试用,更包括教育技术无法使用时的预案。

教学设计是教学准备的关键活动,但教学准备比教学设计更为丰富。

请分析:哪些方面的教学准备不足会对教学产生严重影响?

二、教学准备的过程

基于教学准备的内涵可知,教学准备是对教学目标、教学过程、教学活动、教学评价、教育技术等各方面的准备。基于我国中小学英语教学的现实与教学经验,教学准备的过程可表现为以下形式。

1. 教学要素分析

教学准备是对教学过程、教学活动等的准备,当从教学要素分析开始,否则准备就无法进行。

中小学英语教学要素首先是学生,他们是一切教学的起点。分析学生作为英语学习者的学习特性,尤其是中小学生存个体差异,是教学准备的基础。对于当下学生的分析,还可以参照对过去学生的分析,将教师以前执教的学生学习英语的经历,作为当下学生可以达到的目标的参照。教师曾经是英语学习者,甚至现在也仍然是英语学习者,而且总体而言属于较为成功的英语学习者,自身作为英语学习者的要素特征,也具有分析价值,可以成为学习者要素分析的参照性因素。

教师也是重要的教学要素,教师自身的职业素质与专业化发展的路径,都有助于教学准备。当教师在教学准备中需要专业支持之时,如何找到并获得所需的帮助,显然是教学准备必须分析的要素。通常而言,集体教研有助于教师更好地进行教学准备。

教学内容不仅仅是课文,更是教材中的所有活动与要求、其他学习材料,更包括课程标准的相关规定与要求,还包括学生可以自主获得的学习内容。在"以世界为教材"的今天,教学内容的准备非常重要,尤其是直接切合学生当下学习需要的学习内容,更需要准备,也更值得准备。

良好英语教学环境要素,也有助于教学准备。

教学要素分析的更多具体内容与要求,本书第三章已经阐释。

2. 教学规划

教学准备要有规划意识,教学规划要从国家课程开始,按照各学段英语课程标准所规定的内容标准,基于学生的学业规划、学习内容、评价目标等制定规划。

基于一般方法,制定规划首先要分析相关要素,在确定要素之后,基于要素的各种可能,确定科学、合理的目标,尤其是基于课程标准的学段目标、基于教材的学年与学期目标、基于教学内容的课时目标。在前一章(本书第四章)的目标一致教学原则中,对目标规划提出了相应要求。

在教学规划之时,确定目标之后,需基于时间安排(学段、学年、学期、月、单元、课时、教学环节、活动开展步骤)进行目标倒推,制定合理的目标实现过程,这一过程要符合教学要素的分析结论。

若学校没有制定书面的英语学科学段、学年教学规划,则教师应基于课程标准、教材而在心中形成教学规划,尤其是整个基础教育阶段的学习目标规划,以便在本学段恰当地开展教学。

基于课程标准的科学、合理的学段目标规划意识非常重要,这一意识有助于制定准确的学期、单元目标。如中小学阶段的英语冠词学习,我们应具有以下学段目标规划意识:

表 5-1 学习目标案例:基础教育不同学段冠词学习目标

学段	冠词学习目标
高中	能准确理解语言材料中冠词的语义;基于需要在口头与书面表达中准确、得体使用冠词。
初中	能基本准确理解语言材料中冠词的语义;基于需要在口头与书面表达中较为准确、得体使用冠词。
小学	能初步理解语言材料中冠词的语义;基于需要在口头与书面表达中基本正确地使用冠词。

形成以上冠词学习学段目标规划意识之后,我们就不会在小学阶段就要求学生完全理解、准确与得体运用冠词,而可以在一个课时中合理地要求学生体验冠词的语义,在下一课时再发展口头运用冠词的基本语义,进而到学年结束,再实现基本正确使用冠词的目标。

学习目标规划意识,是我们规范教学行为、不断精准教学过程之中目标指向性的重要保证。

在确定科学、合理的学段目标、学年目标、单元目标、课时目标之后,教学过程、教学活动、教学环节、教学步骤的规划则以目标为基础进行规划。

3. 备课(教学设计)

教学规划之后,教学准备则基于规划进行课时的备课,备课是教学准备的重要工作,甚至中心工作,备课的有效形式是教学设计。

教学设计需要明确分析指向本课时的教学要素,以及本课时甚至每一环节、每一步骤的学习目标,然后设计恰当的教学策略、教学过程、教学资源、教育技术等,并设计教学评价。

下一章(本书第六章)将对教学设计进行更多说明。

4. 反思调整

教学设计之后则是课堂的教学实施。在完成教学实施之后,要进入教学准备的一个特殊环节:反思调整。并基于本节课的教学,调整下一节课的教学准备,甚至调整本单元的教学规划,为下一节课的教学做准备。

实 践

 请你回答

1. 教学准备主要有哪些内容?

2. 一般而言，通常需要遵循哪些步骤去进行教学准备？

请你分析

请从教学准备视角分析本书第二章第一节"请你分析"部分的教学设计。

请扫描二维码
查看参考答案

请你设计

请根据本节所讲的内容选择一课进行教学准备并撰写教案。

第二节　课堂管理策略

思　考

现象反思

铃声响过，Y 老师走进教室，开始上课。今天他所要讲的内容是一堂关于旅游的阅读课。他希望以"头脑风暴"作为导入活动，准备以小组活动的形式开展。教室里还没有完全安静下来，Y 老师开始上课了。他简单地说了几句：Today we are going to talk about travelling. Now please discuss in groups. Y 老师说完之后，学生们开始进行小组活动。但一会就出现了这样的情况：有的小组看起来进展很顺利；有的同学没有进行讨论，因为他没有自己的小组；有的同学用中文窃窃私语："老师让咱们讨论什么呀？"

你认为 Y 老师的课堂教学有什么问题吗？如何改进？

学习目标

学习本节后，你能：
1. 了解课堂管理的内涵；
2. 了解课堂管理的策略；
3. 基本能处理课堂管理中的纪律问题。

本节结构

> 学 习

一、课堂管理的内涵

在课堂教学中,教师的一个重要作用是协调和控制各种教学因素及其关系,使之形成指向教学目标的有序整体,确保教学活动的顺利进行,这一类活动即课堂管理活动。课堂管理指的是教师为了实现教学目标而对课堂时间、空间、师生活动进行合理安排的教学行为,它在很大程度上影响课堂教学的成效。课堂管理包括不同的层面,既有时间、空间的管理,如教室布置;也有教师教学行为的管理,如教师声音与态度、教师根据课堂实际情况调整教学预设、课堂氛围等;还有教学资源、教学条件等因素的管理,如互联网学习平台与工具等。

一堂课的效果如何不仅依靠教师的教案、教师的课前准备,更多的时候依靠教师对于一堂课的组织与管理。教室的座位如何摆放,教师给予学生活动指令是否清晰,在课堂上采取什么样的活动,这些都会影响一堂课的效果。一份相同的教案,在不同教师的管理下,课堂的教学效果可能会截然不同。课堂活动进行中,调整教案的不同方法也会导致截然不同的教学效果。良好的课堂管理与学生的学习成就呈正相关,与学生的消极情感呈负相关,一堂课成功与否,在很大程度上取决于教师所使用的课堂管理策略。

二、课堂管理的策略

课堂的时间安排一般在教学计划中进行规定,其教学空间安排则根据教学活动需要进行安排,活动指令、活动形式选择都需要综合管理。

(一) 时间安排策略

课堂教学时间总长度有着统一规定,一般在 40—45 分钟,小学英语课堂教学时间也可以在 20—35 分钟。课堂教学总体时间之内每一环节的时间安排,则是教师进行课堂管理需要安排的时间。

英语是通过实践学习的课程,一节课之内的时间安排总体要遵循实践时间优先的原则,确保有足够的实践时间,让学生训练和运用所学语言,而要尽可能减少教师讲解的时间,比如 45 分钟时间之内,安排 30 分钟训练和运用的实践时间,而只安排 15 分钟教师讲解的时间。至于学生实践时间,最好是根据学习内容的难度而分散安排,比如词汇学习环节按照 5 分钟教师讲解、10 分钟学生训练,到语法学习环节再安排 10 分钟教师讲解、20 分钟学生训练,而不是先集中安排 15 分钟讲解时间,再集中安排 30 分钟实践时间。

对于具体教学内容与活动,要根据内容与活动需要安排,有些内容与活动需要讲解与实践交叉安排,有的则需要较为完整的时间,如词汇教学,可能是 1 分钟进行第一个词的讲解与实践,接着再进行第二个词、第三个词的学习,而阅读则可以让学生安静地阅读 5 分钟,然后进行 5 分钟对于理解的讨论。

小学低年级的课堂可以适当穿插看视频、听歌曲等活动,让学生适当休息和调整,以保障学生有足够的精力进行学习。

此处讨论的是课堂时间管理,对于非课堂的时间管理,通常会在教学设计的管理策略处进行设计。

(二) 空间布局策略

教学总是在一定空间进行,这一空间在我国中小学英语课堂中通常是教室。教师要根据教学需要调整教室的空间布局,空间布局与小组安排的不同能够导致不同的课堂气氛,从而影响课堂教学的效果,所以教师要充分利用教室安排可以根据教学需要进行调整的优势,合理调整教室布局。教室的布局首先会直接影响学生的学习,如学生讨论、展示、表演等的场地;其次会影响教师的课堂管理,也就是说(空间应满足教师在教室来回走动指导学生的需要)使教师能够对整个课堂进行监控(关注到每个学生,学生也能够很容易地注意到教师的教学展示)。所以,教师要根据教学活动需要,不断调整教室布局,如 Scrivener 提出的下图所示的这些座位摆放模式①:

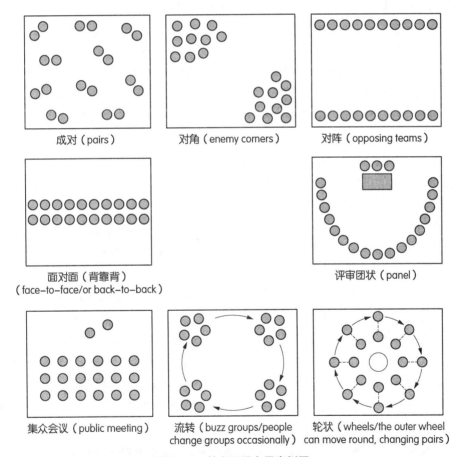

图 5-1 教室不同布局案例图

上图呈现了多种座位摆放布局,教师可以根据活动需要进行摆设,无论是大班教学,还是人数较少班级的教学。如平日进行知识传授时可以采用较整齐的横竖成排座位排列方式,尽量保证可以很容易地进行配对或四人小组活动,如教室座位的排数和列数尽量保证为

---

① Scrivener, J. *Learning Teaching* [M]. London: Macmillan, 2011: 62.

双数。如果根据教学安排,要进行的课程内容为学生表演、辩论等,可以在课前将座椅提前安排好,如以桌为单位分成小组。这种座位布局的变化不仅能使学生充分地交流,也能在一开始就给学生一种新鲜的感觉,让学生能很快地投入到活动中。

我国中小学的教室是一个班级的学生固定使用的场所,每节课都调整教室布局,一节课之内不断调整教室布局,会占用一定的教学时间。因此可能的现实做法如下,一是各学科统一确定教室布局,一段时间之后,如一个月,再进行调整;二是较小程度地调整教室布局,如学生只是转身与其他同学组织小组开展活动。

> **请分析**:教室座位摆放可能影响教学哪些方面?请说明原因。

(三)组织形式策略

在当代教育实践中,教学组织形式有四种基本形式:班级教学、小组教学、个人学习、网络组织形式。班级教学是教师向一个班级的学生传递教学信息的教学组织形式;小组教学是教师通过组织班级内的学生形成不同的小组传递和分享教学信息的教学组织形式;个人学习是教师指导学生个人根据学生自己的选择接受和获得教学信息的教学组织形式;网络组织形式是基于信息技术尤其是互联网技术发展的新的教学组织形式,学生可以与计算机进行互动学习,也可以与同一网络空间的同伴组成虚拟小组、班级进行学习,当然也可以与实际小组、班级同学在网上进行互动学习。

个人学习是人类历史上最早出现,也是最本质的学习形式。随着人类的社会化分工,教学需要强调规模效益,班级就开始出现了。在班级教学中,教师可以根据不同的学习风格、学习基础等,把学生分成若干小组,进行教学。

在具体的教学中,我们往往会根据学生情况、教学内容等,综合使用上文提到的前三种不同的组织形式,因为教学的这三种组织形式各有所长,也各有所短,适合使用的条件和对象也不尽相同。

在英语课堂教学中,教师讲解课文或说明语法内容时,通常会采用班级授课的方式;在组织任务实施时,教师通常会将学生分成小组;而对于需要记忆、背诵的内容的学习,教师只能依靠学生自己个人的努力去完成。

当然,教师应该根据教学需要,最大效度地使用不同的教学形式。以小组教学为例,教师应该尽可能根据教学目标,将学生分成小组。若任务需要不同能力学生的配合才能完成,教师应该根据学生能力水平,把不同能力的学生分在同一小组,而不是把同一能力水平的学生分在同一小组。但若任务是需要同一能力水平的学生才能完成,就自然应该根据学生水平分小组。

只有一切从学生实际出发、一切从学习目标出发,教师才能最大效度地选择恰当的组织形式。课堂教学活动是最主要的学校教学活动,与课外活动相比较,其目的性更强,学习效率更高。根据小学英语课堂教学活动可分为知识与技能的展示与呈现、语言知识与技能训练、语言应用实践及策略、学习评价等环节。这些环节可以根据具体的教学要求,按照不同的顺序展开,而且常常在课堂教学中交替进行。

(四)指令使用策略

课堂是师生互动的过程,教师给学生发出活动的指令,学生根据教师的指令进行学习。

课堂指令是教师让学生明确学习任务、活动要求与组织形式等的课堂管理语言。在课堂上，教师给予学生的活动指令应做到清晰、完整、起止清楚，基于先行组织的支架，较难的内容教师要进行演示，要检查学生是否明确，以及把握恰当的时机。指令清晰是指指令的给予应该简短而明了，不要让学生听后需要通过猜测才能明白需要做的任务是什么。指令演示是指解释活动时配以演示，如第一次进行项目活动。指令检查是指可以抽查学生对指令的理解，考查学生是否真正地清楚了活动的要求。指令时机是指要掌握好给予指令的时机，不要在学生未进入听课状态，学生未完成手里的工作时给出指令。指令的先行组织是指在交待活动时还应注意新旧知识的连接。指令完备是指教师所给出的指令应该是完整的，应该告诉学生活动的目的、步骤、时间及具体的要求等。指令起止清楚是要明确地告诉学生活动开始和结束的时间，以便学生合理安排活动的时间。

(五) 活动形式策略

课堂活动形式选择的策略包括参与定向、活动定向、目标定向等策略。参与定向指课堂上可以采取的活动形式多种多样，包括全班活动、小组活动、配对活动及个人活动。不同的活动参与形式不同，教师的监控与参与也各不相同。

活动定向指不同的活动对组织形式的要求不同，比如展示活动采用全班活动的形式，角色扮演使用同伴活动等。

目标定向指活动的目标各不相同，如根据对语言材料处理的形式，活动分为展示型、理解型、应用型、判断型、巩固型活动；根据活动中学生承担的角色，可以分为信息沟、角色扮演、任务型活动；根据活动在课堂管理中所起的作用，可以分为驱动型和稳定型活动。教师可以根据教学需要运用这些活动，但实施这些活动需要教师认真的思考与准备。

展示型的活动通常采取全班活动，但在开展这种展示型活动时，一定要在学生展示后引导学生进行学生间的互动，如根据展示内容进行提问与回答，或根据展示内容进行讨论等，使展示达到最好的效果，展示的学生也能体会到成功的感觉，切忌只展示没有互动。

复述练习、对话练习等可以采取配对活动。这样可以使课堂时间最优化，在相同的时间内学生都有机会练习。在这样的配对练习中，学生最担心的就是不能辨别对方语言的准确性，教师在这时可以随机听取几对的发言，发现一些共性的问题，在活动结束后给予总结，使学生既表达内容(meaning)，也注意到形式(form)，在使用(use)中发现问题，解决问题。

单词游戏、小品表演、项目作业、访谈等都可以采用小组活动形式。在组织小组活动时，一定要注意计划周密，注意给出的指令清晰明了，让学生们了解此项小组活动的目的、具体的做法、学生应做的事情，最终应得到的成果方式及展示方式等，在确认学生对此项活动了解了之后才可以开始进行，并在活动后进行总结。

(六) 纪律管理策略

在课堂教学中，会存在一些实际问题，如班级人数过多，小组活动开展不顺利等，也会出现一些问题，如学生出现纪律问题、教师未能按教案进行教学等，这些问题应该采取针对性的措施。

当课堂出现问题时，教师要及时分析其中的原因，找出问题所在，以便着手解决。比如中小学英语课堂最常见的纪律问题，我们建议从以下方面进行管理：

- 我们首先让学生共同参与制定英语课堂纪律规则和违反纪律的对策措施，全班按照少数服从多数原则进行通过，然后要求全班遵照执行。课堂纪律规则可以每年进行一次修订。

- 违反纪律的对策措施尽量不要是惩罚，可以提出多种可能，让学生讨论通过，也可以有可选对策，让违反纪律者自己选择。
- 上课时清晰说明课堂学习与活动指令，明确说明活动要求与对学生学习成果的要求、奖励评价的标准，如课堂发言、轮流回答问题、小组活动如何开展、出勤要求、课外作业要求等。
- 教师要公平地对待每一位学生，确保每一个学生都遵守纪律，每一次违反纪律都有相应对策。对于五年级以上学生，可以建立学生自己的纪律小组。
- 要求学生相互尊重，不可有任何歧视行为。
- 一般情况下，尽量在课后解决纪律问题，不要停下教学活动进行处理。

在课堂教学中，当学生讨论很热烈时，经常可能出现偏离讨论主题、内容、要求等问题，以及用汉语进行讨论的现象。在常规教学中，教师可以提醒学生回到主题、内容、要求上来，但若是讨论课，则可以允许学生适当进行讨论。对于运用汉语问题，教师也要尽量控制。教师可以在学生开始讨论之前，给学生搭建讨论所需的语言支架，让学生看、读、讨论所需的语句结构、语词，再开始讨论，或者要求学生在需要时可以使用电脑查阅所需语句、词汇、信息等，确保讨论正常进行。

我国中小学班额通常比较大，学生人数较多，学生水平参差不齐现象非常普遍。面对大班额，通常采取的方法有使用配对和小组活动，使学生得到更多的机会参与学习、实践和展示。若一节课教师只能在大班安排一两个小组进行展示活动，则可以在每一节课安排不同的小组进行展示，确保每周（小学课时较少，可以是每两周），每一个学生都能面向全班进行展示。

面对水平不同的学生，教师可以采用不同学习目标、不同学习辅助内容（课文在内的主要学习内容，全班应该统一，但课文之后的阅读材料、对话材料等辅助内容，则可以不同）、不同学习活动（可以对不同小组提供不同学习活动）、不同课后巩固活动与内容（也就是普遍使用的多层次作业）、不同评价方式等，进行分层次、分目标教学。

实　践

 请你回答

1. 小学生在游戏活动中往往出现混乱，教师如何整合时间策略和纪律策略开展游戏活动？

2. 请回忆你当年在中小学英语课堂上最反感的老师处理违反课堂纪律的方式，然后分析：你为什么反感？你认为采取什么处理方式学生不反感？

请扫描二维码查看参考答案

 请你分析

你在初中学习时的班级人数是多少？你认为属于大班吗？你的英语老师们一般采取什么样的办法进行教学，你认为哪些方面可以借鉴，哪些方面需要改进？

请你设计

Z 老师的班有 42 名学生,他今天要在班里进行"我心目中的未来城市"的小组展示活动。每个小组包括 6 名学生。请你为他设计一下适用于这个活动的课堂座位布局,并说明你的理由。

第三节　有效提问策略

思　考

现象反思

在 M 老师的英语课堂上有这样一段师生对话:

Ms. M：Look at the picture. What is Bobby doing? Lily, you please.

Lily：Bobby is eating.

Ms. M：You are right. He is eating. What else?

Lily：(doubtfully) He is standing.

Ms. M：Standing? No, no. Sit down! Cherry! You please.

……

那节课,Lily 再也没有抬起头来。

你认为是什么导致 Lily 这节课再也没有抬起头?

学习目标

学习本节后,你能:

1. 理解课堂提问的重要性;
2. 了解课堂提问的种类与原则;
3. 了解提问中应避免的问题。

本节结构

> 学 习

一、课堂提问的重要性

课堂教学是由诸多环节构成的,而课堂提问则是诸多环节中的重要组成部分,对形成良好的教学效果具有十分重要的意义。提问可以引导学生深度思考,同时有助于引导学生学会提问。教师出色的提问,能够引导学生去探索所要达到目标的途径,形成勤于思考的习惯和善于思考的能力。提问是一种技巧,更是一门艺术。有效的提问,还有助于教师驾驭参差不齐、瞬息万变的学情,促进学生思维的发展,同时也展示了教师的知识、能力与素养。

教师的有效提问对课堂教学具有重要的作用,然而若提问不当则会引起相反的结果。若教师的问题太难或太容易,则会影响学生回答问题的意愿;若教师只是提问能回答问题的学生,则会使其他同学失去在教师引导下经过思考而回答问题的学习与发展机会。所以,有效提问是有效教学的关键。

教师提问是组织教学的主要手段,适用于课堂教学的各个环节,如:教师提问可以是引出话题的有效手段;提问可以成为词汇教学的一种手段,用来检查学生对词汇的理解和掌握;提问可以是阅读教学的主要手段,用来激活学生的现有知识,组织学生阅读文章;等等;提问还是课堂交互的主要模式,通过提问锻炼学生的口头交流能力,培养学生的解决问题能力。

二、有效提问的内涵

有效的问题是学生能够经过思考而回答并因此而积极参与学习过程的问题。有效提问应能够使学生经过思考而做出相关的、完整的答复,并且同时激发学生的参与意识。

判断提问是否有效可以从六个方面进行,包括问题的清楚度、学习价值、激励性、参与性、深度和安全效应。清楚度指问题必须能够使学生迅速抓住要害;学习价值指问题应能刺激思维,有助于学生的学习;激励性指问题必须有趣,具有挑战性;参与性指问题能使大部分学生参与到活动中来;深度指问题必须能激励学生作深入的延展性回答,使学生发挥想象,丰富答案的变化性;安全效应指提问能给学生安全感,相信自己即使回答不当也不会受到教师的羞辱和嘲笑,相反会得到教师的尊重。

影响有效提问的因素主要有:学生现有的语言水平、学生对于不同问题的喜好、教师所给予学生回答问题的等待时间、教师对于学生回答问题后的反馈及问题的梯度。梯度指问题的难度等级,要求课堂内的问题体现层次性,由易到难。

三、问题的种类

由于分类的标准不一样,问题的种类也各不相同。基于布朗的研究可知,从回答问题所需的能力分类,可以分为获取信息的问题、理解内容的问题、应用原理的问题、推断未知的问题、分析文本的问题、评价内容的问题以及综合性的问题这七种问题。[1]

---

[1] Brown, H. *Teaching by Principles: An Interactive Approach to Language Pedagogy* [M]. 北京:外语教学与研究出版社,2001:166.

信息性问题属于事实性问题,要求学生再现事实、时间、地点等,常用的提问词包括:"Define""Tell""Who""What""Where"等。理解性问题要求学生对已学过的知识进行解释阐述,常用的提问词有:"State in your own words""Explain""Select""Summarize""Match"。应用性问题指学生将所听到和读过的东西应用到新的环境中,常用的提问词包括:"Use the data to solve""Show how""What would result"。推断性问题指推断出未在所学材料中明确指出的结论,最常见的提问方式为"What conclusions can you draw from?"。分析性问题要求学生能将问题分成几个部分,并建立部分与整体之间的联系,常见的提问方式包括:"distinguish""contrast""What is the relationship between...?"。评价性问题要求学生根据一定的标准评价好与坏、对与错,并阐述原因。常用的提问方式为:"Decide which""Select""Which do you think is more appropriate?"。综合性问题指针对新的问题设计独特的回答,如"What would happen if...?""What would you have done in this situation?"。

> **请分析**:在这七类问题中,哪一类的问题对学生最有挑战性?对于老师来说,准备哪一类的问题最困难?请给出必需的论据。

若按照问题的参照性进行分类(Richards,2001),可以分为形式参照问题、内容参照问题、自由度参照问题、文本参照问题、难度参照问题。形式参照问题从形式上分为 yes/no 问题、选择性问题、what 问题和 how/why 问题。内容参照问题与布朗的分类总结相似。自由度参照是指根据回答者回答的自由度,问题可分为封闭性问题/开放性问题,聚合性问题/发散性问题,展示性问题/咨询性问题。聚合性问题指引导学生的回答集中于中心主题的提问,主要要求一个正确答案。发散性问题指引导学生做出不同或相异回答的问题,经常没有正确或错误的答案。展示性问题指一个问题不是真实的问题,而是为了练习语言而提出,例如:Is this a book? Yes, it's a book. 咨询性问题指教师不知道答案的问题,如 What do you think about animal rights? 文本参照问题指根据问题与材料之间的关系,将问题分为文本显性问题、文本隐性问题和文本超越问题。文本显性问题的答案可以从文中直接找到,隐性问题要求回答者能读出材料中字里行间的含义,根据文本进行推理,文本超越问题要求回答者独立思考,结合自己的经历回答问题。难度参照问题指根据问题对回答者认知能力的要求,分为浅层问题和深层问题。浅层问题注重记忆和信息再现;深层问题超出记忆和事实性信息的范围,要求回答者运用复杂的、抽象的思维、对材料进行分析、综合评价,并要求较高的解决问题的能力。

四、课堂提问的方法

基于影响有效提问的诸多因素,课堂提问宜采用以下方法:

上课之前,教师事先基于学生水平和最近发展区,设计多种可能性问题,并尝试基于学生水平进行回答,预设学生可能需要的支架,设定提问与等待的时间,保证问题种类选择恰当、提问时机掌握准确、提问语言准确。问题要符合学生的认知能力和语言水平。使用的语言和话语能为学生理解和接受。对于低年级的学生或初学者,可以多使用一些信息性问题、浅层问题、封闭性问题、聚合性问题。问题要达到促进学习的目的,因此所问的问题不仅帮助学生扩充知识,更需要帮助学生分析整合所学知识,培养学生的思考问题、解决问题的能力,所以对于高年级或中等水平的学生要尽可能地提出启发思维的问题。在一节课内,所问的问题应具有层次,应包括浅层问题、封闭性问题、聚合性问题,也应包括深层问题、开放性问题、发散性问题。合理地安排提问上述问题的比例,不要过多地使用其中一种问题进行提问。合理地安排上述问题的提问顺序,一般应先提问浅层问题、封闭性问题、聚合性问题,然后提问深层问题、开放性问题、发散性问题。

上课过程之中,教师提问之后,应给予学生一定的思考时间,亦即等待回答的时间。等待时间的长度与问题难度要一致,显性的信息类问题可以要求学生快速回答,而观点类问题则需要等待几秒钟,评价类的问题则可以让学生小组讨论1—2分钟,然后回答。提问时要照顾到大部分同学,不要只提问一些表现积极的同学,要给予每个人机会。学生回答问题不顺利时教师要有耐心,先引导学生,鼓励学生想出问题的答案,通过启发后,若还不能找出问题的答案,教师要采取婉转恰当的方式转问下一个学生,保护学生的自尊心。

学生回答问题之后,教师必须要给予学生反馈。一般来讲,这时的反馈包括两部分,一部分是认知反馈(cognitive feedback),指对学生所回答内容的反馈,包括对学生的回答进行总结引用等,表明教师理解了学生的答案,是一种对学生答案的肯定;另一种反馈为情感反馈(affective feedback),指对学生给予具体的表扬与鼓励,增加学生的自信心。这类反馈可以让学生相互进行,亦即开展学生同伴评价。尤其是大班教学,可能只能安排一个小组回答问题,此时可以在一个小组学生回答之后,让其他小组进行评价,以确保其他小组在认真听这个小组的回答,同时也促进学生进行同伴评价。

提问是课堂教学的重要环节之一,它不仅能够启发学生思维,活跃课堂氛围,而且有利于激发学生的学习兴趣,培养学生的英语表达能力。甚至可以说,提问效果如何往往成为一堂课成败的关键,而决定提问效果的根本因素在于如何把握课堂提问的技巧。课堂提问只有目的明确、精心设计、合理安排,才能使课堂教学达到事半功倍的效果。

课堂提问是一个需要进行专题讨论的主题,此节只能简要说明,更多的课堂提问方法,需要从更多材料与实践中学习与发展。

实 践

 请你回答

课堂提问的问题种类包括哪些?它们的特点是什么?

 请你分析

请分析本节学习过程中教师与同学提出的所有问题的有效性,从对你自己是否有效的视角,提出改进建议。

请扫描二维码
查看参考答案

请你设计

请阅读下面的这篇阅读材料,设想你将为学生讲授这一材料,你将如何设计你的问题呢?你会用到哪些类别的问题呢?

We can make mistakes at any age. Some mistakes we make are about money. But most mistakes are about people: "Did Jerry really care when I broke up with Helen?" "When I got that great job, did Jim really feel good about it, as a friend? Or did he envy my luck?" When we look back, questions like these can make us feel bad. Bad when we look back, it's too late.

Why do we go wrong about our friends or our enemies? Sometimes what people say hides real meaning. And if we don't really listen, we miss the feeling behind the words. Suppose someone tells you, "You are a lucky dog." Is he really on your side? If he says, "You are a lucky boy" or "You are a lucky girl" that's being friendly. But "lucky dog", there's a bit of envy in the "dog". Maybe he doesn't see it himself. But bringing in the "dog" puts you down a little. What he may be saying is that he doesn't think you should have such good luck.

"Just think of all the things you have to be thankful for" is another example that says one thing and means another. It could mean that the speaker is trying to get you to see your problems as part of your life as a whole. But is he? Hidden in this phrase is the thought that your problem can't be important. It's telling you to think of all the poor people in hunger and cold in the world when you haven't got a date for Saturday night.

How can you tell the real meaning behind someone's words? One way is to take a good look at the person talking. Do his words fit the way he looks? Does what he says square with the tone of his voice? His posture? The look in his eyes? Stop and think.

The minute you spend thinking the real meaning of what people say to you may save another mistake.

第四节　教学整合策略

思　考

现象反思

　　Z老师非常喜欢基于核心素养的课堂教学,通常都进行基于阅读发展学生核心素养的活动。每次在学生阅读之前,他先对阅读中的词汇、语法进行专门教学,让学生完全理解词汇、语法之后,让学生阅读,读后进行阅读文章的信息理解检查,再是语篇逻辑关系的理解和文化内容的理解,最后讨论文章的价值意义。

　　你认为他的课能发展学生的核心素养吗?

学习目标

学习本节后，你能：
1. 理解教学内容、学习目标、语言技能整合方法；
2. 了解教育技术与课堂教学、学科知识与语言知识的整合方法；
3. 基本能够根据学生学习需要进行教学整合。

本节结构

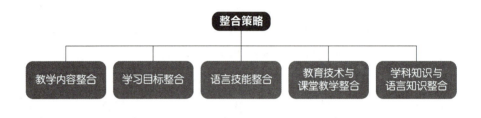

学 习

一、教学内容整合

中小学英语教学内容在重要性上主要是教材，但在数量上、广泛性上则主要是教材之外的学习资源，教学内容的整合首先是教材内部的整合，然后是教材与教材之外学习资源的整合。

1. 教材整合

广义的教材是所有教学材料，此处所指是狭义的教材，即国家审查通过、学生在课堂上作为最基本学习内容的教科书。教科书作为教学资源之一，是用来实现教学目标的。课堂教学目标应该根据课程标准和学生的实际情况制定，教师可通过教材中的相关内容来达到这些目标。因此，教师不应该唯教材是从，照本宣科，而应对教材的内容有所取舍。如果现有的教材不能帮助学生达到相关学习目标，教师就应改编或补充相关材料。

一本教材不可能完全适应所有学生的语言水平、学习风格，因此教师在教材使用上必须根据自己学生的实际情况对教材进行整合。

教材整合包括调整教材内容的顺序、对教材的内容进行取舍、补充教材上欠缺的内容、对教材进行简单的修改等。这也非常符合英语课程标准所提出的使用教材的建议：教师要善于结合教学实际的需要，灵活地和有创造性地使用教材，对教材的内容、编排顺序和教学方法等方面进行适当的取舍或调整。以外研社高一英语教材为例。教材的每个模块的设计基本都遵循导语（词汇与口语）、阅读与词汇、功能、听与说、语法、语音、写作、日常用语、文化之角、任务及模块档案几部分。

教师在使用时，要根据自己的课时、学生水平、单元的教学需要整合教材。教材整合应以"以学生发展为本"为指导思想，以课程标准为行为准则，以学生情况、教学情境、教学环境为整合的依据，立足教材，开发教材，活化教材。再以"自然灾害"这一单元为例了解如何进行教材的整合。

（1）通过调整内容顺序进行整合。教学时不必按照这个模块的顺序走，可以先利用视频或音频材料进行听力练习，完成导入环节；其次组织学生讨论，或分组口语练习；然后可以进行阅读部分的讲解，这样学生可以学到口语练习中想说但不会说的内容，促进学生的学习积极性。阅读练习之后可以开展本课的词汇回忆活动，帮助学生掌握词汇。接着进行语法教学，选取一些关于自然灾害的陈述，让学生作直接引语和间接引语的转换。模块最后可以是写作任务。

（2）通过内容取舍来整合。这个单元的内容较多，词汇也相对困难，但因为是学生在日常生活中经历或听说过的内容，因此可以多利用教材。不在课上涉及的内容可以有语音部分（让学生课下练习）、功能部分（融进写作中解释）、文化之角（课下阅读）。

（3）与其他单元整合。教材中可能会有不同的单元涉及的话题和内容比较相似，因此可以将这些单元间相联系的内容在备课中做到有机的取舍和调整。

> **请分析：** 在你自己的学习过程中，是否感觉到教材上有些内容不太适合自己？你对待这些内容的态度是什么呢？这使你学习这些内容产生了什么影响？

2. 教学资源整合

英语教学的资源是学生学习语言的输入源，也就是语言的实例，它给学习者提供了发展学习的材料。传统上，输入的主要资源是教科书，还可以从各种来源的真实文本中得到补充：文本、视频或音频文本、音乐、多媒体等。教学资源指在教学的准备和实施过程中所能运用到的各种资源，其中包括文本资源、电子资源、人力资源等。文本资源包括与教材配套的教师用书、学生练习册、学生评价手册、各种图片、各种适合学生的英语期刊、杂志、报纸、适合学生阅读的英文简易读物等；电子资源包括教材的附带光盘、教材的音频、视频材料、网络资源、其他适合学生的音频视频、材料、教学软件等。人力资源指教师自身所具有的经验与知识、也指学生所具有的独特的思想和知识。

在教学过程中，教师不能再依照"一本教材打天下"的模式进行教学。教师应该整合所拥有的教学资源，开展教学。整合教学资源的途径有多种，比如广泛接触各类资源，阅读浏览各种杂志和网络资源；积极开展不同班级、年级或校际间的交流与合作，以便整合师生资源与校际资源；学习现代教学手段，以便整合网络媒体等先进的教学资源。以讲授"自然灾难"主题为例。教师在备课过程中，应充分利用所有的教学资源进行授课准备，并设计好各个教学资源使用的环节：利用自然灾害（地震、洪水等）的图片或网络搜索获得的自然灾害的视频、音频材料作为课程的导入，使学生有直观清晰的印象，引起学生的兴趣与讨论；学生和教师交流是否经历过自然灾害，使学生把所要学习的内容和自己的生活联系起来；使用适合学生的报纸，找出其中自然灾害的报道，供学生课外阅读，强化学生课上所学的内容，在阅读过程中，课上所学到的词汇也有可能复现；使用学生练习册巩固课上所学的知识、加强对语言形式的练习；搜索关于自然灾害中自救和防护措施的视频或音频材料，让学生制作与自然灾害有关的海报等，使学生能再次体验学习的内容与自己的生活紧密相连。

二、学习目标整合

英语课程以发展学生的语言能力、文化意识、思维品质和学习能力为总体目标。基于核心素养的英语课程理念,就是从英语的工具性和英语学科的人文性这两个角度来设置英语课程的目的与目标。也就是说,学习课程不仅要考虑学生应该学习哪些英语知识和技能,将来能够用英语做哪些事情,还要考虑学生通过学习课程可以学习其他哪些方面的知识,形成哪些关键技能和必备品格。

基于核心素养,英语课程要以立德树人为根本。比如,在实际的课堂教学中,教师可能会教授"open the door"这个短语,在教给学生这样一个短语的时候,教师可能会走到教室门边,把门打开,一边不停地开门关门,一边让学生重复这个短语。这是体现了"核心素养"里面的"育"。而如果在教给学生"open the door"这个短语的同时,也让学生学会"hold the door",在平时的生活中,自己推开门进去之后,可以暂停一下,把门推住,让身后的人也进入之后,再轻轻把门推回原来的位置上。这是体现了人文素养中的"人"。即不仅能够教会学生书本上的知识和学习的技巧,还可以培养学生在情感道德方面发展成一个全面的人。教师不仅应该发展学生的语言能力和终身发展的学习能力,还应该塑造学生良好的文化品格。

更为关键的是让学生养成良好积极的思维品质。既要培养学生批判性思维,还要学会用以英语为母语的人的思维来思考英语,更应该用批判性思维去看待世界。

图5-2 六要素整合的英语课程内容图示①

再以"自然灾害"单元为例,在学习这个单元的过程中,除了培养学生的语言技能、语言知识外,也应着重培养学生的情感态度。通过对自然灾害发生时人们的互助实例,培养学生的祖国意识、培养学生对别人的关注、关心;通过课后制作与自然灾害有关的海报任务,培养学生的合作精神,并使学生关注周围的事件。在结束这个单元的学习之后,学生除了掌握一定的语言知识外,也应该学会积极地面对困难,热心地关注和帮助他人等,达到课程的教育目标。

三、语言技能整合

教材中每个模块都包括训练听、说、读、写技能的几个部分,因此教师在授课过程中应注意各种语言技能的整合教学。整合的方式可以包括以下几种:听力与口语组合、听力与写作组合、阅读与口语组合、阅读与写作组合、听力口语写作组合、阅读口语写作组合等。如上面提到的自然灾害这个单元中,导入环节所用的音频和视频材料可以作为很好的听力材料;观看之后学生交流彼此的经历与看法是一个真实的口语任务;课上再进行阅读文章的讲解,学生在听说能力训练后进行阅读任务;课后的作业可以是与自然灾害有关的作文、制作板报、制作海报等,训练学生的写作能力。

布朗提出了语言技能整合的建议。他指出,过去近60多年的英语教学实践认定了学习听、说、读、写的重要性,并在课程设置中按照四种技能分别设课。近年来出现了"综合"趋势,即采用全语言教学法,把一种语言技能与相关语言技能结合在一起学习。实现综合语言

---

① 教育部. 普通高中英语课程标准(2017年版)[S]. 北京:人民教育出版社,2018:13.

教学的模式有五种：1.通过学习某门专业课程来学习英语；2.围绕某个专业的主题来组织教学；3.体验学习，即让学习者通过参与各种活动去学习语言；4.通过系列事件学习语言；5.通过完成某个任务来学习语言。①

听、说、读、看、写技能教学是实现课程目标的前提，整合语言技能目标的教学，还可以让学生在听、说、读、看、写过程中，获得语言知识、情感态度、学习策略和文化意识多元目标的协调发展。英语课程必须更新教学观念，要立足于学生终身学习和发展的高度设定和整合语言技能目标。语言技能目标的整合，教师可从教学内容入手，根据学生学习实际，设置语言情景，重组语言材料，引导学生学习语言知识和课文背景知识，对语言结构进行梳理；通过任务布置，活动探究等，展开一系列听、说、读、看、写教学活动。教师还可以充分发挥评价的功能，学生通过自我评价，可以在听、说、读、看、写过程中，不断体验进步与成功，正确认识自我，建立学习自信，促进语言技能及综合运用能力的和谐发展。

> **请分析：** 在你自己的学习过程中，是否注意培养自己的综合技能呢？还是注重哪方面多一些？你的老师的教学呢？他们是否注意在课上将这几种技能综合起来进行培养呢？

四、教育技术与课堂教学的整合

1. 教学媒体的整合

教学媒体可以相对地划分成传统的教学媒体和现代的教学媒体。传统的教学媒体包括黑板、实物教具、录音机、挂图、图片、模型等；现代的教学媒体包括幻灯、投影、电视录像、计算机多媒体、网站等。在现代教育技术发展很迅猛的今天，教师也不应偏废传统媒体的使用，而应该根据课堂的需要选择不同的教学媒体，使教学媒体充分地发挥自己的作用。

鲁子问、康淑敏提出教学媒体使用的三个原则，包括学生中心原则、有效性原则、可操作原则。学生中心原则指要使媒体具有较强的针对性、实用性和适应性，就必须考虑学习者因素。教师要根据学生的年龄、语言水平、认知能力等选取适合的媒体。如小学阶段，应利用教学媒体引起学生的好奇和学习兴趣，因此可以使用幻灯、投影、模型、录音、图片等。初中阶段，随着学生认知能力提高，可以着重引导学生运用语言，发展学生的逻辑思维能力，因此可选用视听觉结合的媒体，如投影、录音录像、多媒体。第二个原则是有效性原则。"要使媒体选择有效，就要注意两个方面，一是教学媒体要适应具体的教学目标，二是教学媒体要适应于具体的教学形式和教学内容"。如自然灾害单元中可以使用电视录像、光盘等视频材料展示自然灾害，使学生有直观感受。第三个是可操作原则，"是指资源条件的便利程度，要根据学校的资源状况及个人利用媒体的能力进行选择"。② 同样讲述自然灾害单元，有条件的可以使用多媒体，没有条件的可以使用图片、录音等。

2. 信息技术与课程的整合

利用先进的信息技术手段，来提升学生课堂教学的参与度，打造各学科的高效课堂，已

---

① Brown, H. *Teaching by Principles: An Interactive Approach to Language Pedagogy* [M]. 北京：外语教学与研究出版社，2001.
② 鲁子问,康淑敏.英语教学方法与策略[M].上海：华东师范大学出版社，2008：196＋178＋180.

成为教育创新发展的趋势与方向。随着信息技术在教育领域应用的不断深入,教学内容、教学手段、教学模式都在迅速发生变化,课程与信息技术的整合已成为当前教学改革的重要方面。"信息技术与课程整合的本质与内涵是要求在先进的教育思想、理论的指导下,尤其是主导——主体教学理论的指导下,把计算机及网络为核心的信息技术作为促进学生自主学习的认知工具与情感激励工具、丰富的教学环境的创设工具,并将这些工具全面地应用到各学科教学过程中,使各种教学资源、各个教学要素和教学环节,经过整理、组合、相互融合,在整体优化的基础上产生聚集效应,从而促进传统教学方式的根本变革,也就是促进以教师为中心的教学结构与教学模式的变革,从而达到培养学生创新精神与实践能力的目标"。[1]

信息技术与课程整合可以通过教师来进行,也可以通过学生自己完成。教师可以采取以下几种做法:一是通过任务驱动法,让学生利用信息技术完成任务,进行课程内容的学习,如搜集文字、音频、视频材料,完成特定的任务。二是利用信息技术为学生创设语言环境,使学生获得有用的知识和技能。三是利用信息技术,增加学生的语言学习和运用机会。[2] 从学生的角度看,信息技术为他们提供了新的学习方式,正如英语课程标准里提出的:计算机和网络技术为学生的个性化学习和自主学习创造了条件。通过计算机和网络,学生可以根据自己的需要选择学习内容和学习方式。具有交互功能的计算机和网络学习资源还能及时为学生提供反馈信息,计算机和网络技术、信息技术使学生之间相互帮助、分享学习资源成为可能。随着时代的进步、人们实践的深入、认识的提高,信息技术在教学过程中将发挥越来越大的作用。信息技术与学科的整合是实现教育现代化的基础,是实现教育现代化的必经之路。在整合过程中,教师如果能正确处理好各个关系,必将会提高整合的质量和效果。

五、学科知识与语言知识的整合

在英语学习中,还应注意学科知识与语言知识的整合。内容和语言整合学习(Content and Language Integrated Learning,简称CLIL)理念由大卫·马什(David Marsh)于1994年首次提出,它指的是"通过一门外语学习一门非语言学科的全部或部分内容,这个教学过程具有双重目标,学生既要学习学科内容,又要习得这门外语"。从20世纪90年代起,CLIL理念在欧洲取得了广泛的关注,并在中小学(甚至学前)教育、大学教育及成人教育中均积累了成功的实践经验。大量研究证明,CLIL教学法可以带来诸多好处,比如:帮助学生建构与理解跨文化交流的知识,发展学生跨文化交流的技能,激发学生对语言和学科学习的兴趣。如自然灾害一课,学生从中会学到一些关于自然灾害方面的学科知识,也在学科知识的学习中使用所学语言,提高语言技能。

在教育国际化背景下,教师应积极引导学生在英语语境中经历丰富多彩的活动,不仅提高学生的学科素养,同时还帮助他们自然习得英语,循序渐进地发展英语思维,并加速认知的发展。想要让学生准备好在真实世界里以文化上适当的方式运用目标语言,要求教师一定要把学生的作业具体化,以便他们在目标语言社区应用。运用地道的教学材料是获得语言、文化和内容最有效的办法。学科知识与语言知识的整合,构成良好的语言教育环境,学

---

[1] 何克抗. 教学系统设计[M]. 北京:北京师范大学出版社,2002.
[2] 鲁子问,康淑敏. 英语教学方法与策略[M]. 上海:华东师范大学出版社,2008.

生不再单纯地以学习语言本身为目的,不再被动地接纳教师传授的语言知识,他们在整合的语言教学环境中获得的是语言和其他方面共同发展的机会,他们是主动探求并积极参与作用的语言加工创造者。

实 践

 请你回答

反思你的单词记忆,整合策略是否有助于你的单词学习?举例说明。

 请你分析

分析本节开始 Z 老师的实例,如何实施整合策略改进 Z 老师的教学过程。

请你设计

请你为贵州坡寨村小学五年级学生设计 Happy Thanksgiving 学习内容的一课时的整合学习活动。

请扫描二维码
查看参考答案

本章小结

本章阐述了教学准备策略、课堂管理策略、有效提问策略、教学整合策略。教学准备策略的核心是教学规划以及基于教学规划的备课。课堂管理策略主要包括时间管理、空间管理、教学指令、活动组织等策略。课堂上教师的提问是一个很重要的环节,问题的好坏影响到教学的质量。教师课上可使用的问题根据内容、形式、难度、文本、自由度等可细分为不同的类别。教师提问的问题要适合学生的认知与语言水平,应涵盖各个层次的问题。所问问题要富于启发性,激发学生学习的兴趣。提出问题后要给予学生一定的时间进行思考,学生回答后要及时给予学生反馈。教师要注意将教学中的不同方面进行整合,包括教学资源整合、教材整合、语言技能整合、学习目标整合、信息技术与课程整合、学科知识与语言知识整合。

进一步阅读建议

Brown, H. *Teaching by Principles: An Interactive Approach to Language Pedagogy* [M]. 北京:外语教学与研究出版社,2001.

Harmer, J. *How to Teach English* [M]. 北京:外语教学与研究出版社,2000.

Fink, D. L. *Integrated Course Design* [M]. Manhattan, KS: The IDEA Center, 2005.

王笃勤. 英语教学策略论[M]. 北京:外语教学与研究出版社,2007.

第六章
中小学英语教学设计

教学是有目的的活动,教学活动必须具有明确的、已知的教学目标,实现这些目标需要有计划的活动。因此,教学离不开设计。本章将简要介绍教学设计的定义、教学设计的过程以及教学设计的模式和形式。

第一节　教学设计的内涵

思　考

现象反思

青年教师 Y 要上一节研讨课,他基于对学生的调查,动用各种力量,设计了一组用电子游戏模式推进的课堂活动,教学过程中学生非常活跃,积极参与活动,他自己对教学过程非常满意。但在课后学习效果抽测中,教研组发现,所抽测 6 位不同基础的学生均没有达到预设的学习目标,而只是记得课堂的电子游戏活动。Y 老师对此非常疑惑。

你认为是什么原因导致 Y 老师的教学成效不显著?

学习目标

学习本节后,你能:
1. 了解英语教学设计的基本要素;
2. 理解分析学习者特征、确定教学目标对于英语教学设计的重要性;
3. 基本掌握教学设计过程。

本节结构

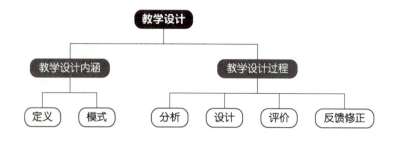

> 学 习

一、教学设计的内涵[①]

教学是教师引导学生学习的过程,包含教师的教和学生的学两个层面,其根本是学生的学,因为教师的教是为了促进学生的学。从学生的学这一层面看,教学是学生在教师引导下主动学习和掌握知识、技能,同时全面发展其核心素养的活动。当然,教师的引导不是随意的,而是依据一定的内容,指向一定的目的,借助一定的方法和技术进行的,是一个有计划的系统性的过程。

简单地说,教学是引导学生学习、促进学生发展的活动,在这个过程中,若要使学生尽可能高效地掌握知识和技能,就必须对教学活动进行精心的设计与安排,提供有利的学习条件。只有这种有组织、有计划的教与学的活动才是学校教育意义层面的教学。家庭教育、社会教育中的诸多教育活动,与学校教育活动最大的区别也就在于是否有目的、有组织、有计划。因此,目标指向性、组织性和计划性是教学活动的重要特点。

这里所指的目标指向性、组织性、计划性,即针对一定的教学目标,提前计划和设计教学内容、教学方法和技术等教学过程中重要的因素,对教学过程做出预设,以达到更好的教学效果。因此,教学需要设计。

(一) 设计的教育学与心理学特征

教学设计是一种设计,其出发点是教学。从教育学视角可知,教学设计视阈的设计具有以下特征:

(1) 设计使教学更具有目的性。教育是人类有目的的文化代际传递活动,具有显著的目的性,教学设计促进教学目标、教育目标的实现。

(2) 设计有助于提高教学效率,促进单位时间的教学成效的提升。教育,尤其是学校教育,是用较短的时间(如12年基础教育,4年本科教育等),促进受教育者发展成为社会和个人发展所需要的人,所以学校教育的任何课程的课时都是有限的。合理设计的教学活动,可以更有效率。

教学设计是促进学习的设计,其过程是心理学视野的学习行为发生与发展过程。从心理学视角看,教学设计视阈的设计具有以下特征:

(1) 设计是建构学习的外在因素。学习是学习者在内在因素与外在因素的作用下,通过个人实践而促进知识、行为或行为潜能、核心素养等发生变化的活动过程。学习的内在因素是学习者的个人因素,无法通过设计形成影响,而外在因素则可以通过设计形成影响,无论是教学行为还是学习环境,均可设计。

(2) 基于学习发生和形成的经验进行设计,提高学习成效。教师之所以能够促进学生学习,是因为教师本身是学习者,更是学习引导者,其教学经验使其具有促进学习者掌握所学内容的方法,从而可以促进学习的发生与发展,并促进整个学习过程的完成。基于这种经验

[①] 本章根据鲁子问等编写的《中学英语教学设计》相关章节编写.

的设计,可以有效地促进学习过程,形成学习成效。如,对于 This is the book I bought yesterday. 教师既知道可以使用定语从句概念、从句子成分视角帮助学生理解、掌握、运用这一结构,也知道可以使用 post-modifier(后置修饰成分)从位置、功能视角帮助学生理解、掌握、运用这一结构,这样显然有助于更有效地促进学生学习。

基于对设计的以上认识,我们可知教学设计所探讨的设计,是基于教师对于教育、教学尤其是学习的理念、经验等,创设指导学习者的学习实践的活动,这些活动具有明确的目的性和实践性,从而使学习有效发生、发展,并最终实现学习目标。

(二)教学设计的多视角理解

对于教学设计,从不同视角会形成不同的理解。从教学设计有效性看,我们需将教学设计理解为一种理念、一个过程、一种技术。

1. 教学设计是一种理念

教学设计的英文表达为 instructional design,这里使用 instruction 一词而不用教授(teaching),是因为 instruction 包含对学习有直接影响的所有行为,而不只是教师的行为,而 teaching 则只是指教师行为。

这说明教学设计不是传统意义的教学研究的分支,而是现代以学习理论为基础的教学研究的产物。实际上,学习理论正是教学设计的理论基础之一,教学设计也就是一种以学习为基本对象之一的理念。

教学设计作为一种理念,不仅强调教对于教学的作用,更强调学对于教学的作用,甚至是更为关键的作用。无论是哪种教学设计的模式,学习者分析都是其中最为关键的组成部分。

在这个意义上,教学设计是一种以学习者为中心的预设教学活动的理念。只有我们把握了这一理念,才能真正理解和实践教学设计。

在这一理念基础上,我们应该把握的是现代学习理论。无论是行为主义学习理论、认知主义学习理论,还是建构主义学习理论,都可以成为我们实践学习者中心这一理念的基础。

2. 教学设计是一个过程

教学作为一种活动,本身就是一个过程。教学设计作为一种教学准备活动,也自然是一系列的可分解的活动组成的过程。

教学设计一直被界定为用系统的方法来分析教学问题、研究解决问题的方法和途径、评价教学结果、修改和确定教学规划的过程。从过程而言,教学是以促进学习的方式影响学习者的一系列事件,而教学设计是一个系统化规划这一系列事件的过程,在设计规划过程中,运用系统方法分析研究教学过程中相互联系的各部分的问题和需求,确定解决它们的方法步骤,然后评价教学成果。

教学设计作为一个过程,我们自然应该把握其过程性。其过程性的特征说明教学设计不是一个封闭的体系,而是一个在过程中不断开放的体系,只要学习的过程没有结束,教学设计的过程就没有结束。

3. 教学设计是一种设计

教学设计的核心词是设计,教学是这种设计活动的性质,所以,教学设计本质上是教师促进学生学习活动与过程的设计。

作为一项设计技术,教学设计显然是以提高教学的有效性为目的,如何基于学习经验和学习环境的设计,设计高效率的教学活动,是教学设计技术的重点。

设计是依据已知原理、方法和技术而制定计划方案的活动。那么教学设计作为一项技术,是建立在已知原理、方法和技术基础之上。要掌握这一技术,显然需要掌握这些已知原理、方法和技术。

教学设计作为一项技术,具有一套技术工具,掌握这一技术工具,是实施教学设计的关键。

从以上三个方面的内涵,我们可以看出教学设计的综合形态。综合这三个方面的内涵,从教师的教学实践视角看,我们可以这样界定教学设计:教学设计是一种基于现代学习理论的现代教育技术运用实践,是教师基于学习者特征、学习需要、学习内容等教学背景分析的基础上,设计教学目标、教学过程、教学策略,选定教学媒体,并进行评价反馈,以进行教学准备的过程。

显然,从教学实践的视角看,教学设计体现一种教学理念,是一种技术,是一套工具,是一个过程,这一技术和工具主要用于教学准备,也可用于教学评价。

从以上分析可知,作为教学准备的过程,教学设计也就是传统意义的"备课"。备课,就是教师为上课而进行的计划和准备工作。不过,传统上的备课基本是基于教师的教学经验而进行。教学设计则不同,它主要不是基于经验进行设计,而是基于一种教学理念,运用一种技术或一套工具,进行教学准备的一个过程,我们用这一技术和工具进行教学准备,从而使基于经验的备课成为基于理念、技术、工具的教学准备。

二、教学设计过程

教学设计一般包括:学习需求分析、学习内容分析、学习者分析、教学策略设计、教学过程设计、教学技术设计、评价目标确定与方法选择、形成性评价设计和总结性评价设计等内容,可以分为:分析—设计—评价—反馈修正四个环节,每个环节有着不同的要素。

1. 分析

(1) 学习者分析

准确分析学习者是成功开展教学设计的一项决定性因素。

学习者分析是通过分析、调查,把握学习者的心理特征、学习风格、已有知识和技能等,为教学内容的选择和组织、学习目标的编写、教学活动的设计、教学方法与媒体的选择和运用等提供依据。

学习者分析是整个教学设计的起点,因为只有准确地把握学习者的英语学习特征,才可能设计符合这一特征的教学目标、教学策略、教学技术和教学过程与评价标准。显然,教学设计的一切都基于学习者的特征分析。

对于英语教学设计,学习者分析要准确把握学生的真实学习目的、真实学习动机、已有知识技能、知识认知机制、学习心理顺序、学习逻辑顺序、英语学习机制等,因为这些要素都对英语教学设计有着根本性的影响。

(2) 学习需求分析

学习需求就是学习活动要达到的学习目标与学生现有的学习起点水平之间的差距。

学习需求分析就是通过科学、系统的调查与分析,确定学习目标与学生起点水平之间的差距。

学习目标的确定是学习需求分析的关键。确定学习目标需要结合社会需求和个人发展需求,充分考虑可以利用的各种资源(教师、学生、教学设施、教学媒体、教学材料、教学经费等)和各种相关的促进与制约因素,才能确定合理的、科学的学习目标。

学习目标的确定需要考虑长期的目标、中期的目标、近期的目标,或者是整个学习期间的目标、学段的学习目标、学年的学习目标、学期的学习目标、单元的学习目标、课时的学习目标,只有形成科学、合理的目标体系,才可能进行合理的教学设计。

确定学生现有学习起点水平则需要调查、评价与分析学生已经达到的学习水平,尤其是与学习目标直接关联的学习水平。

对于英语教学设计,开展学习需求分析是非常重要的。我们需要依据社会需求、个人发展需求,科学地确定英语学习的目标。

可以说,当前我国基础教育英语教学的很多困难,来自学习目标的不合理。事实上,在社会需求层面,确定了面向全体受教育者的、以培养外语运用能力为总目标主要内容的外语教育目标,然而,在我国当前发展阶段,并不需要全体国民都成为外语使用者。对于个人来说,我们绝大多数的英语学习者确定了高考、中考等外语学习目标,绝大多数学生是考什么就学什么,只有很少学生会为了外语运用能力放弃外语考试分数。在课时目标层面,我们很多教师和学生都会把词汇、语法作为基本的重点学习目标,而且要在一课时之内就彻底掌握所学词汇和语法项目,而不考虑学习者的学习能力。可以说,英语教学设计最为关键的是设计科学、合理英语教育教学目标。

(3) 学习内容分析

学习内容就是教学活动中为实现学习目标而学习的知识与技能、过程与方法、情感态度与价值观的总和。根据国家《普通高中英语课程标准(2017年版)》的规定,英语学科的核心素养为语言能力、文化意识、思维品质、学习能力。具体的学习内容是课程标准规定、通过教材实现的语言材料。

分析学习内容是要使教师、学生明确,教学活动要让学生学什么,与教学目标密不可分。当前,在英语教学中,英语教师在进行学习内容分析时都能很好地把握教学内容的语义内容,很多也能比较好地把握语境内容,但大多数英语教师都存在把握语用内容的困难,甚至普遍出现在分析教学内容时,只分析到语义内容,或者分析到语境内容,却没有分析到语用内容,这导致语用学习目标的严重缺失。

分析教学内容时,我们必须把握教学内容的语义、语境、语用内容,尤其是语用内容,如此才有可能培养学生的英语运用能力。语言能力之外的核心素养亦然。我们必须把握教学内容所包含的相关素养,方能在教学内容的使用中发展学生的核心素养。

2. 设计

(1) 教学目标设计

教育是人类有目的的社会实践,目标设计是教学设计的关键,因为若目标迷失甚至错误,教学分析做得再全面,教学策略、过程、技术与评价设计得再合理,反馈修正再认真,也没有意义,甚至会有很大的负面作用,因为方向已经错误。

教学目标要基于教育目标、课程目标设计,英语教学目标设计要充分考虑学生的认知能力,因为他们的心智还在发展之中。

核心素养是我国教育目标的重要内容,英语教学设计要将教学目标首先定位在发展学生的核心素养上。课程标准是核心素养在英语课程领域要求的具体体现,课程标准所规定的课程目标、教学要求、评价要求、教学案例、评价案例等,均是英语教学目标设计的基本依据。

核心素养与课程标准的规定是面向我国全体学生的规定,而课堂教学则是面向我们自己的学生的教学实践。所以我们在英语教学目标设计时,还需非常充分地分析我们自己的学生的发展需求,这些需求可能高于面向全面学生的要求,也可能等于甚至高于或低于这些要求。

(2) 教学策略设计

教学策略是为了完成教学任务,实现教学目标而对教学活动的程序、方法、形式和媒体等教学因素的总体设计,包括对知识与技能相关教学内容的序列设计、对教学活动过程的系统问题和期望的学生反应的设计、对教学的组织形式和媒体呈现信息方式的设计,具体包括课时的划分、教学顺序的设计、教学活动的设计及教学组织形式的选择与设计。

教学策略设计必须基于教学目标,切合教学内容,适合学习者特征,还要考虑实际教学条件的可能性,创造性地设计,灵活地安排教学活动,巧妙地设计各个环节,合理地安排各有关因素,形成系统的、总体的设计,使之能够发挥整体的教学功能。

教学策略有多种分类方法,常见的分类为:组织教学过程、安排教学顺序、呈现特定教学内容的教学组织策略,确定教学信息传播形式和媒体、教学内容传递顺序的教学传递策略,将教学组织策略和教学内容传递策略协调起来(包括时间的安排与组织、教学时的资源分配等)的教学管理策略。对于英语教学设计,这些策略都是不可或缺的。

(3) 教学过程设计

教学组织策略的设计包括教学过程的设计,但教学过程对于英语教学设计非常重要,需要专门探讨。所以,英语教学设计单列出教学过程设计,以突出其重要性。

教学过程是为实现教学目标而开展的多个教学活动组成的连续过程,英语教学理念形成了强调学习过程的任务教学。

任务教学的教学过程设计应该包括以下内容:

A. 任务介绍

这是一个向学习者介绍任务的环节,目的是让学生知道学习语言之后要用所学语言完成的任务,让学生明确语言学习的目标。

B. 任务准备

这是语言学习的过程,分为接触(exposure)和吸收(intake)两个主要环节。

语言接触是教师呈现所学语言,让学生学习所学语言的环节。语言吸收是学生经过练习内化所学语言项目的环节。吸收是影响语言学习效果的最为关键的环节,没有吸收就不可能有语言学习的结果,学生也就不可能形成语言运用能力。

C. 任务完成

这是学生在学习所学语言之后,运用所学语言做事的环节,也是语言输出的环节。

D. 语言巩固

这是在学生用语言做事之后,对其语言运用中存在的问题,有针对性地进行巩固强化,达到促进语言内化的目的。

(4) 教学技术设计

教学离不开技术,无论是传统的黑板、粉笔等形成的彩色粉笔使用和板书技术,还是现代信息技术、互联网技术、多媒体技术的使用,都有助于提高教学的有效性。所以教学设计需要教学技术设计。

教学技术设计包括教学媒体选择与使用、运用教学媒体辅助教学活动的设计。我们应基于学习目标、学习内容、学习者特征和教学策略与教学过程的设计,依据各种教学媒体所具有的教学功能和特性,选择教学媒体和设计教学媒体辅助活动,因为各种教学媒体对于教学的功能不同,效果不同,各有所长,而没有适用于所有教学内容和教学情境的媒体。教学中也没有必不可少的媒体,只有有效的媒体和媒体的有效使用。

教学媒体选择与教学媒体辅助教学活动的设计,直接影响学习目标的达成以及教学策略的实施。

在英语教学设计中,由于视频、音频媒体是语言教学的重要媒体,所以对于这些媒体的设计与选择是非常重要的,但是不能为了媒体而媒体、为了技术而技术,而应以教学需要为依据,来选择和使用教学媒体。

3. 评价

教学设计是提高教学有效性的过程,教学目标是否达成是评价教学设计有效性的关键,而学习成效的评价是评价教学有效性的基础,确定学习成效的评价标准,是开展教学评价的前提。从评价目的分,学习成效评价可分为诊断评价、学业成就评价等;从形式分,可分为形成性评价、总结性评价。

确定学习成效评价标准应该以学习目标为基础,评价的标准要以根据学习过程中的实际学习情形确定,学业成就评价的标准则可以直接依据学习目标确定。

形成性评价常用于对于学习过程的评价,评价标准可根据评价需要确定;总结性评价常用于对于学业成就的评价,评价标准主要基于学习目标确定。

我国当前英语教学的评价存在很多问题,主要是评价标准过偏,评价手段单一,往往用单一的语言知识目标代替语言综合运用目标,用总结性评价作为学习过程中的评价。

综合语言运用能力这一总体目标,英语教学设计的总结性评价试题应以具有语境的应用型试题为主,合理配置主观题和客观题,对语言知识的考查不能孤立地考查某些知识点,更不能考查对知识的机械记忆。

针对当前我国基础教育英语教学中广泛存在总结性评价目标过偏的问题,中小学英语教学设计,尤其需要强调基于综合语言运用能力这一总体目标设计和开展总结性评价。

4. 反馈修正

反馈修正就是根据评价提供的反馈信息,对于教学设计进行调整,从而提高教学的有效性。

教学设计作为一种预设,自然可能因为分析的误差、设计的失误,而出现教学过程中的顿挫,教学评价也提供大量的教学信息,反映教学目标的达成度。

在英语教学实践中,一些经验丰富的老师往往根据自己的经验积累形成的大量案例,随时捕捉教学信息的反馈,调整教学策略,促进教学有效性的提高。

教学设计就是一种理性化的教学准备活动,可以促进教学实践从经历到经验的提升,帮助教学经验不多的教师在较短时间成长为经验丰富的教师,达到可以随时捕捉教学信息反馈、根据教学信息反馈随时调整教学策略的程度。

英语教学设计作为外语学习,存在学生已有知识与技能不足、教学环境与条件不充分等特定困难,尤其需要根据教学信息反馈随时修正教学策略。

综上所述,英语教学设计的一般模式为分析、设计、评价、反馈修正模式,其中学习目标的分析、教学过程的设计、评价目标的确定、依据反馈不断修正教学策略,是至为关键的要素。

实 践

 请你回答

1. 你认为是什么原因导致 Y 老师精心设计的教学活动的教学成效不显著?

2. 你若为高中学生开设写作选修课,应该设计怎样的教学目标?

请扫描二维码
查看参考答案

 请你分析

请从学习者分析入手,分析以下教学活动。

时间	教学步骤	教师活动	学生活动	教学目的
第1分钟	启动教学	向学生问好:Hello! Everyone! 明确告诉学生:根据调查,大家急切希望学习如何猜测生词的语义。	向教师问好:Hello!	问候学生,启动教学。
第1—2分钟	呈现语篇	教师用 PPT 展示含有生词的语篇:Let's first read the text. Please try to guess the meaning of the words you don't know.	按照教师的指令阅读文章,并猜测生词可能的含义。	呈现新文章,同时以问题设置信息沟,引导学生更好地阅读。
第3—7分钟	理解生词 明确词义	教师用 PPT 呈现文章,并用斜体呈现生词,问学生其可能的含义并追问:How did you guess the meaning of the italic words? 教师核实每个生词的含义,并让学生明确,这些过程不是在猜测词义,而是理解词义。	根据自己的猜测方法回答每个生词可能的意义并说出猜测的途径,同时再思考正确词义和自己猜测判断的异同。	事先激活图式,调动学生的理解,学生再在教师的引导下将正确的词义建构进大脑。

(续表)

时间	教学步骤	教师活动	学生活动	教学目的
第8—9分钟	总结猜测词义的方法	教师引导总结学生前面提到的理解生词词义的方法，并归纳梳理成以下方法： 1. 根据构词法理解词义； 2. 根据上下文理解词义； 3. 根据具有信息内涵的结构，如 and 说明并列，or 说明选择，but 说明转折等而理解词义； 4. 根据相近词理解词义； 5. 根据语法结构理解词义，布置课后阅读材料，让学生实践以上方法。	仔细听教师总结，并作笔记；发现自己已经掌握的方法以及还没有掌握而需要学习的方法，在课后学习和实践。	总结帮助学生在阅读中掌握应对生词的策略和技巧，利于学生阅读知识的意义建构。

请你设计

请任选本书前面章节"请你设计"教学内容，进行教学设计。

第二节　教学设计方法

思　考

 现象反思

教学设计已经成为一个热门话题，很多研讨课都提供内容非常丰富的教学设计，如 Z 老师研讨课的教学设计的每一活动都提供了详细的数据，说明了设计目的。如他为自己的 Animals 研讨课设计了"Tiger, tiger, it's a tiger."的吟唱（chant）作为导入活动，因为他课前调查发现学生 87％都喜欢吟唱，而且他选择的 tiger 是因为学习内容就是 animals。但 Z 老师发现这种设计并没有帮助他顺利进行教学，也没有使学生达到预设学习目标。他认为教学设计并没有实际效果。

你认为，Z 老师的判断是否有道理？

 学习目标

学习本节后，你能：
1. 了解教学设计的建构主义模式；
2. 掌握教学设计的具体形式。

本节结构

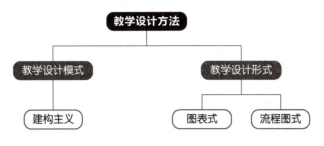

学习

一、英语教学设计的基本模式

教学设计是一种基于现代学习理论的现代教育技术,是教师基于学习需求分析,设计教学目标、教学过程、教学策略、教学技术,并进行评价反馈,以进行教学准备的过程。我们由此可将教学设计理解为一套系统化的过程,每一次教学设计过程都是针对于一个完整的教学系统而进行的。由于教学设计实践中所面对的教学系统的范围和任务层次(一堂课、一门课、课程计划,甚至国家教育系统)有很大的差别,再加上设计人员的工作环境(不同国家、不同教育层次)和个人专业背景(学科专家、教学系统设计专家、媒体专家、教师、评价专家等)都有所差异,导致他们从事教学设计的关注点和针对性也不尽相同。因而不同的教学系统需要不同的教学设计模式;在不同的教学条件下有不同的教学设计模式,不同的教学理念也会形成不同的教学设计模式。

正是出于上述原因,在追溯教学设计发展历程的过程中,我们可以发现自从 20 世纪 60 年代开始的教学设计模式探索至今,已经形成了数百个不同的教学设计过程模式。

在具体的教学设计实践中,英语教学设计的结构应以新课程标准作为指导思想,以简要的形式(即稳定的操作样式)向使用者说明英语教学设计应该做什么,怎样去做。因此,我们可将英语教学设计的结构分为"分析""设计""评价""反馈修正"四个阶段(如图 6-1 所示):

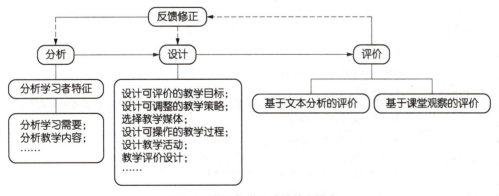

图 6-1 英语教学设计的基本模式

该结构模式各环节的说明如下:

（1）在"分析"环节，学习者分析与学习需要、学习内容等其他要素分析一样同属于前期分析阶段完成的主要任务，但由于学习者分析是教学设计各个环节的前提和基础，尤其在预设阶段和教学实施过程中，每一项任务都应以学习者为中心来开展，因此，将学习者特征分析单独列出，以突出它的重要性。

（2）在"设计"环节，既包括传统教学模式下的教学目标、教学策略、教学过程设计、教学活动设计、教学媒体、评价设计等要素的设计与准备，更强调基于建构主义理论教学模式下的情景教学的预设。

（3）在"评价"环节，主要包括基于文本分析的评价、基于课堂观察的评价。

（4）"反馈修正"环节与传统教学设计模式一致，在评价和反馈的基础上，对上述各环节进行不断修正，以使整个教学设计过程趋于完善。

二、教学设计形式

教学设计的结果的呈现主要有两种具体形式：表格式、流程图式。

表格式设计就是按照教学设计的理念，用表格呈现教学设计的内容，与常规教案有很多类似之处，只是通过把教师活动与学生活动分开设计并明确要求每一教学环节的教学目标，从而保证教学过程真正适合学生的学习需要。这一形式适合有经验的教师使用。

流程图式则是按照教学流程，用不同的图的形式表达设计理念，尤其是对于教学方式、教学媒体使用，采用不同形式的图来表示，从而可以提醒教师注意这些教学方式和媒体，因而很适合青年教师使用，也适合在教学展示中使用。

以下是两个具体的教学实践案例。

  案例 6-1 教学设计的表格形式

Unit 1 第一课时教学设计

一、教学对象：某市实验高中高二(1)班学生

二、教学内容：Four cities in the Europe

三、教学目标：

项目	目标
语言能力	1. 理解介绍欧洲四城市的历史文化的语篇及相关语句、语词，理解介绍姊妹城市(twinning cities)制度的语篇及相关语句、语词，尤其是用于描述地理位置的介词用法、介绍特征的形容词用法； 2. 学习根据语用目，运用恰当的语言介绍所想介绍的中国某地历史文化，或者所知欧洲城市的历史文化、姊妹城市制度。
文化意识	1. 进一步发展积极的跨文化态度，乐意理解与传播中外文化； 2. 理解欧洲四个城市的历史文化，传播所愿传播的欧洲历史文化； 3. 加深对中国某地历史文化的理解，并进行传播。
思维品质	分析基于目的的介绍，把握内容与目的的指向性。
学习能力	进一步发展学习计划能力，进一步体验基于语言基础、风格优势选择任务的能力。

四、运用任务：

学生根据自己风格偏好等，组成小组，每组自主选择其中一项任务。每位成员必须有明确工作，对学习成果评价时，将对每一成员的参与、贡献、成果进行评价。

任　　务	说明
任务1：制作海报(poster)或写短文，介绍你乐意介绍的欧洲某地的历史文化，或中国某地的历史文化。	适合视觉型风格显著的学习者。
任务2：制作TED talk，介绍你乐意介绍的欧洲某地的历史文化，或中国某地的历史文化。	适合言语型风格显著的学习者。
任务3：表演情景剧，介绍你乐意介绍的欧洲某地的历史文化，或中国某地的历史文化。	适合动觉型风格显著的学习者。
任务4：制作网页，介绍你乐意介绍的欧洲某地的历史文化，或中国某地的历史文化。	适合动觉型风格显著的学习者。

五、教学过程：

预设时间	学习步骤	学习目的	教师支持	学生学习	学习资源
第1—5分钟	热身导入	激活活动的目的性	教师请每组介绍自己上一节课后完成的部分内容。对于某些学生介绍某地的语句的语用目的不够明确的现象、媒体优势不够突出的现象，教师进行指导。	学生说明演示自己修改后的某地介绍的语句表达。	同伴完成的语句
第6分钟	任务呈现	了解任务	教师告诉学生：介绍某地的目的不同，选择的介绍内容就不同，语句结构也会有些不同。今天学习课文，大家可以学到如何根据语用目的介绍某地，之后再确定各自介绍某地的语用目的，以便进一步完善自己的介绍。	学生了解任务的目的性。	教师讲解话语
第7—15分钟	阅读活动	理解课文的语用目的	教师指导学生学习课文，了解语用目的。 引导学生阅读课文并回答问题：1) What are the four passages for? 2) Why did the author write such an introduction? 3) What sentences support your finding? 教师通过下面问题启发学生把握这篇文章的语用目的：1)如果这篇文章发表在报刊、杂志上，会发表在什么报刊、杂志上？2)什么人会读这篇文章？3)读了这篇文章会产生什么行为动机？	学生阅读课文，思考：四篇短文介绍这些城市的目的是什么？从短文中寻找语句说明自己的观点。	学习方案

(续表)

预设时间	学习步骤	学习目的	教师支持	学生学习	学习资源
第 16—30 分钟	阅读活动	深入任务：捕捉具体信息并进行归纳分类	教师指导学生完成活动 2—5。教师指导学生第二遍阅读，完成活动 2，就理解猜测词义方法进行指导。教师指导学生第三遍阅读，完成活动 3—4，教师可以建议学生在阅读中列出信息表，然后就很容易回答和选择了。全班活动完成活动 5 时，教师可以来询问问题，学生回答。	学生第二遍阅读文章，完成活动 2。小组活动：分享各自的方法。学生第三遍阅读，完成活动 3—4，完成信息表。小组活动：相互检查表格填写是否正确，相互问答完成活动 3，相互检查活动 4 答案是否正确。全班活动：完成活动 5，根据实际情况回答。	课文
第 31—35 分钟	任务准备	通过小组讨论，进行任务准备	教师让学生确定自己介绍某地的语用目的，并与同伴交流，讨论自己设定的语用目的是否合理。	确定自己介绍某地的语用目的，与同伴交流，讨论自己设定的语用目的是否合理。	课文与已读语篇
第 36—44 分钟	任务展示与评价	进一步强化学生的语言运用能力	教师请不同程度的学生说明各自介绍某地的真实语用目的，指导全班同学讨论其目的是否合理。	学生说明自己的语用目的，全部同学讨论其目的是否合理。	各小组向全班进行介绍
第 45 分钟	布置作业	扩展阅读与观看，培养学生阅读能力，开阔视野，增长知识	教师布置学生课后阅读课文并发现作者是如何使其介绍显得客观的。教师布置学生课后阅读一篇含有检测被动语态语句理解的介绍某地的文章，让完成练习并学习如何介绍某地，为任务做准备。教师布置学生课后阅读更多短文，训练学生把握语用目的、理解词义、信息列表的能力。	学生预习语法的运用，理解可以使用被动语态使描述介绍更加客观。学生巩固所学阅读技能。	教材第 5 页活动 1—3，以及第 67—68 页活动 1—5

【请分析】

以上表格中单独列出了"学习目的"，使教学设计者必须明确每一活动的学习目的。这对教学有什么益处？

三、教学设计说明

1. 学习者分析

本班学生基础较好，经过高一全年学习，基本达到高中学业质量二级水平，课文语言对学生较为容易,但课文文化内容对学生较难,大多数学生对四个城市都不够了解,甚至有的学生连佛罗伦萨(Florence)的名字都没有听说过。

学生在前一课时已经学习本单元第一部分内容,写出了相应的语句。学生写出的语句总体质量较好,没有太多语法错误,但存在介绍某地的目的与语句之间的逻辑关系不够密切的问题。

2. 教学方法设计

本课主要采用任务教学方法,让学生为了明确的任务阅读课文,学习如何基于明确的目的,合理地选择信息和语句,介绍某一地方。

3. 管理策略设计

鉴于学生基础和自主学习能力,本单元要求学生自主组成小组进行学习,小组完成任务,而不是个人完成任务。鉴于有8%学生(4人)存在一定学习困难,要求每组必须保证每位同学都积极参与,达到基本写作目标。对小组学习成果评价中,明确设定对每位成员的评价。

4. 媒体设计

这一单元的媒体包括传统的文字、图片,更包括视频、网页,以使学生可以根据自己的媒体优势选择恰当的媒体完成任务。

教师在教学中对学生使用媒体的合理性进行评价,引导学生合理使用媒体。

教师在教学中为学生提供相关文字、图片、视频、网页资源,让学生能通过多媒体理解相关内容,发展媒体运用能力。

案例6-2 教学设计的流程图形式

教学设计的形式还可以采用流程图形式,这更有利于强调媒体使用的课堂,因为不同的图的形式表示不同的媒体使用要求。

一、教学内容分析

教学内容	《英语》7年级下第一单元第一课时	
教学对象	湖北省××县实验中学初一(1)班,学生人数60人	
教学项目	语词	on a school trip, take pictures, lie in the sun, postcard, enjoy
	结构	be doing
	语篇课文	Betty: Hi Mum, can you hear me? Betty's mum: Yes, I can. Where are you? Betty: I'm standing on the Great Wall of China and talking to you. Betty's mum: Really? Betty: We're on a school trip and we're having lunch. And we're lying in the sun and we're taking lots of photos. Betty's mum: That's great, Betty. What are the others doing? Betty: Well, Tony is eating an ice cream, and Lingling is buying some presents and postcards. And Daming is eating lunch and lying in the sun. Betty's mum: Can you send me a postcard too? Betty: Yes. Lingling and I are writing postcards. We're enjoying the school trip a lot. Anyway, we're going home now. Bye! Betty's mum: Bye bye, Betty!

教学方法	任务教学法、学生中心教学法、多媒体教学、归纳教学法	
教学目标	语言能力	能理解 be doing 在电话中的用法和相关语词的语义;能听懂他人对自己正在做什么的询问并给予回答,能向他人口头陈述自己正在做的事情;能运用 be doing 把现场正在发生的事情告诉不在现场的人,向不了解画面含义的人解释正在画面中正在发生的事情
	文化意识	能得体地向外国人介绍本地春节的活动,能进一步形成开放的文化态度
	思维品质	能通过语境分析与理解发展思维的准确性,能通过分析同一时间不同地点的不同活动发展思维的批判性
	学习能力	能通过归纳 doing 的动词变化,进一步掌握归纳动词变化的方法
教学重点	be doing 的运用	
教学难点	动词 doing 形式	
运用任务	给电视片配音,说明电视节目里的人正在做什么	

二、课堂教学过程(流程图)

图例:

学生为主的活动　　教师为主的活动　　多媒体运用　　教学小结

环节	过程	目的
1. 导入 时间: 4分钟	(这是春节后第一节课)。询问学生What did you do in this Spring Festival? What do you often do to celebrate the Spring Festival? 以案例引导学生用短语说出自己春节做的有趣的活动,让学生板书这些短语。	让学生通过观察模拟真实的语境,感知新语言be doing 的用法。
	在老师案例的引导下,用短语说出自己春节做的有趣的活动,说出活动的学生自己板书出相应短语。	
2. 任务呈现时间: 1分钟	教师基于互联网播放外国中学生Sam发来的视频邮件,是他看到的中国春节视频,Sam说其中有很多活动他都不了解,他想让老师请中国中学生给这些视频添加英语解说,这样Sam可以在他的班级播放这些视频。今天的任务是:请大家为Sam发来的中国春节活动视频添加英语解说。	让学生在老师引导下激活自己的已有知识,准备学习新知识,并激活学习兴趣。

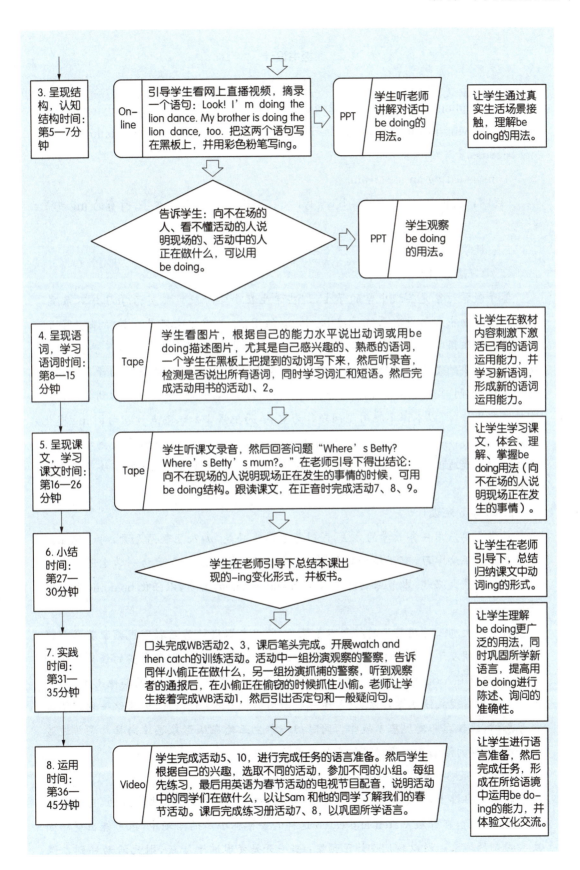

板书设计

Unit 1

I'm standing on the Great Wall of China and talking to you.　　I'm buying a coat.

We're lying in the sun and we're taking lots of photos.　　I'm talking with my friends.

Tony is eating an ice cream.

（说明：板书中 stand, talk, buy, ly, tak, talk, eat 为蓝色文字，所有的 ing 都是红色。）

三、教学设计说明

1. 学习者分析

鉴于教学对象是县级中学的学生，这些学生在小学阶段可能英语学习并不系统，而本课是到初中后第一次系统学习 be doing 的用法，之前学生只是在教师课堂用语、课堂游戏组织语言中接触到。不过学生在初一上学期的学习中已经学习了很多动词，而且更为重要的是学习了动词 be 的用法，尤其是否定句、疑问句形式。由于 be doing 的否定句、疑问句形式与动词 be 的否定句、疑问句相同，而教学前已经了解到学生已经掌握这些用法，所以本课不把句型问题作为重点，而把语言知识重点放在动词 ing 变化形式上。同时，学生对于 be doing 的用法可能并不熟悉，所以本课需要教会学生在所给语境中正确地使用 be doing 进行口头表达，尤其是语境与语用上，需要给予学生更多指导。

2. 教学方法设计

本课主要采用任务教学的方法，同时基于学生兴趣，加入互联网元素，对于语法则采用发现式语法学习、有语境的操练教学、游戏教学等方法。鉴于初一学生还对身体活动游戏有很大兴趣，本节课设计了"watch and catch"的游戏，以强化 be doing 结构的理解与运用。

鉴于学生真正运用英语的机会不是很多，所以本课设计为互联网视频配英语解说以便让外国朋友了解我们的春节活动这一任务，让学生在这个指向真实的任务的驱动下，认真学习 be doing 的用法，同时通过操练、游戏等，了解 be doing 的其他用法。

本课用发现式语法学习法，让学生总结动词加 ing 的变化形式，因为这一内容不是很难总结，比较容易发现基本规律。同时初一学生正处在从形象思维向抽象思维过渡的阶段，这样的活动有利于促进学生抽象思维的形成。

3. 管理策略设计

在时间安排上，考虑到初一学生还在小学到初中的过渡阶段，比较好动，自我监控能力还比较弱，在开展 watch and catch 这样的警察抓小偷的活动中，很可能出现场面失去控制的现象。所以我们设计了预案：若一开始发现过于活跃，则此活动移到本课时结束时开展,这样可以一直延续到下课,而不影响后面的教学活动。

为此,教学管理上一定要做到收放自如,若学生的活跃程度影响了教学活动开展,教师可以采取具有更强吸引力的活动来控制教学过程,比如更好看的电视节目(足球比赛现场解说、动画片或动作片现场配音等)。

4. 媒体设计

本课需要呈现动态的画面,所以必须使用互联网视频。教师事先选择来自互联网的春节活动视频,让学生进行电视节目解说。

本课还需要PPT幻灯媒体,以便更快捷、更直接、更明晰地呈现动词加ing的变化。

本课也使用黑板、卡片等传统视觉媒体,呈现新语言。

由于本课是对话课文,为了帮助学生学习准确的发音,教师设计通过电脑课件播放录音。

四、反馈修正

1. 教学效果反馈修正

课堂教学的实际效果基本达到,在最后的视频节目解说中,全部学生都能正确使用 be doing 进行陈述表达。但疑问句的掌握存在问题较多,少部分学生出现"Is he take a photo?"这样的错误,主要是在看图说动词时说"take a photo",然后学习"He's taking a photo."就出现了这类错误。这说明在初次学习新的动词变化形式的时候,以后需注意:应避免从动词原形导入动词变化形式。

鉴于本班同学基础一般,我们没有指出 lying 的变化形式,也没有学生问到。看到这一处理方式还是可以的。

2. 媒体设计反馈修正

媒体使用情况不理想,主要是视频中介绍的活动学生兴趣不是很大,不过学生对于视频内容解说还是表现出了足够兴趣,但我们没有安排对学生播音的录像,学生有些失望。这本来是应该提前注意到并事先进行准备的。以后对学生展示活动,要尽可能记录,可以使用手机进行拍照或者拍摄视频。

对于英语教学设计,无论是采用表格式,还是采用流程图式,这都是形式上的不同,本质上都应该是根据教学设计的理念,设计以学习为中心、以运用能力培养为目标的英语课堂教学过程。以上案例充分体现了这一点。

同时,学习方案、单元整合学习是我国英语教学设计中有效性较为突出的学习形态。学习方案的设计要充分考虑学生的学习因素,尤其是学习优势,单元整合学习的教学设计则要把握有机整合的基本特性,以主题为引领、语篇为基础进行有机整合的设计。

四、英语教学设计的常见误区

我国正式的英语教育从京师同文馆至今已经历经 150 年,但迄今英语依然是我国中小学生付出时间和精力较多而学习成效较低的一个学科,这说明我国中小学英语教学尚存在诸多不足,其中一个方面就是教学设计的不足。在综合分析我国 3 000 多节中小学英语课例及其教学设计文稿后,我们发现,我国中小学英语教学设计存在以下常见误区。

1. 教学活动目的不明确

教学是一系列教学活动组成的过程,教学活动是关键。按照教学设计的理念,每一教学活动应具有非常明确的目的,即:这一活动用于促进学生的什么内容的学习、解决学生学习的什么困难等。但日常教学设计中,教师往往在教学活动的设计上费心费力较多,而对于活动用于促进什么内容的学习、作为支架解决学习的什么困难、为什么设计或选择这一活动促进这一内容的学习或解决这一学习困难,则往往考虑不足,或者把握不准。

一种很多教学设计的活动设计未明确说明活动目的,如本章第一节"现象反思"中 Y 老师设计的电子游戏活动,看似进行了学习者调查,但用电子游戏促进什么内容的学习、解决什么学习困难、为什么选择电子游戏促进这一内容的学习和解决这一困难,则未加思考。另一种情况是说明活动目的,但不能促进学生学习、不能成为学习支架,如本章第二节"现象反思"中 Z 老师的设计,看似有数据、有内容相关性,但这一活动只能促进学生学习 tiger 等单词,不能成为学生学习 "I like tigers because they are strong."的有效支架,即学生所需要的支架是表达喜欢某一动物的理由,而不是动物名词。

2. 语言呈现与训练活动的语言材料的语用不真实

英语在我国属于外语,真实的语用活动可以促进学生接触、体验、掌握英语的真实语用特性,从而促进学生形成真实的语言运用能力。大学英语教育专业教学中,对英语的真实语用特性长期认定为学生可自知自会,而中小学英语教师大部分没有长期在英语国家学习和生活的经历,致使我国中小学英语教师对英语的语言的真实语用形态把握存在一定困难。中小学英语课堂的语言呈现、语言训练活动,主要是教师自己设计,而教师的真实语用能力的不足,形成英语教学设计中语言呈现与训练的语用真实性存在不足,甚至偶尔出现完全不真实。

假若教师在教 "That's a monkey. It's cute."的内容时,手持图上猴子非常呆板的 monkey 单词卡片,走到学生身边,引导学生跟读 "That's a monkey. It's cute.",既没有把握 that 的真实语用,也没有把握 cute 的真实语用,学生肯定无法基于这一训练形成对该句的真实语用的理解,更无法形成真实运用 "That's a monkey. It's cute."的能力。

3. 评价活动背离教学目标与学习目标

在我国,评价直接影响教学,但大多数评价不是基于教学目标的评价,而是基于评价目标的评价,这很容易导致评价对教学的负面反拨作用(negative backwash effect)。若教学设计中的评价活动基于教学目标而设计,形成评价与教学的一致性,则可以形成促进学习的评价。

为此,教学设计中的评价活动设计应基于教学目标、学习目标而设计,避免评价活动脱离教学目标的现象,真正使评价成为教学评价,成为促进学习的评价。

实　践

请你回答

1. 你如何判断学生能否学会某一语言知识？
2. 在课堂上，学生无法完成活动时，你怎么办？

请你分析

以下是一位高中教师对其教学所进行的学习者分析。请分析其优点与不足。

学习者分析（湖北××中学）

分析学生的需求是英语课堂教学设计的基础。心理主义学派乔姆斯基认为，语言行为只有用人的天生能力才能解释得通。这就启发我们语言教学的重点应该放在学生身上，只有充分调动学生的积极性和主动性，才能取得良好的教学效果。因此，对于人教社高二第七单元 Living with Disease 的教学设计就需要充分考虑学生的需求和学生的主观能动性。

本单元的中心话题是"疾病"，和我们的日常生活是息息相关的，学生对这个话题十分感兴趣。热身部分设计了"艾滋病常识检测"，通过八个判断题检测学生是否了解关于艾滋病的常识。有些学生可能对该话题比较陌生，只听说过它是目前人类面临的重大疾病难题之一，现在尚无治愈的良方，所以需要教师通过多种方式向学生说明，如：给予那些听说过该疾病的学生机会展示自己丰富的知识；向学生展示一些相关的图片等，让学生对该疾病有初步的了解，弄清究竟什么是艾滋病以及它的传播途径等基本常识，为本单元的学习作铺垫。听力部分是一位来自"疾病预防控制中心"的专家介绍他们采集病源，分析病情，给出疾病预防建议等，学生对此部分的内容也不太熟悉，因而要求学生在听前仔细浏览所需的特定信息，然后从材料中获取特定的信息去回答相关的问题，这是学生感到困难的地方。因此，教师可以在听前设问帮助学生了解相关的背景，启发学生的思维，再回到材料指导学生在听材料的过程中把握关键词，才能有效地提高听力能力。口语部分学生讨论目前最严重的疾病是什么，是艾滋病、吸毒、吸烟、酗酒，还是其他某种疾病。学生被分成若干小组讨论，陈述理由以说服其他同学为什么自己认为该疾病是最严重的。这对于学生来说是个很好的运用英语交流的机会，每个人都有充分的理由去阐述它，但是学生在表达方面还是有一定的困难，尤其是学生的逻辑推理和组织语言的能力比较薄弱，所以教师可通过预设与之相关的小话题，让学生讨论，为后面的角色表演做好充分的准备，并在学生讨论的过程中给予帮助，让更多的学生参与到这个活动中来，以提高他们的表达能力。

请你设计

1. 请从本书前面章节"请你设计"教学内容中选择教学内容，为其设计教学目标。
2. 为以上学习内容设计课堂评价目标，选择评价方法。

请扫描二维码
查看参考答案

本章小结

教学设计是一种基于现代学习理论的现代教育技术，是教师基于学习者特征等进行学习需求分析，设计教学目标、教学过程、教学策略、教学技术，并进行评价反馈，以进行教学准备的过程。教学设计技术与工具也可用于对于课堂教学进行过程性、质量性分析。教学设计一般包括：学习需求分析、学习内容分析、学习者分析、教学策略设计、教学过程设计、教学技术设计、评价目标确定与方法选择、形成性评价设计和总结性评价设计等内容，可以分为：分析—设计—评价—反馈修正四个环节，每个环节有着不同的要素。

基于当前的英语教学理念和我国目前的英语教学条件，教学设计可以采用基本的教学设计模式。教学设计应该是从学生的学习入手，教学设计的内容也应有所不同，从教学过程、教学策略、教育技术的设计转向对于学习情境、学习策略等的设计。教学设计的具体形式一般有表格式和流程图式两种。

英语教学设计存在一些常见误区，尤其是教学活动目的不明确、语言呈现与训练案例的语用不真实、评价活动背离教学目标与学习目标等，在教学设计实践中应注意规避。

进一步阅读建议

何克抗.教学系统设计[M].北京：北京师范大学出版社，2002.

皮连生.教学设计——心理学的理论与技术[M].北京：高等教育出版社，2000.

鲁子问.小学英语教学设计[M].上海：华东师范大学出版社，2018.

鲁子问.中学英语教学设计[M].上海：华东师范大学出版社，2019.

第七章
中小学英语课堂教学过程

教学活动在课堂上按照时间先后进行,这一先后顺序形成一种过程。不同教学理念认为课堂教学应该按照不同的过程进行。本章将讨论促进整合学习的教学过程、任务型教学过程和 PWP 教学过程在中小学英语课堂教学过程中的应用。

第一节　促进整合学习的教学过程

思　考

现象反思

L 老师准备上关于食物的单元,考虑到课文中表达食物的词汇多,有的还比较难,于是她决定先进行词汇教学。她提前制作了一些实物卡片,在课堂上让学生看、认、读。学生上课积极学习,都能看图片读出这些表达食物的英语词汇。第二节课,她让学生将上节课所学的词汇运用到实际情境之中,学生却无法说出上节课所学的食物词汇。L 老师觉得很奇怪:明明上节课用图片教会了这些词汇,怎么这节课就不会用了呢?

学习目标

学习本节后,你能:
1. 了解促进整合学习的教学过程和基本模式;
2. 掌握促进整合学习的教学实施过程中的基本环节和原则;
3. 初步运用促进整合学习的教学过程开展教学。

本节结构

> **学 习**

L老师遇到的问题可能很多老师都遇到过。其实,可以想一想,真实生活中是怎么谈论食物的? 是否将词汇、句式、听、说、读、写分离而运用? 在绝大多数情况下,学生需要听了之后说或写、读了之后说或写,而不是分离运用。若L老师在教授有关食物词汇的这一课时时,设计一个场景,如在餐馆吃饭点菜或在家吃饭与家人讨论吃什么,让学生边做边学,课堂教学会更有效,此即《普通高中英语课程标准(2017)年版》所倡导的关注主题意义、指向核心素养的整合学习,这一理念要求以发展英语课程培养的学生核心素养为宗旨,围绕主题引领的学习活动进行整体设计。

一、促进整合学习教学过程的内涵[①]

英语学科作为一门语言文化类课程,具有显著的综合性。因为任何学习内容都需要通过语言呈现,所以英语学科四项核心素养——语言能力、思维品质、文化品格和学习能力不能割裂开而单独存在,而应作为一个整体,在课堂教学中彼此关联,互相渗透,融合互动,协调发展。当前的英语教学需要教师有更强的整合意识和综合意识,从知识本位走向素养本位,从侧重工具性走向工具性和人文性的融合统一,将英语学习和学生的全面发展紧密结合,重视语篇、语境和语用三者的有机整合,将核心素养的培养和发展一以贯之地落实到学科教学的全过程,实现英语课程的立德树人目标。

英语课程中的整合学习(Integrative learning)是一种为了有效促进学生英语课程培养的学生核心素养发展,基于学生英语学习机制与学习需要的学习路径。整合学习有着不同层次的内涵。在教育层面,整合学习是指不同教育领域、不同经验世界、不同学科课程的整合。在英语学科,基于课程标准的表述,整合学习是指:学生在主题语境中,基于语篇,通过语言技能活动,运用学习策略,获得、梳理、整合语言知识与文化知识,理解与赏析语言,比较与探究文化,评价与汲取文化精华,发展核心素养。英语课程的课堂教学应促进学生整合学习,基于此而形成促进整合学习的教学过程。

整合学习不是六要素的全要素整合,而是根据学生最近发展区的学习需要进行有机整合。主题与语篇是整合的基础,技能与知识则根据需要进行整合,如阅读之中可能整合阅读技能、听说技能、写作技能,整合学习策略,但可能没有整合语言知识学习,甚至可能没有整合文化比较与探究。有机整合的关键在于:基于学生学习需要,尤其是基于最近发展区的学习需要。从层次而言,英语学科的整合学习也可以分为:跨领域的整合(学校与社会等)学习、跨学段(小初高大)的整合学习、跨学年与学期的整合学习、跨教材的整合学习、跨单元与单元内跨板块与技能和活动的整合学习、跨素养的整合学习等等。实际教学之中,更多的也是更需要尽可能实践的,是基于主题与语篇的跨要素的整合学习,尤其是将语言知识与技能整合到主题与语篇之中的整合学习。

促进整合学习的教学过程不以教师的教为核心,而是以学生的整合学习为核心,教师的

[①] 本节第一、二、三部分参考了以下材料:陈晓云.高中英语整合学习案例分析[J].英语学习(教师版),2017(11):6—12.

教的活动是为了促进学生的整合学习而进行。所以，促进整合学习的教学过程是基于学生最近发展区，引导学生在主题意义引领下，基于对语篇的学习，而掌握语言知识与文化知识，训练语言技能，理解与赏析语言，比较与探究文化，评价与汲取文化精华，发展核心素养。若教学过程没有主题意义的引领，离开语篇这个基础，就不是真正意义的促进整合学习的教学过程。无论是语音、词汇、语法、语篇、语用知识，还是文化知识，或是听、说、读、看、写这些语言技能，都应在主题意义的统领下，基于语篇的基础而学习。此即：主题意义、语篇是促进整合学习的教学过程的关键特性。

二、促进整合学习的单元整体教学过程设计

整合学习的思路首先应体现在单元整体的教学设计之中，在单元整体教学设计之始，即应统筹把握单元内容，整合各种学习内容与资源，整体地设计单元、课时的教学。

首先，应基于教师用书等资源，把握单元整体结构特性。我国现行的大多数英语教材采用主题（话题）—结构—功能—文化的结构进行设计，此即，每一单元都预设并使主题意义清晰，此为把握单元整体的第一步，也是容易忽略的一步。因为主题意义往往不似话题、语法、词汇等显性。把握主题意义，需将教材每一单元显性的话题结合到学生的真实生活，或是当下现实的真实生活，或是未来可能的真实生活。如环境污染，作为单元话题非常显性，但环境污染对于学生的主题意义，则可能并不显著，这需要结合课程标准对于主题的分类，结合学生真实生活，形成单元的主题意义，如：分析环境污染对所在地区的空气与水的质量的影响，对自己与家人的身体健康的影响，基于此制定力所能及的减少环境污染的日常行为的清单。若只是前一部分，显然不是真正的主题意义的探究，而只是知识的获得，并没有进行意义的建构，只有到了我们的日常行为清单，才进入主题意义建构的范畴。

确定主题意义之后，需把握语篇，尤其是课文语篇，基于此学习语言知识、文化知识，开展语言技能获得。整合学习视野的语言知识、文化知识的学习，是一个为了主题意义探究并基于语篇的获得、梳理、整合、运用过程，而不是脱离主题意义、脱离语篇的知识学习活动。无论是语音、词汇、语法、语篇、语用知识的学习，还是文化知识的学习，都应在主题意义探究的过程中，基于语篇而学习。如关于环境保护的词汇的学习，不是开展看图识词、词汇图扩充等活动，而是为了主题意义确定所需学习词汇以及词汇学习目标，基于语篇而理解词汇词义、学习词汇用法，在主题意义探究中运用所学词汇进行理解与表达，开展主题意义的建构。

单元整体的促进整合学习的教学过程的设计，要求在主题意义、语篇层面进行整合。具体到不同的课时、不同的活动，则按照有机整合的理念，基于学生最近发展区的学习需要，进行有机整合，而不是在每一课时、每一活动都进行六要素的全面整合。

以一个基于单元整体设计下的课时教学设计及实践为例。这一课时首先呈现基于单元整体的促进学生整合学习的目标，在这一课时的教学中，有机地开展促进学生整合学习的活动。

案例 7-1 整合学习课时案例

<table>
<tr><td rowspan="6">教学内容与目标</td><td>主题</td><td>跨文化交往</td></tr>
<tr><td>语篇</td><td>《英语》(人教高中)选修七 Unit 5 Travelling abroad 语篇课文 Keep it up, Xie Lei! Chinese student fitting in well</td></tr>
<tr><td>语言知识与技能</td><td>理解语言知识与技能、理解与赏析语言：发展阅读理解的整体理解、逻辑关系理解能力，发展发现问题与原因的阅读理解能力，以及在语篇中理解词汇语义、发展词汇与语法的运用能力</td></tr>
<tr><td>文化品格</td><td>比较与探究文化内涵、评价与汲取文化精华：英国教授与中国学生对作业的不同评价标准，中英诚信价值取向的异同</td></tr>
<tr><td>思维品质</td><td>进一步发展思维的准确性</td></tr>
<tr><td>学习能力</td><td>自主学习者的特性</td></tr>
<tr><td>教学环节</td><td colspan="2">教学活动</td><td>整合学习特性分析</td></tr>
<tr><td>导入</td><td colspan="2">教师询问学生是否有出国经历，让学生说明出国的目的。
教师询问学生是否有出国学习的意愿，并让学生说明原因。
教师播放中国学生在国外学生的视频，让学生发现其收获与困难。
教师询问学生在国外学习可能遇到的困难，让学生分享自己的亲身经历或者预测可能出现的困难。</td><td>基于主题，通过说一听一说的整合活动，导入学习内容。
这里没有强行导入本单元生词、短语，而只是导入主题，这样有助于学生激活主题相关的背景知识，如在国外学习可能遇到的跨文化困难。
至于生词、短语，更适合在课文语境中理解语义、学习语用。</td></tr>
<tr><td>整体阅读</td><td colspan="2">教师让学生朗读文章标题"Keep it up, Xie Lei! Chinese student fitting in well"预测谢蕾的经历，说说与自己的经历的异同。
教师随后就 keep it up, fit in well 的语义提问，要求学生预测谢蕾 keep it up, fit in well 的可能情境，并让学生说出一个自己或班某位同学在某件事情上 keep it up, fitting in well 的案例，学生说出案例，教师让其他学生评价其案例是否体现了 keep it up, fitting in well。
教师给出段落结构表，引导学生整体阅读文章，把握分段与段落大意，要求学生说出自己的分段依据。</td><td>这是基于主题与语篇的读一说一听一语言知识的整合学习活动，其中读一说整合的活动非常常见。
只是让学生说出自己的答案，不是真正的读一说整合，因为说出答案不是真正的说的活动，让学生进行具有真实目的口头表达，才是真正的说。这里的关键在于预测之后，让学生说出谢蕾的经历与自己经历的异同，这使得说成为具有真实目的的说。
这里在阅读过程中整合语言知识学习，不仅基于语篇理解语言知识，而且结合自己的生活说出相应经历，形成阅读一词汇一说的整合。</td></tr>
<tr><td rowspan="2">分段阅读</td><td colspan="2">随后进行分段阅读，如同标题理解与整体理解一样，不仅理解文本，而且整合学习词汇、语法。限于篇幅，不再给出更多案例。
对其中英国教授的建议部分，教师引导学生进行了思维的准确性的分析。
教师给出英国教授建议的两个结构，让学生阅读之后进行讨论：哪一种结构符合教授语义？</td><td rowspan="2">这一阶段基于主题与语篇，对阅读一说一语言知识一思维品质一文化品格进行了整合学习。
语言知识的整合如前说明，强调在语境中解读词汇、语法，并呈现和训练词汇、语法的运用。这种基于语境的学习可以使语言知识的理解更深刻、运用更准确。
这里对思维品质的整合是基于语篇优势，语篇中的一个段落呈现出的发展思维准确性的优势，使得这一活动可以非常恰当地整合到阅读理解之中。
这里对文化品格的整合，其实来自学生的理解，而非教师的预设，但教师抓住学生提出这一观点的机会，顺势引导学生进行讨论，将文化品格发展整合到阅读一说之中。</td></tr>
<tr><td colspan="2">

	Structure 1
Tutor's advice	First of all ...
	Besides ...
	Then ...
	Finally ...

</td></tr>
</table>

(续表)

教学环节	教学活动	整合学习特性分析
	Structure 2 Tutor's advice { First of all ... Besides ... { ... Then ... Finally ... } 学生不仅在阅读后讨论，还给出不同结构。教师引导学生进行准确性分析，形成共识：单看连接词，很容易认为是第一种结构，但分析语义，实际是第二种结构。 教师还引导学生讨论英国教授给中国学生不及格，是否存在文化歧视，中国人应该如何面对外国的规定、规则、法律等。	
读后讨论	教师引导学生对学习困难、面对学习困难的态度进行了讨论。 教师还引导学生对如何成为自主学习者进行了讨论，要求学生课后进一步思考。	这一阶段，教师引导学生基于主题，进行阅读—说—品格—学习策略的整合学习。

在这一课时的教学过程中，所有学习活动都基于主题和语篇进行，学生不仅发展了语言能力，而且通过对课文内容的深度分析讨论，非常显著地发展了思维品质，同时教师引导学生对外国老师给中国学生评分是否可能存在文化歧视这一问题，进行讨论，发展了学生的文化品格，关于完成作业、自主学习的讨论，也很好地发展了学生的学习能力，较好地促进了学生的整合学习。

三、促进整合学习的教学活动设计

教学过程由一系列教学活动组成。促进整合学习的教学过程，不仅要从单元整体把握主题意义的引领性与语篇的基础性，更需要确保每一个教学活动具有促进整合学习的特性，此即，教学活动的设计亦应坚持主题意义的探究，以语篇为基础，充分体现整合学习意识，尤其是语言知识、语言技能学习活动，应切忌脱离主题意义、脱离语篇。

语言知识学习应借助语篇的语境，让学生感知、内化语言知识，创设主题意义探究的语境，让学生进行语言的理解与表达，实现从知识到能力的提升，实现语言运用的目标，促进核心素养发展。教师应克服脱离主题意义与语篇的语言知识教学，如：在单元开始的时候，先对本单元的词汇逐一讲解，从字典或参考书搬来很多脱离语境的单一例句，试图帮助学生理解记忆词汇的脱离主题意义与语篇的词汇方法，与语篇、思维、情感脱节，老师讲得辛苦，学生听得无趣，就算花大量时间死记硬背记住词汇词义，也是有"知"无"识"的词汇学习，写作或口头需要表达时候仍然不能自如运用，不仅费时低效，而且无趣亦无意义。而依托文本语境感知词汇意义，观察使用形式，再创设语境运用语言，可以有效地进行词汇教学，同时促进学生整合学习相关语言知识，发展核心素养。

以一个促进整合学习的词汇学习活动的课堂实录为例。词汇学习内容为《英语》（人教高中）选修八第2单元课文 Cloning：Where is it leading us? 第二段中 Many attempts to clone animals failed. But at last the determination and patience of the scientists paid off with a breakthrough—the cloning of Dolly the sheep. 中的"pay off"和"breakthrough"。

T：Why do you think the scientists keep trying to clone animals even after so many failures?

S1：Maybe some scientists want to get famous by being the first one of cloning animals.

S2：Maybe just because of curiosity.

S3：Maybe they feel obliged to find a solution to the problem.

S4：Maybe failures inspire their determination.

T：Very good. How are their determination and patience rewarded?

Ss：They cloned the Dolly.

T：So what does "their determination and patience paid off" mean?（教师一直要求学生尽可能用英语解释词汇。）

Ss：It means their determination and patience are rewarded.

T：Yes. It means their determination and patience have a good result.（板书：…paid off：… was rewarded/had a good result，并在 was 下划线，让学生关注 paid off 不用被动态。）

T：When I began to learn to play the zither, Guzheng in Chinese, in 2007, it was very difficult because I knew nothing about music. But I didn't give up and I learned not only from a tutor but also from the Internet. My hard work and persistence paid off. Now playing the zither has become part of my life and it makes me feel good about myself. Can you share an experience in which your hard work paid off?

S1：I began to learn to play Chinese chess at the age of five. I spent every Sunday training. It was very difficult. But my persistence paid off. I won the first place in a city competition.

S2：When I was four years old, my mum began to teach me play the violin. Though I didn't win any prize, I still think the experience paid off because it has greatly improved my music taste and I am very grateful to my mum.

T：So we know, if we are determined and persistent enough, our efforts will pay off in time. And why is the cloning of Dolly the sheep a breakthrough?

Ss：Because it is the first cloned mammal.

T：Then what does "breakthrough" mean?

S1：It means a great discovery in science.

T：Yes. A breakthrough is an important discovery in science. It can also be a significant or dramatic progress or development. Taobao is a great breakthrough because it has changed the way of shopping. The invention of the mobile phone is a breakthrough because it has changed the way of communicating. Sun Yetsen's idea of "of the people, by the people and for the people" is a breakthrough in the development of democracy. What else is also a breakthrough?

S1：The app of Didi Dache is a breakthrough because it helps us call a taxi very conveniently.

S2：The idea of bringing physics into computer science is a breakthrough because it has changed how we think.（这位学生是信息奥林匹克竞赛选手。）

S3：The construction of WC for the third gender is a breakthrough because it shows respect for personal right and personal choice.

S4：Haoran's admission into the province team is a breakthrough for our school because he is the first person.（这位学生为本校第一位入选信息奥林匹克竞赛省队的学生。）

T：What does it mean to be admitted into the province team?

S4：That means he will represent Guangdong Province to contest.

T：And what will he get from the admission?

S4：He will gain an extra 40 points for the Gaokao.

T：That's awesome. He must have worked really hard. Congratulations to him. And hope you can all make a breakthrough in your schoolwork.

这一词汇教学活动中,教师结合自己的学习,呈现 pay off 和 breakthrough 的语义,然后让学生自己根据自己的学习(本班有很多学生是奥林匹克竞赛学科选手,都有所参赛学科的优异专业成绩)进行说明,使学生非常有效地掌握这两个词。这种词汇学习方式,即学生基于语篇理解词汇意义,基于实际情况运用目标语言分享自己的想法、表达自己的观点,促进了口头表达能力和思维能力发展,同时也激发了学生努力学习的情感,形成积极的情感体验。

> **请分析**：此处案例是将生词融入课文阅读理解过程之中进行教学,与在阅读之前集中进行词汇教学相比,哪种更有效？为什么？

 请你回答

1. 你认为促进整合学习的教学过程具有什么特性？
2. 如何基于整合学习的理念开展语言知识教学？

请你分析

请基于促进整合学习的过程视角分析以下教学设计。

请扫描二维码
查看参考答案

一、教学内容分析

教学内容	人教版高中英语 Book 6 Unit 4 Reading：The earth is becoming warmer — But does it matter？
教学对象	浙江义乌高二年级学生
教学方法	互联网教学
教学目标	
语言能力	100%学生能够听懂在关于全球变暖(global warming)的讨论中的发言,80%学生能理解全纳思维(inclusive thinking,数据来源：课前学习81%学生及格),55%以上学生能运用全纳思维对全球变暖进行讨论(数据来源：课前学习55%学生满分)。
文化品格	100%学生能参与运用全纳思维对全球变暖的讨论,55%以上学生能较准确、得体地介绍。
思维品质	100%学生能体验基于理由进行推荐的思维表达方式,55%以上学生能尝试运用这一思维表达方式。
学习能力	100%的学生能体验基于思维方式发展口头表达能力的可能,55%以上学生能掌握这一学习方式。
教学重点	全纳思维的运用。
教学难点	全纳思维中不同观点的包容整合。
运用任务	就全球变暖提出全纳的行动计划,提交联合国环境署网站。

二、课堂教学过程

时间	教学步骤	师生活动	教学目的
课前	课前学习	教师布置翼课网作业：在前一课时阅读理解课文的基础上,阅读理解全纳思维方式文章,阅读关于全球变暖的不同观点与不同解决方案的文章。 学生在翼课网上完成阅读理解活动,了解不同观点,准备自己建议的未来行动计划(Action Plan)。	为制定全纳行动方案做准备。
第1—5分钟	复习巩固	复习上一节课、课前学习内容,基于翼课网数据提出进一步巩固建议。	衔接上节课与本节课,形成基于已知学习的过渡。
第6—7分钟	呈现任务	教师介绍全球变暖的不同态度与观点、不同地区与经济状况社会的不同关切、联合国的呼吁。 建议学生：提出全纳行动方案,提交联合国环境署网站。	形成任务驱动的学习过程。
第8—13分钟	试做任务	让学生提出自己的建议,就学生建议是否具有全纳性进行讨论,尝试如何形成全纳行动建议。 教师引导学生分析发现达成全纳建议的方法。	通过小样(demo)理解活动。
第14—30分钟	开展任务	让学生分组讨论,形成本组全纳方案。	运用语言开展任务。
第31—38分钟	任务展示	呈现四组方案,讨论行动方案是否具有可行性、全纳性。	展示分享,学习进行价值判断和接受批评意见。

（续表）

时间	教学步骤	师生活动	教学目的
第 39—40 分钟	总结	教师引导学生总结本节课所形成收获，尤其是全纳思维的方法。	强化体验形成。
课后	训练	基于第 1—5 分钟布置的课后学习内容进行课后学习。	巩固与拓展。

 请你设计

请基于促进整合学习的教学过程的理念，设计一个语法知识教学活动。

第二节　任务型语言教学过程

 思　考

现象反思

在一个有关任务型语言教学的国际研讨会上，B老师进行教学展示。首先，他向四位学生（三个女生和一个男生）发放了内容各不相同的图片，图片内容整体为一个骑自行车的人被汽车撞倒、受伤，救护车及时赶到，车上的医护人员将伤者抬上救护车送往医院，但B老师没有按照故事顺序发放图片。然后，他请这四位同学按照自己手中图片内容描述所发生的事情，四位学生按照自己对手中图片理解表达故事情节；接着由其他同学提问，学生作答。学生在说的过程中发现图片顺序与座位和表达顺序不一致，于是相互讨论，对故事重新排序，形成顺序合理的故事。经过努力，他们中的三个女生基本上表达清楚了重要的内容。在她们表达的过程中，这位教师又不断地询问和确定她们想要表达的意思。而男学生不会用英语说"救护车"和"急救的医护人员"，他用"car"和"policemen"来替代。教师问："A car?"当其他同学告诉这个男生应该是"ambulance"，男学生跟着学说一遍。当男生学说"policemen"时，教师又纠正说"ambulance men"，并且反复说这个词，男学生跟着重复。最后，教师又要求这几个学生把这个故事再完整地讲一遍。听众还就一些具体的细节进行提问。B老师确认那位男生会说 ambulance 和 ambulance men 之后，课到此结束。

你认为B老师的教学过程是否合理？

 学习目标

学习本节后，你能：

1. 了解任务型语言教学的过程和基本模式；

2. 掌握任务型语言教学过程中的基本环节和原则；
3. 初步运用任务型语言教学过程开展教学。

本节结构

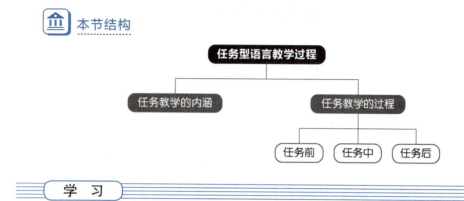

学习

从 20 世纪 80 年代开始，交际语言教学得以在东亚国家和地区推行，90 年代末和 21 世纪初，任务型语言教学的理念开始成为英语教学研究的热点。经过政府、教育家的大力倡导以及国家政策和教学大纲的有效推动，任务型语言教学逐渐成为具有影响力的教学模式（如 Nunan，2003），并作为交际语言教学的延伸，逐渐被引入课堂。

事实上，交际语言教学及任务型语言教学不仅在实施过程中具有连续性，在理论上也具有衔接性。许多这方面的研究者和教育家都认为任务型语言教学是对交际教学的具体实施和体现；任务不仅是交际语言教学中的重要标志和组成部分，也是教师安排教学环节的依据。交际/任务语言教学是一个灵活、动态的教学过程，包括 Pre-task（任务前）、While-task（任务中）和 Post-task（任务后）三个阶段。

任务型语言教学并不刻意追求一个固定的、静态的课堂教学模式，如必须经过几个步骤或遵循某一种方法，而是具有灵活性。在基本的教学原则上，课堂过程是随着学习者的需求而变化，具有动态的特点。由此，任务型语言教学对于教师的要求也就相对较高，因为，她/他们必须具备随时调整教学的语言水平和教学能力，以使课堂教学适合学生的需求和认知发展，并顺利而有效地进行。

本节将首先描述教师在实施交际/任务型语言教学中所遇到的问题，然后主要介绍任务型语言教学的基本方法与特点。

一、任务型语言教学的内涵

在实施交际语言教学及任务型语言教学过程中教师常遇到的问题主要有五点。[1] 问题一：课堂管理难。交际语言教学及任务型语言教学建立在小班教学基础之上，而东亚国家和地区的大班教学不可避免地会给交际语言教学及任务型语言教学的实施带来不少困境。问题二：回避目标语。课堂教学中，学生和教师均有回避使用目标语的倾向。学生通常由于语言水平低而过多地依赖母语进行交流，而教师则由于对自己的语言水平缺乏信心，为寻求安全而使用母语教学。问题三：寻求最少化原则。学生在同他人交流或回答问题时，只是试图

---

[1] Littlewood，W. Communicative and task-based language teaching in East Asian classroom [J]. *Language Teaching*，2007(40)：243—249. 为了让学习者了解理论的形成过程，本章中对出现的研究者尽量保留其英文名，相同文献请参见第一次出现时的脚注。

使用最少量的目标语来表达清楚自己的观点,缺乏语言的充分运用能力。这种情况下,学生的外语潜能没有得到充分发掘,不利于知识的巩固和发展。问题四:与公共考核体制不符。交际语言教学及任务型语言教学提倡意义的交流,而东亚国家和地区的公共考核体制仍然推行注重语法形式的考试制度,且公共考试在东亚国家和地区的地位尤为突出。仅仅一次考试就可以决定学生是否能进入高等学府,是否有机会进行深造。因此,学生和家长对于考试的过度关注限制了交际语言教学及任务型语言教学的实施。问题五:同传统教育理念相背离。在东亚国家,教育通常被认为是知识积累而非知识运用的过程;在课堂教学中,教师处于主导地位。然而,交际语言教学及任务型语言教学注重知识的运用,并强调学生的主体地位。教学理念的反差必然会阻碍交际语言教学及任务型语言教学的实施。

针对实施任务型语言教学遇到的问题,研究者不仅想出了各种办法,而且还提出了各种模式。如利特伍德认为,概念认识上的误区是导致交际语言教学及任务型语言教学无法在东亚课堂上顺利实施的深层次原因。概念认识上的误区主要表现在三个方面。[①] 误区一:片面理解交际教学法及任务教学法(大部分教师认为交际教学法及任务教学法只注重口语教学而无视语法教学);误区二:不清楚"任务"的涵义;误区三:无法正确区分"任务"与"练习"。为了帮助教师消除概念上所存在的误区,成功实现从传统教学方式到交际语言教学及任务型语言教学的转变,利特伍德提出了一个任务教学框架(表 7-1)。从表 7-1 可以看出,第一栏是非语境化的语法练习、替换练习、发音练习的活动,比如在教学中教学生单词的发音,让学生模仿教师或跟读句子等等。在第二栏中,教师可能提问一些简单的问题,如,拿起某同学的笔,问其他同学:Whose pen is this? 或者指着黑板上画有一群孩子的图片问:What are they doing? 这些问题涉及的句型架构是固定的。这时学习者仍然要注意语言的意义,但是交谈时使用的语言架构是可以预见的(见第三栏)。实际上,教师要确保学生在他们有限的语言能力之内进行交流,并引导学生朝真正沟通的方向发展。到了第四栏,利特伍德称之为"结构性的交际",此时学习者开始使用目前和以前学习过的语言解决问题。而到了最后一栏的实际交谈时,学生可以创造性地表达自己的想法,讨论和解决问题等。[②]

表 7-1 利特伍德任务教学框架

注重语言形式 (练习) ↓ **注重意义 (任务)**	非交际性学习	注重语言形式	例如:语法练习; 替换练习; 语音练习
	前交际语言练习	以语言形式为主,辅以语言意义	例如:师生问答
	交际性语言练习	以可预测性语言为限,进行信息传递活动	例如:信息交换; 调查活动 (注:此类活动基于新近所学知识)
	结构性交际	以意义交流为主,但情景由教师控制	例如:更为复杂的信息交换; 角色扮演
	真实交际	注重信息交流,语言形式无法预测	例如:讨论; 问题解决等

[①] Littlewood, W. Communicative and task-based language teaching in East Asian classroom [J]. *Language Teaching*, 2007(40):243—249.
[②] 同上。另见,Little wood, W. *Communicative Language Teaching: An Introduction* [M]. Cambridge: CUP, 1981.

该框架非常直观、清晰地展现了从注重语言形式的练习到注重意义(任务)的过渡,不仅从概念上衔接了非交际性"练习"与交际性"任务",还从教学上链接了传统教学方式与交际语言教学及任务型语言教学。这种循序渐进的方法不仅保留了教师原有的教学观念,还为教师提供了创新和扩充教学的空间,具有重要意义。

提倡交际语言和任务型语言教学的研究者提出教师可以通过一些办法,如"意义磋商"和"聚焦形式",来达到让学生掌握某些语言的目的。"意义磋商"表现在当教师和学生相互询问和确认他们所要表达的意思,或当有不清楚的地方时,听者通过提问的方式要求对方再次表达或换一种方式表达。关于"聚焦形式"的表现,此处可以以本节开始的"现象反思"中提到的例子来进行说明。当教师问"A car?"的时候,其他同学告诉那个男孩应该说"ambulance",由此引出"ambulance"这个词进行练习,这就是一种"聚焦形式",其形式是词汇。当教师和其他同学提供帮助时,就是互动与扶助。从这个活动可以看出,教师并没有预先教给学生具体的词汇和语法架构,而是看学生在使用语言的过程中有什么地方没有掌握,再针对性地教学。课后,埃利斯解释说,他并没有预先设计要教"ambulance"这个单词,是学生表达不出来,他才决定把重点放在这个单词上。所以那些有迹象显示学生想要掌握而又没有掌握的语言特点,是最理想的任务教学目标。[①]

二、任务型语言教学的教学过程

任务型课堂教学一般分为三个部分,即任务前、任务中和任务后阶段(表7-2)。威利斯(Willis,1996)在她的著作《任务型学习模式》中,提出了任务型语言教学课堂活动的大致模式。[②] 在任务前阶段,教师介绍所教单元的主题,然后学习者进行活动。这些活动可以帮助他们回忆起在进行主要活动时所需要的单词和短语,也可以学习一些对完成该任务所需要的、很重要的新单词和短语。在任务中阶段,学习者一对一或分成小组来进行活动(通常是阅读或听力练习,或是解决问题的练习)。然后准备向全班报告他们是如何完成任务的,结论是什么,最后以口头或书面形式把自己的发现介绍给全班同学。任务后阶段的重点在语言,强调任务中的一些特殊的语言形式并进行练习,并就学习者在上一个阶段的表现给予回馈。可以看出每个阶段各具有不同的教学目标和教学技巧(表7-3)。

表7-2 任务教学的课堂教学程序

阶段(时间顺序)	目的	内容
任务前	(1) 任务呈现	引入任务情景、理解任务要求
	(2) 任务准备	准备内容、准备语言
任务中	(3) 任务完成过程	达成任务结果
任务后	(4) 任务反审	任务中出现的语言运用难点及语言现象
任务后(机动)	(5) 任务重复	学生重复展现任务结果

---

① Ellis, R. *Task-based language learning and teaching* [M]. New York: Oxford University Press, 2003.
② Willis, J. *A Framework for Task-Based Learning* [M]. Harlow: Longman, 1996.

请讨论：很多老师习惯在学习课文之后开展一个运用活动。而任务教学要求首先呈现任务，引入任务情景，介绍任务要求。为什么任务教学建议采用这种任务推动的过程？

表7-3 任务前、任务中和任务后阶段的教学目标和教学技巧

阶段	目 标	典型技巧
任务前	重构句子、思维；创建语言，减轻认知压力	培养语言意识，准备、计划
任务中	平衡、融合；语言的准确度和流利度	选择任务，控制压力
任务后	关注语言的准确性，鼓励语言重构	演示、分析、测试
	综合、分析、演练	排序、归类

努南则把任务型的教学过程分为六个步骤。[①]

第一步，增加背景知识：第一阶段提供背景知识和完善相关知识的架构，也就是把所教单元的轮廓建立起来。当听到和看到一个单词或者短语时，学生会根据自己的生活经验和相关知识去推断出一个意思。在教学中，教师往往在这一阶段为学生提供与话题相关的背景知识和相应的词汇。

第二步，控制性练习：第二阶段是用所教课的词汇、架构、功能等进行控制性的练习活动。例如提供一个简短的对话，也可以是听或者模仿一段对话，做结对练习，还可以根据教师在第一阶段所提供的其他资料进行模仿。这个阶段的练习并不是机械性地重复相同的内容，而是根据情境和具体情况，注意实际的意义。这个阶段的活动已经开始向意义沟通的方向发展。

第三步，真实性听力：努南主张在第三个阶段提供听力的活动。听力的教材并不局限于前面提到的示范对话或短文，可以是围绕主题的相关内容，语言内容可以有一些变化。目的是让学习者能够接触更多的真实性材料，并扩大他们的语言输入量。

第四步，聚焦语言成分：在所谓传统的教学步骤中，这个阶段是置于第一阶段的。但努南所描述的语法教学强调要使学生理解和语言形式、语言功能与语言意义相结合。同时，他认为要让学生在已经听过、读过、说过的这些语言中，初步了解语言形式、语言功能与语言意义之间的关系后，再进行对于语言成分的分析；教师应该在交谈的语境中，而不是孤立地解释语法的用法。

第五步，更自由地练习：在自由运用阶段，学生将进行控制较少的活动，比如讯息差任务或是结对练习，或者根据前面的示范进行真实模拟的交际。这时学生为了达到交际的目的，必须使用他们目前和以前所能运用的一切语言。也就是我们前面所说的，当学习者把他们所掌握的语言发挥到极致时，他们的语言习得也达到最佳状态。

第六步，引入教育任务：最后一步是完成教育任务。

总结起来，在任务教学过程中，通常以每个模块中的主题或每个单元中的话题为某一个学习阶段的"主题"，将教学要求设置为该阶段的学习任务。教师根据学习任务规划教学，以促进语言的应用和习得的过程，并充分体现语言的交际本质。因此，在确定任务教学活动

[①] Nunan, D. *Designing Tasks for the Communicative Classroom* [M]. Cambridge: Cambridge University Press, 1989.

时,教师往往会从三个方面考虑:(1)语言知识的引入如何与主题结合;(2)语言知识的累积和语言技巧的训练如何与主题结合;(3)语言的输出如何围绕主题展开。其教学程序通常是:教师先探讨新的话题,并介绍新的词汇和短语,然后给学生安排任务。学生结对、分组或个人单独完成任务,教师一般以协助者的身份出现。任务完成之后,学生要将所做任务的过程和结果以口头语或书面语的形式报告给其他同学或教师;教师则根据学生展现的成果总结语言的特点和用法。

(一) 任务前的准备阶段

任务前的教学活动是任务型教学中非常重要的环节。在这一阶段,通过各种与任务相关的语言输入(显性的或隐性的),创设良好的学习环境。其目的一是为了激发学生已有的知识资源,帮助学生重建语言系统与思维模式;二是为了使学生具备完成任务所需要的语言知识和文化知识,减轻在下一阶段完成任务时的认知压力,使学生真正成为主动学习者。

任务前阶段即任务呈现和准备阶段。这一阶段是决定任务型教学课堂成败的关键。许多教师认为,学生的程度低、能力差,无法完成任务。但据观察,造成这种状况的原因,往往是"任务前"阶段设计的活动不足以支撑后面的主要任务。斯基恩提出,任务前的活动可以有两个重点,一是对任务总体认知的需求;二是注重语言的因素。他认为,如果在任务前阶段可以减少学习者在认知方面的压力,学习者就会有更多精力注意语言方面的因素。[①] 因此,在这个阶段,有许多非任务的活动。这些活动的主要目的在于减少学习者对于认知和语言的压力,激发学习者对于相关内容的背景知识与相关信息的探索,让学习者熟悉必要的话题知识。比如可以用威利斯提出的"头脑风暴"和"思维图"(亦称心智图)等活动。

1. 思维图的应用

思维图的主要应用如下,A. 笔记:阅读、课堂学习、面试、演讲、研讨会、会议记录。将重点词语记下,把相关的意念用线连上,加以组织、记忆。B. 温习:预备考试或演说。将已知的数据或意念从记忆中以思维图的形式画出来,或将以往的思维图重复画出以加深记忆。C. 小组讨论和计划:首先由个人自己画出已知的资料或意念,然后将个人的思维图合并讨论,并决定哪些较为重要,再加入新意念,最后重组成为一个共同的思维图。D. 创作:写作、学科研习、计划。首先将所有环绕主题的意念都写下来,包括新的意念。然后将意念组织合并,重建思维图。这时候,创意可能产生,而且目标清晰。E. 选择:决定个人行动,设定先后次序,解决问题。首先将需要考虑的因素、目标、限制、后果及其他可行性用思维图画出来。再将所有因素以重要程度排序并尝试做出决定。F. 展示:演讲、教学、解说、报告书。当需要向别人讲解自己的想法时,思维图可以用于在准备阶段理清自己的构思,使表达思想时更具组织性并便于记忆。G. 计划:个人计划、行动计划、研究计划、问卷设计、写作及会议准备。思维图可用于将所有要留意的意念写出来,再组织起来,变成目标清楚、具体的计划。

2. 激发已有的背景知识

斯基恩所谈到的"认知",实际上是指对于本单元话题、相关背景知识,以及后面所要完

[①] Skehan, P. Second language acquisition research and task-based instruction. In J. Willis and D. Willis (eds). *Challenge and Change in Language Teaching* [C]. Oxford: Heinemann, 1996.

成任务的认识和了解。对于部分小城镇,或者大部分农村和偏远山区的学生来说,许多英语国家司空见惯的事情与流行的文化,可能会有一定理解上的也就是认知上的困难。如快餐食品、传统节日、体育活动、交通工具、饮食习惯,包括住家的构造与功能等等。另外,对于高中的许多话题,可能连教师也会感觉没有把握,尤其是涉及历史、地理、人物、文学、环境和科技等,因此也需要教师做必要的铺陈和介绍。而对于城市学生比较熟悉的话题,教师则需要"激发"他们已有的知识。"激发"实际上也就是把已经存在于学生头脑中的知识经过启发和调动、集中和提取出来。教师可以运用心智图来教授相关的词汇和围绕话题做"热身"活动。例如,在学习一天的活动时,教师首先可以呈现一幅挂图(图7-1),这幅挂图包括学生一天的各种活动:起床、梳洗、早餐、上学、上课、中饭、课余活动、晚餐等,并在这些图旁配有相对应的词汇。[①] 教师可根据挂图询问学生何时做何种活动,同时领读这些单词和短语。再如,一位教师在教有关"户外活动"的内容时,首先问学生们都知道哪些户外运动,学生们列举了游泳、滑冰、登山、滑雪、跑步等。教师再打出幻灯片,让学生们看看还有哪些没有提到的户外活动,于是新的语言材料,即关于户外活动的一些词汇也就自然地介绍出来。

图 7-1 激发学生的已有知识

---

① 龚亚夫,罗少茜.任务型语言教学[M].北京:人民教育出版社,2003.

3. 新语言材料的引入

新语言材料的引入是指在要求学生运用所学的新语言之前，呈现给学生的新语言材料，让学生获得第一次感知。但任务型语言教学并不主张在学生对所谈主题毫无思考准备的情况下直接呈现新的语言材料，而比较注重在输入语言材料的同时，激发学生已有的生活与学习经验，把该语言的使用环境及与话题有关的思维脉络、思绪发散的方向同时提供给学生。教师需要从社会建构主义理论的视角来看待这样做的重要性，即学习必须和学习者已有的知识架构建立某种联系。比方在教"旅游"这个话题时，生词和主题可以下面的形式呈现。教师先向学生提问：

Why do lots of people like to travel? Make a list of the reasons.

Are there any interesting places in our province or region? What are they? Look at a map of China.

Imagine you and your partner want to travel to a place far away from your hometown. You prefer to fly there so that you will be able to stay there longer. Your friend has a different idea. He/She believes that traveling by train or boat is more enjoyable. Please make a conversation.

当学生不会表达某些单词时，教师就可以实时地将他们所想要表达而不会表达的词汇写出来。这些问题也可以预先发给学生，要求他们查字典，完成任务，再到课上讨论。

4. 任务示范

埃利斯(Ellis, 2003)还提出任务前阶段的几个活动内容：提供一个示范；做一个相似的任务和策划。提供示范实际上也是一种"呈现"。这个阶段不一定要全体学生参与表达性的任务，可以只是观察一个任务是如何完成的。比如在小学的课堂上，教师如果教"购物"这个话题时，可以先让一个程度比较高的学生和自己共同做一个"购物"对话的示范，也可以把有关的对话用幻灯片放映，或者放一段影片。教师可以一边演示，一边引导学生观察顾客到商店时售货员如何提供帮助，顾客可以怎样回答等。这些示范活动不仅提供对话发生的情境、人物的关系，以及语言与功能的关系，而且有助于减轻学生认知上的负担。当学生观察到示范任务中的生词、不熟悉的表达方法时，教师可以启发学生注意或分析这些语言的特点，也可以指出相关文化的不同之处和习惯的表达方法，这就是前面提到的"意识"。接下来的活动可以是语言的练习，也可以是词汇的学习或"意识培养"型的活动。这个阶段的任务活动也可以是几种活动的综合。下面的任务范例从教材的编排上就体现了任务示范性学习的特点(图7-2)。

5. 模仿与演练

任务型语言教学倡导者认为学生语言能力的发展是循序渐进的过程。在观察了任务的范例之后，学生可以开始模仿完成一个简单的任务(图7-3，龚亚夫、罗少茜，2006)。教师要照顾到大多数学生，保证他们能逐步模仿范例任务完成简单的任务。这个阶段的任务大多数是在教师与学生或学生与学生之间完成，可能集中在一两个语法架构上，甚至可能只是一些新的表达方法或"成组的语言"，而句子架构可能是学生以前学过的。无论教学的目标是什么，都需要意识到，这个阶段的活动决定着学生在后面的活动中能否完成主要的任务。但

图 7-2　任务示例

选自：人民教育出版社课程教材研究所英语课程教材研究开发中心.英语(小学)[M].北京：人民教育出版社，2006.

图 7-3 简单任务示例

需要注意的是：仿练并不是机械地重复，学生仍然需要根据实际情况和自己的想法去表达。在演练时，学生可以不断听到别人和教师的正确表达方法，当他们自己表达时，就会注意内容与形式的关系，自觉地纠正，并注意用正确的语言。

6. 任务计划

埃利斯（Ellis，2003）称这个阶段为"策略的计划/规划（Strategic Planning）"。近年来，国外任务型语言教学的研究者非常重视对于"计划/准备（planning）"作用的研究。从国内中小学英语教学的情况看，除了语言准备不足以外，学生不能有效完成任务的主要原因是"准备"这个阶段几乎没有安排在教学计划之中，往往是教师在演示一个范例之后就要求学生去做小组活动，完成任务。

准备阶段的活动包括：计划如何完成任务；理清思路；想好所要表达的内容。埃利斯（Ellis，2003）总结了三条有助于提升语言复杂度的准备活动：(1)学习者有足够的时间去准备；(2)对于如何准备应给予指导；(3)学生独自准备而不是小组集体准备。威利斯（Willis，1996）也很重视活动的准备阶段。她认为，教师给学生的目标越明确具体，学生就越对完成任务具有信心。此外，教师的指示语应该清楚，如：找出它们之间的七个不同之处；给出两个理由等。因此，要使学生能顺利地完成后面的主要任务，任务前阶段教师首先应该：

(1) 使学生明确任务的目标，尤其是任务的目的、完成的过程以及对于结果的要求。

(2) 给予学生充分的准备时间。可以根据任务的复杂度决定时间的长短。

(3) 提供必要的语言资源，如可能用到的句型结构、词汇、固定的表达方法等。

(4) 给学生提供一些可供选择的完成思路,这对于初学者和低年级的学生尤其重要。

(5) 准备一些可以多人参与或全班参与的演练,但要提供个人准备的机会,并给予适当的指导。

斯基恩(Skehan,1998)归纳了任务前阶段活动的理由,也是对任务前阶段各种目标的总结:

(1) 介绍新的语言。这实际上是任务前活动的一个主要目的。

(2) 增加内在语言系统重建的机会。任务前的活动可以使学生在另外一种语境中使用以前学习过的语言知识,并与新学的知识建立内在的联系。

(3) 激发语言。任务前的活动不仅可以给学习者输入新的语言和语法用法,而且在某种程度上可能更加激发和调动学生已有的或尚未掌握好的语言资源。

(4) 语言的复现(to recycle language)。这一条与上面的两条意义接近。语言学习一个重要的条件是复现率。与前面不同的是,教师在设计任务时需要考虑重点重复哪些已经学习过而学生尚未掌握的语言。

(5) 减轻认知和处理信息过程中的负担。任务前活动一个很重要的作用是减轻学生认知上的困难,引导他们提取已有的背景知识。

(6) 促使学生更深刻地理解任务,帮助学生了解话题的范围,启发他们去思考,以便他们更深刻地理解任务的要求。这一阶段的活动直接影响学生对于任务的思考深度、广度和他们的独立思维程度,以及使用语言的复杂度,并使得他们对于完成任务有更高的要求和期望。

(二) 任务中阶段

在前期准备的基础上,任务实施的阶段是语言技巧的主要习得过程。在这一阶段,教师不仅要注意学生语言的流利性,还要注意学生语言的准确性,并鼓励学生重建语言。在这一过程中,任务的选择极为关键,教师要合理选择任务的难度。如果任务的难度超过学生的认知水平,就会失去教育价值。反之,如果任务的难度低于学生的认知水平,学生便很容易厌倦,对任务失去兴趣。然而,恰到好处地把握任务的难度并非易事,现实教学中任务难度过高或过低的现象时有发生。对此,教师可以采用各种方法进行弥补:如果任务难度过高,则可以利用图表、图像,以降低难度;如果任务难度过低,则可以添加新的语言与其他学习内容或设计更多具有思维难度和判断性的任务等。

学生在完成任务的过程中容易产生各种压力,及时降低学生的压力是任务中阶段的重要任务。教师可以通过调整活动时间、活动方式、参与者的人数等方式,及时舒缓学生的学习压力。教师一定要让学生感受到自己有控制任务的能力。

1. 活动方式的选择

完成任务有两种主要的方式,一种是小组的活动方式;另一种是个人的活动方式。目前,我们在中小学英语教学的课堂观察中,在示范课和公开课看到的,主要是小组活动。值得注意的一点是,虽然结对和小组活动是任务活动的主要形式,但并非所有的任务活动都是这样。个人独立完成的活动同样重要,尤其在读和写时。

A. 小组活动

小组活动,包括结对练习、合作学习被认为是任务型语言教学的特点之一。小组活动有

许多优势(Ellis,2003:266;Jacobs,1998):

第一,学习者说的量可以大幅增加。在以教师活动为主的课堂教学中,教师占有80%的讲授时间,学生参加活动的机会不多。尤其是在大班教学的情况下,如果教师只能给少数学生回答问题的机会,而根本无法照顾到全班大部分学生,久而久之,学生就会出现两极分化的问题。而在小组活动中,如果设计得当,时间分配合理,每个人都有可能参与交流,巩固所学内容,表达自己的思想。

第二,可以变换不同的话语行为。学生如果只是与教师互动,通常只能是按教师的提问回答而很少有创意或自主学习动力。在小组活动中,教师可以根据组内学生所长来分配其职责,有人负责向全班做报告,有人负责记录讨论,有的负责组织讨论等。角色也可变换,增加学生在不同角色下,从不同角度运用语言的机会。

第三,教师更有机会给予学生个别指导。往往有许多同学虽然不会或不明白,也不好意思表现出来。而在小组活动时,教师则有机会关注个别学生,帮他们纠正语音、语调、用词等。

第四,学生的焦虑情绪可以降低。学生在小组活动时可以减少压力。当众回答问题,可能造成学生的心理压力大;而在小组活动中,大家为了完成一个任务,通常会把注意力集中在任务的完成上,而不必担心说错,学生更容易开口,焦虑会降低。从语言习得的研究看,这有助于学生掌握语言。

B. 个人任务与小组任务

虽然任务型语言教学强调小组活动、合作学习的重要性,但个人学习和全班活动也不可忽视。从语言使用的角度看,也常有个人使用语言的场合,并不一定全部处于互动交流中。个人学习也可以是交互性的。比如,听广播、看电视、读书报等,大多数情况是个人行为。所以,教师应按照任务的要求和学生需要来定是小组还是个人活动。另外,任务可以既是个人完成,也包含小组的讨论。比如:

In the text, the author talks about three kinds of problems: environment, animal and human. For each statement below, label the kind of problem being described. Analyze sensory language (words that describe how something looks, sounds, feels, smells, or tastes). Underline words and phrases that help you visualize what is happening.

A. Sight   B. Sound   C. Taste   D. Smell   E. Touch

在这个任务中,可以先由每个学生自己读课文,然后集体讨论,再逐一填写。而下面的任务则可以先小组讨论,同时每个同学自己填写。

With a group, brainstorm three different solutions to ...'s problem.

Group A: _____

Group B: _____

Group C: _____

When you brainstorm, everyone contributes ideas. Write down every idea ...

2. 任务中需要注意的问题

在设计任务时,教师要明确本节课的语言能力目标和附属技能目标。前面提到,语言运用能力的构成包括各种能力。而听、说、读、写各种技能既是单独存在的能力,又是语言运用能力的组成部分。所以埃利斯(Ellis, 2003)所列的教学原则之一是：每一个任务型课堂均确立明确的目标。在这里需要强调的一点是，确定目标不仅意味着语言架构与词汇目标，而且任务教学的目标有流利性、准确性和复杂度(Skehan, 1998)，也可以是某种学习策略，如听说读写中任何一项附属技能，还可能是综合使用语言的目标，包括以前学过的句型架构与表达方式。而不一定是本单元的知识或技能。比如，教学目的是教授阅读的策略，也可以称为附属技能。那就应该以培养学生发展这些附属技能为目标而设计相应的阅读任务。

以下是一些中学教材中可能涉及的阅读技能：Understanding cause and effect; Making connections; Comparing view points; Evaluating ideas; Reading between the lines; Making judgments; Making comparisons; Interpreting meaning; Making inferences; Comparing characters; Reading a map; Interpreting graphs and charts; Making calculations; Examining reasons; Separating facts from opinion; Identifying the main idea; Organizing information; Sequencing; Summarizing; Recalling details; Synthesizing; Drawing conclusions。

在完成任务阶段，教师应该明确每一课的教学目标。即每一个单元中，教师想让学生学习什么和做什么。比如，在以"Finding Your Way"为主题的单元中，学生需要完成随着主题出现的语言任务。如接听电话或听电话录音或问路并在地图上找到要去的到达站等。实际教学中教师会在一堂课内设计多种活动：有听、有说、有看（影片），有个人也有小组活动。其实，一堂课不在于任务数量的多少，而在于每个任务的目的以及达到目的的途径和所需条件和时间。如果听力活动无任何说明或指示，教师没有明确说明录音的内容场景是什么，学生需要听什么，以及要达到什么目的，就要求学生听录音回答问题，这样的任务很难有好的结果。

A. 教师角色的转换

随着任务教学的实施，教师的角色也随之转换，学生需要一个调整与适应的过程。按照威利斯(Willis, 1996)的建议，教师在小组活动时不宜干涉过多，要有自我控制意识、有勇气让学生独立自主完成任务。她建议教师不要急于纠正发音或建议学生如何做。只有在有的小组确实需要帮助时，才提供必要的帮助。教师的任务是确保每个小组都明确任务的目标，确保所有的学生都参与活动，推动语言交流的顺利进行。最为重要的是，教师需要根据自己以及学生的实际情况给予学生必要的指导。

B. 明确的指导

小组活动的成功，除了需要在任务前准备阶段进行必要的铺陈、足够的练习、明确的示范以及背景知识的介绍等，在安排任务时，教师的指示也至关重要。在小组活动前，明确的指示可以涉及以下几个方面：

第一，目的与要求：明确告诉学生任务的目的与完成任务的要求。必要时，可以设置示范时间。比如听录音，对于听的主题、各阶段任务，尤其是对每一个任务的结果要求，都应该有明确的说明，否则学生往往不知所措。

第二，人选与听众：明确小组活动内角色人选的具体要求。可以由小组讨论决定角色的分发。比如小组中谁来代表小组向全班报告。如果是全组向班上报告，每个人的职责都应有明确的分工，同时也要把听众及对象讲明。只有职责分明，目的与对象明确，学生才会认真积极参与完成任务,否则往往会流于形式。

第三,提供任务方式与数据、资源:教师如果给学生几个不同城市的地图,让他们对比每个城市各种建筑物设计,比较一下哪个城市设计更合理。那么,教师就需要列出比较的内容,并把如何获取相关数据和信息的渠道与方法讲解清楚。

第四,时间控制与强弱学生平衡:对小组活动既要有明确的时间规定又要可以灵活地变通。如果小组活动时间过短,比如只有两三分钟,学生还未真正开始交谈或进入角色,教师就已经叫停转向下一项活动。这种情况下一节课往往是活动非常频繁,学生手忙脚乱,而没有什么收获。教师要根据学生完成的情况随时调整时间长度和任务计划。并不是准备的任务一定要全部做完,更重要的是完成任务的质量。假如大部分学生感觉兴趣索然,即使慢的小组仍未完成,也应该停止。另外,小组内不同水平的学生在一个组内,往往会由一两个程度高的学生完全控制参与说的机会,而弱的学生则仅仅是"陪读生"。教师有责任平衡不同程度学生的时间,分发给他们不同的任务,以避免有些学生占据所有活动时间。

(三) 任务后阶段

前面提到,任务型语言教学同样重视语言的准确性,在任务型课堂教学过程中的任何一个阶段,教师都可以进行关注语言形式的任务(Ellis, 2003)。任务后阶段的意义在于,它为学生提供再做任务的机会,促进学生反省任务完成的过程并进一步关注语言的形式。任务后阶段的活动内容主要包括:

1. 学生重新演示任务的完成过程

当学生在进行小组活动时,他们也许更多地注意交流的结果,而没有充分注意语言的形式与准确性。而当他们再做任务时,比如向全班报告自己小组的任务结果时,他们的注意力可以更多地投向准确性和复杂度,因为仅仅依靠完成任务本身不足以使学习者达到准确的标准。任务后的活动并不是让学生简单、重复表演,而是要让学生独立、完整地完成任务,提升语言的准确度、复杂度和流利度。通过再次完成任务,学生可以反省自己的不足和错误之处,也会在自己的内在语言系统中建立更加清晰的语言形式与语言功能之间的关系。斯基恩(Skehan, 1996)提出任务后阶段的目的是反思与巩固。教师需要设计可以培养学生语言准确性的任务。比如前面提到的几个任务,可以让每一个小组向全班报告,其他同学同时做记录。最后的任务可以是要求学生比较不同的观点,有多少人主张这样,多少人主张那样;也可以把学生的任务当场记录下来,反复播放一两遍,让大家来挑出语法上的错误。

其他注意准确性的任务是:
- 当小组讨论时,有一个或多个人做记录。
- 当小组向全班做口头报告时,其他人做记录或列出所谈的几个观点,或比较其他组的内容。
- 听录音或看影片并记录相关信息或填写相关表格。
- 读一个表格并将其内容转换为一篇文字。
- 读一篇短文并找出其中某种或几种表达方式,如文中关于事件发生顺序的表达方法(first, then, finally, etc.)。
- 从字典中抄录一个或几个含有本课词汇的句子。

2. 学生反思、分析自己在完成任务时的错误、问题

在反思过程中，如果教师想让学生意识到自己的语法缺陷，那么教师首先应该抓住机会让学生注意（noticing）到这些问题。教师可以用听写的方法引起学生对于语言准确性的注意，也可以由教师在学生做任务时记录下学生的错误。做完任务后，教师把学生共同犯的一些错误当着全班做必要的分析和讲解。

任务后阶段是一个语言意识培养的重要阶段，所以不妨设置大量意识培养的任务。意识培养任务可以用于任何一个阶段，既可以用于主要的任务，也可以用于任务后阶段。在任务后阶段，教师可就某一个语言现象，如语法架构、用法开展有针对性的练习活动也可以是传统的机械式练习活动，如重复、替换练习、填空练习、重组句子、变换句型或对话等。这些活动对于学生形成自动语言意识过程也是必要的。教师对任务进行归类、分析，对语言知识进行强化。教师可以重新列出任务，向学生说明这些任务的关联，也可以就某一语法现象单独讲解、给例子说明语法用法或对语法详细描述，还可以总结学生的课堂表现、补充学生在完成任务中的不足等等。简而言之，任务后阶段的活动，仍然需要注意语言形式与语言意义的结合。教师也需要注意不同的体裁的安排，如叙述、描述、比较。从简单的描述、叙述到较为复杂的比较、论述；从写便条、贺卡、通知、书信、故事到创作诗歌，既可有实用性的写作也可有发挥想象力的自由写作。写作中可以提示学生运用不同形式的写作技巧，如信息转换、归纳、总结、比较、陈述观点等，还可提供对自己所写文段进行加工编辑的指导及范例，如自改、互改和小组编辑等。

无论采用何种教学方法，关注语言准确性的活动是绝对必要的。从所观察到的国内外 ESL 和儿童学习母语的情况看，即使儿童会说英语（或是母语）多年，他们仍然存在拼写错误。所以，掌握英语单词拼写，能写出比较正确（或地道）的英语句子或篇章，不是一朝一夕可以达到的。即使学生在课堂上口头表达流利，他们仍然需要有一些关注语言准确性的活动。这种准确性活动的任务并不是单纯地机械式地抄写，更多的是创造性地综合运用语言和表达思想的活动。与此同时关注语言准确性的任务也应该尽量与实际语言使用活动相似，给学生提供运用所学语言表达自己想法的机会，促使学生充当"语言使用者"的角色。

实 践

 请你回答

1. 任务型语言教学的过程包括哪些基本环节？
2. 任务后进行语言学习和任务前进行语言学习目的有什么不同？

请扫描二维码
查看参考答案

 请你分析

以下为某市一位老师为七年级班级设计的教学过程，请根据本章

有关任务型教学的介绍，分析其可操作性。

Whose parents were the strictest?

Content:

Pronouns, verbs (make, let, allow, have to), from 7B Chapter 4 Oxford English

Teaching method:

Based upon Jane Willis' TBLT sample — Whose parents were the strictest?

Teaching Aids:

PPT, questionnaire

Teaching procedures:

1. Introduction

Listening and viewing task

Listen to a dog talking about his childhood and recall some information about the dog by judging T or F.

Reading and speaking task

Read a story told by a lady about her childhood and then answer 3 questions concerned.

2. Guessing game (listening, reading and guessing)

Get the students to guess about the teacher's childhood.

When I was in the primary school (ageing from 10 - 12):

Did they allow me to ride to school?

No, they made me go to school on foot.

Did they let me go on a trip with my friends?

No, they only allowed me to go with my school.

Did my parents make me help with the kitchen?

Yes, they did.

Did I have to do a lot of homework?

No, I didn't.

3. Student questionnaire

Step one: Show students a questionnaire, then read through it with them, translating the questions or explaining any possible difficulties if possible.

Step Two: Group work — Discussion

Before the discussion:

Put students into groups of 6 or 7 and ask them to decide whose parents were the strictest in their own groups.

Tell them they can use the ideas in the questionnaire, or add more to them.

Appoint one student for each group as spokesperson to report the findings of the group to the class as a whole after the discussion.

While the discussion:

Go round the groups, listening to what they have to say. It is better not to correct students at this stage, but if they are having problems expressing themselves, you might help out.

Post-discussion:

Ask the spokespersons to report who were the strictest and why.

Allocate other groups to take notes about the reasons why they were the strictest parents so as to compare between groups.

T and Ss go through the notes together by summarizing what the groups have told you and find out the strictest parents.

(Feedback: The pink words are the reminder. I should help the Ss to sort out their notes and get readier for the debate)

4. Pair-work: Language Focus

Give the students the following questionnaire with blanks as a handout:

Ask the students to fill in all the pronouns in the questionnaire in pairs. One tells, the other writes.

Note:

If you find the students cannot follow what's told, you can ask them to pause and listen, without writing, while you read the sentences out to them. They can then go back to work.

Show the correct answers on the screen.

5. Team work: Controlled practice

Provide two types of exercises to practise the verbs "make, let, allow, have to" and the pronouns. Each group does one sentence.

A: *Complete these to make sentences*:

B: *Find out your members' primary school days … and write them down*:

Ask 6 representatives to write on the board. T will give comments sentence by sentence.

Assignment

Talk with your parents and find out what their parents allowed them to do, what their parents didn't allow them to do, what their parents made or let them do ... in their childhood.

List or write a short passage about your parents' childhood.

The Framework of Teaching in Class 1, Grade 7

Topic: Whose parents were the strictest?

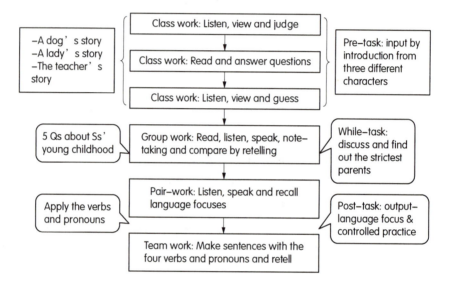

Note: The boldfaced words are meant to be the main skills practiced. And the words in red are a reminder that helps Ss to go through their notes and is vital for the debate.

 请你设计

请根据以下材料设计英语阅读教学过程。

DEAR MS. JOHNSON ...

INTRODUCTION

1. Emily Johnson is an English teacher from the United States. Six months ago she returned to America, after finishing a three-year contract with Beijing International School. She was a popular teacher with the students, and famous for her creative games and <u>great</u> advice. She was also well known by the other teachers, and the school principal, for always having a noisy classroom. One student who really misses Ms. Johnson's classes is Su Ping, a middle school student at Beijing International School. Although English is difficult, it is her favorite subject. To practice her written English, she decides to write Ms. Johnson an email.

SU PING'S EMAIL

2. Dear Ms. Johnson

This is Su Ping-your student from Beijing International School in China! All the students in our class miss you very much. Why did you have to go back to America? Our new teacher is nice, but he's not as much fun as you. He's always teaching us grammar! I miss your games, because they were so much fun! Do you remember the time you stuck the names of celebrities on our backs, and we kept asking questions until we guessed who we were? After we guessed you told us to find our couple. It was really funny when Yang and Coco found out they were Donald and Daffy Duck. Coco was so embarrassed because Yang started singing her a love song! The whole class was laughing!

3. I know you must be very busy in America, but I was hoping you could give me some advice. I want to know how to improve my vocabulary over the next few weeks. This month is Spring Festival in China, and my family will travel by train to visit my father's parents in Chengdu. It will be a long trip, so I'll have plenty of time to study. I really need to study more, because there are too many English words that I don't know. What should I do?

4. Teacher Li is still here. She has started an English Corner to help us practice our English. I've been twice. The first time we watched the film *Ratatouille*, which was really funny. It's a film about a rat called Remy who becomes a gourmet chef in one of the best restaurants in Paris. Have you seen it? The second time we had a Halloween party, and I dressed up as a pumpkin! Teacher Li has also been checking my diary now that you're gone. Once a week she corrects my grammar, and gives me some suggestions on how to express myself better. I think she misses you too!

5. By the way, I'm not as shy as before! I talk more in class, and ask questions when I don't understand. My speaking skills really are improving. Thank you so much for being my teacher; and for giving me such useful advice! I remember when you told me: "learn from your mistakes and then laugh at them Su Ping. More mistakes mean more laughter, so they can't be all that bad, right?"

6. Please write back soon with some advice Ms. Johnson. Happy Spring Festival and I hope the Year of the Ox brings you and your family happiness.

Your student,

Su Ping

第三节 PWP 教学过程

> **思　考**

现象反思

M 老师要参加一次教学展示活动,他抽签的结果是要上阅读课,内容是 The Olympic Games。他很想在阅读教学中有些创新,于是他让学生先以 The Beijing Olympic Games 为话题进行讨论,然后再来阅读所要教授的文章。在讨论中,学生们出现了很多语言表达方面的困难。这是为什么?

学习目标

学习本节后,你能:
1. 了解 PWP 教学的基本过程;
2. 掌握听力、口语、阅读和写作教学中的 PWP 过程;
3. 运用 PWP 教学过程开展教学。

本节结构

> **学　习**

当我们关注学习过程时,我们可以把学习过程划分为学习前(Pre-learning)、学习中(While-learning)、学习后(Post-learning)三个阶段,这种将教学过程划分为这三个阶段的教学过程形态,就是 PWP 教学过程。

学习前阶段是教师进行教学准备、学生自我准备、教师激活学生学习新的语言知识、形成新的语言运用能力所需的知识、能力的阶段,其目的是为新语言内容的学习进行准备。这一阶段包括课堂教学之前的一切准备活动,也包括课堂教学中开始学习新的语言内容之前的导入、启动、复习、激活等活动。

学习中阶段就是学习新语言的阶段,一般是在课堂中进行,但也可以是课堂之外的自我学习活动。在这一阶段,教师进行知识呈现、讲解,引导学生进行训练,学生通过学习掌握语言内容,形成语言运用能力。

学习后阶段是学习新语言之后的评价、运用阶段,这一阶段应该是课堂之外的语言知识运用活动阶段,因为课堂内的活动本质上都属于学习阶段的活动,即使是课堂内的语言知识运用活动也是促进学生学习的活动。

PWP 教学过程可以用于英语教学中的每一项具体教学内容,在不同的技能教学中表现为不同的具体形式,如听力教学中的具体表现形式为 Pre-listening、While-listening 和 Post-listening,口语教学中为 Pre-speaking、While-speaking 和 Post-speaking,阅读教学中为 Pre-reading、While-reading 和 Post-reading,写作教学中为 Pre-writing、While-writing 和 Post-writing。

一、听力教学中的 PWP 过程

听力理解和阅读理解常常被误认为是被动的过程,而事实上学习者在处理所获信息的过程中应发挥主动作用。以听力理解为例,学习者必须集中注意力倾听对方的话语,将得到的语言与自己先前已有的知识建立联系,理解所得信息的意义。如果注意力不够集中,或者已有的知识与目前听到的信息相关性不大,那么学习者就不能理解所得到信息的意义。在阅读理解中,学习者通过视觉对得到的信息加以诠释或重构,试图重现所读文章的作者的写作意图。这个过程不仅是对字面意义的理解,更要涉及学习者对语言、社会文化背景以及篇章类型等方面知识的掌握。具体来说,阅读水平高的学习者能够辨认词汇、短语;理解句型结构;了解与所阅读的篇章类型有关的知识;了解与所阅读的篇章内容有关的一般常识。在阅读过程中,这些方面的知识相互影响、相互补充。因此,听力理解和阅读理解并非是简单的被动接收信息的过程。

为了提高教学效果,课堂教学环境下的 PWP 听力教学活动包括以下三个阶段:

(1) 听前(Pre-listening)阶段:通过采用预测、头脑风暴、提出问题、组织活动等方法,帮助学习者确立听力目标、激活背景知识、展示话题、提高学习动机,并对相应的语言形式、功能进行训练。例如,为了弥补课堂环境中语境的缺乏,在听前阶段可以为学习者提供与听力材料相关的背景知识,目的是激活学习者头脑中的图式知识,以更好地理解听力材料。

(2) 听中(While-listening)阶段:这是听力教学中的关键阶段,也是教师最难以控制的阶段,因为此时学习者需要高度集中注意力来处理相应的语言信息。通过采用丰富多彩的教学活动,如边听边记录、根据听力信息对相关内容进行排序、根据听力信息表演相关动作或绘出图片、填空等活动,以便达到理解听力信息和训练听力技能的目的。听力教学中的任务难度在很大程度上取决于教师要求学习者根据听到的信息完成任务的方式。

(3) 听后(Post-listening)阶段:学习者应该用学习到的知识和技能评估听力效果,通过完成多项选择题、回答问题、作笔记并填充所缺失的信息、听写等方式,达到巩固听力信息和技能的目的。需要特别注意的是,这个阶段的练习活动应测试学习者对听力材料的理解,而不是考察学习者的记忆。如果听力材料过长,学习者就可能忘记前面听到的内容。例如,教师采用开放式问题(Open questions)来引导学习者展开小组讨论,猜测讲话者的情绪状态,是生气、难过、高兴还是激动? 或者采用推理式问题(inference question),引导学习者根据听力材料内容加以判断。

常用的 PWP 听力教学活动主要有:

表 7-4　常见 PWP 听力教学活动

听前活动	听的活动	听后活动
◆ 明确听的目的； ◆ 激发兴趣和欲望； ◆ 熟悉话题； ◆ 预测大意； ◆ 处理关键词； ◆ 布置任务。	边听边操作； ◆ 边听边选择、填空、连线、图画、补全信息； ◆ 边听边做笔记； ◆ 判断真伪。	讨论； ◆ 根据所听内容进行口笔头转述； ◆ 根据笔记写出梗概； ◆ 利用听到的信息，以同一题目为主题，从另一个角度写出一段话。

> **请分析**：尝试先不做任何准备听一段 10 分钟 TED 演讲，然后再尝试提前进行 5 分钟准备再听一段 10 分钟 TED 演讲。分析两次听力理解活动的质量、时间、过程、难度等。

二、口语教学中的 PWP 过程

说是一种语言运用活动，与听不同的是，学生完全可以用自己的语言进行口头表达，所以说前、说后活动更加重要。

在口语教学中，PWP 过程的具体教学内容表现为下面三种形式。

（1）说前(Pre-speaking)阶段：说需要一定的语言准备，所以说前的活动主要是语言准备活动，包括语言结构的准备、语言运用的准备。教师可以激活学生口头表达所需的相关词汇、结构，可以采取头脑风暴、话题词汇图、阅读相关文章等方式进行激活。文化等语言运用要素的准备也非常重要，尤其是口头表达内容是文化专题内容时，更要进行认真的文化准备。

（2）说中(While-speaking)阶段：在口头表达的过程中，学生需要运用相关策略，如表达出现错误之后进行自我纠正，无法理解对方话语时进行询问。同时，口头表达基本上是与听者的互动，说的过程中还需要根据听者的反馈不断调整相关内容。

（3）说后(Post-speaking)阶段：口头表达总有一定的语用目的，表达的语用目的是否实现，则是说后应该重点关注的。对于语用目的是否实现，可以由听众(教师、同学等)进行评价。当然，对于语言本身也应进行评价。评价也可以是对自己口头表达的活动进行自我反思。显然，说后的主要活动是评价。

表 7-5　常见 PWP 口语教学活动

说前活动	说中活动	说后活动
◆ 明确目的； ◆ 激发兴趣； ◆ 熟悉话题和语境； ◆ 语言准备； ◆ 分配角色和任务。	◆ 运用交际策略； ◆ 描述人物和事件； ◆ 报告过程和结果； ◆ 角色扮演； ◆ 交换信息； ◆ 讨论和辩论； ◆ 演讲。	◆ 汇报结果； ◆ 评价与反思； ◆ 书面表达。

三、阅读教学中的 PWP 过程

与听力教学中的 PWP 过程相似,课堂环境下的 PWP 阅读教学活动分为以下三个阶段,即:

(1) 读前(Pre-reading)阶段:读前阶段具有"导入"特征,教师一般采用各种活动,如预测、介绍文章的背景知识等开展词汇、句法教学活动或激活学习者的背景知识,同时也是为了激起学习者对阅读材料的期望或兴趣。例如,预测是一种重要的阅读能力,根据阅读材料的题目预测阅读材料的主题内容,有助于学习者更好地理解阅读材料的主题内容。

(2) 读中(While-reading)阶段:读中阶段是阅读教学的中心环节,教师组织学习者参与各种活动以培养学习者的阅读技巧、训练阅读策略,帮助学习者掌握阅读材料的体裁、结构特征、概要、主题、细节信息等。学习者既要理解阅读材料的字面意义,又要依据字面意义展开推理阅读。学习者往往不太容易识记那些以一般的篇章形式呈现的信息,但是如果将同样的信息转化为其他形式,如图片、图表、地图、树型图、柱状图、流程图等,就会大大促进信息的处理速度和保持时间。

(3) 读后(Post-reading)阶段:教师引导学习者根据所读的内容开展一些评价或应用性活动,如讨论、角色扮演、填充信息沟(Gap-filling)、重述、发现错误信息(False summary)、写作等。以发现错误信息为例,教师提供给学习者一个关于阅读材料的内容摘要,但是摘要中存在一些与阅读材料内容不符的错误信息,教师要引导学习者依据自己对阅读材料的理解发现并纠正这些错误信息。需要强调的是,角色扮演作为一种经常采用的语言学习活动,可在阅读后阶段使用,既能够激发学习者的学习动机,又能为学习者提供使用语言的机会。

看主要是听、读相结合的活动,可以综合此处对于听、读的讨论而展开,因此不单独分析。

表 7-6 常见 PWP 阅读教学活动

读前活动	读中活动	读后活动
◆ 明确目的; ◆ 熟悉话题; ◆ 预测内容; ◆ 预测词汇; ◆ 激发兴趣和欲望; ◆ 布置任务。	◆ 略读; ◆ 找读; ◆ 根据所读内容画图、标图、连线、填表、排序、补全信息; ◆ 为课文选择或添加标题; ◆ 根据所读内容制作图表; ◆ 边读边操作; ◆ 判断真伪。	◆ 转述所读内容; ◆ 根据所读内容进行角色扮演; ◆ 讨论; ◆ 改写; ◆ 续尾; ◆ 写摘要。

四、写作教学中的 PWP 过程

写与说有类似之处,都是表达活动,其教学过程大致相同,但也有不少差异。

(1) 写前(Pre-writing)阶段:写作前,一般应激活学生的写作动机,所以可以开展讨论最近生活、热门话题、关注焦点等，逐步把学生的兴趣引导到写作话题上。然后可以进行头脑风暴(brain-storming)活动，让学生就写作话题的背景知识进行词汇、语句、文章结构等随意表达，激活学生已有的知识和能力。

（2）写中(While-writing)阶段：一般写作的阶段可以分为范文学习、范文分析、中心确立、大纲设计、语句写作、修改完善这几个阶段。

这里的写作不是真实的写作，而是写作学习，所以写作中的第一个环节是学习如何写。在这个阶段，学习者在教师引导下学习范文，分析范文的篇章结构、论证方法、语句表达方式，甚至图片、图表、地图、树型图、柱状图、流程图等的使用等。本质上这就是一个阅读活动，是为了学习如何写作而进行的阅读活动。

写作的具体方法可能很多，不过一般都应该先确立中心思想。在中小学的写作中，写作有时看似是书面表达，只是把需要表达的信息用书面形式表达出来，似乎不需要确立中心思想。其实不然。任何一篇好的写作，都必须有中心思想。即使是看几幅图片，表达图片中的内容，也同样需要确定以什么信息作为主体。比如，图片的信息是学生在植树，那是以第三人称描述信息还是使用第一人称描述？这就是一个确立中心的选择。

> **请分析**：尝试先确定中心完成一篇文章，然后尝试先不确定中心完成一篇文章。分析两次写作的质量、时间、过程、难度等。

我们在写作中一般都会设计写作大纲。大纲可以设计顺叙表达，也可设计倒叙表达，甚至还可以设计夹叙夹议表达的大纲。没有经过大纲设计的表达肯定是没有特色的。

我们在给文章打草稿时，是先从利用头脑风暴获得的语词结构出发，还是先写出一些语句再来穿插运用头脑风暴获得的语词结构？尽管两者都可以，但显然前者更有利于运用头脑风暴获得的语词结构，后者更有利于一气呵成的创作。

以下为学生 A 与学生 B 在两种写作指导方式下完成的短文。

Student A's passage：

I love football. It is my favourite sport. Do you know why? Because it is fun? But for me, it is not only because of that. In fact, it is also because of the teamwork in the game. It is fun and more importantly, educational. I have learned quite a lot from it.

Student B's passage：

My favourite sport is football because it is fun. I love it very much. I love to watch football games. And I like playing it, too. I often play in school and at the weekend. Do you love it?

显然，学生 A 的短文更有思想性，逻辑性也更合理，因为在头脑风暴之后，教师指导学生 A 系统了解头脑风暴形成的词汇，然后划出有价值的重点词，学生 A 在教师引导下划出了 fun, teamwork, educational 三个主题意义层级的词汇，这一分析性活动帮助他写出了主题意义更加鲜明的短文。而学生 B 则是在直接进行写作，教师只是提示学生 B 在写作过程中可以根据需要参考使用头脑风暴词汇，但学生 B 几乎没有参考，而只是基于自己已有能力一气呵成地写出短文。

草稿完成之后,对其进行修改完善,非常有利于写作学习,提高书面表达能力。

(3) 写后(Post-writing)阶段:在真实生活中,我们完成写作之后,一般都是把文章发表出去,把信件寄送出去,把作业提交上去。这些都可以是写作后的活动。教师可以鼓励学生完成写作后,把文章贴到自己的博客上,发表到学校或其他的网站上,投稿到报社,张贴到校园或者教室后面的作文栏里,把信件寄发出去,等等。

作为写作学习活动,学生完成写作之后,还可以进行讨论、相互批阅等活动,进一步提高他们的写作能力。教师在学生相互讨论和批阅中,可以制定一定的标准。比如,规定本次写作活动有一项语言结构要求,即至少用一个定语从句描述人物。在此基础上,课堂上就可以讨论谁的定语从句运用得最好,找出班级的 Top 10;还可以选出运用所学单词的 Top 10、语句结构最丰富的 Top 10、开头最吸引人的 Top 10、结构最恰当的 Top 10 等,这样的写作后活动就可以成为写作学习活动的有力补充。

表 7-7 常见 PWP 写作教学活动

写前活动	写中活动	写后活动
◆ 激活灵感; ◆ 激发兴趣; ◆ 明确目的和读者对象; ◆ 讨论主题; ◆ 搜集素材; ◆ 语言准备; ◆ 阅读范文; ◆ 写提纲。	◆ 写初稿; ◆ 规划文章结构; ◆ 填空; ◆ 看图作文; ◆ 图文转换; ◆ 仿写; ◆ 连句成文。	◆ 自我修改; ◆ 相互修改; ◆ 个人或小组面批; ◆ 检查语言、文法、逻辑、用词、润色; ◆ 制作板报、墙报。

实 践

 请你回答

1. 你认为 PWP 教学与任务型语言教学有什么本质区别?
2. 如何基于 PWP 过程理解翻转课堂?

 请你分析

请以 PWP 视角分析以下教学活动设计,并提出改进建议。

教学对象:进城务工子女学校八年级学生

教学内容:

Experiences

Mike Robinson is a 15-year-old boy and his sister Clare is 14. At the moment, Mike and Clare are in Cairo in Egypt, one of the biggest and busiest cities in Africa. They moved here with their parents two years ago. Their father, Peter, works for a very big company. The company has offices in many countries, and it has sent Peter to work in Germany, France, China and Egypt. Peter usually stays in a country for about two years. Then the company moves him again. His family always goes with him.

The Robinsons love seeing the world. They've been to many interesting places. For example, in Egypt, they've seen the Pyramids, travelled on a boat on the river Nile, and visited the palaces and towers of ancient kings and queens. They've never seen anything like it!

Mike and Clare have also begun to learn the language of the country, Arabic. This language is different from English in many ways, and they find it hard to spell and pronounce the words. However, they still enjoy learning new languages. Until now they've learnt to speak German, French and a little Chinese, and sometimes they mix the languages when speaking. "It's really fun," said Clare.

The Robinsons are moving again. The company has asked to work back in the US. Mike and Clare are very happy about this. They have friends all over the world but they also miss their friends in the US. They are counting down the last days.

在阅读之前，教师了解学生随家人在外地生活一段时间的经历，激发学生对相关主题的理解，然后询问这种经历对自己的益处与损失。

再让学生阅读短文，找出文章提到的随父母在国外生活多年的经历，对主人公的益处与损失。学生在第二、三、四段找出答案。

然后让学生思考：第一段的功能是什么？

引导学生完成如下语篇结构图：

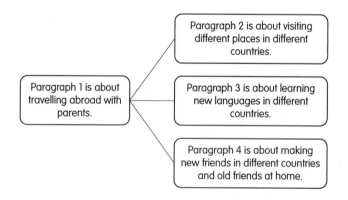

作业：课后阅读更多同一结构语篇，以强化对这类语篇结构的阅读理解能力，并尝试按照这一结构写作，介绍自己随进城务工的父母在城市读书与生活的经历。

请你设计

请为以下内容设计 PWP 教学过程。

请扫描二维码
查看参考答案

选自：人民教育出版社课程教材研究所英语课程教材研究开发中心．英语(PEP)(三年级起点第四册)[M]．北京：人民教育出版社，2013：4．

本章小结

教学过程是一个师生之间连续不断的从教学启动、导入、展示、讲授、训练到评价、反馈等连续展开的结构或形态序列。教学过程一般可以分为以教为中心的教学过程和以学为中心的教学过程两种形态，而后一种显然更有利于学生的学习。

教学过程作为教学活动具有知识传授功能、能力培养功能和素养发展功能，这三种功能在具体的教学过程中则是交叉循环出现，相互不可割裂。

整合学习过程有助于基于主题引领、以语篇为基础而展开整合语言知识、语言技能、文化知识、思维品质、学习策略等各项要求的学习，有助于促进学生核心素养发展。整合不是全要素的整合，而是根据需要进行有机整合。

任务型语言教学过程主要是任务前、任务中和任务后三个阶段。三个阶段的实施对教师素养、教学能力和资源的要求相对要高一些。每一个教师需要记住的是任何一种教学法或一套教学过程都不可能适合所有教师、所有学生、所有教学环境，因此，教师应该根据实际情况调整教学方法而不是盲目接受。

学习前、学习中和学习后的 PWP 三阶段教学过程也是一种常见的教学过程，与任务型语言教学过程可以整合运用，也可以单独使用。

进一步阅读建议

Ellis，R. *Task-Based Language Learning and Teaching* [M]. Oxford：Oxford University Press．

Enright, D. S. & McCloskey, M. L. Integrating English: Developing English Language and Literacy in the Multilingual Classroom [M]. Reading, MA: Addison-Wesley, 2003.

Nunan, D. *Designing Tasks for the Communicative Classroom* [M]. 北京：人民教育出版社, 2000.

Skehan, P. *A Cognitive Approach to Language Learning* [M]. Oxford: Oxford University Press, 1998.

Willis, J. & Willis, D. *Doing Task-Based Teaching* [M]. Harlow: Longman, 2007.

程晓堂. 任务型语言教学[M]. 北京：高等教育出版社, 2004.

罗少茜. 任务型语言教学：任务、任务研究、任务型教学与评价[M]. 北京：高等教育出版社, 2011.

第八章 中小学英语教学活动

从教学过程分析,中小学英语教学是一系列教师教和学生学的活动。在学校教育中,这些活动主要表现为课堂活动,也表现为课外活动。本章将介绍常见的课堂教学活动和课外教学活动。

第一节 课堂教学活动

思 考

现象反思

A 老师是一位刚刚走上教学岗位的英语老师。他对本职工作十分负责,从备课到上课各个环节都非常认真。但是,在教学中他发现,每次上课至少五分钟后学生们才逐渐开始集中注意力听课,这致使 A 老师十分苦恼,他甚至不知道在刚上课的前五分钟该说些什么,做些什么。

你认为 A 老师的教学存在什么问题呢?你有什么好的建议可以帮助 A 老师解决他的问题吗?

学习目标

学习本节后,你能:
1. 了解主要的课堂教学活动类型;
2. 理解课堂教学活动的特征;
3. 根据需要设计课堂教学活动。

本节结构

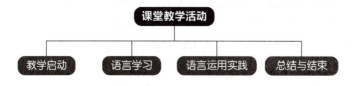

> **学 习**

教学过程就是教学活动开展的程序与时间流程。不同的教学理念往往提出不同的教学过程,比如传统的 PPP(Presentation-Practice-Production)过程与目前有影响的任务教学的过程(Task-based Language Teaching and Learning)就是基于不同教学理念的教学过程。

中小学英语课堂教学活动大致分为教学启动、语言学习、语言运用实践、总结与结束四个类型。这些教学活动可以根据需要按照不同的顺序展开,而且经常在课堂教学中交替进行,比如在学习中进行必要的复习,在运用实践中进行必要的总结等。

一、教学启动

教学启动即教学活动的开始阶段。好的启动是成功的一半。

(一) 课前活动

课前活动的主要目的是为课堂教学做必要的准备。预备铃到上课铃之前的时间,教师可有意识地安排课前活动。教师可以采用写板书、画教学图片、挂教学图片、准备课件、播放与教学内容相关的音乐等呈现教学内容的活动,或者用英语与学生交谈以发现某些可以使用的教学内容,就某一教学内容进行小范围询问调查等教学调查活动,或者是了解前一节课的内容、了解学生的生理与心理状态等。

由于课前时间是属于学生的自主时间,所以课前准备应该主要是老师的活动,课前活动不能增加学生的认知负荷、情感负荷,不能影响学生休息,更不能影响随后的教学活动。

(二) 教学开始

教学的正式开始是以教师宣布上课为起点的。教学开始要有助于减轻教学焦虑,尽可能亲切自然,要能调整学生情绪,引导学生集中注意力,更要为新语言学习做必要的准备,要激活学生已有的知识、技能、能力,为新知识、技能、能力学习做必要的准备。开始的方法可以是每日报告、问答、故事、新闻、谈话、练习等,但要注意不宜长期使用一种方式,而应经常更换不同的形式,以免学生出现兴趣疲劳。

在一个大的教学环节结束之后、新的教学环节开始之前,教师也可根据需要进行教学开始,以便激活新的教学环节所需要的学生已有知识、技能和能力。但教师要注意使用恰当的过渡用语确保两个教学环节的自然过渡。

(三) 热身复习

热身复习指学生在新语言学习之前复习已学的知识能力,为新语言学习进行准备。通过复习,激活与本节课教学重点的知识、技能、能力密切相关的已有知识、技能、能力,而且要尽可能针对学生学习本节课教学重点密切相关的真实困难。复习要尽可能让全体学生最广泛地参与,同时要针对学习本节课内容有困难的群体,设计单独的、有效的复习活动。这样可以使这些学习困难学生在学习新语言时不再出现新的困难,做到新语言当堂掌握,不留新的后遗症。

热身复习的活动形式也可以是小组讨论的形式。例如四人或五人一组,对上节课所学内容进行复习反思,然后对各自存在的问题进行阐述,请求组内人员的帮助,最后选出代表向全班报告本组对上节课所学内容的反思总结以及对各自所存在问题的解决办法。通过聆听组内其他同学的反思,学生之间可以互相学习,查漏补缺。老师通过倾听各组代表的发言,可以对全班学生对于上节课的内容掌握程度有比较全面的了解,避免了采用全班集体复习带来的无法关注个体的问题。

复习可以是学期性教学活动,更应该是一节课的每个教学阶段开始之时的教学活动。这里要注意教学之中的复习是 revision,而不只是 review(view again)。复习应该以学生为主,让学生运用所学知识和能力,老师在学生复习时发现学生知识上的错误和能力上的不足,然后引导学生更正和调整,从而 revise 学生在原来的学习过程中获得的知识和形成的能力。

二、语言学习

语言学习是实现教学目标的关键过程。

(一) 新语言导入

导入是学生进入新知识学习之前的新语言学习,是教师从学生已经掌握的语言引导出新语言的活动。

教学中可采用任务引导、情节引导、知识引导、真实生活事件引导、新闻引导、图片引导等方式导入新语言。选择什么导入方式要符合教学内容的类型、要针对教学重点和教学难点。对于运用难度较大的语言,可用任务导入;对于情节很复杂的故事,可用情节导入;对于知识型很强的课文,如地理、历史等教学内容,可以用知识导入;对于反映学生生活(如网络游戏)的课文,可从本班学生类似的生活经历导入;对于事件性的课文,可借助近期的一条新闻来导入;对于教材中提供了生动形象图片的课文,可充分利用图片,通过学生观察主图片,导入课文情境和语言。

在导入时,教师已经开始讲授新的语言知识,培养新的语言能力。导入关系到新的教学内容能否顺利完成,能否达到预期的教学效果,学生能否掌握新语言。导入若不成功,则可能使新的教学内容成为"夹生饭",导致要花更多的时间和精力去完成教学内容,所以导入对新语言学习很重要。

《普通高中英语课程标准(2017年版)》将英语课程培养的学生核心素养归纳为语言能力、文化意识、思维品质和学习能力四个方面,同时指向素养的英语学习活动观强调,"基于学生已知提出问题,以主题为引领,以语篇为依托,以解决问题为目的,通过一系列相互关联的语言、思维、文化、策略有机融合的活动,实现对主题和语篇理解的提升和优化,形成新的知识结构,创新迁移,形成语言能力、提升思维品质、塑造文化意识、发展学习能力,最终实现学科育人、知行合一"。[①] 因此,在导入环节,教师要善于充分利用学生的已知来提出问题,使导入环节起到引领学生基于已知,探索新知的目的。

(二) 新语言呈现

新语言呈现指的是将新的学习内容呈现给学生。这是对新语言运用形态(课文就是新

---

① 王蔷.核心素养背景下的中小学英语课程改革[Z].北京:北京师范大学,2016年9月21日讲座.

语言的运用形态)的第一次直接把握,对学生形成恰当的语言运用能力非常重要。

呈现教学内容的方式通常有挂图或简笔画呈现、教材呈现、录音呈现、动画录像呈现等。呈现的方式最好是有真实的语境、真实的语用目的的整体呈现,特别是应体现以主题为引领,以语篇为依托的英语学习活动观。有的老师习惯于从词汇开始呈现课文,然后呈现语句、语篇,这往往导致无法很好地呈现语言的运用形态,并且使得语言知识的各个部分支离破碎,形成的是碎片化的知识。若以主题为引领,以语篇为依托来开始呈现,让学生首先看到课文整体,抓住课文的主线,然后围绕主线,基于情境看段落、语句,再到语词的用法,这样学生就能掌握要学习的新语言是在一个什么样的语境中、为了什么语用目的而运用的,从而做到在语境中学习语言,构建结构化知识。

在呈现课文时,不仅应把新出现的语音、语词、语言知识、语言功能等呈现给学生,更应以主题为引领,以语篇为依托呈现语言运用形态,呈现新语言是在怎样的语境中、为了什么语用目的而运用的,从而做到基于主题和语篇,在理解和表达的语言实践活动中,融合知识学习和技能发展,通过感知、预测、获取、分析、概括、比较、评价、创新等思维活动结构化知识。呈现有时不是一次就完成的活动,对同一语言知识和能力通常可安排多次呈现活动,让学生更好地理解和掌握所呈现的语言知识和能力运用的真实语境、真实的语用功能和真实的语义表达,即做到呈现活动由简到难,层层递进,实现小步子滚动,在原有已知的基础上,创设迁移新的情境,帮助学生内化所学知识,实现真实的课堂生成。

新语言内容较多时,呈现可与导入、学习交替进行。一边导入,一边呈现,一边学习,然后再导入、呈现和学习新的语言。

> **请分析:** 此处强调新语言呈现要有语境,最好从语篇开始呈现,然后呈现语篇中的新语句结构和生词。这与传统的从生词开始呈现的形式有很大的不同。请结合具体案例分析其有效性与可能出现的困难。

(三) 任务呈现

任务型教学倡导者们认为学生完成任务的过程就是学习语言的过程。因此,任务呈现也就是任务前阶段。它对于帮助学生熟悉任务情景,了解任务要求,做到"心里有底,心中有数"至关重要,同时也是任务型课堂成败的关键。斯基恩提出,任务前的活动可以有两个重点:一是对任务总体认知的需求,二是注重语言的因素。他认为,如果在任务前阶段可以减少学习者在认知方面的压力,学习者就会有更多精力注意语言方面的因素。[①] 因此,在任务呈现阶段,教师一方面要通过任务情景引导学生将新信息与学生头脑中的原有知识联系起来,激活学生原有知识,从而减轻学生在任务完成阶段的认知压力;另一方面教师要通过清楚地介绍让学生明白任务的具体要求,特别是对结果的要求,这样可以进一步使学生放下包袱,轻松地投入到其后的各阶段任务活动中。

在设计课堂活动时,教师可以从以下几种方法着手,在呈现新的内容时将与任务内容相关的语言材料的音、意和语言使用环境同时输入给学生:(1)播放与任务类似的录像,提供示

---

① Skehan, P. *A Cognitive Approach to Language Learning* [M]. Oxford: Oxford University Press, 1998.

范,让学生观察完成任务的模式;(2)让学生完成与任务相关的简单活动,激活学生原有的认知图示;(3)提供足够的时间让学生精心计划、准备后面的任务活动。①

(四) 新语言学习

新语言学习通常包括老师的讲解与例释,学生的操练与巩固。

讲解就是在学生在课文呈现环节第一次接触到新语言之后,老师对新语言的各个层面的讲解。讲解的内容可以是词汇讲解、结构讲解、语义讲解、语境讲解、语用讲解。讲解可以采取学生自我发现、引导归纳、直接演绎等教学方式,把知识、技能、能力整合成以能力为中心的内容进行讲解。

例释就是老师就新语言给学生更多的例句,帮助学生更好地理解新语言,更全面地了解新语言的运用形态。例释中要采用有语境、有明确的语用功能的例句,这样才能给学生呈现语义明确、语境和语用真实的语句。例释中还要注意避免为了说明某些语法知识而任意编造出来的、在真实语言表达中根本不可能出现的例句,因为这样才能让学生学习如何运用真实的英语。

操练是学生在理解新语言的语义、语境、语用形态之后,在教师指导下进行简单的操作性的运用训练,并非简单的机械性重复。既然是操作性的练习,那显然就是直接的、无需思考的练习。操练应该尽可能避免机械性操练,而用语境化操练来培养运用能力。可举例给出一些具体语境化的操练形式。

巩固是将教学内容转化为学生自己的知识和能力的关键性环节,是学生内化所学知识的重要阶段。巩固当然可以是课外活动,但课堂巩固也非常重要,因为这样可以对学生起到强化掌握语言真实运用形态的作用。在巩固中若出现控制性错误,必须明确、适时纠正。但若学生出现非控制性错误,则可以根据错误的可接受程度、教学时间是否允许、是否会影响学生表达的流利性选择纠正或不纠正。

当新语言内容比较多的时候,在语言学习时可以把导入、呈现、讲解、操练、巩固交替进行,也就是导入、呈现一部分新语言,然后对已经呈现的新语言进行讲解、例释、操练、巩固;之后再呈现另一部分新语言,再讲解、例释、操练、巩固这一部分新语言。这些活动并不是非要按照这个序列进行,而是可以根据教学需要灵活地选择。

此外,新语言学习中涉及对学生语言能力、文化意识、思维品质和学习能力等英语课程培养的学生核心素养的培养。对语言能力、文化意识、思维品质和学习能力的教学活动,有些可采取显性教学方法直接进行指导,有些则可以采取隐性教学方法间接进行培养。显性的直接指导应在课堂上开展,隐性的间接培养的方法主要是通过教材设计来完成。若在课堂教学中进行,那就应设计相应的有效活动,例如文化意识可通过具体教学活动体现润物细无声的潜移默化式培养。

请讨论:在新语言学习中,若需要进行情感态度、学习策略、文化意识的指导,教师可以选择恰当的方式进行。请分析:在新语言学习环节,如何向小学生介绍中外节日文化?

---

① 龚亚夫,罗少茜.任务型语言教学[M].北京:人民教育出版社,2003.

三、语言运用实践

语言运用实践是培养学生语言运用能力的课堂活动。

（一）运用训练

运用训练是学生学习新语言内容之后、进行实践活动之前的教学活动，目的是让学生在新的语境下、为了新的语用目的运用刚刚学习的语言，是为开展运用实践做准备，所以运用训练活动实际上是有引导的运用任务（guided tasks）。

运用训练（practice）不同于操练（drill），运用训练是在一定的语境下，为了一定的语用目的而尝试性地运用所学的教学内容，而操练则是为了帮助学生熟练使用某一语言形式而让学生进行机械性训练，因此运用训练特别强调语境的重要性。教师要设计合理的语境，使学生能够将所学知识迁移到新的语境下，从而做到内化所学。

（二）运用实践

运用实践是对学生是否能够运用所学新语言完成任务的直接反馈检测，是学生已经获得所学新语言的运用能力的标志。运用实践活动相当于任务教学的任务完成活动。运用实践包括演示和开展。

为了学生熟悉完成运用实践活动的规则和程序，顺利完成运用实践活动，在任务完成阶段开始的时候，老师要起到很好的支架作用，比如可组织开展如何完成实践活动的演示。演示可以是教师进行，也可以是一个学生、一组学生或一些学生演示，而为了发现全体学生是否都能完成实践活动，应该选择学习有一定困难的学生来演示，以便发现问题及时强化。若演示中出现控制性错误，则必须马上加以明确地纠正，若出现非控制性错误，则可根据情况选择是否进行纠正。

在演示之后，应组织全班学生完成运用实践活动，实现真实的课堂生成，对完成实践活动中出现的控制性错误明确、适时地纠正，而对于非控制性错误，则可以选择是否进行纠正。

四、总结与结束

课堂教学的结束活动对中小学英语课堂教学非常重要，可以帮助学生形成对新语言明晰的认识，对巩固所学新语言有比较明显的作用。

（一）总结

在课堂教学结束时，可以对本节课的教学内容进行归纳总结。除了教师带领学生一起总结外，也可以让学生采用"五分钟反思"的方式进行自我总结，也就是使学生以反思的方式进行总结，在总结的过程中进行反思，从而培养学生的自我反思意识和自主学习能力。例如可以让学生通过写自我总结，反思本节课所学的主要内容以及还存在的问题，教师可以把学生所写的自我总结收上来以便更好地了解学生对于新内容的掌握程度，及时发现问题，查漏补缺；也可以将学生所写的自我总结收录到他们的学习档案袋中作为学生形成性评价体系中的一项。此学习法能帮助学生形成明确的语言意识，强化学生对所学新语言的记忆。总结时可以让学生明确本节课的课后复习巩固目标与重点，所以总结应该与布置作业衔接起来。

(二) 布置作业和结束

课后作业是学生巩固课堂所学内容的有效活动,是课堂活动的延伸,课后巩固是将教学活动转化为学生自己的知识与能力的关键性环节。课后作业可以是书面的,也可以是口头活动,甚至是游戏。

若教学结束是开放性的活动,教师可以不进行集中活动,若教学内容比较多的时候,教师可在一个教学环节结束之后就布置作业,不一定总是在课堂教学结束时布置作业。

结束课堂教学时要尽可能亲切自然,不要为下一节课的学习留下心理负担和学习焦虑。结束课堂教学时,老师不宜马上离开,而要注意是否有学生提出新的问题,并且要尽可能关心特殊学生群体或个人,特别是那些学习有困难的学生是否存在新的困难,还要注意把课堂教学过程中的形成性评价等活动的后续工作完成。

实　践

 请你回答

1. 你认为课堂教学活动的特征有哪些?
2. 你认为开展课堂教学活动应该注意哪些问题?
3. 结合自身教学实践,谈谈设计课堂教学活动的难点和解决措施。

请扫描二维码查看参考答案

请你分析

请分析以下教学过程,确定每一教学活动的阶段性特征,分析其阶段合理性。

教学过程:

Step 1: Lead in

Ask some students the following questions:

1. Do your parents give you some pocket money?
2. How do you deal with your pocket money?
3. What's your parents' attitude towards your action?

询问学生如何处理零花钱,父母对他的做法持什么态度,从而与课文中美国人如何教育孩子管好钱进行对比。

Step 2: Read and answer

Ask the students to read the text and answer the question according to the text:

How do Americans teach their children about money?

让学生根据课文回答:美国人如何教育孩子管好钱?

Step 3: Discuss

Ask the students to tell which advice we should take and which we shouldn't.

Why? Then tell the similarities and differences between Americans and Chinese.

让学生讨论哪些建议可取哪些不可取？为什么？并说出美国人与中国人之间的异同。

Advice you are for	Advice you are against

Step 4：Practice

Ask several groups of students to come to the blackboard and act out the text.

让学生准备并分角色表演。适时指导，加深学生对课文的理解，培养学生的实际运用能力。For example：

S：Mom，I want to buy an MP3 player.

M：OK. Can you afford it?

S：I'm £50 short. Can you give it to me?

M：No. If you really want it，you can save for it.

……

Step 5：Discuss

What would you do with your money at present and in the future?

对学生进行思想教育，现在或将来你如何理财？引导学生培养正确的金钱观，多做对自己、对他人、对社会有用的人。

 请你设计

请根据下列材料设计关于高中英语定语从句语法教学的课堂教学活动。

In July, 1976, strange things were happening in the countryside in Tangshan. For a few days, water in the wells rose and fell. A smelly gas came out of the well whose walls had deep cracks. Mice, chicken, pigs and even fish became nervous. But people of the city who thought little of these events went to bed as usual that night. At 3：42 a.m. everything began to shake. It was even heard in Beijing which is 100 kilometers away. A huge crack that was eight kilometers long and thirty meters wide cut across houses and roads. The number of people that were killed or injured reached more than 400,000. It seemed that the city was at an end. But all hope was not lost. 150,000 soldiers whom the army sent came to Tangshan to help. They built shelters for survivors whose homes had been destroyed.

第二节 课外教学活动

思 考

现象反思

B老师是一位刚从某师范大学毕业的英语老师,为了丰富学生的第二课堂活动,B老师在全班开展了每周一次的英语角活动,每次英语角活动之前,B老师会给学生们一个话题让他们在英语角活动中进行讨论。一开始学生们的热情很高,但过了一段时间,B老师发现同学们参加英语角活动似乎是在应付差事,最终B老师不得不取消了每周一次的英语角活动。

你认为B老师班上的英语角为什么会出现最终取消的情况呢?你有什么好的建议可以帮助B老师来解决这一问题吗?

学习目标

学习本节后,你能:
1. 掌握主要的课外教学活动类型;
2. 理解课外教学活动的特征;
3. 根据需要设计课外教学活动。

本节结构

学 习

在我国,课堂内英语学习时间不足的问题肯定会长期存在。课外的语言学习活动就成为中小学英语不可或缺的教学活动。以下是中小学可以经常开展的一些英语课外活动。

一、课外作业

任何学习都需要巩固,外语学习尤其如此。常见的巩固性学习内容就是作业。作业(school work)是学生为达到学习目标而对课堂已学未会内容的深化开展的学习活动,其特征是通过继续学习而深化教师讲授、学生观察与体验中所初步建构的知识、能力、态度。

作业本质上是学生开展的学习活动；作业的目标是为了达到学习目标；作业的特征是在学习之后继续深化广延学习。作业是学生的学习活动，是学习的深化，通过深化学习而发展学生的认知能力与创造能力，不是重复。深化有不同场景的深化，也有不同意义的深化。作业的内容是深化教师讲授、学生观察与体验中所初步建构的知识、能力、态度。课堂没有初步建构，则无法完成作业；课堂若已完全建构，则不需要作业。

作业是学生已学未会内容的深化，其基础是学生的课堂已学，课堂已经初步建构的知识、能力、态度。课堂学习是学习的一部分，一般无法也不应完成建构，否则学习无法变成学生自己的生活，因为学生的真正自主生活在课外。作业的机制是运用所学内容开展训练和实践，尤其是将课堂学习延展到课外生活。

作业包括课堂作业（class work）和家庭作业（homework）两大类。作业通常由教师布置，亦可由学生个人或群体自主开展，后者学习成效更高，而且有助于学生发展自主学习习惯与学习能力，以及自主生活与工作能力。

作业分类因视角不同而不同。从作业与学习过程关系看，可分为：课前预习作业、课堂学习作业、课后复习作业。从作业功能看，可分为：训练作业、巩固作业、诊断作业、拓展作业。从内容看，英语作业可分为：语音作业、词汇作业、语法作业、听力作业、口语作业、阅读作业、写作作业、测评作业。从题型看，可分为：朗读、诵读、抄写、根据材料填表、填空、多项选择填空（用于语音、词汇、语法、听力、阅读、完型、改错等）、完形填空（自由填空，用所给词填空等）、匹配、阅读问答、阅读写作、改错、翻译、完成语句、用所给语句或信息补全短文、补全对话、自主补全短文、用所给文字材料与图表材料等写作、用所给标题写作、用所给要求写作等。从作业形式看，可分为：机械操练作业（mechanic drill）、实践运用作业（practice work）、研究性作业（research work）。研究性作业平常使用较少，包括文献综述（literature review）、批判性与分析性综述（critical review or analytical review）、注释年谱（annotated bibliography）、反思日志（reflective journal）、研究论文（research essay）、案例研究（case study）、实验研究（experiment study）、项目报告（project report）等。从作业设计看，可分为：有情境作业、无情境作业。当然，还可根据所需进行不同分类。

对于课外作业，不应增加学生课业负担，应有效促进学生学习，既要有效，更要高效，真正成为有质量的课外作业。

有质量的课外作业首先要有意义。立德树人是教育的根本使命，作业作为教育的内容，必须指向立德树人这一大目标，价值意义应是作业的第一本质。作业作为学习活动，应该是意义的追寻（学生是从不能到能的作业过程获得知识意义价值的体验感悟），是催开学生的经验世界，是师生之间的亲切对话和情感交流，是生生之间的同伴互助和协同学习，由此而成为教学的有机组成。

作业以知识、能力、态度为基础，强调教学之后的知识记忆和技能巩固，知识的迁移，思维的激活（钥匙），好奇的追问，理解的加深，但都应以价值意义为指向。如在学生学习 I like... 之后，让学生寻找具有同样喜好足球的人，以便组成足球队。这里发现共同喜好不是为了趣味相投拉帮结派，而是为了组建共同体，就成为了立德树人的一项作业。

有质量的课外作业应该遵循深化学习的机制。任何学习都有内在机制和外在机制，任何学习活动均应遵循这一机制。任何作业设计均应把握这一机制。我国中小学生的英语作业,应该遵循我国中小学生英语学习的已学未会的训练的机制,其核心为:巩固已学,强化实践,达到能会。准确把握会的目标(听说读看写),准确把握目标从有点会到完全会的发展过程,基于过程设计真实语境、真实语用的训练活动(尤其是任务型训练活动),确定评价是否已会的标准。先基于兴趣的机械性、半机械训练;然后进行真实语境、真实语用、具有价值意义的训练。无论低年级、高年级的课外作业,都应符合这一过程机制。

有质量的英语课外作业必须呈现新情境。作业是已学未会内容的训练、实践,不能重复课堂已学,否则就是无意义的机械训练。作业本身是学习内容、学习方式、交往方式,是教学多种场景需要用到的学习材料。作业用于巩固识记是训练任务、用于问题诊断是检查手段(像体检的各种手段),用于学习引导是思维路标或学习支架,用于意义追寻的是自我能力展示,用于师生对话似"产婆术",用于生生合作是协同学习。

有质量的课外作业具有合理的评价指标。作为要求将已学未会转化为已学已会的学习活动,需要具有明确的关于"已会"的评价标准。"已会"的标准要求符合课程标准,比如不能要求写出音标。

"已会"的标准要求符合语言学习发展的阶段性,比如不能要求第一学期就拼写单词,但一开始就应明确要求语用。"已会"的标准要求符合认知过程性,尤其是训练活动内在的层次性,从半机械性训练到完全自主运用。"已会"的标准要求要允许学生自主选择。

有质量的课外作业应该有温度。任何作业都是劳动,任何劳动都会带来身心消耗,身心愉悦促进劳动。作业的温度可以促进作业的愉悦。作业的对话和情感交流,不仅可通过语言,还可通过图像、声音、动漫,需要设计情景。作业的提示、指导、评语,都应从情感出发。即便是语言,除了准确、鲜明、生动、得体等语言基本规范外,作业语言更多的要诙谐有趣、亲切友好,对思维引导、意义追寻的作业,能引而不发,激励唤起等。这些要求既体现在作业内容表达上,还体现在指导语、提示语、反馈评价语的预设上(特别是激励唤起和下一步的引导都要依靠指导语)。

中小学英语需要向课堂要质量、向作业要质量。我们应该让课外作业回归学习本质,回归学生的真实生活,设计高质量的课外作业。

二、小型活动

小型活动应该是经常性的课外活动,在小型活动中学生可以是一个人或者一个小组开展的活动。教师可以根据教学需要自行设计出适合你所教学生特点的小型课外活动。例如在小学英语课外活动的设计中,当学生们学习完一些动物单词后,可以让学生们在课余时间画一个自己想象的动物园,将所学的动物画在上面,并标注上单词,然后让学生们互相介绍自己的动物园,这对于学生进一步巩固所学有关动物单词非常有帮助。

以下是一些可以在教学中使用的课外小型教学活动:

(一) 做游戏

存在主义哲学家胡伊青加指出,游戏是人的生存形态。做游戏是青少年的天性。让学生在自己喜爱的游戏中开展英语学习练习活动,可以激发学生学习英语的兴趣。根据新课标的理念,现在的英语教材(尤其是小学英语教材)中,都为学生设计了很多语言游戏,包括语言呈现游戏、语言练习游戏、语言运用游戏等。例如下列游戏可以由老师和学生一起在课外进行也可由学生之间自己来做。

1. 发口令做动作：老师发指令，学生做动作来表现理解，教师再用多种新的常常是幽默的方式来重新组合指令，一旦学生能说的时候，反过来由他们对教师发指令或互相发指令，特别是在课间休息时，学生之间仍可以进行这种游戏。

2. 传话游戏：可利用学生在教室里的座位按横排或纵行来进行比赛，也可以每两个横排或两个纵排为一组。教师或学生代表低声对每组的第一个学生来说一个单词或句子，要求依次低声传下去，由每组最后一个学生起立大声重复，传话又快又准的为优胜。在一个时期时，传话的内容可以逐渐增加，难度可以逐渐增大，以便锻炼学生的听说能力。

3. 动作猜谜游戏：一组中的一个学生做表意动作，模仿某一动物或动作，另一组学生必须用英语说出是何种动物或动作，表意动作也可以是表示大家熟悉的内容，要求对方用英语说出。如：在教"dog"一词时，模仿其叫声，再要求猜出，并大声说出"dog"。

4. 自我认识：参加者每人背上贴一张小纸片，纸片上写着一个人名或一个物品，物名最好是教室内能看到的东西，但每人并不知道自己背上的小纸片写着什么，游戏开始，大家就在走动中互相提问，要求对方用 Yes 或 No 来回答，当猜出自己背上的小纸片上的内容时，就可以把纸片拿下来。

5. 单词接龙：老师或一个学生给出一词，其他学生接上另一词，要求该词词首的字母与给出的词尾的字母相同，依次接下去。这种游戏有助于增加学生的词汇量，同时也可以帮助他们复习巩固所学过的单词。

（二）唱歌曲与歌谣

唱歌是青少年最喜爱的活动之一。在英语启蒙阶段，学唱歌曲有利于降低语言学习的难度，培养青少年掌握语言的信心，帮助学生增加语言的流利感，而且也是呈现新的语言的重要有效方式。诗歌和歌谣的韵律能帮助学生体会到英语语感，并提高学习信心。

歌曲、歌谣首先是学习英语语音的有效方式，因为歌曲、歌谣通常都有韵律，而韵律的基本形态是英语语音，尤其是元音。歌曲、歌谣也是练习新的学习内容（包括语法结构）的有效方式，因为节奏和韵律能帮助学生提高语言的流利程度，并能帮助学生记忆所学的语言。

（三）讲故事

中小学生对讲故事可谓"情有独钟"。因此，在教学中，可经常采用讲故事的方式呈现新的课文，并把课文设计成故事或改编成故事要求学生掌握。

故事可以呈现新的语言，也可以用故事形式来让学生练习语言，可开展"故事会"的活动，让学生讲述学过的故事，甚至自己编写的故事。

处于青春期的中学生具有强烈的求知欲和好奇心，同时又具备了一定的自主学习能力和理解分析能力，因此中学课外教学活动的开展应以培养学生自主探索能力为主要目的。

（四）写英语日记或英语学习日记

用英语写日记是学生运用英语的很好的途径。教师应当鼓励学生用英语写日记，或者用英语建立自己的网络日志、微信公众号等。对于完全用英语写日记、建立微信公众号有困难的学生,可以鼓励他们写讨论学英语的日记,例如在日记中可以将自己学习英语的心得体会写下来。

(五) 阅读课外英语读物,交流读书心得

针对学生英语学习的特点,教师应当鼓励学生阅读课外英语读物,例如英语小故事、英语漫画、英语绘本等,这既可以培养学生良好的阅读习惯又可以帮助他们找到自己所喜爱的英语读物。特别是教师可以鼓励学生在课外开展整本书阅读,培养学生良好的阅读习惯,引导学生在整本书语境中更好地把握语言的运用形态以及相应的文化知识和思维特性,发展学生整体认知能力。此外,教师也可以鼓励学生建立读书小组,用英语以书面或口头的形式互相交流读书心得,从而进一步培养学生英语学习兴趣。

> **请分析:** 整本书阅读,相比较于读短篇文章、做阅读理解练习,可能有哪些独特作用与价值?

(六) 开展小型实地调查、参观访问

教师可以鼓励学生利用课余和节假日进行小型实地调查、参观访问,并用英文将自己的感受或调查的情况写下来与人分享。学生缺少丰富的社会生活经验,通过小型实地调查、参观访问的形式可以让学生亲身经历、亲眼见到他们以前只能在书本上见到的内容,这既可以增加学生见闻、开扩他们的眼界,又可以为学生的英语学习创造机会。

三、大型活动

语言学习要通过创设良好的语言环境和提供大量的语言实践机会,使学生通过自己的体验、感知、实践、参与和交流形成语感,因此定期开展大型的课外活动有助于良好学习环境的形成。

(一) 表演戏剧

角色扮演可以满足青少年对于社会上不同角色尝试的好奇心,因此深受学生喜爱。

表演戏剧可以是学生学完课文故事后的课堂巩固性活动,目的是检查学生是否掌握故事的主要内容;也可以是学生对课文内容或非课文内容的戏剧的表演。这种创造性运用英语的活动是相当好的练习活动,它可以培养并提高学生的英语语用能力。分角色表演还能促进学生之间的团结与协作。对戏剧角色的理解,更可以发展学生理解他人的意识和能力,从而促进学生社会情感学习发展。

(二) 创办英语报刊、节目

在教学条件允许的情况下,教师可组织学生创办学校或班级的英语报刊(哪怕是手抄本),或者英语广播、电视节目。

(三) 建英语网页或英语学习网页

若学生有网页设计的兴趣和能力,可以鼓励学生建立英语网页。对于完全用英语建立网页有困难的学生,可以鼓励他们建立英语学习网页。

（四）开展英语硬笔书法展览、英语语音模仿比赛等专项活动

英语硬笔书法展览、英语课文语音模仿与电影配音模仿比赛等专项活动可以帮助学生掌握扎实的英语基本功，为他们的英语书法、英语语音的提高提供机会。

（五）开展英语节、英语角等综合项目活动

英语歌曲比赛、英语晚会、英语文艺表演、英语周、英语月、英语角、英语展、英语博览会、英语手抄报展览等综合实践活动项目（project），为学生运用英语进行创造提供了很好的机会；同时又有利于学生培养团结合作的精神和体验运用英语进行创造的成就感和荣誉感。这里所说的项目与项目教学路径（project-based approach）所说的项目基本相同，不过此处主要强调的是综合展示性的项目，也就是项目教学路径最后阶段开展的成果展示活动。

在每一个综合实践活动项目中都应该有一个主题，然后有明确的活动步骤建议，以及相应的图示和文字说明。这些活动应该是巩固前面所学知识和已经形成能力的活动，因此要安排在适当时间进行，通常可以安排在期中、期末进行，也可安排在学生专门举办的创造周、艺术节等活动期间进行。在开展综合项目时，教师应明确要求学生在活动中必须运用英语。这是对学生作品进行评价的一个重要因素。此外，这些活动可分班进行，也可全校统一进行，然后评选出各个年级的获奖作品。这些活动可以与社会机构（如电视台、报社等）合作开展。

实　践

请你回答

1. 你认为中小学课外英语活动的特征有哪些？
2. 你认为中小学英语教师在为学生计划课外活动时应注意哪些问题？

请你分析

以下是郭老师为小学三年级学生设计的两个简单的戏剧表演活动：一个是根据著名的美国民间故事改编而来的"兔子哥哥与狐狸弟弟"；另一个是中国民间故事"猴子与水怪"，请根据该活动计划表分析活动的可操作性。

Week 1 Part 1	*Storytelling* Telling the folktale Discussing the folktale Teaching key vocabulary, sentence patterns, and expressions Homework
Week 1 Part 2	*Storytelling* (continued) Reviewing vocabulary, sentence patterns, and expressions Telling the folktale Teaching vocabulary Discussing the folktale Teaching expressions and more vocabulary Reviewing sentence patterns and assigning homework

(续表)

Week 2 Part 1	*Dramatizing* Reviewing homework and introducing the play Reading the play together Homework
Week 2 Part 2	*Dramatizing* (continued) Introducing the play Reading the play together Homework
Week 3 Part 1	*Rehearsing* Discussing plays and characters Developing an evaluation checklist Assigning plays and determining characters Homework
Week 3 Part 2	*Rehearsing* (continued) Showing costumes, props, and background scenery Rehearsing plays Homework
Week 4	*Performing* Explaining procedure and how to evaluate Conducting group performances and student evaluations Congratulating the participants

请你设计

请为青海省西宁市总寨镇中心小学的学生设计英语课外学习活动。

请扫描二维码
查看参考答案

本章小结

作为最主要的学校教学活动,课堂教学比课外教学活动更具有目的性,课堂教学的学习效率比课外活动的学习效率高。中小学英语课堂教学活动大致分为教学启动、语言学习、语言运用实践、总结与结束四个类型。教学启动是整个课堂教学活动的开始,因此它的成功与否直接关系到整个课堂教学活动的成败。教师要善于寻找恰当的切入点开始教学。语言学习是整个课堂教学活动的核心,因此对于新语言导入、新语言呈现、任务呈现、新语言学习等具体教学活动,教师要努力做到方法得当,恰到好处。语言运用实践是整个课堂教学活动的灵魂,运用训练和运用实践中的具体活动要以培养学生综合语言运用能力为最终目标,既要帮助学生巩固所学新语言同时又能培养学生在真实交际情景中的语言运用能力,进而不断提高学生的英语课程培养的学生核心素养。整个课堂教学活动的结束应以学生有效地掌握了所学新内容为前提,因此总结的方式和作业的形式应体现以学习者为中心,灵活性、多样性的特点。

　　课外教学活动是课堂教学的延伸,如朗诵会、演讲比赛、参观访问、小型实地调查、生活Party等等,都可适时地引入英语教学。课外作业是非常重要的课外学习内容与活动,设计有质量的课外作业有助于提升英语教育质量。如果真实的丰富多彩的课外活动可以促进英语学习,那么学生就能接触到更贴近学习实际、贴近生活、贴近时代的信息资源;学生的参与意识不断增强,交流方式也将由课内活动的单、双向交流,转为多向交流的方式。搞好英语课外活动要通过教师、学生、社会和家庭的紧密协作。搞好英语课外活动不仅能促进学生在学习英语时达到在"玩中学,学中玩"的效果,丰富学生的课余生活,提高学生的学习兴趣,而且还可以鼓励学生学习的主动性,培养其独立学习的能力和自主学习的意识。

进一步阅读建议

Agor, B. and Chen Lin. *Integrating EFL Standards into Chinese Classroom Settings（Primary Level）*[M].北京:外语教学与研究出版社,2007.

鲁子问.小学英语教学设计[M].上海:华东师范大学出版社,2018.

鲁子问.中学英语教学设计[M].上海:华东师范大学出版社,2019.

第九章
中小学英语知识教学方法

本章主要介绍语音、词汇、语法、语篇、语用知识的基本概念和相关教学理论。通过本章的学习,不仅可以了解语言知识教学的内涵和主要教学方法,以及实际操作方式,还可以通过实践与案例发展语言知识教学技能。

第一节 语音教学方法

思 考

现象反思

初中英语教师 M 在教学中对学生的语音要求非常严格。他认为语音教学主要是发音教学。如果学生音标、字母、单词读得标准,语音自然就好了。因此,当学生发音不准时,M 老师会认真讲解发音方法并纠正学生的每个错误。可是一个学期过去了,学生的口语水平仍不见提高,很难流利地用英语进行口语表达。

你认为 M 老师的语音教学存在什么问题?

学习目标

学习本节后,你能:
1. 了解语音教学的要求;
2. 了解语音教学的基本内容;
3. 掌握语音教学的主要方法。

本节结构

学 习

一、语音教学内容

（一）语音教学的意义

语音是语言存在和发展的重要基础，是语言的外在表现，是语言的三大要素之一。英语语音学习不但有利于学生准确地运用语音表达自己的思想，有利于学生准确地理解他人运用语音所表达的思想，还会直接或间接地影响和制约听、说、读、写等各项技能的发展。与词汇和语法学习相比，语音语调的学习最容易出现僵化问题。发音一旦定型，以后改变发音的难度就会很大。很多成年英语学习者发现，他们能够在各个方面取得快速进步，唯独难以改进的是他们的英语发音。因此，在中小学阶段要结合教学内容深入开展语音教学，让学生全面了解和掌握语音知识，正确运用语音、语调。

（二）语音教学的目标

基础教育阶段的语音教学目标针对不同阶段的学生，语音学习的要求也各不相同。根据课程标准的要求，小学阶段、初中阶段和高中阶段语音教学的目标如下：

表 9-1　各学段语言知识学习目标

学段	级别或语音项目	目标描述
小学	一级	1. 识别并读出 26 个大、小写字母； 2. 感知字母在单词中的发音； 3. 感知简单的拼读规则，尝试借助拼读规则拼读单词； 4. 感知并模仿说英语，体会单词的重音和句子的升调与降调。
	二级	1. 借助拼读规则拼读单词； 2. 使用正确的语音、语调朗读学过的对话和短文； 3. 借助句子中单词的重读表达自己的态度与情感； 4. 感知并模仿说英语，体会意群、语调与节奏； 5．在口头表达中做到语音基本正确，语调自然、流畅。
初中	三级	1. 了解语音在语言学习中的意义和在语境中的表意功能； 2. 辨识口语表达中的意群，并在口头交流中按照意群表达； 3. 根据重音、意群、语调与节奏等语音方面的变化，感知和理解说话人表达的意义、意图和态度； 4. 借助重音、意群、语调、节奏等方面的变化，表达不同的意义、意图和态度； 5. 根据读音规则和音标拼读单词； 6. 查词典时，运用音标知识学习单词的发音。
高中	语音知识	在实际交际中逐步做到语音语调自然、得体、流畅； 根据语音、语调了解和表达隐含的意图和态度； 了解诗歌中的节奏和韵律； 根据语音，辨别和书写不太熟悉的单词或简单语句。
	语音相关技能	能识别不同语气所表达的不同态度； 能使用恰当的语调和节奏。

《义务教育英语课程标准(2022年版)》指出,就语音知识而言,要让学生学会根据重音、意群、语调与节奏等语音方面的变化,感知说话人表达的不同意义,准确地理解说话人的意图和态度,体会重音、语调和节奏等具有表意功能,并进行模仿、练习和内化,学会运用语音知识更好地表达自己的意图和态度。音标是初中阶段需要学习的语音知识内容。要帮助学生学习和掌握音标,借助音标准确读出和记忆单词,为学生开展自主学习奠定基础。

总之,语音学习目标随着学习阶段的发展而变化,由掌握语音知识向培养语音能力和运用语音达意的能力的方向发展。语音学习的最终目标要求学生必须能够根据不同的语音特征判断说话者的会话含义,以及根据自己的意图、情感和交际目的正确使用语音。

> **请分析**:英语对我国学生是一门外语,此处为什么依然需要强调英语语音要尽可能准确?

(三)语音教学的内容

根据语音的构成以及语音的用途,语音教学包括如下内容:

1. 发音知识与技巧

发音主要包括音素、音标、字母、音节等发音知识以及重读、弱读、连读、送气弱化、同化、不完全爆破、语调、节奏等发音技巧。

2. 语音语用

语音语用指语音在相同或不同语境下的不同表意作用。同一句话在不同语境下通过使用不同的重音、节奏、语调会产生不同的含义。同时,在相同的语境下也会产生不同含意。

如"Excuse me"这句话使用不同的语调可以传递出不同的情感态度:

Excuse me. →(此句采用平调,出于礼貌,请求对方原谅。)

Excuse me. ↗(此句采用升调,表示说话者的急躁、不耐烦,这时这种语调已经使句中所含有的礼貌意义丧失。)

3. 拼读规则

拼读规则主要指字母以及字母组合对应的发音规则,即自然拼读法。一个字母有名称音,也有单词发音,字母组合在单词中也对应着一定的发音。如七年级应该掌握的字母发音规律除了辅音字母外,还有 a, e, i, o, u, ee, ea, er, ir, or, ur, ar, au, aw, or, ew, oo, ai, ay, oi, oy, oa, ow, ear, eer, air, oor, our, gh, ph, qu 等。有一些读音规则不规律的单词可以对其进行整体认知和记忆,如"the""are"等,英语母语者称这些词为视觉词(sight words)。自然拼读最佳学习时间为小学三年级到六年级,也可以从初中开始。掌握拼读规则后可以不依赖音标就能自主读词,有助于培养英语语言学习能力,同时因为阅读初始阶段主要是语音认知,见词能拼能够促进阅读的流畅性。

(四)英汉语音的异同及对语音教学的影响

外语学习总是建立在一定的母语基础之上,母语中已经习得的知识和技能可以促进外语的学习,即正迁移;也可以阻碍外语的学习,即负迁移。英汉两种语言分属于印欧语系和汉藏语系,在发音特点与语音构成方面存在很大的差异;另外,我国地域辽阔,不同的方言对英语语音的学习产生了不小的影响。因此,在语音教学中要充分考虑两种语言的异同,采用对比分析法,最大限度地利用相近的发音,促进语音学习;还要特别关注有差异之处,避免负迁移。

1. 相似之处

英汉两种语言在语音构成上有很多相似之处。如两种语言都有/b, p, t, d, k, g, h/等音素。汉语中的声母 sh, ch, zh, r, c 与英语中的辅音/ʃ, tʃ, dʒ, ʒ, r, ts/的发音相似。汉语韵母 ong 与英语辅音/ŋ/相似,只是汉语的发音比英语的长一些。汉语与英语的这些相似之处可以帮助学生更快地掌握英语的某些语音知识。

2. 相异之处

两种语言的相异之处主要表现在发音特点和语音构成两个方面。从发音特点来看,英语音素大多带有"紧张"的特征,而汉语语音普遍"松弛";在语音构成上,英语有 12 个单元音,汉语拼音只有 6 个,且舌位不同;英语语音区别音长,而汉语不区别;英汉元音和辅音构成不同,即使相近的发音方式也不同,如汉语拼音的 s 与英语的/s/。汉语拼音的 o 与英语的/ɑː/、/ə/,汉语拼音的 c 与英语的/ts/、/tr/等都存在不同程度的差别。也有汉语拼音与英语音标形似而音异的情况,如学生误把英语音标中的/e/当成汉语拼音中的 e,而将/bed/读成/bəd/。英汉音节组成也不同,音节的轻重、长短、快慢不同,节奏不同,辅音的清浊不同,语调与声调都存在差别,这些都会给中国学生学习英语语音带来不同程度的困难。

二、语音教学方法

(一) 语音教学模式

语音教学模式从 20 世纪 50 年代起,随着第二语言习得理论的研究和教学理论发展经历了很大的变化。教学重点从强调音位的单音教学,发展到侧重超音位教学。练习方式从机械性的语音操练,发展到有意义的交际性的练习。

1. 行为主义学习理论下的语音教学

行为主义学习理论将学习看作是刺激与反应间的联结,认为原本不能引起某种反应的刺激经过条件训练后就会在该刺激出现时做出固定的反应。受这种理论认识的影响,20 世纪 50 至 60 年代的语音教学主要采用机械性练习方式,重点放在听音辨音和发音准确性等方面。从字母的发音、音素的学习到句子、对话的重复模仿,教学一直强调语音的标准性,学生的错误必须当场及时纠正。

2. 语言对比分析理论下的语音教学

语音对比分析主要是通过比较分析母语与目的语间的异同处来解释和预测学生在学习外语过程中遇到的困难。20 世纪 60 至 70 年代的语音教学重点就是对学生的母语与英语语音间的相近处和相异处进行比较分析和对比性练习。通过使用音位图发音图表、讲解嘴形舌位等方法帮助学生了解母语和外语的音异区别。对比分析理论下的语音教学对象并不局限于孤立的元音和辅音,还发展到了更高层面的语音结构,如语句重音、连读、节奏、语调等。

3. 交际语言教学法下的语音教学

交际语言教学法主张教学情景和语言材料的真实性,倡导在交际过程中学习语言。随着 20 世纪 70 年代交际教学法的兴起,逐渐有语言学家指出在日常交际中错误的重音、语调和节奏给听者造成的理解困难比不准确的单音发音带来的障碍更大。教学重点也就从音素和单词的发音转到连读、同化、缩音、省音、语句重音、节奏和语调等方面，并且尽量把语音教学与交际互动的学习活动和语言功能结合起来，而很少对发音规则进行分析和解释。

4. 人文主义学习理论下的语音教学

人文主义心理学兴起于20世纪60年代，主张教学要满足学生的需要，关注学生的情感，开发学生的潜能，促进学生身心的全面发展。语音教学更关注学生在学习过程中的情感因素。教学材料要符合学生的兴趣爱好，减小学习时的紧张情绪。教师应避免当众纠正学生的每一个发音错误，而是引导学生自我纠正。

> **请讨论**：有人建议应避免孤立地教授语音，应把语音置于句子之中，置于交际任务活动之中。交际活动所赋予的意义、快乐和兴趣有助于学生的记忆和语音的习得。你怎么看这一观点？

（二）语音教学原则

语音教学应遵循准确性、长期性、综合性、针对性、趣味性、交际性和真实性原则。

1. 准确性原则

准确性原则是语音教学的首要原则。教师要通过各种教学方式，保证学生发音准确到位。要采用成功定向的教学方式、多样化的教学手段，从发音方式、发音部位等方面入手，保证学生掌握正确的发音，形成准确的发音习惯。

2. 长期性原则

语音教学不只是入门阶段的教学任务，必须贯穿于小学、初中和高中各个阶段。根据各个阶段的不同的教学内容、任务和要求，要常抓不懈，贯彻始终。

3. 综合性原则

语音教学并不是孤立的发音教学，应该将音素、音标、单词、句子以及语意、语用等各个层面结合起来，即把语音教学同口语、交际、互动等围绕意思展开的语言活动结合起来。

4. 针对性原则

针对性原则指语音训练的重点应该放在有标记的语音特征之上，针对不同学生的具体发音困难采用相应的教学方法。由于受地域的影响，不同地区的学生在英语发音方面存在着各自的困难，如我国南方学生很多存在把"know"读成"low"，"night"读成"light"的现象，而北方很多学生却存在/l/的泛化问题，因此教师要针对当地学生的困难进行有针对性的指导。

5. 趣味性原则

为避免语音训练的乏味性，教师可以根据不同阶段学生的心理和生理特点，采用恰当的教学方式，如做游戏、比赛、绕口令、说歌谣、唱歌曲等方式，可以借助图片、动画等教具，使语音教学趣味化。值得注意的是，语音教学要简短，一次时间不可太长，并且方式要多变。

6. 交际性原则

交际性原则指在语言教学中应该将语音置于特定的交际语境之中，让学生体会、分析语音的交际含义,在交际中使用所学的语音知识,掌握正确的语调、重音、节奏等技巧,准确表达自己的交际意图。语音能力的评价也应该在交际中进行,不仅要看其发音是否准确,更要看其是否促进了交际的进行。

7. 真实性原则

大量接触真实的、自然的语言。在目前视听教材、互联网及现代科技迅速发展的情况下,学生完全有条件听到真实、自然的语言材料。把语音教学融入有意义、有情景的语言练习和任务性的语言训练中去,在实践中学,边学边用。这样学,目标清楚,又有意义,能达到学以致用的目的。

(三) 语音教学具体方法和技巧

1. 语音知识的技巧训练

(1) 辨音。辨音练习主要是培养学生能够辨认和区分不同语音的能力,是提高听力学习的基础。具体方法如下:

- 最小对立体训练:soap — soup　set — meet
- 判断单词的异同:red — red(same)　rain — lane(different)
- 按照阅读的顺序排序:dear — tear — beer — ear　dear — tear — beer — ear
- 找出一组词中不相同读音的词:ship — ship — ship — sheep(第四个不同)

(2) 重音和语调训练。重音分词重音和句重音。两个重音之间叫重音间距。语调通常包括五种形式:平调、升调、降调、升降调和降升调。训练方法主要使用手势、提升单调以及在黑板上标识等方式。

2. 语音运用训练

语音运用训练主要借助交际情景中句子和语篇的语流来提高学生的语音和语调能力,以达到在日常生活会话中语音、语调基本正确、自然、流畅,同时根据重音和语调的变化理解和表达自己的意图和态度。具体方法包括:绕口令、视觉辅助、学习者自制录音、语境练习、朗读与背诵、看图说话、电影配音等。

实 践

 请你回答

1. 根据你的经历,你认为语音教学是否必须从小开始?
2. 你认为在英语语音教学过程中坚持准确性原则与坚持交际性原则两者间存在矛盾吗?

请扫描二维码
查看参考答案

请你分析

请分析你自己英语语音学习经历,分析取得成功的主要原因,或者导致出现困难的主要原因与可能解决方法。

请你设计

基于对语音教学内容的理解,请分析下面对话所训练的语音能力。

A: What's the matter with you?

B: I had a bad day.

A: What happened?

B: I left my bag in the taxi.

A: Don't be sad. Maybe the driver will give it back to you.

第二节　词汇教学方法

思　考

现象反思

G老师每次讲授新课时,总是先打开课后生词表,集中教授新单词,采取"引读——讲解——记忆——听写"的教学模式。对每个重点词汇都通过给出相应的汉语解释、固定搭配及例句进行系统性的讲解,并要求学生记笔记。然而在进行接下来的听、说、读和写的学习活动中,大多数学生仍然不能正确理解和应用刚刚学过的词汇。请分析原因。

学习目标

学习本节后,你能:

1. 了解词汇教学的基本要求;
2. 了解词汇教学的内容;
3. 掌握词汇教学的主要方法。

本节结构

学　习

一、词汇教学内容

一般来说,词汇教学包括四方面:

(一) 意义

词汇的意义包括单词的概念意义和关联意义。概念意义指词典中所标注的意思,即字面意思,又称为词汇的外延。关联意义指一个单词的文化含义以及在具体的语用环境下的意义,又称为词汇的内涵。如 dog 一词,字面含义为狗,一种动物,但在不同的语境下有多种关联意义。如 Every dog has his day.(人人皆有得意时);It rains cats and dogs.(下起了倾盆大雨);He that lies down with dog must rise up with flea.(近朱者赤,近墨者黑)等。词汇的不同关联意义也说明了语境在词汇中的重要性。

(二) 词汇信息

词汇基本信息指词性、词缀、词的拼写和发音等。但词汇信息也包括词法,如名词的可数不可数;动词的及物不及物;及物动词的句法结构,如接什么样的宾语,是不定式还是动名词,是从句还是复合宾语等,还有形容、副词的位置等。例如,单词 like 基本信息是,它有两种词性,一是动词,二是介词;由 l — i — k — e 四个字母构成,读成/laɪk/;当作动词时是及物动词,其句法结构为 like ＋n. /doing; like ＋to do;当作介词时后面要加代词、名词或名性短语。

(三) 用法

词汇的用法包括词汇的搭配、短语、习语、风格、语域等。就语域而言,词汇有正式与非正式、褒义与贬义、抽象与具体之分。如:children 为中性词,offspring 用于正式场合,kid 则用于非正式场合。statesman 和 politician 都表示政治家,但后者有贬意含义;clothes 与 coat 都表示服装,但后者表意更为具体,指外套、大衣。一般来说,词汇的基本信息,即词汇的音、形和义的学习主要依靠记忆,但词汇用法学习则需要大量的实践。

(四) 策略

根据词汇学习的特点,词汇策略可分为调控策略、资源策略、认知策略、记忆策略和活动策略。调控策略属于元认知策略,指对整个词汇学习进行计划、实施、反思、评价和调整,以及资源的使用和监控等;资源策略指通过接触新词帮助学生增加词汇量的技巧和方法,如利用课外读物、音像制品、网络、广告、字典等方式学习词汇;认知策略指为完成具体学习任务而采取的行为和方法,包括猜测词义、记笔记、利用上下文等,主要用于理解词义和了解词形阶段;记忆策略指帮助人们记忆单词的策略,如根据构词法、上下文和分类方式记忆单词等,主要用于巩固记忆阶段;活动策略指通过课堂上组织的真实的或模拟的语境运用词汇,如讲故事、写信与他人交流沟通等,用于活用词汇阶段。

二、词汇教学方法

(一) 词汇教学模式

根据与其他技能教学之间的关系,词汇教学可以分为独立词汇教学与技能整合教学。根据词汇教学本身所采用的教学模式,可以分为 PPT 模式和 TBLT 模式。技能整合词汇教学指与听、说、阅读相结合的教学。词汇教学中的技能整合可以参阅听、说、读等相关教学模式,所以这里只介绍 PPT 和 TBLT 模式。

1. 词汇教学的 PPT 模式

PPT 模式是常见的展示、训练与测试模式。一般课堂教学由三步组成:
- 呈现(presentation):通过呈现使学生了解单词的意义和用法。
- 练习(practice):进行机械性练习来巩固所学的词汇。
- 测试(testing):通过考查词汇的音、形和义来了解学生掌握的程度。

在具体的课堂教学中,词汇教学的 PPT 模式以呈现和测试为主,练习训练相对比较少,通过死记硬背的方式学习,这从某种程度上说明为什么学生会感到词汇记忆和应用比较困难。

2. 词汇教学的任务型模式

任务型语言教学方法对词汇教学具有显著作用。那么,词汇教学中应按照任务型教学模式的原则设计与词汇相关的任务。但是现实生活中以词汇为直接目的或为主要行为的真实运用活动很少,并且根据任务型教学的原则,词汇学习不只是了解单词的意义与功能,更重要的是利用词汇完成阅读、听力和写作的任务。因此,可以把任务型词汇教学看作是在传统 PPT 词汇教学模式基础之上加入应用型活动。因此,任务型词汇教学就应由以下几个步骤组成:

(1) 呈现:通过呈现使学生了解单词的意义和用法。
(2) 任务:通过进入听力、阅读或写作任务中去充分使用单词。
(3) 展示作品:小组的代表展示自己的听力、阅读和写作产品。
(4) 评价与练习:对学生的作品进行评价,主要是观察新学词汇使用情况。

采用任务型教学模式,在呈现的基础上,更加强调运用词汇环节,在运用中理解和掌握词汇,从而获得产出性词汇。

(二) 词汇教学原则

《英语课程标准》要求教师在词汇教学中力求做到:从运用的角度出发学习词汇;重视常用词汇的搭配、辨异、文化内涵等学习指导,提高学生认知和灵活运用词汇的能力;指导学生掌握词汇学习和记忆策略的方法;提倡在语篇中学习和记忆词汇,提高词汇学习效率,避免孤立地死记硬背词汇。因此,词汇教学原则主要包括:

1. 目标分类原则

词汇教学应根据学习者的运用能力需求,确定词汇学习的目标,一般根据词汇学习目标可以把词汇分为:运用词汇、识别词汇、过目词汇。运用词汇往往是学生运用英语中使用频率很高的词汇,当然不一定是国际词频调查中的高频词,如 panda,对于中国学生而言,这肯定是一个运用词汇,但对于全世界的英语学习者,则可能不是。一般英语学习者的运用词汇只是其识别词汇的三分之一,即若一个学生的识别词汇是 3 000 词,其运用词汇一般只有 1 000 词。

2. 词汇选择原则

在选择目标词汇时应注意以下几点:

- 所选词汇必须是经常出现的词汇,并且对学生来说比较重要。
- 所选单词可能会引起某种问题,造成学习的困难。
- 所选单词必须能够用于其他活动,比如游戏、阅读、听力、谈话等。
- 所选单词应具有一定的代表性,能够具备其他单词同样的特点,通过此单词的学习可以使其他单词的学习变得轻松。

3. 系统性原则

系统性原则即向学生展示英语词汇的系统性、联系性,使学生掌握英语词汇在各方面变化和转化的规律,化机械性记忆为理解性记忆。系统性主要包括:

- 形音联系:分析词形是提示词汇特征的有效手段,根据读音规则、字母组合所发的音,使其形与音联系起来,并归类在一起。
- 形义联系:词根、词缀及合成词等构词法相关知识。
- 聚合关系:利用词与词之间的同义、反义、上下义关系以及词义搭配和句法搭配等来分析理解和掌握词汇的规律。

4. 文化性原则

语言是文化的载体,词汇结构、词义结构和搭配都与该语言的文化相联。因此,词汇教学不能只停留在词汇的字面意义,还要引导学生了解意义文化,包括特殊文化背景、一般文化和相通文化,学会掌握词义演变的规律,从而全面掌握词汇的意义,进而有效地进行跨文化交际。例如,crane"起重机",要联想到原义一种动物"鹤",两种形态相似,引申此含义;news"新闻"的来历,由 north,east,west 和 south 每个字词的首字母构成等等。

5. 呈现原则

在单词的展示阶段应坚持直观性、情景性和趣味性原则。所谓直观指利用实物展示物质名词,利用表现展示动作动词、利用表情展示表情词语等。另外,利用发现式教学让学生分析听力或阅读材料,自己领悟单词的意义,推理单词的用法,把词汇教学建立在阅读教学之上。

6. 运用原则

运用原则指词汇教学不能只停留在孤立地讲授层面,必须给学生创设具体运用词汇的条件和语境让学生使用单词,让学生在运用中加深理解,掌握单词的用法和功能,学会运用,进而发展学生语言的表达能力。

(三)词汇教学方法

1. 词汇呈现方法

词汇的呈现内容包括单词的意义、信息、用法和记忆策略,不同的内容信息对呈现技巧的要求不同。一般来说,词汇的呈现最好是结合语境材料进行。在听前或阅读前,可以通过话题、语境提示的方式呈现单词,在听后、阅读后呈现词汇时可以借助语篇材料通过提问、填空等方式呈现单词的意义、用法等。

(1)意义的呈现

常见方式:实物、模拟动作表演、手势、图片、定义、构词法、上下文、列表、图式、翻译、问答、语义图、信息沟、强烈的情感等。

（2）结构和用法的呈现

常见方式：举例、解释、同义词、反义词、上下文、问答、结构图等。

（3）策略的呈现

策略呈现一般要向学生介绍策略或通过演示策略使用的方式来呈现,使学生产生自主的词汇记忆策略。常见方式有归类、推理、类比、猜测、记笔记、查字典等。

> **请分析：** 有人认为,人们对一事物的记忆取决于对该事物认知层次的深浅,学习词汇只要呈现一次或两次,其记忆效果会比呈现多次好,比如学生只要听一次诅咒语似乎就能轻易地记住。对此观点你是如何看的呢?

2. 词汇巩固方法

巩固是词汇学习中的关键环节,缺乏运用的训练将导致学生无法真正掌握单词。为此,在课堂教学中教师必须根据词汇特点,结合学生的具体情况设计一定量的词汇运用活动。常见的词汇运用和训练活动有：

- 单词故事：学生利用所学单词讲故事,或是利用单词组合故事,或是介绍自己想起的往事。
- 单词旅行：可以让学生想象自己在某地旅游,途经很多地方,然后把所学单词与这些地方联系起来。
- 单词原因：让学生从所学单词中选择自己最喜欢或最不喜欢的单词,然后向其他同学解释说明原因。
- 看图说话：选择能够利用所学单词的图片,让学生进行口头或书面描述。
- 词句文教学：把词汇教学融入到语句或篇章教学中,使学生在语句和篇章中理解和掌握词汇的词义与运用。

3. 词汇检测方法

课堂单词检测一般可采用完成句子、完型填空、纵横字迷、宾果（word bingo）等娱乐性方式进行,将监测融入娱乐之中,进而达到"督"和"导"的目的。

（四）词汇记忆教学方法

词汇记忆在词汇教学中具有特殊地位,此处专项进行介绍。词汇学习过程就是一个与遗忘作斗争的过程,因此了解记忆规律会使词汇的教与学事半功倍。

1. 记忆规律

（1）记忆系统

记忆分为瞬时记忆、短时记忆和长时记忆,长时记忆又分保持记忆和永久记忆。语言课程的学习就是使学习者通过永久记忆,反思新学语言形式与意义之间的关系、新学语言形式与其他新形式之间的关系。因此,如何促使新学知识进入学生的长时记忆是教学的关键。任何知识的学习都是从瞬时记忆开始的,来自感觉和知觉的信息首先在短时记忆中进行加工才能进入长时记忆,而长时记忆中的信息只有被激活成为短时记忆（又称工作记忆,用于处理储存,通过观察、选择、重组之后将信息返回长期存在器),被人们清楚地意识到,然后才能被使用。但是短时记忆的容量是有限的,一般为7±2个项目,项目单位是可以变化的,可以是字母、数字,也可以是单词、音节或短语。由此可见,短时记忆的单位组块具有相当大的伸缩性,这就为词汇教学提供了很大的发挥空间。

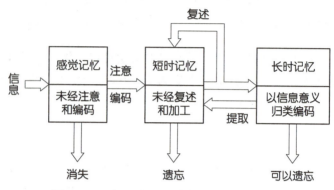

图9-1　记忆系统模式(根据韩永昌2001:90)

(2) 记忆与语境

词汇的语境指单词在毗邻单词、短语、句子或段落中所处的环境,可分为教学环境和自然环境。为了某种教学目标所设计的语境称为教学语境。研究表明,利用语境学习词汇是词汇学习的主要途径。语境可以给学习者提供目标词语的意思及相关的时间、空间、价值、功能等多种信息。词汇学习就是利用语境所提供的信息,定位目标词的词性,弄清目标词的搭配,理顺含有目标词的句子与毗邻句子之间的关系,从而掌握目标词语。

课文是词汇记忆非常有效的语境。教师可以在课文教学中引导学生建构自己的词汇图,帮助自己记忆词汇的词义、词形、运用等。

2. 联想与词汇学习

心理学家研究证实,词汇不是孤立地储存在人的记忆中,而是联想储存和记忆的。

(1) 相似、对比与包容联想

相似、对比与包容联想指词语之间的意义关系,相似包括词型相似和意义相似,包括同义词、近义词,也包括同源词和谐音词;对比主要指反义关系,而包容指部分与整体的关系、从属关系和上下义关系。

(2) 话题联想

任何一个语篇都有其话题,每一个话题都有其共现的词汇。话题的不同对词汇的要求也就不同,同一个单词在不同的话题中意思也不尽相同。话题决定了单词使用的语域、语场,决定了语言的风格,从而决定了词汇使用的恰当性问题。按照话题记忆单词不仅能促进语篇表达能力,还使词汇的使用更加得体。

(3) 横向联想和纵向联想

横向联想指根据单词共现搭配功能所进行的联想。所谓共现指与某一个单词同时出现在一个语境中的词汇。如听到food就应该能够联想到bread, apple, watermelon等,而看到apple就会联想到red等等。搭配的共现包括名词与形容词的搭配,动词与介词的搭配等,如

handsome boy, pretty girl 等等。

纵向联想指根据句中单词的纵向关系所进行的联想。相同结构、相同句法功能的词汇的替换关系,掌握了词汇的纵向关系,就可以增加语言表现的张力,使表达更加灵活,日常教学中的替换练习依据的即是词汇的纵向联想关系。

3. 词典辅助记忆

研究发现在阅读中既使用猜测技巧又使用词典的学习者比只阅读或只猜测的学习者,在即时测验和两周后的延时测试中,记忆的单词数量多。灵活、正确地使用词典不仅是学习者词汇学习的独立策略发展的重要体现,而且也能有效地促进词汇的伴随学习。因此,教师要针对不同阶段学生的学习特点给予指导,主要包括如下内容:

(1) 选择与学习水平相适应的词典;

(2) 指导学生何时查字典:不要一遇到生词就立刻查字典,而应该先结合上下文或构词法猜词,然后带着疑问去查字典;

(3) 指导学生要获取有用信息:不仅获取词汇的意义,还需要从词典的例句中提取,获悉有关词汇的搭配、语法模式以及语用等信息。

实　践

 请你回答

1. 你认为初中英语词汇教学方法与高中英语词汇教学方法有什么不同?

2. 王老师在上英语课时很少停下来专门讲解词汇的用法,但学生们的词汇却识记得很好。你认为王老师进行词汇教学的奥妙是什么?

请扫描二维码
查看参考答案

 请你分析

两人一组,选择 10 个新单词,各自设计教学方法。然后两人进行讨论,分析各自设计的词汇教学活动的有效性。

请你设计

1. 请你判断下列词汇教学过程使用何种方法。

(1) 当遇到讲授新单词,如 water 呈现以下的句子:1)I'm thirsty, I want to drink some water. 2)The flowers are dry, I must water them every day.

(2) 教师在上课时用英语来解释单词,句子等,如:1)different:not the same; 2)invite:ask someone to dinner or a party; 3)wonder:want to know.

(3) 教师在上课时教授 apple 这个单词时,教师可一手举起苹果,口中问到:What's this? It's an apple. 再延伸举起两个苹果问:What are these? They are

apples. 自问自答,再展开教师问学生答,学生问学生答,这样反复操练。

（4）教师在教 lazy 这个词时,就可以说：All of you study hard, but Xiao Ming doesn't study hard. He is very lazy. He gets up late and then does nothing all day. He is not a good student.

（5）教师直接介绍讲解词汇,让学生重复。如介绍新单词 wrist,老师：(Pointing to wrist), Look, this is my wrist. Can you say it? 学生重复说 wrist 两遍。

（6）教师讲解词汇如 breakfast：the first meal of a day. A noun is the name of a person, place or thing.

（7）教师讲解频率副词 always, usually, often, sometimes, seldom 和 never 时,在黑板上画一条线,然后把这些词根据发生频率的大小标识在这些线上,如下图：

2. 请你根据下面一则对话设计一个词汇展示活动和词汇训练活动。

A：What are you going to be when you grow up?

B：I'm going to be a reporter.

A：How are you going to do that?

B：I'm going to write articles and send them to magazines and newspapers.

A：Where are you going to work?

B：I'm not sure yet, maybe Beijing or Shanghai.

第三节　语法教学方法

思　考

 现象反思

语法是英语语言的组织基础,也是我国各级各类英语考试的重要考点,在英语学习过程的每个阶段,教师都是用心地教,学生卖力地学,却经常是教师越教越没动力,学生越学越没兴趣。因此,语法教学的实效性是一个长久困扰教师和学习者的难题。反思你自己的语法学习,你认为你的英语语法能力是否存在不足？若是,是什么原因所致？

学习目标

学习本节后,你能：

1. 了解语法教学的要求；

2. 了解语法教学的基本内容；

3. 掌握语法教学的主要方法。

本节结构

学 习

一、语法教学的内容

语法(grammar)是语言的组织规则,是语言的基础,它赋予语言以结构系统。正是由于有了语法,语言才有可能为人的思想赋予语言这一物质外壳。

(一) 语法学习

语法是语言学习中不可缺少的组成部分,它同样遵循学习的最一般规律,但语法学习也有其特殊性。因此,有必要了解语法学习特征,找到制约语法学习的瓶颈,突破困扰学生语法习得的障碍,设计出更有效的语法教学活动。

1. 语法自然习得论

鉴于母语中语法的习得是在自然的环境中习得,有学者认为人们可以不进行专门的学习就能够掌握语法使用,因此,语法学习也是无意识的。第二语言习得研究发现,在特定教学法(如浸入式教学法)中学生也可以在没有显性语法教学的情况习得语法。有学者提出,语法不必专门教授,学生可以自然习得。

2. 语法学习序列论

第二语言习得研究者发现,不管采用什么样的顺序教授语法,语法习得的顺序基本是固定的,因此,在编写教材时,教材编写人员一般也会考虑语法的习得顺序。我们可以清楚地看到,教材中总是先简单句后复合句,先一般现在时后一般过去时,先肯定句,后疑问句和否定句,都是在设计课堂教学活动时也多遵循这一顺序。

3. 行为主义语法学习论

语法是语言结构性的最好展示,受结构主义和行为主义的影响最大。人们一般认为熟能生巧,因此,认为语法的学习也应如此。加之听说教学法和结构性教材的使用,行为主义学习论更是受到学习者的重视。很多学习者把大部分时间用在语法规则的背诵和反复操练之中,虽然这种练习不一定符合机械训练的要求,而且实效性也只是差强人意,但这确实是一大部分学习者语法习得的首选途径。

4. 语法学习交际论

语法学习是为交际服务的,语法的掌握也必须通过应用来实现。在语言教学中使用显性的语言知识未必有效,重要的是潜意识中培养学生语言使用过程中的语法意识。因此,持交际学习观者认为语法的学习必须通过活动、交际和完成任务的方式进行,否则,将无法达到语言交际的目的。

5. 显性语法学习与隐性语法学习

根据语言学习规律,语法学习的过程有两种方式,一种是显性的,另一种是隐性的。前者是指对语法规则条文的直接学习,后者是指通过对语法材料无意识接触的方式的学习。大量的实验结果证明对语法的了解可以促进语法的习得过程,但显性的知识很难内化为真实的交际能力,促成自然习得。语法学习的最佳方式是显性学习与隐性学习的结合。这既有对语法描述性知识的学习,同时又通过各种交际活动使用语法,培养语言的应用能力。

(二)语法教学的内容

从理论和知识结构的角度讲,语法教学的内容应该包括三个大方面,除语言形式/结构(form)(包括词法、句法等)之外,还应该包括"意义/语义"(meaning)和语言运用(use)。语义包括语法形式与结构的语法意义和内容意义,语用指语言在一定的语境、语篇中的表意功能。语法教学不仅要使学生掌握语言的形式和意义,更要使学生清楚形式的运用,赋予语法以交际意义。

从语言教育视角而言,语法规则并非来自法律的规范,也不是来自语法学家的规定,语法学家只是总结归纳人类的语言运用实践,从中归纳出相关规则。语法概念更是如此,几乎所有语法概念都是命名者对一种语言规则或类别的命名,从不同的视角可能形成不同的命名。如定语从句(attributive clause)是从其语句结构的性质命名,因为这种结构属于从句,在语句结构中属于定语。同样这一结构也有人命名为后置修饰成分(post-modifier)中的一种,这是从其与修饰对象的位置和起到的修饰这一功能而命名。所以,语法教学的内容重点不是语法概念,不是语法术语,而是语言运用的规则、语句结构的语义及其交际功能。

对语法规则的教学,死记硬背规则条款,甚至采用口诀、歌谣的方式背诵这些条款,并不能真正发展学生的语言运用能力,学生不仅无法掌握语法的真实运用形态,甚至还要花费时间和精力去记忆这些口诀、歌谣。语法规则的运用能力只能在语言运用实践中获得、形成与发展。所以,语法教学内容本质上应该是语言规则的运用能力,需要通过语言实践活动来发展。

> 请分析:为什么说背口诀学语法不是有效的语法学习方法?

二、语法教学方法

(一)语法教学模式

语法教学方式随着外语教学的发展也经历了几次变革,从听说教学法的句型操练到交际教学模式再到现在的任务教学模式,不仅教学模式发生了很大变化,而且教学的手段丰富了很多。

1. 行为主义语法教学模式

在结构主义和行为主义心理学的影响下,随着听说教学法的出现而产生的行为主义教学模式。该模式强调以句型操练为主要形式,以准确为目标。目前,人们依然采用的"呈现、练习和测评"模式就是行为主义语法教学的应用。

- 呈现(presentation)

多采用演绎的形式呈现,即由老师直接讲解语法规则,再给出例句示范。但有时也采用阅读材料进行归纳的呈现方式。

- 练习(practice)

练习属于机械性练习,主要是句型操练,包括各种句型转换练习、替换练习、完成句子,甚至是翻译等。

- 测评(testing)

通常在练习之后设计一些测试题,如选择、填空等形式来检测当堂课的教学内容,以检查训练是否达到预期效果。

2. 语法交际教学模式

交际教学法产生以后,人们逐渐认识到交际活动的重要性。要达到自由地运用语言的程度,就应该将语法教学与实际情景结合起来,通过交际活动来学习语法。于是一些学者提出了不同的语法交际教学模式,如布鲁姆菲特的 present — practice — practice in context,哈默的 introduction — practice — produce(communicate),威利斯的 performance — rehearsal — report 及 communicate — present language — drill practice — communicate 等。交际教学模式理念下的语法教学,其语言呈现方式也更加丰富,除常用的图表、对话、情景以外,还借助交际活动,如讨论、角色扮演、采访、辩论等。

3. 语法任务教学模式

语法的任务教学与听说阅读中的任务教学不同,因为语法仍是任务教学的中心,这种任务教学被称为"以形式为中心"的任务教学法。"以形式为中心"的语法教学任务可以分为两种,一种是隐性的语法活动,如教学生一般过去时,可以让学生们介绍一下前一天他们所做的事情,然后把得到的信息写成句子,比较同学间所做活动的异同。另一种是显性的交际任务,任务的内容是语法问题,如教师提供些有正确与错误两类句子的任务卡片,学生先阅读,然后选择正确的句子,总结该语法形式的语法规则。

语法任务教学的操练与一般的任务操作基本相同。任务前,活动主要是借助阅读和听力材料展示语法项目,然后布置任务,学生按照教师的安排完成能够运用语法形式的任务。如教师可以让学生分析一个包括 be going to 的听力材料,说明其表意功能,然后让学生谈论周末的计划安排,调查谁的安排与自己相同,然后组成活动小组。任务后,根据学生认为完成过程中和结果展示中存在的语法问题有针对性地安排训练活动。

(二) 语法教学的原则

1. 系统性原则

语言本身就是一个完整的系统,语法正是这个系统的体现,所以语法教学必须符合系统性。即要求语法教学要依据教材中的语法系统,同时也必须符合语法发展的规律,语法内容的选择应该符合现代交际的原则,力求贴近学生的实际生活,以满足交际的需要。同时避免那些交际中很少使用的、为语法而语法的教学设计。

2. 交际性原则

语言教学的目的是培养学生在一定范围内进行交际的能力,因此在语法教学中应贯穿交际性原则。中小学的语法教学目的有两个:一是培养学生的语法意识;二是为听、说、读、写技能的发展提供支持,为交际能力的培养打下语言基础。因此,教师应该尽可能地创设交际性语言环境,运用幻灯、动作、实物、图片、表演以及电化等设备,创造真实、模拟的交际活动,使学生在活动中感知、体验、理解和学习语言,从而内化语法规则成为真实的交际能力。

3. 综合性原则

综合性原则就是指在语法教学中要避免单一性,要做到方法、内容和技能等的综合运用。力求做到:

- 归纳与演绎相结合。归纳法与演绎法各有利弊,在语法教学中应该将两种方法有机结合,以归纳为主,演绎为辅。
- 隐性与显性相结合。语言学习过程本来就是隐性和显性的结合,语法教学中也必须遵循语法学习的规律,以隐性教学为主适当采用显性的教学方式,通过隐性培养语言使用能力,通过显性增强语法意识。
- 语法与听、说、读、写活动相结合。语法是为听、说、读、写技能服务的,语法教学应该在听、说、读、写的活动之中培养,使语法真正服务于交际。

4. 激励性原则

动机是一切教学活动的保证,语法教学中动机的激发尤为重要。为了能更好地激发学生动机,使学生积极主动地参与到语法活动中,应从以下几点入手:

- 话题选择:话题的选择要适合学生年龄/认知能力和语法水平,要与学生的生活经历紧密相连,能够激发学生的想象力或好奇心。
- 情景创设:教师应尽可能地创设真实的语境,要利用多种手段给学生提供视觉物体,如图画、幻灯等,让学生去表达真情实感。
- 活动类型:课堂活动应多一些开放性和交际性,少一些机械性,激发学生的学习兴趣,培养学生的分散性思维能力。
- 个性化:个性化是指活动应来自学生的亲身经历、学生的观点、学生的情感,个性化活动有助于学生进行真实的交流,于思想交流之中内化语言规则。

5. 变化性原则

课堂活动的丰富多彩、变化多样能极大地增添课堂教学活动的活力。语法教学要改变其在学生心目中的形象,方法之一就是要注重变化性。变化性包括活动的变化性、话题的变化性、课堂组织的变化性、评价的变化性及教师指令的变化性。

(三)语法教学方法

语法教学方法与语法教学模式不同,这里所介绍的语法教学方法指的是在教学的某个环节或某些活动中所采用的教学方式。

1. 演绎法

在语法教学中,根据学生认识和掌握语法规则的过程和语法呈现的方式,教师可采取归纳法和演绎法。演绎法是先讲授语法规则,然后根据语法规则提出例句,再按照规则做练习,也就是从理论到实践的过程。采用演绎法可以省时省力,直截了当,但这种方法也有不可忽视的缺点,例如学生们失去了自己观察、分析、发现以及解决语法问题过程和机会。

2. 归纳法

归纳法是先由教师列举事例,接着师生一起观察和分析实例,然后由教师归纳出定义和规则,再按照规则进行操练。采用归纳法,通过分析、归纳、总结语言使用规律可使学生深化对语法的理解,提高了学生发现问题和解决问题的能力以及归纳、类比等逻辑思维能力同时,也避免了教师灌输式教学可能带来的弊端。但这种方法也有缺点,例如利用这种方法需要较多时间,效率较低等。

3. 发现式教学法

发现教学法是教师先给学生提供包含所要学习语法项目的语言材料,或听力或阅读,提出学习要求,接着学生观察和分析语言材料,发现并归纳语法规则。其教学过程包括举例、发现规则、讲解规则、操练。从这个角度讲,这种方法与归纳法有些相似。但不同处在于发现法是在教师的引导和帮助下完成的。

4. 任务活动法

任务活动法与语法任务教学模式不同,它只是语言训练的一种方式,课堂操作未必采用任务教学的理念。任务活动法的特点是,在对某一语法项目进行训练和应用时采用信息沟、调查、讨论、采访、海报、招贴画制作等形式,而不是拘泥于常规的形式训练。

5. 情景教学法

情景指运用目的语的环境,教师利用真实的环境或设置模拟的情景进行语法教学,其中包括利用实物、真实的语境、体态语言非语言手段以及多媒体等手段,使语法教学更加形象化、直观化、真实化和趣味化。

实 践

 请你回答

1. 你认为目前我国中小学英语语法教学面临的主要问题是什么?
2. 请说明演绎式语法教学和归纳式语法教学的优缺点。

 请你分析

请你分析下面的语法教学程序,反映了什么样的语法教学模式?

请扫描二维码查看参考答案

（1）展示规则—给出实例—学生练习—教师评价—巩固强化
（2）利用情景引出语法点—师生讨论—归纳总结—训练实践—综合运用

请你设计

阅读下列材料，请运用情境教学法为八年级学生设计一个语法呈现活动。

I want to be a tour guide. In fact, it's all I have ever wanted to be. I want to travel, especially to English speaking countries such as the United States and Australia. However, I know that I have to improve my English, so I've started taking lessons at the Hilltop Language School. The Hilltop Language School has really helped me learn English. I've been a student here for a year now, and I really love it. Maybe when I leave school I'll think about becoming an English teacher rather than a tour guide.

David Feng

选自：人民教育出版社课程教材研究所英语课程教材研究开发中心.英语（八年级下册）[M].北京：人民教育出版社，2013：72.

第四节　语篇知识教学方法

思　考

现象反思

初中英语 T 老师在阅读教学中先设计阅读理解问题让学生回答，然后完成课本上的练习，接下来开始语言知识的讲解，有的词组不仅举例，而且拓展很多，并让学生记下来，有的句子还翻译出来。直到讲解完课文了也就完成了阅读课教学。可是在期末考试中阅读部分成绩不是太理想，写作部分更是句子零散，缺乏一定语篇结构和逻辑。

你认为 T 老师的阅读课有什么问题吗？

学习目标

学习本节后，你能：
1. 了解语篇教学的要求；
2. 了解语篇教学的基本内容；
3. 掌握语篇教学的主要方法。

📖 **本节结构**

学 习

一、语篇知识教学的内涵

语篇是语言学习的主要载体,语言学习者主要是在真实且相对完整的语篇中接触、理解、学习和使用语言,因此语言学习不应该以孤立的单词或句子为单位,而应以语篇为单位进行。

语篇指在任何不完全受句子语法约束的、在一定语境中完整语义的自然语言(胡壮麟,1994)。就其长度而言,较短的语篇可以是一句话甚至一个单词,而较长的语篇可以是一本书甚至几本书。

使用语言过程中,语言使用者不仅需要运用词汇和语法知识,而且需要将语言组织为意义连贯的语篇。因此,语篇教学才是真正教会学生如何进行语言交际应用的教学。

语篇教学要求在我国以前的英语教学大纲、现在的课程标准中均有明确要求,《普通高中英语课程标准(2017版)》明确指出英语语篇知识内容目标:记叙文、说明文、议论文语篇的主要写作目的(如:再现经历、传递信息、说明事实、想象创作、呈现观点)以及这类语篇的主要语篇结构特征(如这类语篇的必要组成部分和可选组成部分、各组成部分的顺序等);日常生活中常见应用文的基本格式、结构及语言特点;语篇中的显性衔接和连贯手段,如:通过使用代词、连接、省略句、替代等手段来实现的指代、连接、省略、替代等衔接关系;语篇中段首句、主题句、过渡句的作用、位置及行文特征;语境在语篇理解和语篇产出过程中的作用;语境与语篇结构、语篇内的关系,比如,通过语境预测语篇内容,通过语篇的内容推测语篇发生的语境;语篇中的信息组织方式,如:语篇中新旧信息的布局及承接关系;语篇成分(如:句子、句群、段落)之间的语义逻辑关系,如:次序关系、因果关系、概括与例证关系。基于整合学习路径可知,语篇知识只是语篇教学的目标之一,语篇教学更为重要的目标是基于语篇的整合学习,从主题意义建构,到语言知识的学习和语言技能的发展,以及文化知识、学习策略的学习和时间,最终促进学生核心素养发展。

学习语篇知识是发展语言运用能力的基础。语篇知识有助于语言使用者有效理解听到或读到的语篇。比如,关于语篇中的立论句、段落主题句、话语标记语的知识可以帮助读者把握文章的脉络,从而提高阅读效果。在口头和书面表达过程中,语篇知识有助于语言使用者根据交流的需要选择恰当的语篇类型、设计合理的语篇结构、规划语篇的组成部分、保持语篇的衔接性和连贯性。

语言学家 Widdowson 将语篇定义为:使用中的一组句子或段落将被用于某种场合,达到某种特定的目的语言。有学者也提出了"语言和语篇"的语言观,即语音、词汇、语法都是语篇的有机组成部分,它们在组织语篇结构上都发挥着重要作用(Macharhy 和 Cartery,引自程晓堂,2005)。语篇中句与句、段与段、文字与图表存在着衔接和连贯的关系。语篇具有微观结构:语法结构、词语搭配、指代关系、句子的信息展开方式等;以及宏观结构:段与段之间的关系、语篇各部分与语篇主题之间的关系、语篇类型、语篇格式。

1. 体裁功能教学

在英文的文体分类中通常有四种最常见的体裁。第一类是记叙文(narration),记叙文通常是按时间顺序,也和中文一样有正叙、插叙和倒叙。句与句之间是较强的逻辑顺序关系。讲故事时用的就是这种文体。第二类是说明文(description),这类文体主要是解释或者说明一个地方、一种方法或者一道程序等。这是生活在国外用到较多的一种实用文体,因为经常需要阅读说明书、小册子等。第三类是议论文(exposition & argumentation),这类文体有的是夹叙夹议,有的是比较和论述观点,是学术英语使用最多的一种文体。学习此种体裁,有利于学生的今后各类观点型作文考试以及今后大学阶段的论文写作力提升。第四类是各种应用文,比如书信、假条、邀请函、广告海报、新闻报道等。这些体裁是生活中经常应用到的文体。因此,语篇教学要区分什么体裁,有什么功能,在何种情境下应用,并提供活动让学生进行该体裁的应用。

2. 语篇结构教学

语篇结构的教学是通过教师对问题的主次梳理、关键词的提炼,对语篇结构进行教师的讲解或者学生的自主分析。相同体裁不同文本会有各式各样的语篇结构,学生学习了这些语篇知识后,有利于今后在口语和笔头交际中选择适合的语篇结构,构成适合的话语进行交际。所以语篇知识越丰富,语言使用的丰富性和交际的有效性就越高。在语篇结构分析过程中,思维导图是最好用的工具,有趣和直观的图形有利于对语篇和体裁产生较深印象,并能之后迁移到语篇的输出中。

3. 段落逻辑教学

自然的语言交际中最基本的意义单位是段落。英文文体特点就是有主题句统领,然后使用不同逻辑使句与句之间形成衔接和连贯。通常根据主题和情境有十种不同的语段逻辑:时间顺序(如记叙文体中时间先后逻辑)、空间顺序(如"in the east, in the west"等)、过程步骤(如 Step one, two 等)、因果逻辑(because, in a result 等)、转折逻辑(however, nevertheless 等)、层进逻辑(in addition, furthermore 等)、对比逻辑(in comparison, on the other hand 等)、举例逻辑(for instance, take... as an example 等)、解释逻辑(it refers to, in other words 等)、并列逻辑(some, others; first, second 等)。进行段落逻辑分析的教学时,让学生找关键词,并说明其逻辑结构,以此方法训练,久而久之,学生能够养成交际表达中语言的逻辑性和语篇的衔接连贯性。

4. 语篇衔接教学

语篇衔接有多种方式,大部分学习者或教师熟知连接词衔接,其实语篇的衔接手段有五种不同方式。例如连词衔接,如"moreover, however"等;代词衔接,如"he, she, theirs"等;

词汇衔接,如近义词(happy,pleased)、反义词(sleepy,awake)、上下义衔接(animal,lion); 省略衔接(Tom's mother designed the house and his father built it.);替代衔接(the one, the other 等)。除此之外,在语义上还可以衔接各个段落,有的是较为明显的词汇来衔接,有的是通过语义来衔接的,教师在教学中可以每次都从文本段落中找出这些衔接词,有利于学生在阅读理解、完形填空测试等类型考试中找到线索,并能正确理解和完成文本。此外学生对文本语篇的宏观与微观意义理解能力上也得到相应的提高。

> **请分析**:你认为英语语篇教学的目标是什么?

二、语篇知识教学主要方法

(一)语篇知识教学模式

1. 问题推进模式

在语篇教学中,通常采用的是一种"产出为导向"的教学方法。具体有五个步骤:情境—提问—关键词—逻辑链—任务。首先,设置语篇的情境,明确语篇的功能,为语篇教学的输出任务打下伏笔;第二步,提问的设计一般是每一个段落最关键的信息,这些问题是作为阅读文本总体理解的大问题,而非细节问题;第三步,基于每一个问题的答案,可以提炼出关键句,进而缩短为关键词组;第四步,在完成所有大问题和关键词的抽取之后,教师应在黑板上或者多媒体课件中展现这些关键信息或词句的逻辑关系,形成一个逻辑链;第五步,设计任务活动,使学生能够迁移应用所学语篇。

2. 主题渐进模式

主题渐进式就是一种分段阅读教学模式,学生学习了每一段的大意以及细节后,对每段主题进行归纳,然后厘清文本的结构,重点聚焦一些词句,完成语篇的学习。此时,如果教师再设计一个任务,让学生得以在说和写中完成语篇的再构和迁移。主题渐进式与问题推进式的理念一致,但实施起来,前者更注重语言细节,所以课堂教学往往分析完语篇结构,学生进行语篇的迁移输出时间会很有限;后者更注重语言意义,用大问题推进文本的理解,这样就能留出充足时间对语篇的功能和要素进行重点提炼,学生也能完成一堂课中的语言输出。

3. 自主建构模式

与前两种语篇教学相比,这是由学生自主建构的模式。即当学生了解如何分析语篇的方法,教师可以放手让学生自己阅读和分析,然后进行小组讨论分享,教师指点评价。然后在学生自主的语篇分析的基础上,教师创设语境和任务活动,让学生产出语言,构建新的语篇,通常可以是口头模式,也可以书面模式。在自主建构式中,教师时间管理好,学生能够有时间进行口头与书面的两种产出。这种教学模式一般是基于前两种的融会贯通,促进学习习惯基本养成,让学生自己形成语篇意识,并积极应用语言在模拟的实际场景中。

(二)语篇知识教学原则

1. 情境性原则

语篇反映的是实际场景的语言应用,语篇分析的开始首先应是情境的导入,学生要明白这个语篇在何种场景应用,达到什么交际功能,这样才能在学习完之后学以致用,达到语篇的再构与迁移。所以分析文本之前,教师要考虑的是创设什么情境,使主题和情境结合并导入进去。

2. 结构性原则

语篇代表的是一定的体裁,一定的语言结构、词汇与语法,因此教师在语篇分析推进时,应要体现文本的结构特点、关键词句特点,便于学生从宏观上认识其在交际场合的基本模式,尤其作为语篇输出的铺垫,便于学生理清思路,创造性地输出语言。

3. 整体性原则

在进行语篇分析时,难免要讲解一定的词汇、语法,但这样容易割裂语篇的完整性,打断思路,模糊语篇概貌,所以提炼关键词句而非全方位讲解课文,这样才能保持文本的整体意义理解和建构,这就是语篇的整体性原则。全面的句子学习和操练运用可以在语篇完整的分析之后进行,这样就显得课堂教学脉络清晰。整体把握语篇结构,有助于把握语篇各项知识的综合运用,是语篇知识教学过程中的重点,也是难点。

4. 建构性原则

语篇概貌的还原需要学生一步步理解并能清晰地勾勒出其面貌,基于所理解的语篇,还要产出相似的语篇,这样才能对所学达到致用。这个过程是一个建构的过程,因为学生不仅是理解,还要产生自己的观点,学会使用相应的语言产出新的语篇,所以教师在语篇教学中要精心设计活动,让学生逐步了解语篇,学会语言,最后产出语篇。

5. 迁移性原则

语言交际的基本单位是语篇,而语篇的发生是一定在情境中,体现一定语用功能的,这个功能的掌握和应用需要学生学会语篇,懂得一定语篇的词汇、语法构成,并能用句子串联成一个衔接、连贯的语篇而非碎片语言,最终迁移到另一个功能语境中应用,才是真正掌握了所学语篇。

6. 评价性原则

再构和迁移语篇过程需要学生不断参与学习、操练、思考、应用,教师在课堂活动的设计和实施中,应不断激励性地评价学生的每一次练习、语言的产出和观点的迸发,这样才能推动学生产生自己的语言,构造自己的语篇。教师的评价显得非常重要,是语篇教学的必要助推剂。

(三)语篇知识教学方法

1. 思维图

语篇教学中对语篇的分析和讲解可以利用思维图,快速并清晰地描述语篇的功能和模式。比如在进行以下内容教学时,如果要让学生学会信件的语篇,首先创设语境,例如在外旅游,要写一张给外国朋友的明信片。然后通过对信件的阅读,找出几个关键词作为语篇要素,以一个思维导图形式来展现。

Dear Jane,

How's it going? I'm having a great time visiting my aunt in Canada. She's working here and I'm going to summer school. I'm studying English and I'm learning a lot. I'm also visiting some of my old friends. I'm so happy to see them again. It's afternoon right now, and I'm sitting by the pool and drinking orange juice. It's warm and sunny, and it's very relaxing here.

选自：人民教育出版社课程教材研究所英语课程教材研究开发中心.英语(七年级下册)[M].北京：人民教育出版社,2006：41.

图 9-2　语篇分析的思维图案例

2. 微写法

语篇教学的终极目的就是能应用所学语篇到实际的场景中。因此,让学生开展基于文本从说到写活动,写出来的语篇可以是微小语篇,这样既展示了观点,又有了笔头上的练习。在多个微小语篇的铺垫下,较长语篇的写作才有可能实现。因此,语篇教学主要体现在读写结合的"以读促写"教学。

实　践

 请你回答

你认为在英语语篇教学过程中应该重点处理的问题是什么？

请扫描二维码
查看参考答案

请你分析

请分析以下语篇教学设计存在的主要问题,并基于本节所学提出改进建议。

How do we deal with our problems?

Rich or poor, young or old, we all have problems. And unless we deal with our problems, we can easily become unhappy. Worrying about our problems can affect how we do at school. It can also influence the way we behave with our families. So how do we deal with our problems? There are many ways.

By learning to forget

Most of us have probably been angry with our friends, parents or teachers. Perhaps they said something you didn't like, or you felt they were unfair.

> Sometimes, people can stay angry for years about a small problem. Time goes by, and good friendship may be lost.
>
> When we are angry, however, we are usually the ones affected. Perhaps we have seen young children playing together. Sometimes they have disagreements and decide not to talk to each other. However, this usually does not last for long. This is an important lesson for us: we can solve a problem by learning to forget.
>
> By regarding problems as challenges
>
> Many students often complain about school. They might feel they have too much work to do sometimes or think the rules are too strict. We must learn to change these 'problems' into 'challenges'. Education is an important part of our development. As young adults, it is our duty to try our best to deal with challenge in our education with the help of our teachers.
>
> By thinking of something worse
>
> By comparing yourself to other people, you will find your problems are not so terrible. Think about Stephen Hawking, for example, a very clever scientist, who regards his many physical problems as unimportant. He can't walk or even speak, but he has become very famous and successful. We are probably quite healthy and smart. Let's not worry about our problems. Let's face the challenges instead.

Step 1: Warming up

What is your problem you want to find solutions?

We have a text here from which you can find some suggestions for your solution.

Step 2: Preparation

Before reading the text, let's check whether you know the key words or not.

What is the best dictionary for you? Textbook dictionary? English-Chinese dictionary? Or English-English dictionary?

Step 3: Presentation

1. Now let's read and try to underline the title of the text and the three subtitles.

2. Here are 5 questions. Please guess under which subtitle you may find the answer to each question.

Question 1: What can worrying about problems bring to us?

Question 2: What will happen if you keep angry with your friends for years?

Question 3: How does Hawking think of his physical problems, such as unable to walk?

Question 4: What often happens when the children don't speak to each other for some days?

Question 5: What can we change our problems into according to the author?

3. Please find the answers and check your guess is right or wrong. Think: Why you got it or didn't get it.

TIPS: Next time when you read such a passage with a title and subtitles, try to read them before reading the content.

Step 4: Comprehension

Think: Are the suggestions from the text good for you? Why or why not?

Step 5: Practice

1. Read the text again to find the sentences and words which you can use in your discussion about your problems.

TIPS: You can find some *how to do* in the text. This can help you offer suggestions next time.

2. Discuss in pairs or groups for your solutions.

Step 6: Task fulfillment

Do it in class and after class.

Ask the teacher for help if you need some.

 请你设计

基于对语篇教学内容的理解,请使用以上教学模式的一种设计以下文本的语篇教学,体现"以读促写"的教学理念。

Save the Sharks

Many have heard of shark fin soup. This famous and expensive dish is especially popular in southern China. But do you realize that you're killing a whole shark each time you enjoy a bowl of shark fin soup?

When people catch sharks, they cut off their fins and throw the shark back into the ocean. This no longer swim and slowly dies. Sharks are at the top of the food chain in the ocean's ecosystem. If their numbers drop too low, it will bring danger to all ocean life. Many believe that sharks can never be endangered because they are the strongest in their food chain. But in fact, around 70 million sharks are caught and traded in this industry every year. The numbers of some kinds of sharks have fallen by over 90 percent in the last 20 to 30 years.

Environmental protection groups around the world, such as WildAid and the WWF, are teaching the public about "finning". They have even asked governments to develop laws to stop the sale of shark fins. So far, no scientific studies have shown that shark fins are good for health, so why eat them? Help save the sharks.

第五节　语用知识教学方法

思　考

现象反思

学校开展作文竞赛，任务是要求学生给即将回国继续大学学习的本校外教写一封感谢信，感谢外教在过去一年对自己的帮助。在批改作文时，M老师认为王雨轩的作文应该是第一名。因为这篇作文写得很风趣，而且情感很真实。但N老师不同意，认为王雨轩的作文有些调侃，给老师的感谢信不应该使用这样的语句。

你同意哪位老师的观点？为什么？

学习目标

学习本节后，你能：
1. 了解语用知识教学的要求；
2. 了解语用知识教学的基本内容；
3. 掌握语用知识教学的主要方法。

本节结构

学　习

一、语用知识教学内容

（一）语言运用能力与语用知识

发展学生的英语语言运用能力是英语课程的基本任务。对于语言运用(language use)的内涵，已有研究很多，如：

In general, *language use* can be defined as the creation or interpretation of intended meanings in discourse by an individual, or as the dynamic and interactive negotiation of intended meanings between two or more individuals in a particular situation.①

这一界定从意义强调语言运用,突出语言运用是意义的创造与理解,或者多方达成的协商。显然这是从语言运用的目的(意义的理解与表达)来界定语言运用,有利于克服单纯从表达界定语言运用,将理解也包含于语言运用之中。

Language use, embracing language learning, comprises the actions performed by persons who as individuals and as social agents develop a range of competences, both general and in particular communicative language competences.②

这一界定首先将语言学习包括到语言运用之中,即运用语言学习语言,语言既是语言学习的对象,也是语言学习的工具与基础。这一界定同样说明语言运用是运用一些通用与交际语言能力的行为(当然,这一界定也特别说明"交际语言能力"),这说明实施语言运用这种行为,不仅仅需要运用交际语言能力,也需要运用一些通用能力才能完成,如识别文字符号的视觉能力、听辨语音的听觉能力、感知说话人情绪变化或者文字符号力量的感知能力等。

这一文件随后还介绍了相关的语言运用行为的类别:

(1) Acts of communication: acts in the personal domain, the public domain, the occupational domain, the educational domain...

(2) Ludic Uses: social language games, individual activities, verbal joking...

(3) Aesthetic uses: singing, retelling and rewriting stories...③

这里的第二、第三类语言运用活动都不是直接的交际形态,娱乐与审美的语言运用包含交际的功能,但不是语言的语义自身的交际功能,而是以语言为载体实现的非语言的交际功能。如:一位6岁的学生在家长参加的学校活动中演唱以下歌曲:

> Row, row, row your boat.
> Gently down the stream.
> Merrily, merrily, merrily,
> Life is but a dream.④

这一运用语言进行演唱的功能是向他人展示自己演唱英语歌曲的能力,而不是表达歌曲语言语义所呈现的"人生不过一场梦"这种消极生活态度。因此不能说这位学生没有运用语言,也不能说这首歌曲语义不是消极生活态度,所能确定的是,这位学生演唱这首歌曲的目的是展示自己演唱英语歌曲的能力。

由此可见,语言运用能力本身不仅仅是基于语言自身语义的交际语言能力,也包括运

---

① Bachman, L. & Palmer, A. *Language Testing in Practice* [M]. Oxford: Oxford University Press. 1996: 61-62.
② Council of Europe. Common European Framework of Reference for Languages: Learning, Teaching, Assessment [R]. Cambridge: Cambridge University Press. 2001: 9.
③ Council of Europe. Common European Framework of Reference for Languages: Learning, Teaching, Assessment [R]. Cambridge: Cambridge University Press. 2001: 53-56.
④ Johnson, B. & Cloonan, M. *Dark Side of the Tune: Popular Music and Violence*. [M] Aldershot: Ashgate. 2009: 98.

用语言可以实现的其他交际能力,以及非交际的语言能力,如诵读诗篇、练习书法的语言能力,还包括运用语言进行语言学习的能力。运用语言学习其他学科,则仍然属于交际语言能力,因为学生需要运用语言理解能力学习材料,学生在学习中也会运用语言讨论所学内容。

基于以上分析可知,语言运用能力具有综合性,包括运用语言进行交际的能力、运用语言进行学习的能力、运用语言进行自我愉悦与审美的能力等。

发展学生语言运用能力,需要教师的引导,一方面要引导学生理解与掌握语言运用知识,另一方面要引导学生在真实的语言运用活动中基于所掌握的语言运用知识开展语言实践活动,发展语言运用能力。

任何语言都有其语言运用的知识体系,语用知识是指在特定语境中准确理解他人和得体表达自己的知识。理解和掌握语用知识,有助于学生根据交际的目的、交际场合的正式程度、参与人的身份和角色,选择正式或非正式、直接或委婉、口语或书面语等语言形式,得体且恰当地与他人沟通和交流,达到交际的目的。

(二) 语用知识教学的具体内容

语言运用能力是英语课程的基础性目标,其他都是基于语言能力而发展形成的能力,而语言运用能力则是以语用知识为基础。所以,中小学英语课程的知识体系中必然包括语用知识,并以其为中小学英语语言知识体系的终极内涵。

从语用知识的内涵可知,语用知识包括语境知识、语体与文体知识、表达方式知识(对他人表达方式的理解以及自己表达方式的得体选择)、语用目的知识。

综合英语课程标准的相关要求可知,英语学科的语用知识主要应包括:

1. 根据社会交际场合的正式程度、行事程序及与交际对象的感情距离,选择与运用正式或非正式、直接或委婉等语言形式,恰当地理解和表达问候、介绍、告别、感谢、道歉、请求、祝愿、建议、拒绝、接受等广泛的交际意图,保持良好的人际关系,体现对交际对方应有的尊重和礼貌,有效并得体地实现交际意图;

2. 在跨文化沟通中,根据不同对象、时间、地点、情境,综合而且正确理解他人的态度、情感和观点,运用得体的语言形式,回应对方观点和所表达的意义,进行插话、打断或结束交谈,根据交际场合的正式程度和行事程序,选择正式或非正式、直接或委婉等语言形式,表达自己的态度、情感和观点,并有效运用非语言形式,如目光、表情、手势、姿势、动作等身势语体现文化理解,运用良好的语言进行跨文化交际;

3. 熟悉英美等国家的文化特征和思维方式,在进行口语与书面交际时,能根据交际对象的身份、事由、正式与非正式程度,选择得体的语言形式进行有效的跨文化沟通,有效运用得体的语言开展文化交流,体现多元思维,与不同文化背景的人进行顺利沟通。

这是基础教育阶段英语学科语用知识的最终目标,不同学段、不同年级有着各自相应的阶段性、过程性目标。

请分析:请选择一个语篇,从以上语用知识内容分析其语用知识内涵。

二、语用知识教学主要方法

（一）语用知识教学模式

1. 分析发展模式

语用知识作为知识体现在语言运用之中。教学中引导学生分析语言运用中的知识形态，基于此而掌握语用知识，从而发展语言运用能力，是语用知识教学的基本模式。

语用知识既呈现在课文这类语篇之中，也呈现在所有语用真实的语言实践活动之中，如师生的课堂对话、学生之间的创编对话等。无论是在课文学习之中，还是在课堂语言实践之中，均可深度分析语言运用中的知识形态，引导学生把握语境、语体与文体、表达方式、交际意图等，从而基于所掌握语用知识开展语言运用实践，发展语言运用能力。

2. 情境体验模式

语言运用是在具体语境的理解与表达，语境是语用知识的基础。让学生在语言运用的真实情境中体验语言的运用形态，进行真实的交际，有助于学生掌握语用知识，发展语言运用能力。

在互联网时代，学生不用出国而通过互联网与世界各国的人进行真实情境、真实语用目的的口头与书面交际。学生在这样的真实交际活动中体验语言运用，在真实交际中把握语境、语体与文体、表达方式、交际意图等，发展真实情境中的语言运用能力。

真实情境的交际体验可以与分析发展模式结合，在分析发展之后，进行真实情境体验，强化通过分析所发展的语用知识，也可以在真实情境体验之后，分析反思交际中的语用知识的运用，进一步强化语言运用能力。

3. 迁移发展模式

我国中小学生在学习英语之前已经掌握了自己的母语，少数民族学生可能还已经掌握了自己的母语和汉语。学生已有的母语语用知识，对学生掌握英语语用知识，可以产生积极的迁移作用，因为不同语言有一些共同的语用知识，如尊重、礼貌、语体与文体差异等。

教师可以在学生具有一定的英语语言积累之后，引导学生进行汉语与英语的语用比较，将其中可以促进学生掌握英语语用知识的部分进行正向的迁移，促进学生掌握英语语用知识。需要注意的是，母语对外语学习的迁移不都是积极、正向的，所以需注意分析判断。

（二）语用知识教学原则

1. 真实性原则

语用知识的教学需以真实语境下，指向真正语用目的的真实语义理解与表达为基本原则。经过国家审查通过的中小学英语教材的课文，总体上都是真实语境下，指向真正语用目的的真实语义表达，但一些自编的英语材料，则可能不够真实。课堂的语言学习活动，则往往由于多种原因，常有语境不够真实、没有指向真正语用目的，甚至语义不真实的现象。因此在选择补充学习材料、设计教学活动之时，应坚持分析判断其语义、语境、语用意图的真实性，此为语用知识的重点。

2. 运用性原则

语用知识是语言运用的知识，也是以发展学生语言运用能力为目的的知识。语用知识的教学需把握运用性这一目标性原则，偏离甚至脱离运用的语用知识教学，不是真正的语用知识教学。

在语用知识的教学中，即使是语言本体知识的教学，也应坚持运用性原则。如字母 a 的读音，在以下案例中，表现为显著的语用知识教学：

Hotel receptionist: What's your family name, please?

Mr. Mei: Mei.

Hotel receptionist: Is it m-a?

Mr. Mei: No, it's m-e-i. M-a is /ma:/ in Chinese. Mei is M-e-i.

Hotel receptionist: Oh, I see. Yes, it's here. Thank you.

显然，因为外国人不知道汉语拼音中 Ma 读作 /ma:/，而读作 /mei/ 的是 Mei，所以，梅先生需要向这位酒店接待人员进行解释。这里英语字母 a 的读音具有非常现象的语用特性。

3. 发展性原则

任何人的语用能力都不是一次学习可以形成的，尤其是英语作为外语，对我国学生而言，需要更长的学习时间和更多的运用实践，方可真正掌握。

语用知识教学的发展性既体现在不同学段的发展，也体现在同一语用知识需要反复学习与实践而形成发展，还体现在同一语用知识在同一班级的不同学生中会出现不同的发展差异上，有的学生可能很快就能掌握，有的学生可能需要更长时间、更多实践才能掌握。

4. 跨文化原则

语用存在显著的跨文化差异，英语和汉语来自完全不同的文化体系，语用差异更加明显。我国中小学英语课程的语用知识教学，需要突出语用的文化差异，以免出现跨文化的语用错误。

人类的语言与文化也存在很多共性，语用亦然。所以在语用知识教学中，不能只是强调文化差异，而亦应关注文化共同性，善于利用跨文化的语用的缄默知识，开展跨文化的语用知识教学，发展学生跨文化的语用能力。

（三）语用知识教学方法

1. 语用解析

英语教学总是基于课文学习与实践活动的教学，语用知识非常显著地体现在英语课文与英语实践活动之中。语用知识的教学要对课文与实践活动中的语用知识形态进行解析，基于此发展学生的语言运用能力。

在课文解析中，要把握以下语用知识：课文语境，如时间（时代社会特征）、地点（地域民族文化）、参与者及其关系等；课文语体与文体，如对话、故事、应用文等；表达方式；作者以直接或间接、礼貌或随意等方式表达；作者的语词、语句结构、语篇结构选择；语用目的，作者以课文表达或传播什么态度、情感、观点等，尤其是跨文化内涵。

在语言实践活动中，要增强语用意识，在设计口语、笔头交际活动时，努力创设接近真实世界的交际语境,明确交际场合、参与人身份和关系,帮助学生认识到语言形式的选择受到具体交际情境的影响。

针对语用知识的教学,可以通过讲解、视频、体验等方式开展,增强学生对交际场合的正式程度、行事程序的感知,以及对交际参与人身份的感知,根据交际场合的正式程度选择正式或非正式的语言表达形式开展交流。

要注意增强学生对交际对象情感距离的感知,并根据这一知识,判断是否要使用正式或非正式、直接或委婉的表达方式,体现对交际对方应有的尊重和礼貌,确保交际得体有效。例如,教师在布置口语交际任务时,要说明语用知识要求。

在教学中,应有意识地帮助学生学习不同的书面文体,如记叙、说明、新闻、论述等,及其特有的文体结构和语言表达特征。了解和学习这些特点和特征,有利于学生恰当地使用书面语篇形式进行交流。同时,应帮助学生了解不同文化的价值观和社会习俗,在交际时避免冒犯对方的文化禁忌,从而有效地实现与他人的沟通和合作。

2. 交际实践

语用知识不能只是纸上谈兵,而要进行语言运用实践。在互联网环境下,语言交际实践活动可以基于互联网进行真实的语言交际。如:

教师向学生说明任务:学校让我们向即将来访的外国学生发邮件,介绍我们的学校。教师引导学生进行语用知识分析:这是较为正式的介绍,决定采用邮件附件方式,图文并茂地介绍学校,语言要较为正式,但也要显示我们的热忱欢迎。介绍需按照一定顺序,经征求外教意见,采取从左往右的程序进行介绍。为鼓励外国学生来访期间参与学校活动,介绍的内容突出可参与性。经全班多轮讨论、共同修改定稿以下版本:

In this picture, you can see most of our school.

On the left, you can find a tall building. It's our science building. It's for science classes and clubs. Do you like robots? You can join a robot football team there. We need more members.

In the middle, you can see a playground there. We always have PE class on it. You can play sports with us there. And you can play football there. Do you have a class football team? Let's have class matches, all right?

Behind the playground, you can see our classroom building. We have classes there. You can attend our Chinese class and Maths class in the classroom for our class. And you can have Science class, Music class and Arts class in different classrooms.

On the right of the picture, you can see our dining hall and teacher's office building. You can enjoy delicious Chinese food there. We also have a radio room there. Who can sing or tell stories well in your class? Please join our radio team. You can sing and tell stories to the whole school there!

这一介绍内容语言较为正式,但通过以 you 为对象的方式进行介绍,使介绍显得比较亲切;内容较为全面,具有全局感,同时突出介绍可参与性活动,不断邀请来访学生参加某些活动,呈现明确的语用意图。尽管语言尚需进一步优化,但在这一过程中,学生的语用知识得到显著发展。

若不使用互联网,则可以模拟真实的交际实践活动,如角色扮演活动。交际实践活动可以让学生理解、把握语用知识,也可以深化学生通过语用解析而掌握的语用知识。

如让学生看以下对话,分析语用知识,然后进行表演。

A：Please check the school items with me. You count them and tell me, and I write down the numbers.

B：All right. 3 pencils.

A：All right, 3 pencils.

B：2 pens.

A：Good, 2 pens.

B：5 red crayons.

A：OK, 5 red crayons.

B：6 blue crayons.

A：Fine, 6 blue crayons.

B：4 yellow crayons.

A：Well, 4 yellow crayons.

A：No more?

B：No more.

A：Aha, finished! Wonderful!

这一活动语言非常简单,但语义、语境、语用均非常真实,模拟开展这一活动,有助于帮助学生理解、把握其语用知识,并发展学生的语言运用能力。

实 践

 请你回答

1. 你认为中小学英语教学为什么需要强调语用知识教学?
2. 你认为在英语语用知识教学中应把握的重点是什么?

 请你分析

请从语用知识教学视角分析以下小学五年级教学活动。

时间	教学步骤	教学流程		教学目的
		教师活动	学生活动	
2—3 分钟	介绍任务	告诉学生任务:"学校将购买学习机器人,学校向全校进行调查:你需要机器人能做什么?"请学生尝试用 can 说出自己的想法。在黑板上记录下非常有价值的想法。若无,则不记录。	了解任务。 尝试任务。	让学生受到任务驱动,使本节课随后的学习在任务驱动下进行

(续表)

时间	教学步骤	教学流程 教师活动	教学流程 学生活动	教学目的
3—5分钟	学习活动1	告诉学生可以用 can 表达能力,如歌谣这般。播放动画,让学生看图,学习歌谣,巩固 can do 结构。	学习歌谣,进一步强化 can do 结构运用能力。	强化 can do 的运用能力,巩固动词
3—5分钟	学习活动2	播放课文动画,让学生学习课文,完成活动。	学习课文,理解 will 的用法,感知 can 和 will 的异同。	学习新语言结构
3—5分钟	学习活动2	播放课文动画,让学生跟读,回答问题。	学习课文,跟读课文。对机器人能力进行分类。	学习新语词;发展思维的准确性
3—5分钟	学习活动3	学习活动3。	巩固语言,为完成任务做准备。	为任务做语言准备
7—10分钟	完成任务	让学生说出自己的想法。鼓励学生对说出不同的能力。	说出自己对机器人能力需要。对机器人能力进行分类。	发展思维的创造性、灵活性、准确性
1分钟	布置作业	鼓励学生课后进一步想象。	了解作业。	发展思维的创造性、灵活性、准确性

 请你设计

请设计一个适合小学四年级的语用知识教学活动。

请扫描二维码查看参考答案

本章小结

本章侧重中小学英语基础知识的教学原理、方法的探讨和研究,共分为五节来完成,第一节着重讨论了英语语音教学的意义、教与学的主要内容以及几种比较有影响的语音教学模式和教学方法。通过对问题的分析,明确了语音教学在英语教学体系中的重要地位,也理顺了语音教学于语法、词汇的关系。第二节概括了词汇教学的重心,使大家在认真探索词汇教学方法的同时,也在关注学习者,如学习者是如何学习或习得英语词汇等。这方面的研究能够为教师的教学提供积极有益的反馈和启示,从而能够有利于改进教学,提高教学质量。第三节更多地关注了英语语法的内涵、语法教学的定位、语法教与学的内容和当前语法教学中主要的理论与实践观点。词汇是语言的基础单位,是任何语言学习和教学的重点。第四节介绍了语篇知识教学,这是教师在教学中需要给予充分重视的环节,语篇的输出可以是听说结合,读写结合,注重语言输入和输出之间的关系,基于语篇结构和语言特点,使学习者学以致用,真正体现语言的交际性。第五节讨论了语用知识教学,这是我国当前中小学英语教学中最为薄弱的领域,亟待加强。总之,本章五节内容围绕着如何有效地进行英语基础知识的教学展开,以期给予教师更多的理论帮助和实践上的指导。

进一步阅读建议

程晓堂.基于语篇的语言教学途径[J].国外外语教学,2005(01):8-16.

鲁子问,康淑敏.英语教学方法与策略[M].上海:华东师范大学出版社,2008.

王笃勤.英语教学策略论[M].北京:外语教学与研究出版社,2007.

第十章
中小学英语理解性技能教学方法

语言技能包括听、说、读、看、写,传统上按照语言技能所使用的形式分为听与说、读与写,若按照语言运用的功能分类,可以分为理解性语言技能与表达性语言能力两类,听、读、看是理解性技能,也称为接受性技能;说和写是表达性技能,也称为产出性技能。本章将介绍听、读、看技能的教学的常用方法和新的方法。

第一节 听力教学方法

思 考

现象反思

A 老师正在对高中学生进行听力教学,他给学生们听的内容是关于世界石油争端问题的新闻。他先让学生听了两遍,然后回答问题,但没有学生答对,他只好又让学生听了一遍,并呈现原文,让学生选出答案。

你认为 A 老师的听力教学存在哪些问题?

学习目标

学习本节后,你能:
1. 了解听力技能的教学模式;
2. 掌握基本的听力方式和技能;
3. 根据不同的学习对象和教材设计出有针对性的听力技能教学活动。

本节结构

> 学 习

一、听力与听力理解

人们进行口头交际活动时,最基本的是听懂对方说的话。听力能力是交际的关键,如果缺乏必要的听力能力,交际将会中断。不具备一定的听力能力,外语学习也将变得十分艰难。因此,如何提高听力能力始终为人们所关注。那么,什么是听力?听力理解包含哪些内容?生活中的听力与课堂教学中的听力有何不同?

(一)听力与听力理解的内涵

听力是一个接受声音、理解声音的过程,是听者对说话者所传来的编码讯息进行解码的过程。听力理解同样是一个复杂的过程,它究竟由哪些能力要素构成,各家众说纷纭,目前尚未有定论。

肯尼斯认为听力理解由五个部分构成,即辨音、信息感知、听觉记忆、信息解码和信息运用或存储,后者以前者为基础。[1] 根据安德森(J. K. Anderson)的观点,听力理解由三个相互关联而又循环出现的阶段组成,即感知、分析和运用。布朗(H. D. Brown)则认为听力理解包括九个基本过程,即:1. 确定一个听的理由,目的明确才会有效果;2. 把听力原始材料存储在短时记忆中;3. 通过对话语类型(对话、演讲、广播等)及功能(说服、通知、要求等)的辨认组织信息,对存储的信息进行筛选、过滤;4. 对未知听力信息进行预测,以帮助对未知信息的理解,提高整体理解能力;5. 回想相关背景知识帮助理解信息;6. 给信息赋予意义,加强对信息的理解和记忆;7. 检查、核实、保证信息被正确理解,以此确保信息的准确性;8. 将理解的信息存储于长时记忆,转化成自己的信息;9. 删除短时记忆中的原始信息,保证所有正确信息存储于大脑中;等等。[2]

虽然各家所持观点不同,但基本观点是相同的,听力理解主要包括四个要素:接受、注意、理解意义和记忆。

(二)影响听力理解的因素

观察分析我国英语教学实践可以发现,听力是我国很多学生英语学习面临的最大困难。导致听力困难的因素很多,其主要原因如下:

1. 听力材料因素

- 听力材料的种类和内容繁多,肖哈密(Shohamy)和英博(Inbar)经试验发现,新闻类的听力材料难度最大,讲座类次之,对话类难度最低。[3] 另外,以时间为顺序的描述材料要比打乱时间顺序的描述更易懂。

---

[1] Kenneth L. B. Speech and Listening in Language Arts Textbooks: Part II [J]. Elementary English (National Council of Teachers of English), 1967,44(5):461-465,467.

[2] Brown, H. D. Principles of Language Learning and Teaching (4th ed.) [M]. Plains, NY: Pearson Education, 2000.

[3] Shohamy E., Inbar O. Validation of listening comprehension tests: the effect of text and question type [J]. Language Testing, 1991,8(1). https://doi.org/10.1177/026553229100800103

- 听力材料的语速：语速太快，学生来不及理解听到的信息；语速太慢，材料就失去了真实性，学生容易产生厌倦情绪。许多研究者认为以英语为母语者的正常语速为每分钟165至180个词，但由于场合不同，语速也会发生变化。
- 听力内容的熟悉程度：如果学生熟知听力内容，就很容易在头脑中形成相关内容的图式，借助常识和联想来理解听到的信息。这种情况下的听力理解效果会比较好。但如果听力内容是学生所不熟悉或不感兴趣的，听力理解就要完全依靠语言信息的输入，理解力就会降低。

除此之外，听力材料中说话者的口音、背景音等因素都会对听力理解产生影响。

2. 任务因素

任务难度对学生的听力理解有很大影响，任务类型不同，学生的听力反应程度也不同。比如选择性的问题方式比填空式的问题方式容易完成。肖哈密(Shohamy)和英博(Inbar, 1991)发现，对具体线索的提问比依靠整体线索的提问往往更容易回答。我国有些学生听力考试成绩较高，但真实听力能力偏弱，其主要原因便是听力考试的任务难度偏低。

3. 学习者因素

- 学生的语言水平：主要表现在语音、语法和词汇方面。例如，词汇量的多少以及掌握的熟练程度直接影响着学习者的听力理解水平。比如，如果只知道 book 表示"书"，而不知道其动词意思"预定"，就很难听懂"I'd like to book a room."是什么意思。此外，学习者的语音水平也会影响听力效果，比如有的学生会把"We have won."听成"We have one."，因此不知其所云。
- 学习者的情感因素：克拉申(Krashen)在他的情感过滤假说中指出，焦虑、自信心和动机等情感因素就像过滤器一样会制约学习者对语言的习得。在听力理解环节中，学习者经常会受紧张、焦虑等情绪的影响而不能完全理解听到的语言信息。

> **请讨论：**有人认为，听力困难不仅在于语音、语法、词汇等层面上，而且还在于听力内容的信息组合和概念呈现上，其他导致理解困难的原因还包括省略语的使用和对说话者意图的把握等。任何对话都可能由于这些问题的积累和综合，最后陷入误解和失败。你如何评价这一观点？

（三）听力理解模式

1. 文本驱动模式

文本驱动模式常作为自下而上听力模式，从语言的角度对听力理解过程进行解释，属于微观加工模式。该模式认为，听力就是一个语音解码的过程。听者利用语音、词汇和句子本身的知识进行语言因素分析，达到对听力材料的理解，并按照语音、单词、句子再到篇章的顺序逐步理解。

2. 图式驱动模式

图式驱动模式常作为自上而下听力模式，从学习者已有的图式知识和情景知识的角度对听力理解过程进行解释，属于宏观加工模式。该模式认为，听力不只是语音解码，而且是一个预测、检验和证实的过程。在这一过程中，听者利用非语言手段，如文化知识、语用知识、社会知识、策略知识以及与听力材料相关的话题知识、与说话人和场景相关的知识，对听力材料进行预测、分析和处理，从而达到对所听信息的理解。

3. 交互模式

该模式把听力理解过程看作是大脑长时记忆中的图式知识与听力材料相互作用的动态过程，即学习者对听力材料的理解不仅要运用语言知识，还要主动地借助大脑中的相关背景知识，对所听到的语言材料进行信息的加工处理，进而理解听力材料中的意义和内涵，是微观加工模式和宏观加工模式的结合。

> **请分析**：按照交互模式的观点，听力活动中如何平衡语言教学与图式教学之间的关系？

二、听力教学

（一）听力教学目标

听力教学的主要目的是培养学生在现实生活中进行真实交际的能力，能够借助听力完成现实生活中的各种任务，同时促进自己的学习和发展。随着学生认知能力的进一步发展，对学生听力能力的要求逐渐增高。听力教学的目标在不同的学习阶段要求也不相同。英语课程标准对听力教学的各个目标级别做出了具体要求，这里主要简介小学、初中和高中对听的基本要求目标，分列如下：

表 10-1　各学段听力技能发展目标

级别	目 标 描 述
小学	1. 能在图片、图像、手势的帮助下，听懂简单的话语或录音材料； 2. 能听懂简单的配图小故事； 3. 能听懂课堂活动中简单的提问； 4. 能听懂常用指令和要求并做出适当反应。
初中	1. 能根据语调和重音理解说话者的意图； 2. 能听懂有关熟悉话题的谈话，并能从中提取信息和观点； 3. 能借助语境克服生词障碍、理解大意； 4. 能听懂接近正常语速的故事和记叙文，理解故事的因果关系； 5. 能在听的过程中用适当的方式做出反应； 6. 能针对所听语段的内容记录简单信息。
高中	1. 能识别不同语气所表达的不同情感； 2. 能听懂有关熟悉话题的讨论和谈话并熟悉要点； 3. 能抓住一般语段中的观点； 4. 能基本听懂广播或电视英语新闻的主题或大意； 5. 能听懂委婉的建议或劝告等。

（二）听力教学原则

根据听力教学的目标、课程安排以及学生因素等划分，听力教学遵循以下几个原则：

1. 分析性的听和综合性的听相结合

分析性的听以词、词组、句子为单位，注重细节内容的理解；综合性的听以语篇为单位，注重整体内容的把握。听力教学要将二者有机结合。分析性的听是综合性的听的基础。听力教学应该针对这一原则,设置相关的听力训练,以培养学生听的能力。

2. 听力教学与说、读、写教学相结合

听力能力的训练不能只局限在听力课上进行,要将听力教学与说、读、写教学结合起来,做到听与说结合,听与写结合,听与读结合,这是培养听力能力的有效方式,将消极的、被动的、单向的听力过程转变为积极的、主动的、互动的学习过程。

3. 注重过程与注重意义相结合

听力教学中,注重过程,而不是结果,强调听力技能的培养;注重意义,而不是语言形式,就是强调听力材料中的内容。将两者相结合有助于提高听力教学的整体效率、改善听力教学的远期效果。

4. 培养听觉感知能力和推测能力相结合

听力教学不应只集中于单词或语法层面,要培养将听到的音与相应的语法和词汇相联系的能力,以及对句子间的关系进行推理和判断的能力。

(三) 听力教学内容

1. 听力知识

听力知识包括语音知识、策略知识、文化知识、语用知识等。语音知识不仅是语音教学的内容,而且是听力教学的内容,因为听力的首要任务就是语音解码。因此,学生有必要掌握发音、重读、连读、意群和语调知识。

对于听力理解,策略知识、文化知识、语用知识同样必不可少。缺乏一定的策略知识,就难以根据不同的听力任务选择适当的听力方式。缺乏对目的语国家的文化知识的了解,听的时候就会产生歧义,无法理解听到的内容。缺乏相关的语用知识,也难以真正理解对方说话的内涵,进而影响交际的质量。

2. 听力技能

(1) 基本听力技能

听力教学技能的目标因学生特点的不同、教学阶段的不同而存在差异。听力技能主要包括:

- 辨音能力:辨音能力是听力理解的最基本能力,包括音位辨别、重弱辨别、意群辨别、语调辨别、音质辨别等。
- 交际信息辨别能力:实施有效交际的关键之一是培养交际信息辨别能力,包括辨别新信息指示语、例证指示语、话题终止指示语、话轮转换指示语等。
- 大意理解能力:大意理解能力通常包括理解谈话或独白的主题和意图等。
- 细节理解能力:指获取听力内容中具体信息的能力。
- 词义猜测能力:指借助各种技巧猜测谈话中所使用的生词、难词等未知词汇的能力。
- 推理判断能力:指对谈话人之间的关系,说话人的意图、情绪、态度和言外行为等非言语直接传达的信息的推理判断能力。通过推理判断其深层含意,进而理解说话人的意图、谈话人之间的关系、说话者的情感态度等。
- 预测下文能力:指对谈话下文所要出现内容的猜测和估计,从而确定事物的发展顺序

或逻辑关系的能力。

- 评价能力：对所听内容进行评价，表达自己的观点的能力。
- 记笔记：根据听力要求选择适当的笔记记录方式。适当的记录方式有利于听力信息的获取。
- 选择注意力：根据听力的目的和重点选择听力中的信息焦点。

（2）听力技巧

一般情况下，技巧和技能可以互换使用，技巧和策略也可以互换使用。例如，在不同的文章当中，理解大意可能是一个听力技能，也可能是一个听力技巧或听力策略。同时，理解大意也可以是听力的目标之一。

但有些情况下它们处于不同的层面，包含的具体内容也各不相同。技巧是具体的活动操作方式，如能轻松地猜测某个单词的词义是一种技能。在猜测词义时，人们可以运用各种恰当的技能，如根据上下文猜测，或者借助说话者的表情、手势等，而这两种方法就是听力目标得以实现的技巧。技巧如果使用得当，就达到了策略的层次，有助于理解，否则，就只是一项技巧。

3. 听力理解内容

听力理解包括字面意思的理解和隐含意思的理解，其理解过程主要由辨认、分析、重组、评价和应用五个要素构成。任何级别的听力教学都必须经历由辨认到分析再到应用的一系列过程，然后才能逐步提高听力能力。否则，就无法完成有效的听力教学。

（1）辨认

辨认属于第一层次，是后面几个层次发展和提高的基础。主要涉及语音辨认、信息辨认、符号辨认等方面。教师可以通过正误辨认、匹配、勾画等具体方式训练和检验学生。例如将听力材料中的对话打乱顺序后呈现给学生，让学生根据听到的内容给句子排序。这一层次的辨认也分不同的等级，语音辨认属于最初级的要求，说话者意图的辨认则为高级要求。

（2）转换

信息转化属于第二层次，要求学生能够将听到的信息转化到图、表中，其中涉及对信息的分析和笔头输出。这个阶段要求学生可以在语流中辨别出短语或句型，以此对日常生活中的谈话内容有大致的理解。此层次又分为几个不同的层面，其中包括原信息转换和运用自己的语言进行转化，此转化可以利用填图、填表等方式进行。

（3）重组与再现

第一、二层次属于信息获取，第三层次则要求学生用自己的语言重新组合获取信息，通过口头或笔头方式表达出来。在这一阶段，学生的困难往往是对与某些话题有关的词汇不了解，教师在教学中应使学生大量接触相关词汇，并组织学生进行基于所填写的图表进行复述练习等活动。

（4）社会含义

听力应为交际服务，而交际需要有效、得体，那么社会含义的理解就成了交际的关键。听力材料中可以涉及多个场景与不同语言形式，然后让学生将所听内容与图片场景匹配。听力中可以通过语言的正式程度表达社会含义，图片中可以通过穿着、身势语等方式展示正式程度。在这个阶段，学生能听懂连贯话语中的内容。

(5) 评价与应用

评价与应用要求学生不仅要理解信息、转述信息，同时能够运用自己的语言对信息进行评价和应用，属于听力的最高层次。简单的听并不是目的，听是为了明确说话人的意图，进而与之交流、交际和沟通，或解决问题。因此，评价和应用是听力教学中力图达到的一个目标，教学中可以通过讨论、辩论、问题解决等活动进行。当然，即使学生的听力已达到这个阶段，随着题材、内容的变化，学生往往还会回到前面几个阶段。要使学生在多数情况下成为这个阶段的听者则需要教师帮助他们不断吸收新词和新知识。

(四) 听力教学模式

听力一直被置于语言教学的首位，尤其是在听说教学法出现之后。但是，在实际听力教学中，很多教师习惯放录音、重复、做练习、对答案、再听的模式或者将听力作为其他课堂活动的跳板，听力教学的过程性和交际性、听力活动的真实性、学生学习的主体性等都没有得到很好的体现，甚至阻碍了学生综合运用语言能力的提高。因此，教师有必要了解听力教学的基本模式，从而实施有效的听力教学。

1. 文本驱动听力教学

这种教学模式比较强调语言知识在整个听力理解过程中所发挥的作用。该模式认为，人们理解口头语言是一个从部分到整体对语言进行线性加工的过程，即切分和理解构成单词的语音信号、构成短语或句子的单词、构成连贯语篇的短语或句子。因此，在真正的听力理解训练之前总有相当程度的微技能训练和词汇、语法的教学安排。其教学内容大体包括：语音练习，如最小语言单位练习，重读训练；单词、短语语音解码；词汇、句法结构的训练等。这种模式在小学和初中英语教学设计中表现为先训练学生对主要句型的运用，操练充分后，再播放听力。在高中英语教学设计中，词句提前讲解，再进入听力内容的播放，这样能有效促进学生对听力内容的语音和语义识别，使听力理解易于达成。

但有时，在没有语言知识障碍的情况下，学生仍无法理解听力材料，因此文本驱动听力教学模式作为培养听力技能的一种手段存在其自身的缺点和不足。

2. 图式驱动听力教学

图式驱动听力教学模式是针对文本驱动教学模式的弱点提出的，它侧重激活听者已有的关于听力材料的图式知识，强调有关听力话题的背景信息及有关说话者的意图、态度等信息。图式驱动教学模式在听力理解教学之前不是进行有关语音、词汇和句法的教学，而是激活背景知识，组织学生对所要听的材料内容进行预测，进而获得一个整体印象。这种模式在教学中经常以头脑风暴的方式来激活学习者有关听力主题的背景知识，然后借助学生所知，教师适时拓展学生的新知，并把学生引向对所听内容的预测，使学生带着好奇心进入听力内容中。

这种模式的弊端是过分强调图式知识的重要性，其实语言内容的铺垫与图式知识的准备在听力理解中都是必要的。

3. 交互式听力教学

交互式的听力教学符合听者处理听力内容的预先准备要求。在交互式听力教学中，听力过程是一个复杂的生理和心理过程，需要听者运用已有的语言知识和图式知识并采用适当的听力策略，对文本信息进行加工处理，从而理解说话人的意图，达到培养和提高听力技能的目的。基于文本驱动和图式驱动两种听力教学模式各自的缺点，交互式听力教学模式综合两者的优势，即有效利用语言知识和图式知识，开展听力教学。

4. PWP 听力教学

PWP 教学模式由听前（Pre-listening），听中（While-listening）和听后（Post-listening）三个阶段组成。听前阶段教师的主要任务是帮助学生建立新图式或激活学生头脑中已有的图式，例如建立学生对话题的熟悉度，对语音微技能进行训练，新词句运用到一定流畅度后，采用预测、头脑风暴、问题、发现等活动，充分激发学生对听力内容的期望和听力动机。听中阶段是听力的关键时期，以信息理解和技能训练为主，教师要培养学生学会使用听力技巧和策略，便于学生对材料的理解和记忆。听后阶段是巩固所学知识的阶段，主要通过听后说、听后写、听后填表、听后进行创造性的语言输出等方法，以利于日后听力的学习及其他语言能力的提高。这种听力教学模式重视背景知识在听力理解中的作用，并利用听前阶段和听中阶段有效地提高听力课堂的教学效果。

5. 任务型听力教学

任务型教学模式强调听力学习任务的真实性，通过完成真实的听力任务提高听力理解能力。任务型听力教学程序包括任务前（Pre-task），任务中（While-task）和任务后（Post-task）三个阶段。任务前阶段主要是根据听力材料布置听力任务。任务中阶段由学生集体和个体准备听力任务，并展示成品。任务后阶段是结合学生听力任务展示所反映的问题进行词汇、语法以及听力策略的专项训练。听力任务可以分为课堂小型任务和课外项目任务。

听力任务一般有：

- 列举型任务，如学生听完一段材料后，根据一定的顺序或关系，罗列有关的事实。
- 排序、分类型任务，如让学生听完后把物品、动作或事实按逻辑、时间顺序排列。教师把课文段落、重点小结或图片的顺序打乱，然后让学生重新按顺序排列。
- 比较型任务，如要求学生听完后对类似的东西、物品等进行比较，找出它们之间的相同之处和不同之处。
- 问题解决型任务，如学生根据听力材料和已有的知识来解决与现实有关的问题。
- 分享个人经验型和创造型学习任务。

任务型听力教学模式能够有效培养学生的合作意识和探究精神，并且不断提高学生的听力学习策略。

（五）听力教学活动

在听力技能的教学中，听力教学活动设计是有效教学的前提。因此，有必要了解不同教学活动在技能培养中的功能。下表列举了常见的听力技能活动。

表 10-2 听力技能活动

技能	活　　动
辨音	听辨别不同的音位 听后标示重弱读、节奏、意群等 模仿 重复

(续表)

技能	活 动
文章大意、主旨等理解	听后选择适当的标题 为听力材料写概要 话题匹配
细节理解	信息图表化，学生根据文章完成信息表格 正误判断 回答问题 根据听力进行句子排序 就听力内容的要点提问 听故事将图表排序 听后匹配 完型听写 听后画画 听后做动作
推理推论	听后判断正误 听后回答问题 听后讨论
猜测词义	对文中的单词和短语进行提问，检查学生的理解 通过替换练习检查学生对词义的理解 就上下文进行提问，帮助学生理解目标词汇 分析词汇结构 分析上下文衔接 分析语篇逻辑
记笔记	定点听写、复式听写 信息图表 填图
交际信息辨认	听并圈定信息词 听并选择适当的信息词 听并进行信息词释义匹配 听并讨论

实 践

 请你回答

为什么说图式理论对于听力教学很重要？

 请你分析

分析你现在的听力学习或听力教学，找出适合你自己的听力教学模式，并说明原因。

请扫描二维码
查看参考答案

请你设计

请你根据以下听力材料设计一个适合七年级学生的听力活动。

Alexis：So, Joe, what do you think your life will be like in ten years?
Joe：Oh, I think I'll be an astronaut.
Alexis：An astronaut? Are you kidding?
Joe：No, I'm serious. I'll fly rockets to the moon. Maybe there will be flights to other planets.
Alexis：Oh. And where will you live?
Joe：I'll live on a space station.

第二节　阅读教学方法

思　考

现象反思

在农村中学任教的 H 老师发现每个单元花在课文与其中的词汇、语法教学的时间都不够用,而且还需要腾出时间训练学生听力能力,因为自己课后开展听力训练的资源和设备难以保障。这导致他根本安排不出时间训练学生的阅读能力,以至于学生阅读能力很不理想。

H 老师该如何处理这一难题?

 学习目标

学习本节后,你能:
1. 了解英语阅读的阅读理解层次;
2. 了解英语阅读策略和阅读技能的训练方法;
3. 基于不同文本,针对不同阅读教学环节设计有效的阅读活动。

本节结构

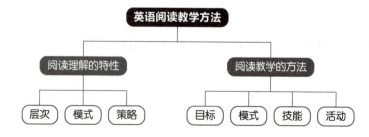

> 学　习

一、阅读理解的特性

从阅读行为而言，阅读是读者通过认识和理解代表作者的思想和观点的文字符号而在自己的头脑中建立意义的心理活动过程，是一个不断假设、证实、想象、推理的积极、能动的认知过程。从阅读意义而言，阅读是人自主建构意义、促进自我发展的基本路径，因此可以说"We are what we read.（我们读什么书，就成为什么样的人。）"。而且，阅读影响社会发展，因为阅读影响着社会价值取向的形成与建构。正因为阅读具有如此重要的意义，我国开展了"全民阅读战略"，联合国教科文组织等也组织开展"世界读书日"等活动，英语教师也应积极组织学生开展跨文化阅读。

在英语语言基本能力中，阅读能力是信息获取的重要手段之一，是学生从书面语言中汲取信息的有效途径，也是学生从英语文献建构意义的过程。所以，阅读教学在中国英语作为外语的教学环境下始终处于重要地位。正因为其重要作用，我们更需要从阅读教育高度开展阅读教学。

（一）阅读的层次

阅读的目的主要有获取信息、形成审美、建构意义。获取信息的阅读是第一层次的阅读，指为了达到通过阅读获得信息的目的，运用自己所具备的语法、词汇、功能、话题、生活经验等方面的知识，理解文章内容、进行推理、判断从而领会文章的深层含义及作者的观点和意图的心理过程，包括直接获得信息、推理获得信息两种形式。直接获得信息是指通过理解语言形式的语义而获得信息，通过推断获得信息，则是指根据分析文章的结构、作者的观点，运用自己已知知识，推断作者没有以语言形式直接表达而隐藏在字里行间的信息。获取信息的理解能力，主要依靠读者的语言知识、背景知识和推断能力完成。

审美是一种情感，即美感。最常见的形成审美的阅读是普遍意义上的文学阅读，这种审美性阅读理解通常是读者基于作者的文本，理解文本中作者预设的主题、情感或文本形式，形成读者自己的审美，包括形式美、情感美、意义美等所有审美情感。如读诗的愉悦可能来自作者预设的情感，也可能来自读者读诗形成的情感，甚至可能来自对韵律的审美情感。审美阅读需要基于对文本所有信息（包括情感信息）的获取，但更主要是读者与文本的互动。这种互动可能是读者主动的，如我们主动选择一部小说进行阅读；也可能是文本触发的，如我们看到一则幽默故事而欢笑。

阅读的最高层次是意义建构。意义建构的阅读通常是在理解作者预设的信息、意义基础上，读者认同或者否定、接受或者拒绝作者预设的意义，而自主地建构意义的阅读活动。有效的意义建构的阅读是批判性阅读。批判性阅读是阅读者通过批判性地阅读文本，基于批判性地分析作者预设的文本意义，自主建构意义的过程。批判性阅读不仅要求读者读出作者预设的信息、意义等，更要求读者批判性地分析这些信息、意义，自主地建构意义。读者所建构的意义可以是作者预设的意义，也可能是与作者预设不同甚至完全相反的意义。未经批判而直接接受意义的阅读，是获取意义的阅读，不是建构意义的阅读。

批判性阅读具有独特的阅读教育价值,具有信息理解、审美与意义建构的综合性。批判性阅读是阅读教学发展到阅读教育的关键方法,值得在阅读教学中深度、系统开展。开展批判性阅读要求教师首先分析、发现文本的信息以及基于信息的审美特性与价值意义,然后确定学生基于其最近发展区可以建构的价值意义,基于此设计恰当的批判性阅读教育目标,继而通过引导学生开展建构意义的批判性的阅读活动,开展对文本及其意义的发现、分析、讨论,以及可能的建构,完成对文本的批判性阅读,形成从信息理解到审美与意义建构的阅读全过程。

(二)阅读理解的模式

无论是以上哪一层次的阅读,都需要基于对文本的理解,包括对文本信息、情感、意义的理解。对于阅读理解,阅读理论研究发现存在三种模式:自下而上模式,自上而下模式和交互阅读模式。

1. 自下而上的阅读理解模式

自下而上的阅读模式,亦称为文本驱动的阅读模式。该模式认为阅读的过程是读者从辨认最基本的语言符号开始,即从对字母和单词的理解,再到对短语、句子的理解,最后到对段落和篇章的理解,直至把握作者意图,理解全文。在阅读过程中,读者逐词、逐句、逐段理解,依赖词汇和语法结构对文本进行解码,最后理解整篇文章。

2. 自上而下的阅读理解模式

自上而下的阅读模式,亦称为图式驱动的阅读模式。图式理论认为,阅读理解是一个作者的语言与读者的先验(prior background knowledge)或记忆图式(memory schemata)相互作用的复杂过程,并非作者对读者的单向作用过程。图式可以分为多种,如语言图式、内容图式、形式图式和策略图式。阅读教学内容也被划分为与知识图式相对应的语言知识(词汇、语法等),与内容图式相对应的背景知识和篇章内容,与形式图式相对应的篇章结构(信息传递、衔接、连贯等)和体裁框架(叙述体、说明体、论述体等)和与策略图式相对应的学习策略知识(预测技巧、记忆技巧等)。该模式以概念知识和背景知识为先导,强调读者以先前的知识和经验作用于阅读文本,整个阅读过程包括猜测、预测、验证预测、修正预测和调整预测,这一过程是读者与文本,或者说是读者与作者交互对话的过程。

3. 交互阅读理解模式

自下而上模式和自上而下模式都把阅读过程视为一种单向传递信息的过程。事实上,阅读过程是语言知识(词汇、语法等)和非语言知识(经验、背景知识等)同时发挥作用的过程。交互阅读模式认为:阅读是自下而上和自上而下两种模式交叉进行的过程,阅读理解是视觉信息与非视觉信息共同作用的结果。换句话说,人脑一方面对搜索到的信息进行语音、词汇、语法、语义的加工,产生理解;另一方面,借助已有知识(包括非语言知识和语言知识)对视觉提供的信息进行假设、推测,并不断地进行验证、确认。两方面的信息处理恰到好处,即产生正确理解。否则,需对假设进行修改,直至理解正确。

(三)阅读策略

阅读策略是指学生在英语阅读过程中有目的、有意识地选择和采用一系列旨在提高阅读理解和阅读速度的方法技巧和调控阅读行为的措施。英语阅读策略是指帮助英语学习者有效理解文本信息、解决各种阅读问题的方式和方法。一般说来，常见的阅读策略有：

- 文本阅读。阅读课文时争取弄懂课文的每个句子与段落，当弄不懂句子的意思时分析句子的句法结构。
- 图式利用。阅读中通过文本联想自己所了解的知识，加深对文章的理解。
- 选择注意力。阅读时集中注意力，忽略与之无关的其他内容。
- 生词处理策略。词义猜测：阅读中根据上下文、构词法、同现复现信息等猜测词义；生词跳跃：阅读中遇到生词时跳过去，而不是停下来猜测词义，或者查字典等。
- 策略调控。根据不同阅读目的，灵活运用阅读策略。不同文体的文章能采用不同的阅读方式。
- 文本利用。根据已知信息或语篇轨迹对深层含义做出判断、推理和引申；利用常识或零散已知信息推测、想象，弥补空缺信息；通过 but、so，以及 for example 等信息词判断作者的观点、态度或论点。
- 整体阅读。将语篇视为连贯整体，采用自上而下处理模式。
- 信息分析。区分事实信息与观点信息。
- 结构分析。根据不同文体的语篇结构信息分析文章结构。

二、阅读教学方法

（一）阅读教学目标

任何教学都需要首先明确目标，阅读教学亦然。对于阅读教学的目标，《义务教育英语课程标准(2022年版)》《普通高中英语课程标准(2017年版)》列出了明确的阅读目标，归纳如下：

1. 能识别字母；基于字母认读单词；根据字母拼读规则读出单词；判断语篇中的字体、字号等印刷特征传递的意义。

2. 能根据上下文、构词法、非文字信息，推断、理解生词的含义。

3. 能提取、区分、分析和概括语篇的主题、主旨大意、主要观点、事实、情节，预测语篇的发展和可能的结局；识别语篇中的内容要点和相应的支撑论据。

4. 能理解语篇中显性或隐性的逻辑关系，根据连接词判断和猜测语篇中上下文的语义逻辑关系；把握语篇中主要事件的来龙去脉；抓住语篇中的关键概念和关键细节；识别书面语篇中常见的指代和衔接关系；识别语篇中的时间顺序、空间顺序、过程顺序；根据语篇中的事实进行逻辑推理；辨别并推论语篇中隐含的观点；识别语篇中的隐喻等修辞手段并理解其意义；分辨语篇中的冗余信息；根据上下文推断语篇中的隐含意义。

5. 理解语篇中标题、小标题的意义；根据语篇标题预测语篇的主题和内容、结构。

6. 辨认关键字词和概念以迅速查找目标信息；根据定义线索理解概念性词语或术语。

7. 把握语篇的结构以及语言特征；根据语境线索或图表信息推测语篇内容；能理解并解释图表、插图等提供的信息、意义。

8. 通过预测和设问理解语篇的意义；在阅读过程中，有选择地记录所需信息；阐释和评价语篇反映的情感、态度和价值观。

9. 借助话语中的语气和语调理解说话者的意图；能根据语篇内容按照正确的语音、语调、重音、停顿等，连贯、流畅朗读所理解语篇。

10. 批判性地审视语篇内容、语篇涉及的文化现象、语篇的价值取向、语篇的结构和语篇的连贯性。

11. 理解多模态语篇（如电影、电视、海报、歌曲、漫画）中的画面、图像、声音、符号、色彩等非文字资源传达的意义，在建构意义过程中的作用；理解电影、电视、画报、歌曲、报纸、杂志等媒介语篇中文字、声音、画面和图像是如何共同建构意义的。

12. 能读懂贺卡等节令卡片或留言卡等功能卡片所表达的信息；能读懂说明、要求或指令；能读懂信件、说明文等应用文体材料；能读懂相应语言水平的常见体裁的读物。

13. 能根据不同的阅读目的运用阅读策略；养成良好的阅读习惯，如按意群阅读。

14. 能使用工具进行阅读。

15. 有足够的课外阅读量。

以上是对小学、初中、高中阅读能力要求的综合整理，而阅读能力发展具有阶段性，不同阶段需要基于不同的课程标准的级别规定，选择相应的阅读能力目标要求。

（二）阅读教学模式

根据阅读理解模式理论，阅读教学的模式可分为以下三种：自下而上的模式、自上而下的模式和交互阅读教学模式。

1. 自下而上的阅读教学模式

自下而上阅读教学模式（基于本节前述自下而上阅读理解模式形成）认为，在阅读过程中读者逐个词、逐个词组、逐个句子、逐行进行解码，就能达到对整个段落和整篇文章的理解。因此，自下而上的阅读教学模式主张在阅读教学中重视词汇教学，包括读前讲授单词和阅读过程中词语用法的分析。有研究发现，此阅读教学模式培养的学生往往习惯始于解码且止于解码的分析性阅读，缺乏高层次的理解。

2. 自上而下的阅读教学模式

自上而下阅读教学模式（基于本节前述自上而下阅读理解模式形成）认为，阅读过程实际上是读者的先前知识与阅读材料交互作用的过程。因此，自上而下的阅读教学模式主张在阅读教学中重视背景知识的导入，教师要帮助学生学会运用已有的知识（事实和社会文化方面的知识、有关阅读材料话题的知识、文章结构组织的知识、情景上下文的知识等）对文章的下文进行预测，阅读检验自己的预测、修订自己的预测、进行新的预测。

3. 交互阅读教学模式

交互阅读教学模式（基于本节前述交互阅读理解模式形成）认为，阅读过程是一种复杂的、主动思维的心理活动，是读者根据自己的已知信息、已有知识和经验对阅读材料的文字信息进行体验、预测、验证和确认的思维过程，也是读者通过语篇（discourse）这一媒介与作者相互沟通的语言交际行为。因此，交互阅读教学模式既强调背景知识和上下文预测的重要性,又不忽视单词、短语的解码能力,同时关注阅读过程中的视觉信息和非视觉信息。视觉信息是眼睛感知文字符号而获得的信息。而非视觉信息则是在阅读过程中起潜在作用的、由大脑提供的信息,包括阅读者全部知识结构的总和,即对所学语言国家的社会和文化背景知识的掌握、对所读材料内容的熟悉、个人的生活经验、生活常识、逻辑知识和语言知识修养等各个方面。交互阅读教学模式是一种比较科学的阅读教学模式。

4. PWP 阅读教学模式

PWP 阅读教学模式是我国中小学英语阅读教学中普遍被采用的教学模式,主要属于自上而下或交互阅读教学模式,具体属于哪种阅读教学模式主要依据阅读文本体裁和教师的教学活动设计而定,三阶段主要指读前(pre-reading)、读中(while-reading)和读后(post-reading)三个阶段,具体教学活动设计如下:

读前阶段:读前是指阅读的准备阶段。读前准备的主要任务是明确阅读目的和布置任务。主要活动有导入或引出话题,激发学生的阅读兴趣,优化阅读心理,介绍相关话题的背景知识,激活相关图式,扫清阅读理解上的文化障碍,呈现和学习关键词句,扫清阅读语言障碍,根据题目预测主题或相关内容,使阅读理解过程成为印证性阅读。

读中阶段:读中是指阅读活动的展开阶段,其主要任务是阅读理解课文并在阅读过程中训练学生的阅读策略和阅读技巧。主要教学活动有略读了解课文大意,寻读捕捉具体信息,将事件排序,回答事实性问题和推理性问题,根据上下文推测词义,推测作者的深层寓意,识别文章体裁,概括段落大意,分析课文结构特征和写作特点,等。

读后阶段:读后是指阅读内容的拓展阶段,主要任务是根据所读内容开展一些评价或应用性活动,口、笔头巩固阅读成果,如复述大意,讨论,角色扮演或换角色讲故事,介绍自己类似的经历,缩写、改写、仿写、续写等。

5. 任务型阅读教学

任务型教学模式强调阅读学习任务的真实性,通过完成真实的阅读任务提高阅读理解能力。任务型阅读教学过程包括任务前(Pre-task),任务中(While-task)和任务后(Post-task)三个阶段。任务前阶段主要是根据阅读材料布置阅读任务。任务中阶段由学生集体和个体准备阅读任务,并展示成品。任务后阶段是结合学生阅读任务展示所反映的问题进行词汇、语法以及阅读策略的专项训练。具体过程可以参考任务型教学过程的说明。

(三)阅读技能及其训练

阅读技能是读者在无意识的情况下采用的策略,是一种已经成为阅读习惯的活动形式。根据《普通高中英语课程标准(2017年版)》,基础教育阶段常用英语阅读技能主要包括:根据生词与其他词语间的同等或同位关系、根据生词的定义或释意、根据生词与其他词语间的逻辑关系(对比关系、因果关系等)、根据常识和根据构词法推测生词大概意思;区分主题句和细节句(主题句是一个自然段中最具概括意义的句子,其表达能力最强,涵盖面最广,在内容上起提纲挈领的作用。段落中的其他句子起解释、说明或支撑主题句的作用,这些句子叫做细节句),利用主题句获取段落主题思想;查找主要事实或特定细节,领悟文章大意;运用简单推理和复杂推理(简单推理是以表面文字信息为前提,以具体事实为依据进行推理,作出判断。复杂推理是根据文章的事实、人物或事件的特征、性质、关系、态度等,结合社会背景知识,推测事件的原因和结果、文章的观点或结论、作者的目的或意图等,从而获得对文章深层次的理解),推断作者观点和意图。阅读技能不同于阅读策略,策略是有意识行为,而技能是无意识行为。只有当学习者可以无意识地使用某种策略获取信息、理解文本、完成任务才算掌握了某种技能。就阅读来说,词义推测属于生词处理策略,又是阅读技能,因为学习者需要首先判断是否需要进行词义推测,然后根据一定的线索推测词义。

(四) 英语阅读教学活动设计

1. 读前活动设计

读前活动是指学生阅读理解开始前的准备活动,主要教学活动包括激发学生的阅读动机,组织学生预测文中将要涉及的内容,提供相关话题的背景知识,在话题语境中呈现新词,扫清阅读理解上的语言障碍和文化障碍。预测文中将要涉及的内容是读前教学阶段的主要活动。训练预测技能,教师可根据阅读材料内容在备课时设计一两项能够激活学生有关阅读话题的知识的教学活动,如要求学生在限定的时间内尽可能多地写出相关信息,然后汇总信息,进而写出(预测)自己可能读到的内容,阅读后进行对比。

师生问答是读前较为常见的活动形式,通常情况下,教师设置一些与课文主题相关的问题,通过问答激活学生对课文相关话题知识的了解,同时补充所需的相关图式。头脑风暴也是常见的读前活动形式。一般情况下,由教师呈现关键词、话题或问题等,学习者单独或集体回答或同伴商议、小组讨论,集思广益,激活与话题相关的各种知识。头脑风暴可以用于背景知识的激活,帮助学习者预测文中可能出现的词汇或文本涉及的内容。此外,教师还可以利用故事性较强的阅读材料进行看图预测技巧的训练。具体操作如下:将故事性阅读材料中的开始、结尾和精彩片段用图画形式展示给学生,按照先后顺序组织学生根据图片信息对故事的背景、开端、发展、结局或细节等进行预测(一次展示一幅图片)。每次出示一幅图,组织学生用语言描述该图并预测故事的发展,然后根据下一幅图调整预测并对下文做进一步预测,直至故事的结束。预测活动结束后组织学生阅读文字材料,要求学生将文字阅读与图片阅读进行对比,以检测预测结果。

> **请讨论**:真实生活中自我阅读的读前活动、教学中的读前活动、考试中的读前活动有什么相同与不同?如何基于真实生活中的自我阅读发展学生的阅读理解能力?

2. 读中活动设计

读中活动的主要任务是理解文本并在阅读过程中训练学生的阅读技能。可采用的活动非常多,不仅有略读了解课文大意,寻读捕捉具体信息,划分课文结构,将事件排序,回答事实性问题,根据上下文推测词义等浅层次理解任务,也有推测作者的深层寓意,回答推理性问题,理解文本特点和文章主旨等深层次理解任务等。

(1) 略读技能训练

略读(skimming)是一种浏览方式,又称为跳读、掠读。略读不是从头至尾一字不漏地读,而是跳跃式地粗读,它要求读者在阅读过程中抓关键词、句、主题句和中心思想,不能因某个难词的阻碍或材料中的某些细节的纠缠而影响掌握全文的主旨大意。略读的主要活动为：阅读后给出标题；阅读后匹配标题；阅读后撰写概要；话题匹配等。

(2) 寻读技能训练

寻读(scanning)也是一种浏览方式。又称为搜读、扫读、查读,是有目的、有选择地快速观览,寻找所需要的信息,如人物、著作、数据、年代、地名、事件等。寻读的主要活动为：在规定时间内查找要求的具体信息；信息图表填充；选择填空；补全图片信息等。

(3) 质疑、释疑和概括技能训练

教师应提示学生就阅读内容进行不断的质疑、释疑和概括,向学生展示用于各类技能发展的问题,如培养学生的质疑能力和释疑能力可以要求学生阅读时多问这样的问题：What did the word at the bottom of page 4 mean? What did the author mean when he said ...? 培养学生的概括技能可要求学生带着以下问题 What was the problem? What was the solution? What was the cause? What were the effects? What was the order of the events? 阅读并根据上下文推测或寻找答案。

(4) 识别替代词的技能训练

教学 this, that, it, one, these, those 等在语篇中的替代作用(代替上文中已提过或下文中即将提及的内容)后,教师可以结合具体阅读材料设计识别替代词的练习,要求学生指出替代词在文中替代的部分并说明其替代作用。

3. 读后活动设计

读后活动指在阅读理解的基础上,师生就某一或某些话题或问题展开讨论和辩论的话语活动。读后活动的主要任务是口、笔头巩固阅读成果。主要活动包括复述课文大意、讨论、辩论、讲故事、描述事物、叙述个人经历等。读后活动是处理和转移、内化阅读获取的信息的过程,是阅读后语言输出的重要形式,它既能够检查学生对阅读材料的理解,又能促使学生对某些相关问题进行独立思考,是阅读后发展学生批判性思维能力的主要活动。

复述课文。在深入理解课文后,学生在头脑中对整篇课文有了清晰的印象,教师就可以组织复述课文活动。通过复述课文,加深学生对主要内容的理解和重点词句的巩固。复述课文可按照时间或空间顺序、按照结构布局或按照重要性等。复述课文既加深了对课文的理解,同时又训练了口语,是说读结合的常用形式。

讨论、辩论。讨论是培养学生用英语思考和表达的有效途径之一。选择学生共同关心的、可能引起争议的与课文内容相关的问题,组织学生进行小组讨论。在讨论中,学生可以相互提问、辩论和纠正错误。讨论不一定要求小组成员达成一致意见,小组讨论结束后可由小组代表汇报讨论意见,最后由教师作小结,对各种不同意见进行比较。讨论是阅读输出的重要形式,是在阅读教学中培养学生逻辑思维和发散思维能力的主要途径。

缩写。缩写是用缩影的形式概述课文。课文阅读教学结束后,在学生已领会课文主旨和理解课文内容的基础上,教师可要求学生用课文中的关键词和主题句缩写课文或写课文概要。缩写课文可以培养学生归纳概括的能力,既能训练学生的单句写作能力又能训练学生段落和篇章的写作能力。

仿写。仿写是用类似的情境模拟课文。具体说是根据课文内容，依照课文的体裁，或套用课文的部分段落，或改变人称、地点或事件等，或套用课文的句型和语法结构，运用所学的英语词汇，设定类似的情景进行的书面表达。仿写既能提高学生的书面表达能力，又能及时反馈出学生对课文的关键词句及用法的掌握程度，仿写过程还能强化学生对所学知识的应用能力，能达到一箭双雕的教学效果。

改写、画图与制作图表。阅读之后，可以要求学生采用不同的表达形式进行表达等，或是为了检测是否理解，可以要求学生改写文章，包括人称改写、背景改写、过程与结局改写等，以及画出与阅读文本相同、不同、甚至相反的图像，或者制作表格与图示。这种活动可以发展和评价学生的阅读理解能力，也非常符合很多学生的兴趣。

引用。引用是在阅读文本之后，根据需要选择文本信息、观点等引入自己的文本之中，作为证明或反驳的证据材料。随着核心素养要求的不断加深，这种引用会越来越普遍。

实 践

 请你回答

1. 获取信息、形成审美、建构意义三种不同层次的阅读理解有什么区别？

2. 你认为采用哪种阅读教学模式最能有效培养学生的整体阅读能力？为什么？

请扫描二维码
查看参考答案

请你分析

请分析你自己英语阅读中存在的主要困难，并分析其形成原因，基于此提出阅读教学建议。

请你设计

请根据以下材料设计一个高中英语阅读课教学方案。

Teachers and Actors

To be a good teacher, you need some of the gifts of a good actor. You must be able to hold the attention and interest of your audience. You must be a clear speaker, with a good, strong, pleasing voice which is fully under your control. And you must be able to act what you are teaching, in order to make its meaning clear.

Watch a good teacher, and you will see that he does not sit motionless before his class; he stands the whole time he is teaching; he walks about, using his arms, hands and fingers to help him in his explanations, and his face to express feelings. Listen to him, and you will hear the loudness, the quality and the musical note of his voice always changing according to what he is talking about.

The fact that a good teacher has some of the gifts of a good actor doesn't mean that he will indeed be able to act well on the stage, for there are very important differences between the teacher's work and the actor's. The actor has to speak words, which he has learnt by heart; he has to repeat exactly the same words each time he plays a certain part, even his movements and the ways in which he uses his voice are usually fixed beforehand. What he has to do is to make all these carefully learnt words and actions seem natural on the stage.

A good teacher works in quite a different way. His audience takes an active part in his play: they ask and answer questions, they obey orders, and if they don't understand something, they say so. The teacher therefore has to suit his act to the needs of his audience, which is his class. He can not learn his part by heart, but must invent it as he goes along.

I have known many teachers who were fine actors in class but were unable to take part in a stage play because their brains wouldn't keep discipline: they could not keep strictly to what another had written.

第三节　观看教学方法

思　考

现象反思

C老师在一所农村小学任教,她发现学生很喜欢看动画片,于是她找来一些英语动画片给学生观看。但是有的动画片英语语言太难,学生只能看懂画面和情节,有的动画片还没有什么语言,只有画面和情节。后来她发现学生喜欢使用弹幕技术。于是她给学生列出100个弹幕英语语句,让学生看动画片时发弹幕。不到一学期,所有学生在看动画片时都能用这100个英语语句发弹幕了。

你认为是什么使得学生这么容易就记住了这100个英语语句?

学习目标

学习本节后,你能:
1. 了解英语观看的内容层次;
2. 了解英语观看的教学方法;
3. 能设计英语观看技能教学活动。

本节结构

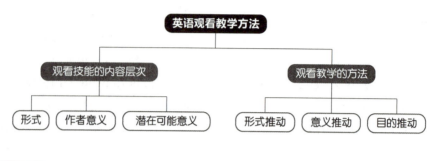

学习

一、观看的内容

人类使用图示的历史比使用文字的历史更为悠久,远古岩画都是以图示记载远古人类的文化。随着文字的发明,文字成为主要的信息记载与意义表达方式,但图示一直作为辅助记载的表达方式而存在。

人类的社会文化传播方式进入数字媒体时代以后,图示的使用越来越广泛,互联网技术,尤其是随着移动互联网技术的发展,使视觉技能(visual skills)成为人类不可或缺的获取信息与表达意义的基本技能。数字媒体时代的信息表现形式主要是多模态文本。理解多模态文本既需要使用传统的文本阅读技能,还需要理解图片中的信息、理解符号和动画的意义。互联网上多模态文本的主要语言是英语,理解以英语为语言的图示,对于获取互联网信息、提供互联网表达意义非常关键。在中小学英语教学中,发展学生的英语视觉技能,有助于他们解读英文图示的视觉信息,运用视觉形式表达自己的观点与意义。视觉表达能力属于说与写的能力,将在下一节展开讨论。

(一) 观看的层次

观看技能(viewing skills)是《普通高中英语课程标准(2017年版)》明确规定的语言技能,在《义务教育英语课程标准(2022年版)》中也有看的活动目标要求。

日常所观看的图示按照信息表现形式,可以分为:以图形呈现信息与意义的动态图(各种视频)、照片、图画、线条、象征性符号、几何图形、地图类图形、工程结构图、字体、字号等,以分栏类别与数字和符号呈现信息和意义的表格。

中小学英语学科的语言技能中的看,通常是指利用多模态语篇中的图形、表格、动画、符号以及视频等理解意义的技能。通过看所获取的信息,既有数字所直接传达的信息,也有图形所传达的信息,如图 10-1 中的显著增长的图形所传达的"数字显著增长,二者显著相关"的意义,以上图示中的时间差,即从烟草消费到肺癌人数之间的时间间隔,具有多个层面的意义,一是研究此项研究的科学性(作者没有用当年数据进行比较,而是烟草消费与罹患肺癌之间 20 年的时间差),二是烟草消费对肺癌影响的时间性(间隔 20 年这一信息说明:作者认为,长期吸烟会导致肺癌)。由此可知,观看的层次包括直接信息、作者表达意义这两个基本层次。不过，批判性地看，还会形成第三个层次：读者所理解的图示潜在的意义。如图 10-1 所暗含以下意义：肺癌是一种严重影响人类健康的疾病，应引起严重关切。这些暗示意义没有显性地呈现在图示之中，但我们可以基于图示发现这些意义。批判性的意义理解应该来自图示本身，是图示可以形成的暗示意义，而不是读者自行附加的意义。

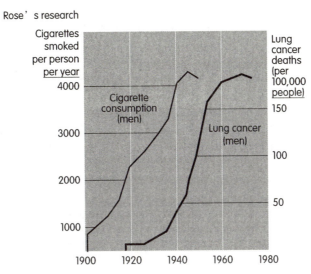

图 10-1　Rose's finding on relativity of cigarette consumption and lung cancer[①]

基于此，可以认为，观看的层次有三：图示形式所表达的信息、作者所表达的意义、读者理解的图示潜在意义。

只要掌握图示的基本特性，读者就能非常容易地获得图示形式所表达的信息；若能深度理解图示，即可发现作者所表达的意义；而要理解图示的潜在意义，则需要读者具有一定的分析能力，尤其是批判性思维能力，这也是"批判性观看（critical viewing）"成为当代批判性思维能力的组成部分的原因所在。

> **请分析**：在一个图片处理技术很发达而且使用很便捷的时代，如何运用图片处理技术发展学生批判性观看的意识和能力？

（二）观看理解的模式

观看技能属于视觉性理解技能，视觉表达则属于视觉性表达技能。此处讨论的观看理解技能，与听力理解技能、阅读理解技能相伴随，因为观看的同时，需要听或读相关文字信息，即使是纯粹欣赏美术作品，也需要听或读画作相关背景知识。

在中小学英语教学中，观看理解主要是理解图示所呈现的信息与作者所表达的意义，所以观看理解的模式与听、读的理解模式基本一致，即：自上而下、自下而上、互动三种模式。

[①] OECD (2017), PISA 2015 Assessment and Analytical Framework: Science, Reading, Mathematic, Financial Literacy and Collaborative Problem Solving, revised edition, p36, PISA, OECD Publishing, Paris. http://dx.doi.org/10.1787/9789264281820-en

1. 自上而下观看理解模式

在观看理解一部动画片时,我们会事先了解动画片的名称、类型,甚至是主要角色、基本内容,然后再观看。这是典型的自上而下的观看。

在自上而下的观看中,学生可以事先进行相关信息准备,在观看时聚焦具体信息与意义。如选择观看 Snow White 的动画片,显然就已经知道主人公、故事的梗概,甚至大致的画面特性,开始观看之时,则是验证观看之前的已知与预测,基于此进行判断,比如 Snow White 的声音就应该是这种风格,而其衣裙则不应该是这种等等。这种观看非常适合中小学的英语教学,因为学生已知主要情节,而可以关注于语言,从而更为有效地学习语言。

2. 自下而上观看理解模式

当我们看一个图表之时,我们可能关注图表的细节,如前面图 10-1,可以从细节来把握作者预设的信息,从而建构整体意义,把握作者的价值取向。这是非常典型的自下而上的观看理解模式。

中小学英语阅读理解之中的图表理解,大多可以采用自下而上的模式进行理解,这样有助于学生准确把握图表所呈现的信息,基于准确的信息而建构整体的意义与价值取向。

自下而上的阅读需要进行概括,从细节中发现本质,建构整体的意义与价值取向,要避免迷失在细节之中。

3. 双向互动观看理解模式

这是自下而上与自上而下相结合的观看理解模式,对于有显著信息图示的多模态文本,如闪动标题、大字号标题、动态图、漂框、弹幕等,我们需要关注这些以引起我们注意为目的的显著信息图示。这些信息图示既是自上而下的激发,也是自下而上的内容,我们在这种双向互动中形成观看理解。

双向互动观看理解模式对具有动态图示的多模态文本的理解具有显著效果。

(三) 观看策略

观看作为一种视觉技能,需要运用理解的策略,但也需要运用视觉策略。常见的观看理解策略包括:

1. 聚焦策略:这是对重点信息进行聚焦,以形成整体信息理解与意义建构的策略。视觉信息非常丰富,很容易导致注意力转移,或者过度关注自己具有视觉偏好的内容,而忽略应该把握的整体信息与意义。如观看梵高的作品《星夜》,学生的注意力可能被占据视觉显著位置的那棵树所转移,而忽略更为重要的星云图所表达的信息与意义。学生看 Snow White 这部动画片,可能被中文"白雪公主"这一传统翻译所转移注意力,而忽略其姓氏是 White,或者按照我国翻译外国人姓名的标准译法,应该是"斯诺·怀特"。学生不能纠结于其姓名的中文翻译规范这种细节,而应关注故事的意义。

2. 层次策略:无论是自上而下的观看理解,还是自下而上的,或者是双向互动的,我们对图示的理解都具有层次性,从形式,到信息,到意义,是观看理解应该把握的整体,而不是只是关注于形式,也不能只是简单地概括意义。观看理解要把握所有层次,即使是一个简单的数学符号,也具有其内在的意义。

3. 观看与表达整合策略：观看是视觉技能的理解层次，在表达时，学生也需要运用必要的视觉技能。正如读写整合一样，观看与视觉表达可以整合发展，可以先建构视觉表达的观看技能，获得相关知识与能力，然后在视觉表达中运用；亦可根据视觉表达需要，发现、理解、学习运用相关视觉表达技能，然后进行运用。

二、观看教学的方法

（一）观看教学目标

《义务教育英语课程标准（2022年版）》和《普通高中英语课程标准（2017年版）》都对观看有着具体的目标要求。综合而言，中小学英语教学中的观看技能应把握以下目标：

乐于观看动画片、电影等英语视频节目，能理解其中与自己语言水平相当的语言，并有意愿和能力进行模仿配音；

理解书面语篇中标题、小标题、插图、字体、字号、大小写等所表达的信息与建构的意义，以及以上要素表达信息和建构意义的方法、作用；

理解多模态语篇（电影、电视、画报、歌曲、报纸、杂志、网页、电子游戏等）所表达的文字信息与非文字信息（图表、画面、声音、符号）和意义，以及以上各种要素在表达信息与建构意义过程中的方法、作用等。

基于对多模态语篇中视觉表达方式的理解，在书面表达中有目的地利用标题、图标、图像、表格、版式、字体和字号等文字与非文字手段，有效地传递信息，并能有效、得体地、创造性地表达意义。

这是对整个基础教育阶段英语课程的视觉技能的整理，包括了观看理解与视觉表达的技能。在不同学段，对于不同学习风格的学生，需要循序渐进地、有选择地，基于学生最近发展区确定学习目标。

（二）观看教学模式

1. 形式推动

视觉识别的对象首先是形式，所以以形式推动观看技能发展，是非常直接的发展模式。形式推动的观看技能发展过程为：首先识别表现形式与意义；其次识别结构信息与意义；然后发现作者表达的信息与语义；之后解读潜在信息与意义；最后获取信息与建构意义。

2. 意义推动

任何学习都是指向意义的，尤其是主题意义探究引领下的整合学习，更是以意义为统领。所以，意义可以推断观看技能发展。意义可以来自观看理解，也可以来自视觉表达。意义推动的观看技能发展过程为：首先确定主题意义；其次确定主题意义探究方式；再建构主题意义探究所需视觉形式；之后基于主题意义分析、发现视觉形式的特性；最后基于视觉形式建构主题意义的理解或表达。

3. 目的推动

任何教学都是有目的的教育实践活动，以目的推动观看技能发展，特别适合需要明确的目的来推动学习的学习者。目的推动的观看技能学习过程为：确定教学目的或活动目的；其次基于目的确定需表达的意义；然后基于意义确定需使用的视觉形式；接着观看相关视觉形式，理解与学习相关视觉形式的表现形式；最后基于目的进行视觉表达。

(三) 观看教学活动设计

1. 基于学习内容设计观看教学活动

中小学英语教学总以相关学习内容为基础开展教学活动，这些学习内容中，总是有着各种图示，哪怕是字体、字号，也是一种视觉图示。教师可以根据学习内容，有计划地开展观看技能教学。小学阶段的学习内容有很多插图，这些都是设计观看技能教学活动非常好的材料。中学阶段的学习内容基本上每个单元都有一部分插图，很多设计了根据图片进行对话、讨论、书写等活动，有的还专门设计了图表阅读的活动，这些也是设计观看教学活动的有效材料。

2. 基于表达需要设计观看教学活动

视觉表达是中小学英语常见的学习活动，无论是张贴画制作，还是微电影制作，或者是电影配音等，都是有效的语言学习活动，这些活动都需要进行视觉表达。这些视觉表达活动对视觉技能的需要，是设计观看技能教学活动的有效基础。当学生确定所需技能之后，教师可以为学生提供相应视觉形式使用的案例，引导学生学习这些视觉技能，从而开展观看教学活动。

3. 在整合学习中发展观看教学活动

在语言运用过程中，各种语言技能往往不是单独使用的，理解性技能与表达性技能可能同时使用。因此，观看技能的教学活动，应与听、说、读、写等教学活动进行整合，可以设计看、听、说结合，看、读、写结合，看、读、说、写结合，以及听、说、读、写结合等综合性语言运用活动。

整合学习是主题意义引领下的学习，所以在发展观看技能的语言技能、语言知识等六要素的综合性的语言实践活动中，要关注学生的生活经验和认知水平，选择既有意义又贴近学生生活经验的主题，创设丰富多样的语境，激发学生参与学习和体验语言的兴趣，以使学生能够在语言实践活动中反思和再现个人的生活和经历，表达个人的情感和观点，在发展语言技能的同时，提高分析问题和解决问题、批判与创新的能力。

在观看技能的教学中，要将专项训练和综合训练结合起来，如：在听力训练中穿插看图，在问答、讨论中看动画，让学生学习用各种思维图记笔记等，将说、看、写结合起来；在阅读训练中穿插看图预测、提取表格信息，或者读前、读后看视频进行讨论，用各种图示写概要、列出观点框架等看、说、写活动，要避免孤立的观看技能的训练。

4. 设计持续性和渐进性发展过程

语言学习具有持续性和渐进性的特点，观看技能的培养也需要一个持续和渐进的过程。学生只有在具体学习活动中不断实践，才能达到最终目标。在实际教学中，教师要根据学生实际情况，设计由浅入深、由易到难的观看技能的实践活动，循序渐进地发展观看技能。

同时需将课内和课外的观看技能训练有机结合，课内重在培养兴趣、指点方法、提供示范、训练思维，而课外旨在开阔视野、增强兴趣、运用技能、促进自主学习和养成良好的学习习惯。

实 践

 请你回答

1. 视觉技能有哪些层次?
2. 你认为发展视觉技能是否必要?

 请你分析

请从观看技能视角分析以下教学内容的教学重点、难点与解决对策。

选自:陈琳,(英)普里莎·爱丽斯(Printha Ellis).英语(新标准)(一年级起点第五册)[M].北京:外语教学与研究出版社,2013:29.

 请你设计

请设计一个小学电影配音的观看技能发展活动。

本章小结

听是学习与生活中获取信息的基本形式,教师要从对听力理解的内涵、生活中听力的特点以及听力理解模式三方面把握听力理解的教学。听力教学包括文本驱动、图式驱动和交互式听力教学以及 PWP 听力教学、任务型听力教学等有效形式。阅读是建构意义的基本活动,是信息获取的重要手段之一,是学生从书面语言中汲取信息的有效途径。阅读理解需要进行字面理解、推断性理解,需要达到审美与意义建构,批判性阅读具有综合性。阅读教学方有自上而下的阅读教学、自下而上的阅读教学、交互式阅读教学、PWP 阅读教学、任务型阅读教学等常用阅读教学形式。语言学习中的看属于视觉技能,观看包括图示形式所表达的信息、作者所表达的意义、读者理解的图示潜在意义三个层面。在中小学英语教学中,观看理解主要是理解图示所呈现的信息与作者所表达的意义,具有自上而下、自下而上、互动三种模式,具体教学可以采用形式推动、意义推动、目的推动三种形式。

进一步阅读建议

Harmer, Jeremy. *How to Teach English* [M]. 北京:外语教学与研究出版社,2000.

鲁子问. 小学英语教学设计[M]. 上海:华东师范大学出版社,2018.

鲁子问. 中学英语教学设计[M]. 上海:华东师范大学出版社,2019.

第十一章
中小学英语表达性技能教学方法

表达是运用语言传递或询问信息、说明或批判观点等的基本形式,口头、书面表达是表达的两种基本形式(两种形式均可包含有视觉表达)。本章将介绍口语教学、写作教学两个方面的常用方法和新的方法。

第一节 口语教学方法

思 考

现象反思

B老师对初一学生进行口语训练,他的教学步骤如下:首先选取一个包含三个角色的对话,然后将全班同学分成若干个三人小组,并要求每组同学选择角色形成对话。最后由同学们到前面进行表演。

请分析B老师口语教学中的优缺点。

学习目标

学习本节后,你能:
1. 了解口头交际技能及其发展模式;
2. 了解口头交际教学目标;
3. 掌握与口头交际教学的教学模式和具体的教学方法。

本节结构

学 习

一、交际与交际能力

外语教学以培养学生的交际能力为重要目标。交际包括口头交际和笔头交际,两者都需要交际双方的参与。要进行有效的交际,说话人/作者必须有某种交际目的,即具有传达某种信息、表达某种思想的需要,同时还必须具备表达信息和思想的语言能力,而听者/读者也同样具备相应的交际目的,具备处理各种语言信息的能力,否则交际则无法达成(图11-1)。

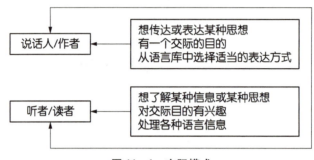

图 11-1 交际模式

从说话人与听者在交际中所扮演的不同角色来看,交际过程是一种明示与推理的过程。在交际中,说话人明示自己的交际意图和信息意图,而听者则要根据说话人提供的明示信息去推测其隐含意图。当听者的推理结果与说话人的意图相一致时,就会形成一种互明(Mutual Manifestness),达到成功的交际。

交际的方式有两种:一是语言交际,二是非语言交际。研究表明,在日常交际中,讲话人65%的信息是通过非语言方式,如手势、语调等加以传播的,55%是通过面部表情口语传达,音调口语传达占38%。

自从1972年海姆斯(D. H. Hymes)提出交际能力的概念,人们对交际能力的认识也在逐步发展。海姆斯认为,一个人对语言知识和能力的运用主要包含四个方面:语法性、可行性、得体性和有效性。[①] 在海姆斯的能力模式的基础上,卡内尔(M. Canale)和斯温(M. Swain)提出了一个复杂的交际模式,包括语言能力、社会语言能力、语篇能力和策略能力四部分。[②] 巴克曼(L. F. Bachman)在卡内尔—斯温的基础上于1990年提出了更为复杂的交际能力模式,主要由三部分构成:语言能力、策略能力以及心理—生理语言机制。[③]

总之,交际能力是一个复杂的概念,它涉及语言、修辞、社会、文化、心理、情感等诸多方面的因素,主要体现在:

(1) 语言知识,即组词成句、组句成篇的能力;
(2) 认知能力,即一个人对事物的认识水平、智力水平、反应能力和有关世界知识的掌

---

① Hymes D. *On communicative competence* [M]. Philadelphia: University of Pennsylvania Press, 1971.
② Canale M. and Swain M. Theoretical bases of communicative approaches to second language teaching and testing [J]. *Applied Linguistics*, 1980: 1(1), 1-47.
③ Bachman L. F. *Fundamental Considerations in Language Testing* [M]. Oxford: Oxford University Press, 1990, 279.

握等；

(3) 文化知识，指一个人对文化观念和习俗的知识；

(4) 文体知识，指一个人根据交际对象和交际目的，选用不同风格的词语和语篇等进行交际的能力；

(5) 其他知识，包括副语言知识，如身势语、面部表情等；

(6) 情感因素，一个对他人及事物的社会态度、交际动机、个人品质以及性格和习惯等。

口头交际能力发展有以下两种主要模式。

1. 语言产出模式

语言产出模式由莱弗立特(Levelt)提出，该模式包括五部分内容：

- 知识部分：由陈述性知识和程序性知识组成；
- 概念形成机制：说话人选择与所要表达的意图相关的陈述性知识，并按一定次序将其组织成"话语前信息(pre-verbal message)"；
- 形成合成机制：通过选择正确的词项，运用正确的语法和音位规则将话语前信息内容转换为话语计划；
- 发声机制：将话语计划转化为实际话语；
- 话语理解系统：听觉系统将话语计划和产出的话语导入话语理解系统，以发现可能发生的错误。

2. 口语能力发展模式

根据施芬和施内德(Shiffin & Schneider)以及安德森(Anderson)的观点，熟练的行为皆要求将陈述性知识转化为程序性知识。外语学习者的口语发展基本上经历三个阶段，第一阶段为"陈述性知识"阶段，学习者通过与目的语的接触了解有关技能的知识，包括语法规则、词汇知识、语音知识，甚至是文化和策略知识等，但是学习者还不知道如何去实践这些内容，必须经过控制加工(controlled processing)才能将陈述性知识转化为程序性知识。第二阶段学习者通过大量反复练习实践第一阶段了解到的陈述性知识，将其程序化。因此，此阶段称为"程序性知识形成"阶段。第三阶段是对"程序性知识"进行重构的阶段。此阶段中，学习者创造性的重新组织已获储存的信息，构建新的结构，提高语言运用的效率。

二、口语教学

通常所说的交际多为口语交际和书面语交际，书面语的交际随后在写作教学一节中介绍，本节介绍口语教学。

（一）口语教学的阶段性

口头交际时，说话人对信息的处理需要经过三个阶段：输入、中心处理和输出。学习者口语能力的培养也要经历输入到控制性输出再到创造性输出的过程。一些学者将口语的发展分为"潜口语期、口语能力建构期、口语策略发展期"三个阶段；有的学者将其分为"领会式掌握、复用式掌握、创造性活用"三个阶段，但都体现了学习者由知识到能力，由鹦鹉学舌到创造性交流的过程。

因此，每一项交际技能的培养都应该体现出阶段性和发展性。通过不同阶段的口语学习,学生能逐渐做到由知识到技能,由控制到自由,运用英语清楚地、自由地表达自己的思想感情与观点,进而具备较强的英语口头交际能力。

(二) 口语教学目标

正如上文所述,口头交际能力的发展呈阶段性,因此,在学生不同的发展时期口语教学的培养目标亦不相同。《英语课程标准》对中小学口语教学的各个目标级别分别做出了具体要求。小学只是要求学生掌握基本的说的技巧,进行简短的对话,简单描述自己的经历等。初中要求学生能够表达自己的观点和意见,参与讨论,根据话题进行情景对话,表演短剧。到高中时,则要求使用恰当的语调、语气和节奏表达个人的意图和情感等,根据学习任务进行商讨和制定计划,经过准备就一般话题作3分钟演讲,在交际中有效地表达自己的情感。

口语表达是一种产出性技能,既要求准确,又要求流畅和得体。虽然交际中非语言技能起一定的作用,但是就教学目标而言,得体是最为重要的,而得体本身就包括准确。因此,从目标上来说,准确、流畅与得体因素同等重要。

(三) 口语教学原则

口语教学原则是教师进行口语教学的理论依据,没有教学原则,口语教学将会失去方向。口语教学原则主要包括以下五项:

1. 平衡流畅性和精确性原则

口语表达是一种产出性技能,口语表达既要求流畅,又要求准确,更要求得体。因此,在口语教学中应该首先强调流畅性,同时注意精确性和得体性。教师应设计一些能够鼓励学生自由地使用语言、模仿真实语言的练习。

2. 以语言意义为中心的活动原则

在真实生活中,语言活动的目的不是为了语言本身,而是为了语言的内容,即人们传达的信息。不以信息为中心的语言活动是没有生命力的,学生对此类活动的兴趣会很快消失。在口语教学中,应将学生的注意力集中在语言意义上,而不是语言形式的使用上。因此,为了确保学生对口语活动的积极性,就必须保证口语活动以语言的意义为中心而展开。

3. 信息沟原则

要使口语教学的组织形式和活动形式能更有效地引导学生开口说话,其根本原因不是这些形式本身,而是隐藏在这些形式后面的信息沟现象。但信息沟本身并不会引起对话,对话只发生在特定的人之间,同时要有对信息的需要。因此教师在设计口语任务时,应充分应用信息沟理论,利用学生之间的各方面异同设计出各种各样具有挑战性和吸引力的口语教学活动,让学生在完成任务中提高口语交际能力。

4. 情景化原则

口语教学的目标之一就是能在不同的环境下说出得体的语言,而我国学生恰恰缺乏在真实环境下操练口语的机会。为此,教师要针对不同的教学内容确定一个包含目标结构练习的情景,这些情景还要和学生的生活经历以及感兴趣的话题息息相关,如生活方式、环境问题、学习习惯等,让学生有对真实语境的亲身经历的感受,能使其产生强烈的参与意识。

5. 发展口语策略原则

人们在口语交流中尤其是遇到困难时，为了促进意义的表达和思想的沟通，说话双方常会使用一些交际策略，如求解与证实、转述、近似表达、造词、迂回、借用、语言转换、求助手势语、回避等。因此，教师应在课堂上强化对这些策略的练习和培训，进一步提高学生的交际能力。

（四）口语教学内容

口语教学的内容主要包括语言形式、语言内容、功能、文化与策略五个方面。

1. 语言形式

语言形式部分包括语音语调、词汇、语法知识及运用能力。语音语调包括各种语音知识与发声技能，如音节、重读、弱读、连读、送气、减弱、意群、停顿等等。词汇语法主要指口头交际任务完成所需要的词汇和语法知识及表达能力。语言形式教学要求语言形式准确、流利、多样。

2. 语言内容

语言内容包括百科知识和经验，组织和运用知识及经验说明和解决问题的能力。具备了丰富的知识才能保证学生在交际中言之有物，言之有理。

3. 功能

交际活动是语言功能的实施。因此，功能应该作为口语教学十分重要的一项内容，学生必须掌握"问候""道歉""抱怨""邀请""建议""致谢""信息咨询""征求意见"等各种交际功能。

4. 文化

交际的得体性要求学生掌握一定的文化知识，包括普遍适用的文化规则和不同文化之间的交际规则。文化对语言的影响和制约主要表现在两个方面，一是对词语的意义结构的影响，二是对话语的组织结构和影响。

5. 策略

交际中非语言成分的能力要求学生掌握相应的策略。策略主要指交际策略和会话技巧，包括具体谈话中话轮的启动、保持、转变与终止策略，也包括引起注意、表示倾听和理解、插话、回避、转码、释义、澄清、求助策略。会话技巧包括各种序列前(Pre-sequence)、邀请前(Pre-invitation)、请求前(Pre-request)、宣布前(Pre-announcement)等。

（五）口语教学模式

口语教学的方法大致可分为 PPP 教学模式和任务型教学模式两大类。

1. PPP 口语教学模式

PPP 模式即呈现(Presentation)—训练(Practice)—运用(Production)模式，遵循由控制到自由，由机械到交际，由准确到流畅的教学程序，各阶段教学目标清晰，便于操作和检查。

- 呈现

本阶段有两个目的，一是确立形式、意义和功能；二是导入话题，激活背景知识，为训练做准备。主要呈现的内容是语法、结构、功能、交际技巧等。呈现的方式有多种，如通过举例、解释、示范、角色扮演等活动,借助图片、动画和影视片断等。

- 训练

练习阶段的活动多为控制性和半控制性活动,教师给学生提供很多练习机会,鼓励学生尽可能多运用新知识,进行反复的句型操练并不断提高语言运用的准确性。本阶段常见的活动有信息沟、对话、流程卡、信息卡对话、找伙伴、看图说话、图画排序等。

- 运用

在运用阶段中,主要开展交际性、创造性活动,将所学内容运用到新的语境之中,解决新的问题。本阶段常见的活动有角色扮演、访谈、辩论、讨论、连锁复述等。

2. 任务型口语教学模式

口语教学中的任务模式一般也要遵循任务前、任务中和任务后几个环节,通常以完成某个任务为教学的终点,语言知识和语言技能的学习发生在完成任务的过程之中,通过完成任务掌握语言知识和语言技能。设计任务时要注意任务的信息传递功能、交际的特色以及真实性。任务完成是最重要的目标,对学生的评价也是依据任务的完成情况进行的。具体步骤如下:

(1) 任务前

任务前阶段的主要目的是给学生做一些准备工作,如语言上的准备,对语音、词汇、句型做准备,也可以就话题做准备,包括知识的准备,给予学生足够的信息输入,使他们掌握足够的口语表达材料,为下一步的练习奠定基础。

(2) 任务中

在此阶段学生分成小组,在教师的指导和帮助下积极完成任务。在完成交际任务的过程中,学生围绕口语任务主动搜集资料,学习课外知识,这些知识的积累增加了学习者口语语料的储备。在完成交际任务的过程中学生采取分组讨论等活动,互相帮助,掌握了自主学习的方法和步骤,极大地激发了他们的学习兴趣和创造精神。

(3) 任务后

在此阶段教师应该总结任务,对学生的完成情况予以评价。点评时,教师应该首先肯定学生任务的完成情况,多加鼓励和表扬。同时也要指出学生口语表达中的错误,但纠错不宜过于细致,而应归纳出某种句型容易犯的错误。教师还应对特定任务的口语表达具体模式进行总结,使学生掌握必要的口语表达方式,再遇到类似的话题时,能够做到有话可说,说得正确,说得得体。

> 请讨论:如何运用任务型口语教学模式开展口语教学?

(六) 口语教学活动

1. 口语教学活动

口语教学活动应该包括三个层面:控制性或机械性活动、半控制性或半机械性活动和开放性或创造性活动。控制性或机械性活动主要是一些语言训练活动;半控制性或半机械性活动和开放性或创造性活动主要是功能意识激活活动和交际活动。口语教学的具体教学活动如下：

表 11-1 口语技能活动

活动类型		示 例
控制性或机械性活动	结构活动	操练活动：朗读、背诵； 模仿活动； 重复活动。
	类交际活动	以结构为主的对话：编对话； 控制性角色扮演：角色朗读； 使用线索或提示的练习：复述。
半控制性或半机械性活动	功能交际活动	识别活动：通过询问识别不同的图片或匹配图片； 发现活动：通过询问寻找故事（图片）序列；寻找遗失信息等； 重组活动：A通过询问B重组自己的图片、模型、故事序列； 问题解决：A/B 根据各自手中的列车信息表确定去某一处的最佳路线； 调查班中同学们的饮食爱好拟定一个菜单。
开放性或创造性活动	社会交互活动	模拟语境角色扮演；辩论；问卷调查；采访；信息卡对话；即席演讲。

2. 多媒体辅助下的口语教学

口语教学中语境的创设十分重要，而多媒体又是语境创设的有力手段。教师可以借助图片、动画以及影视材料设计会话情景，组织各种交际活动。此外，还可以依据影视材料进行话题讨论、故事复述、预测发展、剧情设想、文化比较、角色扮演、自编话剧、剧情改编、写观后感等。

3. 视觉口头表达

口语表达可以以微电影、演讲、辩论、讲座、谈话等形式进行。在此类口语表达，可以使用视觉形式进行表达，或协助表达，如图片、图表、信息图、思维图、视频等，还包括多模态、多媒体、演示幻灯片（即 PPT）等，甚至手势、表情等体态语也属于视觉口语表达的方式。视觉口头表达可以以视觉表达为主体，口语表达协助；亦可以口语表达为主体，视觉表达协助。

> **请分析**：目前网络在教学中得到越来越多的应用，人机对话使用也越来越多。你对此有什么看法？

实　践

 请你回答

1. 你认为我国中小学英语口语教学的现状与《英语课程标准》要求存在哪些

差距？

2. 请你举例说明教师在任务型口语教学中的作用。

请你分析

阅读以下口语教学案例，分析其缺点，并针对所存在的问题提出改进建议。

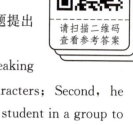
请扫描二维码
查看参考答案

The following exemplifies what a teacher does in speaking lesson. First, he selected a dialogue which involves 3 characters; Second, he divided the students into groups of three; Then he asked each student in a group to play a role and prepare to act the dialogue out in front of class; Finally, each group was called on to the front and acted the dialogue out.

In a speaking lesson about invitation, the teacher first presented the fomulas of invitation on the screen, and asked his students or read and repeats for three times, and then watches the video. At the end of the lesson, he asked the students to role-play the dialogue presented by the video.

请你设计

请基于以下材料设计口语教学活动。

A	B
A: Excuse me. Where is ____ ____, please? B: Go down _____, and take _____ on the right. You will find it _____. A: Thank you very much.	A: _____. _____ the Workers Stadium, _____? B. _____ the Main Street and _____ the second turning ____ ____. _____ Just on the corner. A: _____.

第二节　写作教学方法

思　考

现象反思

L老师非常重视学生写作能力的培养，每周布置一篇作文，有时还结合阅读课或听说课组织学生讨论，为写作做一些内容铺垫之后再布置学生课后写一篇作文。他认为只有不断地写才能提高写作水平。他对学生作文中的每个错误都一一改正，并要求学生重新抄写作文。然而,学生每次上交的作文都有许多错误,而抄写后上交的作文效果并不理想。

L 老师付出很多,回报太少,你认为他的写作教学存在什么问题?

学习目标

学习本节后,你能:
1. 了解写作的层次和影响英语写作能力发展的障碍因素;
2. 正确区分英语写作教学模式;
3. 掌握重过程的写作教学模式的操作方法。

本节结构

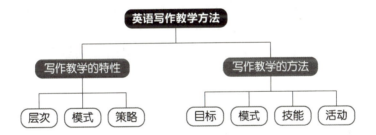

学　习

一、写作教学的特性

写作是一个高度复杂的思维过程,作为一种交际能力,写不像说那样可以运用情景、表情、手势、重复等手段帮助表达思想,也没有现场反馈,它需要借助于纯语言手段组织段落,考虑逻辑结构,使之条理清楚。可以说,写作对认知能力、思维能力、语言能力、组织能力、自我监控能力都有相当高的要求。学生写作水平的高低,能全面反映学生的英语基础知识水平和灵活运用英语的能力。

写作能力主要包括观察能力、思维能力、基本写作能力和文体写作能力。基本写作能力就是写作过程中的感受能力、立意能力、聚材能力、结构能力、行文表达能力、修改能力的总称。文体写作能力就是对各种文体规范、写作知识和技能的熟练性掌握的水平,其核心是一个文体规范的问题。写作材料需要通过观察获得,写作过程需要逻辑推理和创造,需要思维和创造性的想象。任何一种能力的欠缺都会给写作带来障碍。

(一) 写作层次

英语写作包括句单位写作和语篇单位写作。语篇单位写作可以进一步划分为段落写作和篇章写作两个层次。句子写作是写作的基础,段落和篇章写作是写作能力发展的结果表现。初级阶段的写作主要是句子写作和段落写作,以造句和模仿写作为主,通过仿写加深理解和记忆,写作活动有听写、连词造句、改写句子、连词成句、连句成文、看图写话、阅读仿写等。中高级阶段的写作多采用段落写作和语篇写作,写作活动包括写日记、周记或随笔,写信、课文概要或读后感,缩写、续写、扩写课文,看图作文、命题作文和写演讲稿等。

1. 句单位写作

写好句子是写好段落、篇章的前提,因此,必须重视句子写作的训练。句子写作要结构正确,符合英语的句法结构要求,要注意句子之间的连接关系和参照关系,不但要关注连词和代词的运用,还要关注句子的重心或语序,尽量避免意义、结构的重复。

2. 语篇单位写作

一般情况下,篇章由段落构成,段落由主题句、扩展句及结论句构成。主题句表达段落主旨大意,规定段落的发展方向。扩展句或细节句支持主题句,对中心思想进行论证、阐述,扩展句或细节句的作用是展开主题,是全段的主体。结论句总结扩展句并重申主题。根据体裁不同,语篇可以分为说明文、议论文、应用文;根据段落类型不同可以分为列举型、举例型、比较对照型、时间型、空间型等。不同的语篇有不同的发展逻辑,不同的谋篇布局,不同的段落类型。一个好的语篇应该具备连贯、统一、丰富、简洁等特征。语篇写作重在达意,而不是仅仅是语法正确。好的语篇是好的思维展现,是反映作者的思想、态度、文化素养等的载体。

(二) 写作模式

常见的语篇写作模式有平行写作、框架写作、命题写作和自由写作等。

平行写作是一种模仿性写作。写作前会提供范文并给出写作提示,要求学生模仿范文写作。框架写作是指在写作前给出段落结构,要求学生按照一定文体的规范去写,初级写作通常是提供范文并给出段落结构以降低写作难度。命题写作是指给定题目,要求学生独立完成由审题、收集素材、列提纲、写初稿、修改到定稿的全过程。自由写作,顾名思义,就是在没有任何指定题目和要求的情况下进行的写作。在英语教学中,平行写作、框架写作、多轮修改写作等写作方法,对于培养学生的写作能力具有更大的教学意义。

(三) 写作策略

英语写作策略是指学生在英语写作过程中有目的、有意识地选择和采用一系列旨在提高写作质量的方法技巧和调控写作行为的措施,帮助英语学习者构建文本,有效进行书面信息交流的方式和方法。一般说来,常见的写作策略有:

- 列提纲;
- 列出要使用的词语;
- 模仿范文写作;
- 用熟词代替无把握的词;
- 积极运用所学知识;
- 经常总结写作经验;
- 写完后调整、修改作文;
- 自由写作;

- 写作魔方;
- 背诵范文或写得好的段落文章;
- 规定长期或短期的写作目标;
- 创造用英语写作的机会;
- 比较自己的写作与范文或者其他同学的作文;
- 遇到不会表达的词语句子时采用转述、回避、迂回等方法;
- 写作时排除干扰,集中注意力;
- 记录好的词汇句型和结构以便在写作中使用;
- 写作时能自我鼓励,自我奖赏;
- 与其他同学交流写作经验;
- 广泛阅读;
- 多渠道收集材料。

二、写作教学的方法

(一) 写作教学目标陈述

英语课程标准对中小学英语写作目标作出了具体规定,总结各学段要求,主要目标如下:

- 能模仿(参照)范例写出或回复简单的问候卡和邀请卡;
- 能使用简单的图表和海报等形式传达信息;
- 能使用常见的连接词表示顺序和逻辑关系;
- 能用短语或句子描述系列图片,编写简单的故事;
- 能用文字及图表提供信息并进行简单描述;
- 能用词组或简单句为自己创作的图片写出说明;
- 能用恰当的格式写便条和简单的信函等;
- 能用恰当的语言书写不同的问候卡;
- 能根据所给图示或表格写出简单的段落或操作说明;
- 能根据要求为图片、实物等写出简短的标题或描述;
- 能根据文字及图表提供的信息写短文或报告;
- 能根据写作要求,收集、准备素材;
- 能根据课文写摘要;
- 能写出简短的文段,如简单的指令、规则;
- 能写出连贯且结构完整的短文,叙述事情或表达观点和态度;
- 能写出常见体裁的短文,如报告或信函;
- 能描述(简单的)人物事件,并表达自己的见解;
- 能给朋友、笔友写信,交流信息和情感;
- 能(做简单的)书面翻译;
- 能填写有关个人情况的表格,如申请表、求职表;
- 能在教师的帮助下或以小组讨论的方式起草和修改作文;

- 能独立起草短文、短信等,并在教师的指导下进行修改;
- 能以小组为单位把课文改编成短剧;
- 能(基本)正确地使用大小写字母和标点符号;
- 能在写作中做到文体规范、语句通顺。

(二)写作教学模式

写作教学的模式大体可分为三类:重结果的教学模式(product-oriented approach),重过程的教学模式(process-oriented approach)和重内容的教学模式(content-oriented approach)。

1. 重结果的写作教学模式

重结果的教学模式是传统的写作教学模式。写作教学程序强调语法、句法、词汇和拼写等句子层面上的教学,大多遵循"教师命题—学生写作—教师批改"的模式。使用该种模式教学写作的前提是学生已对要写文章的文体、组织结构等有一个较为清晰的概念。重结果的写作教学模式,其教学的重点通常放在写作的最终结果上。

2. 重内容的写作教学模式

内容写作主要关注写作素材的收集和写作内容的丰富,教师的作用在于指导和帮助学生通过多种渠道(如视听、阅读、生活体验等)获得信息,对所得信息进行整合和分析,教学的侧重点在于帮助学生作写前准备。重内容的写作教学注重信息的收集。确定写作题目、明确写作要求后,教师首先要组织学生通过各种渠道收集写作素材,如读书、听讲座、讨论、参观、问卷调查等。然后教师组织并指导学生对所得素材进行分类加工和整理,构思提纲。初稿及其修改由学生课后完成。

3. 重过程的写作教学模式

重过程的写作教学模式不但关注写作的最终结果,更关注写作的过程。其突出特点是教师的指导贯穿于整个写作过程。从构思、撰写提纲,到写初稿、修改直至最后成文的全过程中,教师要帮助学生发现问题,分析问题和解决问题。在过程写作的各个阶段师生的角色如下:

在写前准备阶段,教师布置作文题目,学生根据教师要求审题,搜寻有关信息或素材,构思并列出写作提纲,教师给予必要的指导。在学生进行初稿写作过程中,教师要观察学生的写作活动,随时发现问题,提供必要指导。写完初稿后,教师要组织和指导学生修改自己或同伴的初稿,并面向全体学生就典型遣词造句错误、文章结构、思想内容等进行点评。二稿修改上交后,教师要批改学生的作文,给予适当的评价和反馈。

过程写作在写作全过程的每一环节上都强调加强教师的指导,及时发现问题,帮助解决问题,减少了学生写作的盲目性,使学生在写作中学习写作,在写作过程中了解写作过程,并懂得写一篇文章必须经历哪几个步骤。学生之间和师生之间共同进行修改优于教师仅以书面形式对作文批改和写评语,学生犯重复错误的概率就会减小。

> **请分析**:为什么有些学生范文背记得很好,却还是写不出好的作文?

4. PWP 写作教学模式

PWP 英语写作教学模式是我国中小学英语写作教学中普遍被采用的教学模式,独立的写作课型一般采用 PWP 写作教学模式。三阶段指写前（pre-writing）、写中（while-writing）和写后（post-writing）三个阶段，具体教学任务和活动设计如下：

写前阶段：写前活动的首要任务是明确写作目的和读者对象，选择正确的文体，命题写作由教师或师生共同商讨决定，其次是写作兴趣的激发和写作素材或语言材料的准备。写前教学活动的安排主要有：围绕相关话题展开讨论或辩论，看图说话或自由交谈，阅读短文或视听活动。上述活动的主要功能是交流观点、掌握事实、拓展思路，具有激发兴趣和为写作做语言和材料的准备的性质，其教学目的是进行写前的内容和语言的输入，保证学生有感而发，有话可写。讲解范文写作技巧也是重要的写前活动，它是提高学生写作效率和正确率的前提和基础。

写中阶段：写中是指学生的初稿写作活动，是写作者以最直接的方式在最短的时间内将其要表达的思想转换成文字，将构思的结果草拟成文。写中是纯粹的写作活动，写作者需要在没有任何干预的情况下独立完成。

写后阶段：学生写作课上完成初稿写作任务后，教师应要求学生对初稿进行文字推敲和润色，自我修改以及同伴间的相互修改。修改重点是选词、用法、拼写、标点、句法结构、段落结构等。教师应组织学生现场展示"作品"，以满足学生的成就感，激发进一步写作的热情。现场展示后，教师还可以进行适当点评，对学生的二稿写作做方向性和技巧上的引导，为进一步修改奠定基础。学生二稿上交后，教师再进行书面批改和评价，重点关注篇章结构、思想内容和写作技巧、风格等。

（三）写作技能及其训练

英语篇章写作首先要确定主题，主题确定后，围绕主题选择和组织能够表明主题，提示事物本质的有意义的素材，把素材作为论据对主题思想进行充分论证。论证的过程中要注意语篇的连贯性，即句与句、段落与段落的排列顺序、逻辑性以及句子间与段落间的过渡性。做到表达清楚，句子合乎语法规范，保持篇章的一致性。

英语写作能力的培养提高需要经过大量的技能训练。首先要训练学生掌握英语的基本表达技能，然后通过大量的写作训练逐步提高写作质量和写作速度。写作技能训练的内容应包括遣词造句、撰写段落、布局谋篇等。

在书面表达中，除了一些应用文必须按其固定格式表达外，大部分的记叙文、描写文、说明文和议论文均可按三个段落安排篇章的结构。

引言段通常选用引语法、背景法、主题句法、人物法、提问法、故事法、数据法、定义法等方法先声夺人，引人入胜。主体段应紧接着引证提出的问题、观点、情景或信息，有目的、有计划地列举事实，提供例证，生动合理地进行叙述、描写、解释或论证。同时还要注意主体段中内容的一致性和文章的连贯性。根据不同主题的需要，在发展主体段的过程中有时可以采用不同的连接手段，使得句子在逻辑顺序上连贯一致，有条不紊。结尾往往是文章的点睛之处，也是给读者留下深刻印象的地方。作者在结尾段可以简要地呼应前面段落的内容，进行总结，点明主题，使文中的意思更加明确，从而得出合乎逻辑的结论。

（四）写作教学活动设计

写作技能的提高只能通过写作活动完成，写作活动设计的科学与否决定着写作教学的成败，也影响学生写作能力的发展。写作活动设计要考虑学习者的语言知识水平、写作策略水平和写作技能水平。针对遣词造句、布局谋篇等英语写作技能，可以设计以下写作教学活动：

1. 词语释义

教师要求学生用英语同义词、近义词和反义词写出在句子或在语篇中某词语的意思，训练学生用不同的话语表达相同意思的能力，丰富书面表达的词汇和语汇。也可以设计同义词、近义词或同义句型进行基于真实语用目的的替换练习，以拓宽学生表达思路，丰富学生的写作语言，以应不时之需，降低错误发生的频率。此活动训练学生的遣词技能。

2. 断句与标点练习

教师将去掉所有标点的范文分发给学生，要求学生仔细阅读后补填标点。该活动训练学生英文大小写的习惯、断句、组句、语义建构等写作技能。

3. 句子模仿与改写

句子模仿与改写旨在培养学生句单位英语写作技能。教师以口语或书面语的形式组织学生分析某一句型结构，然后组织学生造句，进行句子结构的模仿性训练，学生对句子结构熟练掌握后，再要求学生用不同表达方式进行相同意思的表达。

4. 连贯性训练

连贯性训练的主要形式有句子重组和短文填空。句子重组是指教师针对逻辑顺序设计若干句子，让学生按照时间顺序、空间顺序、重要性顺序、一般到具体或具体到一般的顺序进行句子重组，连成一段符合逻辑的话，对学生进行语篇连贯技巧的训练；教师还可设计一段没有使用语篇的衔接手段的话语，让学生通过添加代词、转折词语、重复关键词和有关句型等手段使语义前后连贯，各语句间衔接自然。采用"短文填空"形式专项训练语篇衔接语的使用，使学生在训练中感悟语篇衔接与过渡的方法和手段，有利于学生学会信号词等衔接手段促进篇章的和谐连贯。上述训练均能较为全面综合地发展学生的语篇写作能力。

5. 语篇结构训练

选择典型段落和篇章，向学生展示段落的结构（主题句—扩展句—结论句）和篇章结构（引言段—主体段—结论段）。教师可以设计含有不相关细节的段落，组织学生修改，向学生示范细节句（扩展句）如何为主题服务，以增强学生全局意识。

6. 连词（句）成文，句子重组

教师从已学过的课文中选定若干意义关联的词、词组或句子，要求学生按语篇衔接的要求将它们连成一个语义连贯的语段。或者将完整的对话或故事等拆分成单个独立的句子，将顺序打乱，要求学生重组句子编对话或故事，训练学生的语篇建构能力和序列逻辑思维能力。

7. 文体分类模仿

教师分类指导学生学习各种题材和体裁的范文，归纳文体特点和写作框架特点等，要求学生了解相关知识后,根据已有生活经历和经验进行各种文体的仿写,训练学生各种文体写作的能力和技巧。

8. 自由写作训练

用英语记日记、周记或随笔,记录自己当天(一周内)的所见所闻、所作所为、所想所悟。用英语写信,与笔友、网友、其他同学或朋友交流学习经验和生活感悟,畅谈理想等。用英语与微信或QQ好友聊天,或在校园网论坛上,教师或学生(版主)提出问题,师生用英文在网上发表意见。自由写作能够训练学生交际性写作的能力。

9. 短文改错

短文改错是常见的写作技能训练形式,学生写作中的常见错误如时态、语态错误,句法、词法错误,常出现的问题如词语表达不准确或逻辑混乱,段落主题不明确,篇章结构不合理,文体格式不规范,"中式"英语等典型问题和错误都可以在短文改错中得以分析和纠正。教师在批改学生作文后,可以把学生作文中的典型错误以短文改错的形式呈现给学生,引导学生发现和纠正"自己"的错误,此举还能训练学生审阅修改作文的能力。

10. 读后续写

读后续写是在阅读文本之后,根据文本的逻辑发展线索、语言风格的逻辑性,续写文本的后续发展。这是一种读写整合的活动,属于向创作型或创意性写作发展的基础性写作活动,所读文本是写作的前提,也是其支架,续写内容需要符合所读文本的逻辑性。若所读文本是故事,则应保持故事情节发展、人物性格发展、语言风格的逻辑性;若所读是论说文,则需保持论说观点与论据发展的逻辑性。这种逻辑性不一定是一致性,而是需要符合逻辑,在符合逻辑的前提下,可以发生合理的故事情节颠覆、人物性格颠覆、论点与观点颠覆,以及语言风格的颠覆。

11. 概要写作

概要写作是在阅读文本之后,对文本的内容进行概括,写出简要的总结归纳。这是一种在真实生活使用非常广泛的读写活动,如阅读小说之后写介绍,一般都要写出故事梗概;或者阅读论文之后进行综述,需要写出论文的概要然后加以评述;或者写论文,一般都要写出摘要。发展学生概要写作能力需要从概要格式入手,让学生了解不同文体文本的概要基本内容,然后基于此进行写作。教师可以从让学生阅读课文、教材中非课文的阅读材料之后写出概要作为概要写作训练的起点,掌握概要写作的方法,然后引导学生阅读其他文本进行概要写作。

12. 视觉书面表达

书面表达本身就是一种视觉表达,对所书写文字的字体、字号、大小写、甚至书写规范程度等,读者的阅读必然会形成视觉认知。在视觉书面表达中,通常使用图片、图表、信息图、思维图等进行表达,使用演示幻灯片(即PPT)也是视觉书面表达的常见形式。

视觉书面表达可以以视觉表达为主体,文字表达协助;亦可以文字表达为主体,视觉表达协助。

实　践

请你回答

1. 反思你的高中英语学习，当时老师采用的有哪些写作教学模式？有什么优点和缺点？

2. 你认为你的高中英语老师的哪种写作教学模式最适合你当时的英语写作学习？为什么？

请你分析

请基于本节中对于范文背诵的分析，分析以下范文写作过程。

写前：

（教师先告诉学生写作要求。）

阅读范文，分析范文可取之处。

确定写作方法：确定范文的可模仿之处，然后基于学生自己的需要进行写作。

写中：

根据自己确定的方法进行写作，可以调整写作方法。

将自己完成的初稿与范文进行比对，然后基于范文的可借鉴之处修改自己的初稿。

写后：

展示自己的作文，听取评价意见。

根据意见，修改作文，并反思自己的写作方法，总结范文对自己写作的帮助。

请你设计

请为高二学生设计基于以下内容的读后续写教学活动。

The Curriculum

The last class of my old professor's life took place once a week in his house, by a window in the study. The class met on Tuesdays. It began after breakfast. The subject was "The Meaning of Life". It was taught from experience.

No grades were given, but there were oral exams each week. You were expected to respond to questions, and you were expected to pose questions of your own. You were also required to perform physical tasks now and then, such as lifting the professor's head to a comfortable spot on the pillow or placing his glasses on the bridge of his nose. Kissing him good-bye earned you extra credit.

No books were required, yet many topics were covered, including love, work,

请扫描二维码查看参考答案

community, family, aging, forgiveness, and, finally, death. The last lecture was brief, only a few words.

Although no final exam was given, you were expected to produce one long paper on what was learned. That paper is presented here.

本章小结

英语课程需发展学生的交际能力，口头与书面表达是交际的主要形式。发展口语能力需要遵循平衡流畅性和精确性原则、以语言意义为中心的活动原则、信息沟原则、情景化原则，并按照口语策略进行发展，发展口语能力的模式主要有 PPP 口语教学模式、任务型口语教学模式。写作是表达思想和传递信息的重要手段之一，是高度复杂的思维过程。作为一种交际能力，写作能全面反映学生的英语基础知识水平和灵活运用英语的能力。写作可以划分为句单位写作和语篇单位写作两个层次。语篇单位写作又可进一步划分为段落写作和语篇写作。常用写作模式包括平行写作、框架写作、命题写作和自由写作。写作教学模式有三种：重结果的写作教学模式、重内容的写作教学模式和重过程的写作教学模式，其中后两种模式是比较有效的。

进一步阅读建议

Harmer, Jeremy. *How to Teach English* [M].北京：外语教学与研究出版社, 2000.

鲁子问.小学英语教学设计[M].上海：华东师范大学出版社,2017.

鲁子问.中学英语教学设计[M].上海：华东师范大学出版社,2019.

第十二章
中小学英语思维品质教学方法

发展思维品质是英语教育的重要内容,也是中小学英语课程目标之一。本章分两节,分别介绍思维品质的内涵和思维品质的发展方法。本章将探索认识英语教育与思维品质的关系,思维、思维品质、英语思维品质的内涵,英语思维品质的活动设计原则和方法,为教师在中小学英语教育实践中发展学生的思维品质奠定良好的基础。

第一节 思维品质的内涵

思 考

现象反思

D老师是一位从教近30年的中学英语教师,他对通过英语教学提升学生的思维品质感到困惑,甚至也有一点抵触。他认为英语课就是帮助学生学好英语,发展思维品质不是英语学科的事情;过去他从没有考虑过发展学生的思维品质,且带那么多届学生他们都高考成绩不错。

基于你的理解,你认为D老师的观点是否合理?

学习目标

学习本节后,你能:
1. 理解思维与思维品质的内涵;
2. 解释英语教育与发展学生思维品质之间的关系;
3. 掌握英语思维品质的基本定义和内涵。

本节结构

> 学 习

一、英语教育与思维品质

(一) 发展思维品质是英语教育目标之一

为落实立德树人的教育根本任务,自 2013 年以来,我国先后启动中国学生发展核心素养的研制和普通高中课程标准的修订,由此拉开我国基于核心素养的新一轮基础教育课程改革序幕。核心素养更多的是教育层面的概念,它具有未来特性和跨界特性,尤其是跨界特性,核心素养反映的是跨越行业、学科等各种范畴界限的社会全体成员所共有的必备素养。从这个意义看,英语教育的对象不仅是教学层面上的未来语言运用者,更是教育层面上的下一代的社会人。无疑,培养能满足时代需求的语言运用者是语言教育的基本任务,但当我们把目标指向核心素养,语言教育已不能停留在教学层面,而应达至教育层面。换言之,教师需在理念上从英语教学转向英语教育[①],从英语教育的高度认识英语教学工作。

国际语言教学目标历经语言知识学习、语言技能发展目标,直到今天的语言能力发展目标,其相应代表教学法也由语法—翻译法(兴盛期为 19 世纪 40 年代至 20 世纪 40 年代),到情景法和听说法(兴盛期为 20 世纪 30 年代至 20 世纪 60 年代),直到今天的交际语言教学(兴盛期自 20 世纪 70 年代至今)。[②] 这一历程反映了人们对语言教学目标认识的更新与深入,同时也使当前语言教学目标内涵愈加丰富,涵括知识、技能、能力等三个层次。我国英语课程目标从没有停留在教学层面上。《义务教育英语课程标准(2011 年版)》列明的课程总目标除了通过英语学习"使学生形成初步的综合语言运用能力"外,还包括"促进心智发展,提高综合人文素养"。并开始在英语课程标准中明确说明语言不仅是交际的工具,也是思维的工具。《普通高中英语课程标准(2017 年版)》明确以培养具有中国情怀、国际视野和跨文化沟通能力的社会主义建设者和接班人作为课程目标价值取向,通过英语课程发展学生的语言能力、文化意识、思维品质、学习能力等核心素养,因而以更丰富的内涵(涵括知识、技能、能力、素养等四个层次)把英语课程目标更明确定位为具有英语教育高度的目标。《义务教育英语课程标准(2022 年版)》进一步指出,思维品质指人的思维个性特征,反映学生在理解、分析、比较、推断、批判、评价、创造等方面的层次和水平。思维品质的提升有助于学生学会发现问题、分析问题和解决问题,对事物作出正确的价值判断。由此可见,促进心智发展,提升思维品质已明确列为我国基础教育英语课程的主要目标之一。

(二) 英语教育具有促进思维品质发展的可能

语言与思维的发展密不可分,且相互促进。语言作为工具为儿童认识自我以及与外界互动提供了便利,进而促进儿童认知心理和社会文化心理的发展。因此,语言发展具有促进思维发展的必然。

---

① 张荣干.基于真实任务的英语整合学习路径探究.兴义民族师范学院学报[J],2017(6):95—101.
② 参阅 Richards, J. C. and Rodgers, T. *Approaches and Methods in Language Teaching*(3rd Edition)[M]. Cambridge: Cambridge University Press, 2014.

一般学习活动都具有促进学习者认知心理发展的必然,而外语学习则还具有外语本质特征所带来的必然。"作为母语之外的符号工具,外语能够调节学习者与客观世界之间的互动关系,有助于学习者从多角度深入理解世界的多样性,提高分析能力与认知水平,从而扩展心理空间,丰富概念系统"。① 例如汉语中的"桌子"可以表示各种类型的桌子,而在英语中则用 desk 和 table 把桌子分为两大类,这也意味着以汉语为母语的人在学习 desk 和 table 这两个英语单词的同时,也基于这两个英语单词重新建构关于桌子的知识,亦即,对桌子重新进行了一次分类,这一过程也是一个认知发展的过程。外语学习促进思维发展获得大量实证研究的支持,例如在双语、多语学习领域的研究发现能操两种或多种语言的人在认知心理与社会文化发展上都具有优势。② 美国外语教学委员会(American Council on the Teaching of Foreign Languages,ACTFL)整理列举了相关研究,其中促进认知发展与提升学业成就、文化学习一起被认为是外语学习的三大方面益处。

英语教育作为人类教育的一部分,与其他教育一样具有一般教育意义上促进思维发展的必然。英语是一门语言,且在我国是外语,在我国发生的英语教育为受教育者提供了外语学习及其语言发展的机会,因而也具有外语学习和语言发展促进思维发展的必然。换言之,我国英语教育具有一般教育、语言发展、外语学习等三方面促进思维发展的必然意义。

二、思维与思维品质

(一)思维的内涵

思维和人类日常生活、学习与教育活动息息相关,因而人们对思维的关注与研究经久不衰,并从心理学、社会学、哲学等多角度揭示了思维的丰富内涵。思维可分为有意识思维和无意识思维。人们对无意识思维的探讨由来已久,也有最新心理学研究发现,思维过程不仅可以在没有意识参与的条件下进行,而且对某些复杂问题的解决,没有意识参与的思维结果还优于有意识思维。③ 不过,迄今的研究更多关注有意识思维,认为"思维,首先是人类特有的理解和解决问题的有目的的活动,即一种以定向为前提的过程"。④ 在教育语境的讨论中,"思维"一词通常用以指有意识的、目标导向的心理过程,例如在记忆、形成概念、计划说什么或做什么、情景想象、推理论证、解决问题、判断观点、下决定与判断、形成新认识等过程中。⑤

在传统心理学文献中,认知广义地说就是认识,是"人脑反映客观事物的特性与联系、并揭露事物对人的意义与作用的心理活动"⑥,它涵括诸如感觉、知觉、记忆等心理现象;而思维则是"人以已有的知识为中介,对客观现实的概括的间接的反映。它是在人的实际生活过程中,在感觉经验的基础上,在头脑中对事物进行分析与综合、抽象与概括,形成概念,并应用

---

① 程晓堂,岳颖. 语言作为心智发展的工具:兼论外语学习的意义[J]. 中国外语,2011(01):51—57.
② Snow, C. E. & Freedson-Gonzalez, M. Bilingualism, second language learning, and English as a second language. In: J. W. Guthrie (Ed.) Encyclopedia of Education (2nd Ed.)[D]. Macmillan. 2002:181-85.
③ 李建升,王丹,沈模卫. 无意识思维理论、质疑与回应[J]. 心理科学,2016:39(2),318—23.
④ 林崇德. 思维是一个系统的结构[J]. 宁波大学学报(教育科学版),2006:28(5),1—7.
⑤ Moseley, D., Baumfield, V., Elliott, J., Gregson, M., Higgins, S., Miller, J., & Newton, D. Frameworks of Thinking: A Handbook for Teaching and Learning[M]. Cambridge: Cambridge University Press, 2005.
⑥ 朱智贤. 心理学大词典[M]. 北京:北京师范大学出版社,1989.

概念进行判断和推理,认识事物一般的和本质的特征及规律性联系的心理过程"。认知与思维并非泾渭分明,因而有研究者诸如皮亚杰(J. Piaget)等把认知和思维视为同义语,例如在研究它们的结构时,统称为思维的结构。

林崇德认为思维是一个系统的结构,它涉及思维的目的、思维的过程、思维的材料、思维的品质、思维的自我监控以及思维的非认知因素等六要素。思维的目的就是思维活动的方向和预期的结果。思维的材料(内容)就是信息。如前所述,传统心理学认为思维过程是分析和整合活动,以及其变态的抽象、概括、归类、比较、系统化和具体化的过程,而现代认知心理学则强调思维过程是一个信息加工的过程,林崇德及其团队统一传统心理学和现代认知心理学两种观点,认为思维过程由"确定目标—接受信息—加工编码—概括抽象—操作运用—获得成功"构成。

在安德森(L. W. Anderson)等人修订的布卢姆(B. S. Bloom)教育目标分类中,认知过程分为记忆(remember)、理解(understand)、应用(apply)、分析(analyse)、评价(evaluate)、创造(create)等六个层次,其复杂程度由记忆到创造依次递增。① 记忆包括再认和回忆,理解包括解释、举例、分类、概要、推论、比较、说明等,应用包括执行和实施,分析包括区分、组织、归属等,评价包括核查和评判,创造包括生成、计划、产生等。

基于思维过程的不同复杂程度,人们常把复杂程度较高的思维过程统称为高阶思维(higher-order thinking),指向的是对已有知识的深层理解和判断重构,例如布卢姆教育目标分类修订版中的分析、评价、创新(或原版中的分析、综合、评价)。批判性思维和创新思维通常被归类为高阶思维,此外,也有研究者提出其他高阶思维类别,例如利普曼(M. Lipman)在后来的研究提出关爱思维(caring thinking),即把高阶思维分为批判性思维、创新思维、关爱思维(caring thinking)等三类,分别与古希腊对真、美、善的理想追求联系对应,并强调这样的分类有助于培养个人性格结构的理性和发展社会结构的民主。②

(二) 思维品质的内涵

人类思维活动有其一般、普遍的规律性,个体在思维活动中也表现出不同的个体差异,这种个体差异就是思维品质,换言之,思维品质"其实质是人的思维的个性特征"。③ 林崇德及其团队的研究发现,思维品质反映一个人的思维水平,乃至智力、能力水平,因而思维品质既是评价思维的一个指标,也是发展思维,培养智力、能力的一个突破口。如前所述,思维品质是构成思维结构的六要素之一。一个思维结构的构成成分由自我意识监控和调节,并表现出各种思维品质。

思维品质的表现形式很多,迄今人们对思维品质的描述和分类有共同之处,也因研究视角不同而各有差异。国内研究者(如林崇德 2005,2015④)主要认为思维品质有以下五种:深刻性、灵活性、创造性、批判性和敏捷性。深刻性指的是思维活动的深度、广度和难度,其主要表现指标是概括和推理,例如当一个人思考问题时,他是否善于概括归类,逻辑推理,透过现象发现问题的本质和事物的规律,预见事物的发展进程等。灵活性即思维活动的灵活程

---

① Anderson, L. W. & Krathwohl, D. R. (eds.) *A Taxonomy for Learning, Teaching and Assessing: a Revision of Bloom's Taxonomy of Educational Objectives* [M]. New York: Longman, 2001.
② 引自 Moseley *et al*, 2005,见前页注。
③ 林崇德.培养思维品质是发展智能的突破口[J].国家教育行政学院学报,2005(9),21—26,32.
④ 林崇德.从智力到学科能力[J].课程·教材·教法,2015,35(1),9—20.

度,包括思维起点灵活、思维过程灵活、概括迁移能力强、组合分析能力强、思维结果的结论合理而灵活等五个方面,其主要表现指标是角度多样性和切换自如度,例如一个思维灵活性强的人通常被认为善于一题多解,举一反三,游刃自如。创造性是思维活动的创新程度,主要表现指标是逻辑分析和直觉想象的统一,例如一个思维创造性强的人不仅善于发现问题、分析问题,更能创造性地解决问题。批判性指的是思维活动的批评判断程度,主要表现指标是对思维材料(信息)的严格估计和对思维过程的精细检查,例如一个思维批判性强的人能够对思维本身加以监控检查和分析判断。敏捷性指的是思维活动的敏锐程度,主要表现指标是判断准确和反应迅速,例如当一个人在处理和解决问题的过程中,他能否适应迫切的情况准确地判断问题所在,迅速地形成结论和提出问题解决方案。林崇德(2005)认为思维的深刻性是一切思维品质的基础,灵活性和创造性是在深刻性基础上引申出来的两个品质(两者互为条件,前者是后者的基础,后者是前者的发展),批判性是在深刻性基础上发展起来的品质,敏捷性以其他品质为必要前提,又是其他品质的具体表现。

在国外研究中,林崇德指出,最早探索思维品质的是苏联心理学界,而西方心理学界首先提出思维品质的是美国心理学家吉尔福特(J. P. Guilford);苏联学者主要强调思维的速度问题(思维的敏捷性)、灵活程度问题(思维的灵活性)和独立思考问题(思维的独立性),而西方心理学界则强调思维品质的重要性,特别是重视思维的速度、难度或深度、周密度等三方面的研究。举例说,斯米尔诺夫(Смирнов)1956年作为总主编出版的《心理学》提到的思维品质有:广度和深度、独立性和灵活性、顺序性和敏捷性等。[①] 吉尔福特的研究发现与创新最相关的思维品质是思维的流畅性、灵活性、细致性(Guilford,1966)。[②]

(三)英语思维品质的内涵

"英语思维品质"是一个简称,一方面指的是在英语学习活动或英语运用活动过程中所表现出来的人的思维的个性特征,另一方面指的是学生通过英语课程学习所发展的思维品质。显然,英语课程学习除了具备一般学习能发展学生思维的深刻性、灵活性、创造性、批判性、敏捷性等一般思维品质的可能外,还可发展英语课程学习所带来的其他思维品质,例如鲁子问(2016)所提到的准确性。[③] 如前所述,英语学习有利于丰富学生的概念系统(例如使用 desk 和 table 把桌子分为两大类),又如,最新的研究发现,使用外语思维有利于降低决策的偏见[④],可见,英语学习有利于发展学生思维的准确性。此外,英语在我国是外国语言,我国学生在学习英语、运用英语的活动过程中不仅涉及英语语言,更涉及英语国家以及其他外国文化,因而也不仅涉及一般的思维过程,还更多地涉及三类高阶思维,即批判性思维、跨文化思维和创新思维。在英语学习和运用过程中,学生需要面对中外文化的碰撞,因而有必要对相关问题进行批判性和跨文化的思考与判断,获得创新性的思维结果和问题解决结论。我国英语课程的总目标是"培养具有中国情怀、国际视野和跨文化沟通能力的社会主义建设

[①] 林崇德.国外关于思维品质发展与培养的研究[J].外国心理学,1984(4),2—4,20.见有关 A. A. Smirnov 叙述。
[②] Guilford, J. P. Measurement and Creativity [J]. Theory into Practice,1966;5(4),186-89,202.
[③] 鲁子问.英语教育促进思维品质发展的内涵与可能[J].英语教师,2016;16(5),6—12.
[④] Keysar, B., Hayakawa, S. L., & An, S. G. The Foreign-language Effect: Thinking in a Foreign Tongue Reduces Decision Biases [J]. Psychological Science,2012;23(6),661-68.

者和接班人",因此,英语思维品质不仅包括思维的准确性、深刻性、灵活性、创造性、批判性、敏捷性等一般思维品质,更包括批判性思维、跨文化思维、创新思维等相关思维品质。

请讨论: 为什么英语课程需要确定发展学生思维品质这一目标?

实 践

  请你回答

你自己作为英语专业学习者和工作者,认为自己的思维品质发展具有哪些优势,存在哪些不足?哪些优势或不足是英语专业学习所致?

请扫描二维码
查看参考答案

请你分析

请分析以下小学英语作业,分析其思维品质特性。

选择四位自己喜欢的老师,并写出两个或以上形容词描述他们每一个人,例如:Mr. Huang, math teacher: old, kind.

请你设计

请仿照下图的例子设计一项文字观察活动,并说明活动所涉及什么思维过程,可用以发展学生什么思维品质?(文字内容为 IDEA)

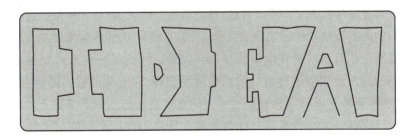

第二节 思维品质的发展方法

思 考

  现象反思

A 老师是一名小学英语教师,她很赞同通过英语教育发展学生的思维品质,但她也很困惑:她的学生英语学习从零开始,帮助学生学好英语已经很不容易,怎样才能让学生在学到英语的同时还能发展思维品质呢？

基于你的理解，你如何帮 A 老师解答她的困惑？

 学习目标

学习本节后，你能：
1. 了解思维品质发展的基本方法；
2. 认识发展英语思维品质的基本活动；
3. 掌握发展英语思维品质活动的原则和方法；
4. 分析、设计发展英语思维品质的活动。

 本节结构

学 习

一、思维品质发展基本方法

（一）思维品质的必然发展与使然发展

"人存在着两种发展状态：一种是自然、自发状态下的发展，另一种是通过人的主观世界改造，这种有目的的实践活动中所实现的发展。"[1]前一种发展更多地体现在生理上的成长与成熟，因而其发展可相对独立于环境而获得，具有必然性；而后一种发展则更多地是教育活动所促使的发展，其发展则需通过对环境的反应而获得，具有使然性。简而言之，人的发展可分为必然发展与使然发展[2]，在教育活动中人的发展是在必然发展基础上的使然发展。同理，人的思维发展也可分为必然发展与使然发展。发展心理学研究的是个体从受精卵开始到出生、成熟、衰老的生命全程中心理发生、发展的特点和规律。[3][4] 发展心理学揭示的是人的必然发展规律，其中包括思维的必然发展规律。迄今的研究发现，个体毕生心理发展既表现出连续性又表现出发展的阶段性，形成各自独特的结构和年龄特征，且按次序由低到高发展。

皮亚杰(J. Piaget)研究认为儿童心理或思维发展可划分为感知运动阶段(sensorimotor

---

[1] 鲁洁.教育：人之自我建构的实践活动[J].教育研究,1998(9)：13—18.
[2] 张荣干.义务教育英语课程心智发展目标的内涵分析思路[J].英语教师,2015：15(5)：6—10,15.
[3] Lerner, R. M., Esaterbrooks, M, A. & Mistry, J. (Eds). Handbook of Psychology: Volume 6 Developmental Psychology [M]. Hoboken, NJ: John Wiley & Sons, 2003.
[4] 林崇德.发展心理学[M].杭州：浙江教育出版社,2002.

stage)、前运算思维阶段(pre-operational stage)、具体运算思维阶段(concrete operational stage)、形式运算思维阶段(formal operational stage)等四个阶段。感知运动阶段见于0~2岁在语言以前时期的儿童,这一阶段儿童主要通过感觉动作图式和外界取得平衡,处理主客体的关系。前运算思维阶段见于2~7岁儿童,表象或形象思维在这阶段萌芽,语言的出现与发展促使儿童日益频繁地用表象符号来代替外界事物,并凭借表象进行思维。具体运算思维阶段见于相当于小学阶段的7~12岁儿童,这阶段儿童具有初步的逻辑思维,但一般还离不开具体事物的支持,离开具体事物进行纯粹形式逻辑推理会感到困难,且运算仍是零散的,还不能组成一个结构的整体、一个完整的系统。形式运算思维阶段见于12~15岁儿童,逐渐与成人思维接近,可以在头脑中将形式和内容分开,可以离开具体事物,根据假设进行逻辑推演。值得指出的是,皮亚杰之后的研究者发现,皮亚杰的阶段划分并不完整,形式运算并不是个体认知发展的最高阶段。后来的研究者用后形式运算(post-formal operation)、反省判断(reflective judgement)、辩证思维(dialectical thinking)、认识论认知(epistemic cognition)等不同概念来描述个体思维超出皮亚杰形式运算阶段以后的认知图式,统称为思维发展的第五个阶段,这也是成人前期(18~35岁)的认知特点。处于成人前期的个体已具有较稳定的知识结构和思维结构,并积累了许多经验,掌握了解决某些实际问题的技能,思维品质也趋于稳定,具有在理解能力、分析问题能力、推理能力和创造思维等方面的思维优势。

可见,思维的发展有阶段性,也有连续性,按阶段由低到高次第发展,具有前后的替代关系,即人的思维发展路径是:直观行动思维(即感知动作思维)→具体形象思维(即前运算思维)→抽象逻辑思维(即具体运算思维和形式运算思维)→辩证思维。不过,这不是简单的替代关系,而是替代与共存辩证统一的关系,林崇德认为,直观行动思维在个体发展中除了逐渐让位于具体形象思维外,还会向高水平的动作逻辑思维发展,而具体形象思维除了逐渐发展为抽象逻辑思维外,其本身也会逐渐发展为形象逻辑思维。① 动作逻辑思维以动作或行动为思维的重要材料,借助与动作相联系的语言作物质外壳,在认识中以操作为手段来理解事物的内在本质和规律。例如运动员的技能和技巧的掌握就需要发达的动作逻辑思维作为认识基础。形象逻辑思维又称作"形象思维",是以形象或表象为思维的重要材料,借助鲜明、生动的语言作为物质外壳,在认识中通过事物外在特征的生动具体、富有感性的表现认识事物的内在本质和规律。

简而言之,个体思维发展阶段反映了个体发展的连续性和方向性,但各阶段之间并非泾渭分明,且各阶段的个体发展并不仅限于皮亚杰所提出的数理逻辑范畴,也包括其他与文学艺术等相关的思维范畴。此外,人的思维发展存在个体差异,这都为通过教育促进思维发展提供了理论可能。教育的目标就是在人的必然发展基础上,教育所作使然努力的目标方向。通过教育提升受教育者的思维品质是教育的重要目标之一,因而本节主要探讨在学生思维必然发展的基础上通过教育所作的使然发展努力。

(二) 思维品质发展基本方法

现代心理学自其发端至今,有大量研究揭示个人与环境之间的互动关系,当前各种心理

---

① 林崇德.思维心理学研究的几点回顾[J].北京师范大学学报(社会科学版),2006:197(5),35—42.

发展理论都认为个人与其环境的互动构成人类发展的基本进程,例如皮亚杰早在20世纪30年代就提出婴儿对世界(即对物体、空间、时间和因果关系等)认知发展是通过与环境的互动获得的。[①] 因此,互动发展是个体思维发展基本途径,也是教师通过教育发展学生思维品质的基本途径。思维品质的互动发展包括必然发展与使然发展的互动、个体与环境的互动以及思维发展与其他领域(如社会心理发展)发展的互动。简而言之,教师要通过教育作促进思维品质发展的使然努力须遵循思维发展的必然规律,兼顾其他领域发展,让学生在与环境互动的过程中获得相应的发展。

发展思维品质大致有专门发展(stand-alone approach)、嵌入发展(embedding approach)和浸入发展(immersion approach)等三种基本途径。[②] 专门发展途径指的是独立于学科教学内容以外进行专门的思维发展训练,嵌入发展途径是在学科教学过程中进行显性的思维发展教学,而浸入发展途径则指通过学校学习活动自然发展学生的思维品质。尽管研究者迄今对思维品质发展的基本途径及其背后的理论思考仍有不同观点的争辩[③],但迄今研究所提出的三种思维品质发展基本途径仍可为我们在中小学英语教育实践中发展学生思维品质提供重要启示,一是基于嵌入发展途径理论启示,教师可在英语教育实践中探索显性思维品质发展教学;二是基于浸入发展途径理论启示,教师应在教学活动设计中把发展思维品质考虑在内以通过英语学习和英语运用活动发展学生的思维品质。

二、英语思维品质发展方法

(一)发展英语思维品质的基本活动

互动是发展思维品质的基本途径,因此,教师发展学生英语思维品质的使然努力必须通过活动实现。发展英语思维品质的活动形式可以多样,从不同的视角也可以把各种活动分成不同的类别。

参照前面提到的思维品质发展基本途径,我们可以把英语思维品质发展活动分为专门发展活动(即在英语课程学习过程中专门用以思维品质发展教学的活动)、嵌入发展活动(即嵌入英语教学过程中并作显性思维品质发展教学的活动)、浸入发展活动(即在英语教学过程中隐含思维品质发展目标设计的活动)。举例说,教师可以让学生观察图12-1,找出正方形(答案:共50个),以发展学生思维的准确性、灵活性,也可以通过限时完成,发展思维的敏捷性,还可以通过分析他人或反思自己的完成过程,发展思维的批判性。这是一个数学图形观察分析活动,若要求学生在活动过程中使用英语(例如用英语报告自己的发现)则是一个英语思维品质发展活动。若用以专门的思维品质发展教学(如在一节课由多个类似要求学

---

① Cohen, L. B. & C. H. Cashon. Infant Perception and Cognition [A]. Lerner, R. M., M. A. Easterbrooks & J. Mistry (eds.). *Handbook of Psychology*:(*Volume 6*) *Developmental Psychology* [C]. Hoboken, NJ: Wiley, 2003: 65 - 89.

② Prawat, R. S. The Immersion Approach to the Development of Thinking[J]. *Educational Researcher*, 1991: 20(2),3 - 10,30.

③ 参看 e.g. Wegerif, R. Li, L. & Kaufman, J. C. *The Routledge International Handbook of Research on Teaching Thinking*[M]. London: Routledge. Johnson, S. & Siegel. *Teaching Thinking Skills: Key Debates in Educational Policy* (*Edited by C. Winch*)[M]. London: Continuum, 2015.

生限时完成的活动构成专门用以发展学生的思维敏捷性)则是一个专门发展活动;若嵌入一节课的数字教学过程中,并对此活动所涉及的思维品质进行显然教学,这则是一个嵌入发展活动;而若在一节阅读课中的故事阅读教学过程中自然出现,这则是一个浸入发展活动。

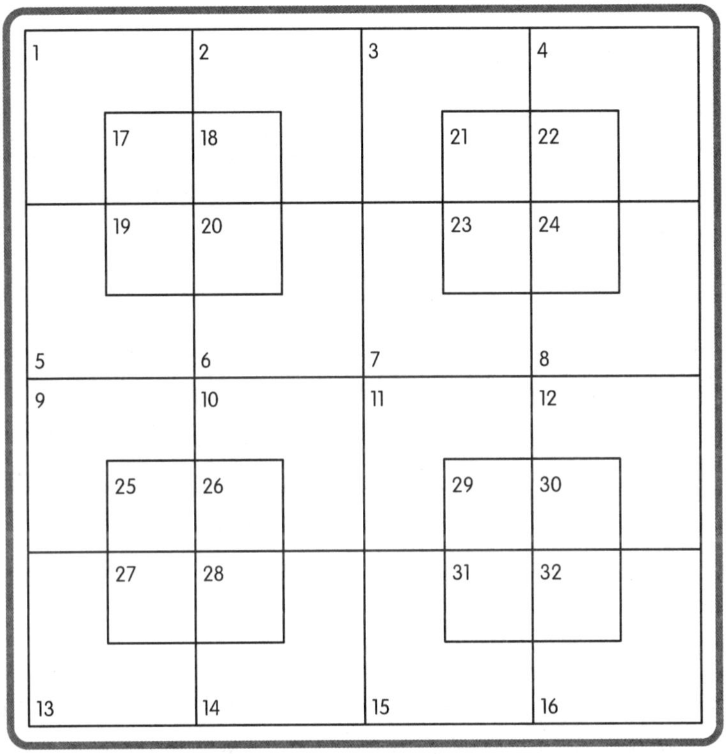

图 12-1 数一数正方形数量

英语思维品质发展活动还可依据是否进行显性的思维发展教学分为显性发展活动和隐性发展活动。从这个角度看,上述专门发展活动和嵌入发展活动属于显性发展活动,而浸入发展活动则属于隐性发展活动。在我国中小学英语教育过程中,基于学生的认知发展程度和英语语言水平考虑,更多的相关活动属于隐性发展活动,即在设计教学时把英语思维品质发展目标隐含在所设计的学习活动中,以让学生在参与活动的过程中获得相应的思维品质发展。

此外,从活动设计目标角度看,英语思维品质发展活动可分为单一目标发展活动和整合目标发展活动,前者指的是以发展英语思维品质作为唯一设计目标的活动,而后者的设计目标并不仅限于发展思维品质,还同时整合发展语言能力、文化意识、学习能力等其他发展目标。以上述数学图形观察分析活动为例,若作为专门发展活动和嵌入发展活动使用,则属于单一目标发展活动,而若作为浸入发展活动在一节阅读课的故事阅读教学过程中自然出现,则可能是一个个整合目标发展活动。作为整合目标发展活动,该数学图形观察分析活动只是故事阅读教学活动中的其中一个分活动(sub-activity),而教师就该活动的引导也不仅限于思维品质发展,也可能联系故事内容或真实生活(如英语国家孩子是否也做这样的图形观察分析活动)作文化意识发展引导,还可能联系故事阅读引导学生发展语言能力(如多模态语篇的阅读策略)和学习能力(如利用互联网搜索类似的图形观察分析活动)。

显然，不同分类角度可以对英语思维品质发展活动进行不同分类，且相互之间有所重合，例如专门发展活动和嵌入发展活动均属显性发展活动，又通常是单一目标发展活动，而浸入发展活动则属于隐性发展活动，也通常是整合目标发展活动。

（二）英语思维品质发展活动的设计原则

英语思维品质既指在英语学习活动或英语运用活动过程中所表现出来的人的思维的个性特征，也指学生通过英语课程学习所发展的思维品质。发展英语思维品质的本质就是发展学生的思维品质。发展英语思维品质的活动设计首先要遵循思维理论研究所揭示的规律，同时也要把握英语教育的原则要求。因此，教师设计英语思维品质发展活动，须遵循阶段适切、促进发展、理论参照、英语互动等四项设计原则。

1. 阶段适切原则

阶段适切原则指的是发展英语思维品质的活动应与学生对象的思维品质发展和英语语言发展的阶段相适切，既符合学生对象的思维发展阶段特征，也符合学生对象现阶段的英语语言水平。换言之，所设计的活动应遵循发展心理学等理论研究所揭示的青少年思维发展规律，同时也遵循语言习得等理论研究所揭示的语言发展规律。例如考虑到小学生的思维品质发展阶段特征，我们一般不为小学生（尤其是低年级段的小学生）设计以发展思维的批判性为主要目标的活动。又如，高中学生已与成人思维接近，但基于英语语言水平的不同，《普通高中英语课程标准（2017年版）》对思维品质核心素养水平的三个级别要求均有所不同，例如一级水平要求的"针对所获取的信息，提出自己的看法，并通过简单的求证手段，判断信息的真实性，形成自己的看法，避免盲目接受或否定"，二级水平相对应的要求则是"针对所获取的各种观点，提出批判性的问题，辨析、判断观点和思想的价值，并形成自己的观点"，而三级要求则是"针对各种观点和思想的假设前提，提出合理的质疑，通过辨析、判断其价值，作出正确的评价，以此形成自己独立的思想"。

2. 促进发展原则

促进发展的目标原则指的是发展英语思维品质的活动以促进发展为目标，即在理论研究所揭示的个体思维必然发展的基础上作促进学生英语思维品质发展的使然努力。换言之，所设计的活动应具有一定的目标指向性，在学生已有的基础上指向更高层次的思维品质发展。通俗地说，所设计的活动应能让学生"跳一跳，摘到苹果"，即具有合理的挑战性。显然，阶段适切原则与促进发展原则并不矛盾，简而言之，前者是把握已有基础，后者是把握发展方向，我们需要恰当把握前者以免拔苗助长，不忘后者以实现教育的目标。

3. 理论参照原则

理论参照原则指的是发展英语思维品质的活动以理论依据为设计参照，即依据已有的思维品质发展理论框架，参照设定活动所指向的思维品质发展方向和具体目标。

（1）参照思维发展的替代与辩证发展路径（直观行动思维→具体形象思维→抽象逻辑思维→辩证思维；直观行动思维→动作逻辑思维；具体形象思维→形象逻辑思维），确定活动的阶段适切性和指向目标方向。

（2）参照思维过程分类（例如布卢姆教育目标分类学修订版：记忆、理解、应用、分析、评价、创造),确定活动对学生思维过程的层次要求。

(3) 参照思维品质分类(准确性、深刻性、灵活性、创造性、批判性、敏捷性等),确定活动指向的具体思维品质发展目标。

(4) 参照高阶思维分类(批判性思维、创新思维、跨文化思维等),确定活动是否发展高阶思维,以及所指向的高阶思维类别。

4. 英语互动原则

互动是发展思维品质的基本途径,英语思维品质是在英语学习活动或英语运用活动过程中所表现出来的人的思维的个性特征。因此,英语互动的活动原则是指发展英语思维品质的活动以英语互动为活动的基本形式,即提供学生思维的材料(信息),让他们在与环境的互动过程中借助英语语言处理信息,交流思维成果。换言之,所设计的活动既具有促进学生思维品质发展的可能,也能通过恰当的设计让学生在活动过程运用英语、学习英语。例如让小学生观察、模仿、表演跳房子游戏(hopscotch)有利于促进学生形象逻辑思维和动作逻辑思维的发展,但要做到遵循英语互动的活动原则,还需考虑让学生在活动过程中自然地接触和运用英语,譬如让学生分组,小组长先学习老师用英语的讲解、示范(或英语的视频介绍),再带领组员一起学习、互相指导,进而表演和报告学习结果,以发展学生英语思维品质的准确性、深刻性、批判性。

(三) 发展英语思维品质的课堂活动

在中小学英语课堂中,发展英语思维品质的活动可分为课堂整体活动和课堂引导活动两大类别。课堂整体活动本身能构成一个独立、完整的发展英语思维品质的活动,而课堂引导活动则只是某一课堂活动作发展英语思维品质引导的其中一部分。课堂引导活动尤以课堂提问为突出代表,国内外有不少的理论探索和实践思考。[1] 例如鲁子问(2016)介绍了一节小学阅读展示课的教学流程,他除了向学生提出阅读理解的问题外,还在学生回答问题基础上加以追问,询问学生回答的理据是什么,并通过问题引导学生对阅读内容(关于一周运动计划改进建议的对话)进行思考探索,对对话人物提出建议的做法加以深度思考、分析、批判,说出自己的观点,并联系自己的实际生活,制订自己的"阳光体育一小时活动计划",在课后思考自己的英语学习计划、人生计划等。可见,课堂提问引导活动可以较好地引导学生分析,评价所面对的信息,避免盲目接受或否定,并形成自己的创新观点,促进学生英语思维品质的发展。

> **请分析**:老师在课堂上通常给学生提出的问题,哪些属于发展学生英语思维品质的问题?为什么?

发展英语思维品质的课堂整体活动可以是一节课的唯一活动,也可以是一节课的其中部分活动,其形式可以是专门或嵌入或浸入发展活动,也可以是显性发展或隐性发展活动,也可以是单一或整合目标发展活动。在一线实践中,课堂整体活动通常基于教材内容开展,一般采用整合目标的隐性浸入发展活动形式。基于教材内容的课堂整体活动设计首先需要

---

[1] Browne M. N. & Keeley S. M. *Asking the Right Questions: A Guide to Critical Thinking* [M]. Upper Saddle River, NJ: Pearson Prentice Hall, 2007

对教材内容进行分析,并结合学生以及其他教学背景因素分析设计相应的英语互动活动①,为此,基于教材内容而开展的整合目标的隐性浸入发展活动,其通常设计思路是:

1. 该教材内容学习必然促进什么英语思维品质以及其他素养发展?
2. 该教材内容学习发展英语思维品质和其他素养的使然可能是什么?
3. 该教材内容学习可能的英语互动活动是什么?学生在什么情境中以什么身份进行什么互动并最终获得什么互动成果?

例如张荣干(2017)报告了一节跨教材同题材同体裁的初中英语阅读课例②,其教材内容分别来自两个不同版本的课文,共两封心理咨询信件及其答复,即四个同题材、同体裁语篇。基于教材内容和学生情况分析,该课例设定的英语互动活动是一个真实运用任务③:"小萍最近很不开心,她想写信向英文杂志心理咨询师求助。她给我(注:授课教师)发来微信请求帮助:如何选择杂志心理咨询师?两个教材课文中的心理咨询师哪个更好?为此,请帮我:做一幅招贴画,形象直观地用一段微信视频告诉小萍你的看法。"该任务让学生在真实的生活情景中以同龄人的身份和假定同龄人小萍通过授课教师(基于心理咨询的私隐特征考虑)进行间接的互动,其课堂互动成果是通过阅读教材语篇和课堂讨论为小萍判断选择心理咨询师并以招贴画形式展示选择理由,课后互动成果是一段微信视频。可见,基于教材内容的课堂整体活动通常不以发展英语思维品质为唯一目标,而是整合了语言能力、文化意识、思维品质、学习能力等多方面发展目标,但仍应有明确的思维品质发展目标,如上述张荣干的课例可清晰看到其中对发展学生思维的批判性和灵活性的侧重。

不管是课堂整体活动还是课堂引导活动,其活动设计均应遵循以上阶段适切、促进发展、理论参照、英语互动等四项设计原则。以理论参照原则为例,上述鲁子问和张荣干的课例均可反映教师基于对已有思维品质发展理论框架的把握而进行胸有成竹的活动设计,例如基于思维过程分类,两课例的阅读学习活动并没有只停留在记忆、理解、应用层面,而是引导学生进行分析、评价、创造,并基于思维品质分类,着重发展学生思维的灵活性和批判性等品质,基于高阶思维分类,着重指向批判性思维和创新思维的发展。

实 践

 请你回答

1. 你认为 A 老师的困惑存在什么问题?
2. 如何帮助小学生在学习英语的同时发展思维品质?

请你分析

《普通高中英语课程标准(2017 年版)》对思维品质的说明进行分析并说明你的

---

① 张荣干.促进心智发展的英语教学活动设计[C].中国教育学会外语教学专业委员会第 19 次学术年会,西安,2015.
② 张荣干.发展核心素养的中小学英语课堂探索:基于真实任务的整合学习[J].英语学习(教师版),2017(11):40—43.
③ 鲁子问,张荣干.中小学英语真实任务教学理论与实践[M].北京:中国电力出版社,2005.

理解：

"思维品质指思维在逻辑性、批判性、创造性等方面所表现的能力和水平。思维品质体现英语课程培养的学生核心素养的心智特征。思维品质的发展有助于提升学生分析和解决问题的能力，使他们能够从跨文化视角观察和认识世界，对事物作出正确的价值判断"。

请结合本章第一节"请你回答"中对你自己思维品质的反思，以你自己为例，分析发展学生思维品质应该努力的方向。

 请你设计

请扫描二维码
查看参考答案

请设计一个基于完形填空练习发展学生思维品质的活动。

本章小结

我国英语教育具有基础教育、语言发展、外语学习等三方面促进学生思维品质发展的必然意义。教育的目标就是在人的必然发展基础上，教育所作使然努力的目标方向。为此，我国中小学英语教育历来重视思维品质发展目标，《普通高中英语课程标准(2017年版)》明确把思维品质和语言能力、文化意识、学习能力等英语课程培养的学生核心素养一起列为英语课程目标。因此，中小学英语教师要在理念上从英语教学转向英语教育，从英语教育的高度认识自己的英语教学工作，并在实践中积极探索发展学生思维品质等英语课程培养的学生核心素养。

思维品质是个体在思维活动中表现出的个体差异，亦即人的思维的个性特征。相关理论涉及思维发展的替代与辩证发展路径（直观行动思维、具体形象思维、抽象逻辑思维、辩证思维；直观行动思维、动作逻辑思维；具体形象思维、形象逻辑思维）、思维过程分类（例如布卢姆教育目标分类学修订版：记忆、理解、应用、分析、评价、创造）、思维品质分类（准确性、深刻性、灵活性、创造性、批判性、敏捷性等）以及高阶思维分类（批判性思维、创新思维、跨文化思维等）等。

英语思维品质一方面指在英语学习活动或英语运用活动过程中所表现出来的人的思维的个性特征，另一方面指学生通过英语课程学习所发展的思维品质。互动发展是个体思维发展的基本途径，也是发展学生英语思维品质的基本途径。英语思维品质发展活动从不同角度有不同的分类，例如依据专门发展、嵌入发展、浸入发展等三种思维品质发展途径，可分为专门发展、嵌入发展、浸入发展等三类活动，也可依据是否进行显性思维发展教学分为显性发展和隐性发展活动，还可根据活动目标分为单一目标发展和整合目标发展活动。中小学英语课堂可以通过课堂引导活动（例如提问引导）和课堂整体活动发展学生英语思维品质。活动形式可多样，但发展英语思维品质的活动均需遵循阶段适切、促进发展、理论参照、英语互动等四项设计原则。

进一步阅读建议

Lerner, R. M., Esaterbrooks, M, A. & Mistry, J. *Handbook of*

Psychology: Volume 6 Developmental Psychology[M]. Hoboken, NJ: John Wiley & Sons, 2003.

Moseley, D., Baumfield, V., Elliott, J., Gregson, M., Higgins, S., Miller, J. & Newton, D. *Frameworks of Thinking: A Handbook for Teaching and Learning*[M]. Cambridge: Cambridge University Press, 2005.

Wegerif, R. Li, L. & Kaufman, J. C. *The Routledge International Handbook of Research on Teaching Thinking*[M]. London: Routledge, 2015.

林崇德.发展心理学[M].杭州:浙江教育出版社,2002.

鲁子问.英语教育的批判性维度建构[M].南京:译林出版社,2019.

第十三章
中小学英语文化意识教学方法

语言是文化的组成部分,也是文化的载体,英语教学必然离不开文化教学,甚至可以说,英语教学本质上就是文化教学。本章将探讨英语教学中的文化教学的方法。严格意义上,文化意识的教学方法是教育的方法,因为文化意识教学的目的本质上是教育目的。为与全书保持一致,本章依然采用教学方法的说法,而在具体内容中,则更多聚焦文化意识的教育方法。

第一节　文化意识的内涵

思　考

 现象反思

L老师在英语课堂上正在介绍感恩节,提到感恩节的起源是北美殖民地的人们丰收之后的感恩与庆祝活动。有学生问老师,我国的中秋节也是丰收之后的庆祝活动,但没有感恩活动。为什么?L老师说:中秋节不是外国文化,如何理解中秋节,不是英语课上讨论的问题。她让学生课后自己查阅材料。这位学生对此非常不满意,这节课的随后时间不仅不再听课,而且在看其他学科的书。而L老师认为自己并没有说错。

你认为L老师说错了吗?为什么?

 学习目标

学习本节后,你能:
1. 了解文化意识作为英语课程培养的学生核心素养的内涵;
2. 了解英语课程不同学段文化意识的学习目标。

 本节结构

学 习

正如本书第一章指出,英语教育是语言教育,更是文化教育。文化意识是英语教育的基本内涵,是英语课程培养的学生核心素养不可或缺的组成部分,体现英语课程培养的学生核心素养的价值取向。

作为英语课程培养的学生核心素养的文化意识①,指的是:对中外文化的理解和对优秀文化的认同,是学生在全球化背景下表现出的跨文化认知、态度和行为取向。文化意识的培育有助于学生增强国家认同和家国情怀,坚定文化自信,树立人类命运共同体意识,学会做人做事,成长为有文明素养和社会责任感的人。由此可知,英语学科的文化意识既包括对外国文化的理解,也包括基于外国文化的跨文化视角而形成的对中国文化的理解,同时在文化态度层面,包括对中外文化中的优秀文化的认同等积极的跨文化态度。

英语学科发展学生文化意识的总体目标是:获得文化知识,理解文化内涵,比较文化异同,汲取文化精华,形成正确的价值观,坚定文化自信,形成自尊、自信、自强的良好品格,具备一定的跨文化沟通和传播中华文化的能力。

文化意识一直是我国英语课程所明确规定的内容。

《义务教育英语课程标准(2022年版)》对文化意识目标做出了明确的规定。具体内容为:

表 13-1 义务教育英语课程文化意识内容目标

阶段	内 容
小学	能在教师引导和启发下,初步了解与中外文化有关的具体现象和事物,对学习、探索中外文化有兴趣;通过常见的简单语言材料(如故事、介绍、日常对话、动画等),获取中外文化的简单信息,感知与体验文化多样性;能用简短的句子描述所学的与中外文化有关的具体事物;认同中华文化,发现和感悟其中蕴含的人生哲理或价值观,形成正确的价值观和良好的品格;初步具备比较和识别中外文化异同的能力。
初中	能在教师引导和协助下,采用合适的方式、方法认识与中外文化有关的具体现象和事物;尊重并包容不同文化,涵养家国情怀,初步理解人类命运共同体的概念;能通过语言简单、主题相关的语篇材料获取并归纳中外文化信息;在参与交际活动时,意识到文化差异在语言交流中的表现,能尝试采用多种策略进行沟通和交流;能基于已有经验和知识,用所学英语描述熟悉的文化现象和文化差异;具备比较、判断常见的中外文化差异性和相似性的基本能力;能理解与感悟优秀文化的内涵,有正确的价值观、健康的审美情趣和良好的品格。

《普通高中英语课程标准(2017年版)》也对高中阶段的文化意识素养具体内容做出了非常明确的规定。

---

① 教育部.普通高中英语课程标准(2017年版)[Z].北京:人民教育出版社,2018.

表 13-2 普通高中英语课程文化意识内容目标

素养级别	内　　容
水平一	1. 能够在明确的情境中根据直接提示找到文化信息①； 2. 有兴趣和意愿了解并比较具有文化多样性的活动和事物； 3. 感知中外文化的差异，初步形成跨文化意识，通过中外文化对比，加深对中国文化的理解，坚定文化自信； 4. 了解中外优秀文化，形成正确的价值观； 5. 感知所学内容的语言美和意蕴美； 6. 能够运用所学的英语简单介绍中外文化现象。
水平二	1. 能够选择合适的方式和方法在课堂等现实情境中获取文化信息； 2. 具有足够的文化知识为中外文化的异同提供可能的解释，并结合实际情况进行分析和比较； 3. 提高跨文化意识，在进行跨文化交流时，能够注意到彼此之间的文化差异，运用基本的跨文化交际策略； 4. 尊重和理解文化的多样性，具有国际视野，进一步坚定文化自信； 5. 感悟中外优秀文化的精神内涵，树立正确的价值观； 6. 理解和欣赏所学内容的语言美和意蕴美； 7. 有传播中国特色社会文化的意识，能够运用所学的英语描述、比较中外文化现象。
水平三	1. 能够运用多种方式方法在真实生活情境中获取文化信息； 2. 基于对中外文化差异和融通的理解和思考，探究产生异同的历史文化原因； 3. 具有跨文化意识，能够以尊重文化多样性的方式调适交际策略； 4. 领悟世界文化的多样性和丰富性，具有人类命运共同体意识； 5. 分析、鉴别文化现象所反映的价值取向，坚定文化自信； 6. 汲取优秀文化，具有正确的价值观、健康的审美情趣和积极的道德情感； 7. 能够用所学的英语讲述中国故事，描述、阐释中外文化现象。

《普通高中英语课程标准(2017年版)》还对高中阶段的文化知识内容做出了非常明确的具体规定。

表 13-3 普通高中英语课程文化知识内容目标

课程类别	内　容　标　准
必修	了解英美等国家的主要传统节日及其历史与现实意义；比较中外传统节日的异同，探讨中外传统节日对文化认同、文化传承的价值和意义； 了解英美等国家的主要习俗；对比中国主要习俗，尊重和包容文化的多样性； 了解英美等国家主流体育运动，感悟中外体育精神的共同诉求； 了解英美等国家主要的文学家、艺术家、科学家、政治家及其成就、贡献等，学习和借鉴人类文明的优秀成果； 发现并理解语篇中包含的不同文化元素，理解其中的寓意； 理解常用英语成语和俗语的文化内涵；对比英汉语中常用成语和俗语的表达方式，感悟语言和文化的密切关系； 在学习活动中初步感知和体验英语语言的美；

---

① 序号为本书作者所加，以使其更加清晰。下同。

(续表)

课程类别	内容标准
	了解英美等国家人们在行为举止和待人接物等方面与中国人的异同,得体处理差异,自信大方,实现有效沟通; 学习并初步运用英语介绍中国传统节日和中国优秀传统文化(如京剧、文学、绘画、园林、武术、饮食文化等),具有传播中华优秀传统文化的意识。
选择性必修	了解英美等国家地理概况、旅游资源(自然与人文景观、代表性动植物、世界文化遗产等),加深对人与自然的关系的理解; 了解英美等国家政治和经济等方面情况的基本知识;比较中外差异,认同人类共同发展的理念; 理解常用英语典故和传说;比较汉语中相似的典故与传说,分析异同,理解不同的表达方式所代表的文化内涵; 了解常用英语词汇表达方式的文化背景;对比汉语词汇相似的表达方式,丰富历史文化知识,从跨文化角度认识词语的深层含义; 在学习活动中理解和欣赏英语语言表达形式(如韵律等)的美; 理解和欣赏部分英语优秀文学作品(戏剧、诗歌、小说等);从作品的意蕴美中获得积极的人生态度和价值观念启示; 通过比较、分析、思考,区分和鉴别语篇包含或反映的社会文化现象,并作出正确的价值判断; 了解英美等国家主要的大众传播媒体,分析辨别其价值取向; 了解中外文化的差异与融通,在跨文化交际中初步体现交际的得体性和有效性; 使用英语简述中国文化基本知识,包括中国传统节日、中国传统文化的表现形式(如京剧、文学、会话、园林、武术、饮食文化等),主动传播和弘扬中华优秀传统文化。
选修 (提高类)	了解英美等国家的主要文化特色,吸收国外的优秀文化成果; 了解世界重要历史文化现象的渊源,认识人类发展的相互依赖性和共同价值,树立人类命运共同体意识; 了解英美等国家对外关系特别是对华关系的历史和现状,加深对祖国的热爱,捍卫国家尊严和利益; 理解和欣赏经典演讲、文学名著、名人传记等,感悟其精神内涵,反思自己的人生成长; 在学习活动中观察和赏析语篇包含的审美元素(形式、意蕴等),获得审美体验,形成对语言和事物的审美感知能力; 运用中外典故和有代表性的文化标志表达意义和态度,有效进行跨文化沟通; 了解中国对外经济、政治、文化的积极影响,感悟中华文明在世界历史中的重要地位,树立中华文化自觉,坚定文化自信。

> **请讨论**:这些内容中有很多不是文化知识,如"通过比较、分析、思考,区分和鉴别语篇包含或反映的社会文化现象,并作出正确的价值判断"。为什么在文化意识中要包含这些内容?

这些详细规定,是开展文化意识教学的基础与方向。教师应基于学生基础,结合教材,选择恰当的补充材料,运用合理的方法,开展文化意识教育。

实 践

 请你回答

1. 如何把握英语学科中语言教育与文化教育的关系?
2. 如何理解文化意识教学的阶段性要求的差异?

请你分析

请根据本节对于文化意识的内涵分析,分析以下教学活动:

一篇高中课文中引用了 *Hamlet* 中的下面这段对话:

Hamlet: Good my lord, will you see the players well rewarded? Do you hear, let them be well used, for they are the abstract and brief chronicles of the time; after your death you were better have a bad epitaph than their ill report while you live.

Polonius: My lord, I will use them according to their characters and merits.

Hamlet: For God's sake, man, you are clever. Treat every man after his character and merits, and you shall escape whipping. Why not treat them after your own honor and dignity? The less they deserve, the more merit is in your bounty. Take them in.

请扫描二维码查看参考答案

老师在教学中发现,对 treat others after your own honor and dignity 而不是 after his character and merits,学生理解难度较大。此时老师用英语给学生讲了下面一个中国故事:一位并不很富裕的老先生带着孙子在街上行走,遇到一位乞丐,乞丐向老人鞠躬,但老人将身上的所有零钱都给了乞丐,并给乞丐鞠躬,然后离开。老人的孙子问老先生:"爷爷,乞丐给您鞠躬,是为了得到您的钱,为什么您还要向他鞠躬?"老先生说:"我向他鞠躬,不是为了得到什么,而是因为我应该尊重任何尊重我的人,这是我的行为准则,我基于我的行为准则尊重他人,不是基于他人是否值得尊重。"

学生基于这个中国故事而理解了 Hamlet "基于你自己的尊荣品德与尊严而对待他人",而不是"基于他人的品格与美德而对待他人"的文化价值取向。

请你设计

在教学中,教师可以根据需要为学生提供相应的文化背景知识。请为学生提供以下两组词汇教学的文化背景知识,作为学生课前微课学习材料。

1. bat, dog, dragon(学生为初中学生)
2. peasant, intellectual, politician(学生为高中学生)

第二节 文化理解与传播能力教学方法[①]

思 考

现象反思

C 老师的同行发现,C 老师上课并不像他们那样深度讲解与练习,学生成绩却总

[①] 本节与下一节内容参考了鲁子问、陈晓云《高中英语文化意识发展实践路径》相关内容。

是很不错。他们发现,唯一不同的是,C老师每学期组织学生开展一次poster大赛,内容都是根据本学期教材而设定的中外文化活动,学生可以介绍相关中外文化,也可进行比较、分析。C老师总是基于事先预设的标准评选Top 10 posters,然后给予奖励。到学生毕业时,每个学生都积累了十多个posters,C老师把这些装订成册,发给学生自己,学生非常惊讶,也非常感激C老师。

你认为是什么原因使poster大赛帮助C老师的学生取得好的考试成绩?

学习目标

学习本节后,你能:
1. 了解文化理解与传播的基本方法;
2. 掌握文化理解教学的两种常用方法;
3. 掌握文化传播能力构成与教学方法。

本节结构

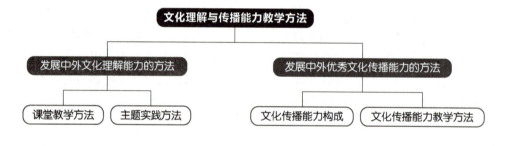

学习

基于跨文化教育的大量研究可知,发展学生理解与传播中外文化的能力的基本方法可以是:

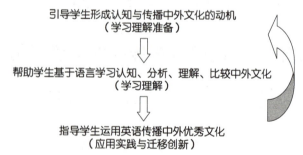

图 13-1　英语课程促进中外文化理解与传播能力发展的基本教学方法

基于此可知,理解与传播中外文化首先必须具有开放的文化心态,形成认知与传播中外文化的动机。在英语课程中认知外国文化是课程的基本内容,而认知外国文化的同时,可以促进我们对中国文化的认知,强化我们自身的文化身份与特性认同。中国人学习外语,然后运用外语传播中国文化,是当然之义,但同时传播外国优秀文化,尤其是我国社会文化发展所需的外国文化,学习世界文化的先进成分,也应是当然之义。

认知、分析、比较、理解中外文化,是一个层次递进的过程,也是文化知识教学的基本过程,英语课程中的这一过程,应是基于英语语言学习的。亦即:英语语言的教学应自始至终是文化教学的组成部分,文化教学也应自始至终是语言教学的组成部分,二者相互组成,不可分离。即使是字母 A 的教学,也本质上存在文化认知、分析、比较、理解,如:字母 A 为什么如此书写(大写字母 A 起源于牛角的象形);西方文字为什么放弃了最早的象形起源而转向拼音;中文的象形传统与西文的拼音特征及其后续对中西文化的影响比较、分析;字母 A 为什么排为第一个字母,由此形成的字母 A 有哪些比喻;字母 A 的诸多其他社会意义等等,这些都非常显著地说明文化教育与语言教育有着密不可分的关联性。亦即,发展学生跨文化理解能力,应从发展学生跨文化认知能力、分析能力、比较能力,最终达到跨文化理解能力。

发展学生中外文化理解能力的教学方法可分为课堂教学方法、主题实践方法。

一、发展中外文化理解能力的课堂教学方法

基于课程标准的规定,教师应在课堂教学中系统实施其规定,从而达到其目标。根据我国目前的跨文化教育实践经验,参考借鉴英美多元文化教育的课程模式与教学方法可知,在英语课程发展学生中外文化理解能力的课堂教学实践中,主要可以采取以下课堂教学方法:

1. 单元主题融合法

英语课程强调基于单元主题的整合学习,中外文化理解可以融合到单元主题之中,把中外文化理解教育的知识目标、态度目标、能力目标等全部系统地融入外语教学之中进行教学,让学生在学习语言中不知不觉地发展中外文化理解能力。

这一方法就是编写以文化为课文的语言材料,采取文化会话、文化合作、文化表演、文化交流等方式进行外语课堂教学。

这一方法要求在教材和教学方法中适当地将跨文化知识融合到课文与教学中去。由于语言知识与能力教学有着自身的规律(比如学生需要先学名词单数形式,再学名词复数形式等),这往往难以兼顾中外文化,全面地体现中外文化知识、态度、能力目标。

因此,运用融合法的时候,可以与其他方法结合使用,如用附加方式全面地呈现不同的文化,用融合方式将跨文化态度的教育目标融合到课文中去,将跨文化能力与运用外语的能力结合起来,或者开展实践体验活动。

由于现行英语教材基本都有大量的中外文化专题内容,有专门的中外文化理解单元,这一方法可以在这些单元的学习中全面、深度使用。

2. 增加法

增加法就是在外语教学中系统地增加补充一些跨文化的内容,作为课堂教学与教材的组成部分或附加部分,尤其是当教材内容不足以帮助我们开展中外文化理解能力发展活动时,教师可以使用这一方法。

这一方法就是在教材中专门设立中外文化理解单元主题(每册若干单元确定为跨文化理解单元主题),或者每单元设置文化理解专栏,如 Culture Section,Around the world 等,或者在教学中给学生举办中外文化专题讲座,组织参观中外文化展览等,组织有关讨论,或者组织欣赏中外文化的表演、活动等。这样通过增加的中外文化知识,让学生系统地掌握所学外语国家的基础文化知识。相关的中外文化知识可以附加在外语教材之中,也可以制作成单独的中外文化选修课、文化知识读本。

教师还需要附加相应的活动与能力培养方面的内容,可能是一些问答讨论题,或者是一些相关的活动。

3. 厘清讨论法

对于一些有疑惑的中外文化现象、问题,甚至有歧见与冲突的中外文化现象、问题,尤其是一些热点问题,可以采用讨论的方式,厘清相关文化知识,促进中外文化理解。这一讨论可以是教师与学生作为不同文化表现者的互动讨论,可以是学生之间的讨论,也可以是借助于其他人士参与的讨论,如家长、专家等,使学生在与老师的中外文化互动中感知外来文化。通过讨论某一文化现象(不一定是外来文化的),使学生在探讨中感知到自己与老师文化的不同,然后形成自我判断,可以采取的方法有文化疑惑解析文化冲突化解、文化专题研究等。

厘清互动讨论特别适合跨文化教育的态度目标的教学。通过开放式的、平等性的、交流式的讨论,让学生在讨论中自觉地形成开放、平等、尊重(不歧视)、宽容、客观(无偏见)、谨慎的跨文化态度。因此,在互动讨论中,教师也应特别注意以开放、平等、尊重(不歧视)、宽容、客观(无偏见)、谨慎的态度组织讨论,只有将这些跨文化态度渗透到整个教学活动中,才能真正有助于学生形成相应的中外文化理解所需的态度。

当然,厘清互动讨论应该只给材料,而不直接给观点。教师引导学生对材料进行广泛、深层的讨论,引导他们形成合理的跨文化态度。

4. 文化体验法

文化体验法就是让学生在中外文化理解活动中通过自身的充分体验来理解中外文化知识,养成积极的跨文化态度,形成中外文化理解能力。

在外语教学中,体验法有两种形态:直接体验、间接体验。

直接体验就是让学生通过直接与外在文化的接触(比如学习独立的外国文化单元的课文,听外国文化专题讲座,观看外国电影,与外国人直接交往等),在这些接触中学生直接了解到外在文化,认知到外在文化的知识内容,发展自己的跨文化态度,了解到何种态度有利于了解外在文化、有利于与外国人交往等等,从而培养积极的跨文化态度,并通过直接的交往,获得跨文化的能力。

间接体验是将教学内容隐含在常规的教学活动之中,让学生在不知不觉中潜移默化地了解外在文化的相关知识,养成积极的跨文化态度,形成有效的跨文化能力。

应该说,间接体验特别适合小学的外语教学,因为小学生主要是通过感知来学习文化,特别是跨文化态度的养成。直接体验则更适合跨文化知识的明确传授,适合中学外语教学中的跨文化教育。

5. 亲身实践法

交往实践法就是让学生在外语教学中直接参与中外文化理解实践、跨文化亲身实践，在亲身参与的跨文化实践中获得跨文化的知识，形成合理的跨文化态度和中外文化理解能力。

实践法就是引导学生对跨文化实践进行分析，特别是对跨文化实践的热点（如新闻事件）、难点（如历史问题）进行专项的分析，通过分析引导学生形成跨文化认知、比较、参照、取舍、传播的能力。

外语教育中的跨文化教育活动可以是在本体文化的环境（中国老师在中国教中国学生）中开展的，但更可以充分运用外语教育的独有特点，可以让学生通过各种形式（特别是网络形式）与外国人直接交往，在与外国人的直接交往中直观地获得跨文化知识，在交往的成功与失败中形成合理的跨文化意识和能力。

为了充分提高与外国人直接交往形成的跨文化教育的有效性，在学生与外国人直接交往之前，教师应该引导学生进行必要的知识、意识、能力准备。同时，在与外国人直接接触之后，教师应组织学生进行相关的专题讨论，让学生总结他们获得的跨文化知识，形成或强化跨文化态度与能力。

与外国人的直接交往，可以采取面对面交往的形式，也可以采取更便捷的网络交往形式。在与外国人交往时，可以专门与有一定跨文化交往经历的外国人（比如曾经访问过中国，或者在其他国家生活过的外国人）进行交往，以提高教学效率。也可以采取与学生同龄的外国学生交往的形式。不过，同龄外国人也存在缺乏权威性的问题，因此，与同龄的外国人交往时可以适当安排外国老师在场（或者在线），以在必要的时候给予一定的权威性支持。

直接体验也可能就是一种亲身实践，但直接体验更强调体验，而体验之后可能形成亲身实践。

6. 学科融合法

除了外语学科内在地包含着中外文化理解教育之外，其他学科也同样存在着中外文化理解教育的成分，尤其是人文学科。这些学科也可以开展基于英语的中外文化理解教育。

中外文化教育具有鲜明的人文色彩，因此，几乎所有的人文学科都具有中外文化理解教育的可能。语文课程中有一定比例的外国优秀文学作品的学习，是开展文化意识教育的基础性材料。与外国历史、外国社会相关的社会、历史学科也是跨文化教育的主要学科。在教育部制订的历史与社会课程标准与历史课程标准中，都有一定程度的中外文化理解能力发展的内容要求。这些新的课程标准都为中外文化理解教育带来新的机遇。按照课程标准，这些学科的教学将明确地传授跨文化知识、培养学生的跨文化态度和跨文化能力。

艺术（音乐与美术）是联合国教科文组织倡导的展开跨文化教育的重要课程，课程中必然要介绍外国艺术作品，让学生从外国艺术中感知外国文化。因此，这些学科也是开展中外文化理解教育的基础学科。

中国当代的科学教育大多包含了西方文化的中外文化理解教育活动,数学、物理、化学、生物、地理等学科的教学内容中包含了大量来自西方的科学思想、归纳演绎的思维方式、因果关联的逻辑思想、大量西方人物(牛顿、伽利略、爱因斯坦、瓦特、焦耳等)和事件(牛顿的苹果故事、伽利略的重力实验故事以及太阳中心说导致的宗教迫害等)。甚至体育学科中也同样包含了大量外国体育活动、外国体育人物等的介绍与评价,比如篮球、排球、现代足球、乒乓球、体操等无一不是来自外国文化,特别是当代西方体育文化的核心:游戏规则意识,更是西方文化的重要内涵。这都是直接的中外文化理解教育活动。

在不同学科中进行中外文化理解教育的实践可以采取附加、融合、互动、实践的方法。也就是在历史、历史与社会、语文、艺术等学科中明确地附加其他民族文化(外国文学、外国艺术)方面的内容,采取融合的方法将其他民族文化中的科学精神、规则意识等融合在相关学科中进行,采取历史参观、社会与历史专题探究、科学实验等互动的、实践的方法培养学生的跨文化意识和中外文化理解能力。

这些内容的中外文化理解教育在非外语学科中可以运用汉语(或学生的母语)进行,英语教师应主动参与这些学科的中外文化理解教育。教师也可以在英语课堂教学与课外活动中,运用这些学科的材料,基于这些学科所发展的学生的中外文化理解能力,进一步发展学生的中外文化理解能力。教师还可以主动为这些学科的教学提供英文的补充学习材料,供这些学科的教师使用,或者供学生学习这些学科时使用。

需要特别说明的是,以上方法都是具体方法,在具体的课堂教学中,无论采取哪种具体方法,都应以整合学习路径为基本方法。

> **请分析**:以上哪些方法对你更为有效?为什么?然后统计对全班同学的有效方法,发现有效方法的相同与不同,分析其原因。

二、发展学生中外文化理解能力的主题实践法

主题实践活动(thematic project)就是集中于一个主题的实践型的教学活动,这些实践活动基于学生的直接生活与学习体验,联系学生的自身生活和社会生活,体现对知识能力的综合运用。主题实践活动是一种体验式学习(experiential learning)。

根据研究,主题实践活动的最大特点在于其实践性、生成性、开放性。主题实践活动涉及很多文化类的主题活动,如:

A. 少数民族文化探讨:少数民族饮食文化研究、少数民族音乐与经济、少数民族的文化传统的保护、宗教信仰、古代建筑、文化遗产遗址研究等。

B. 国际文化交流:外国文化教育、国际理解教育等。

在主题实践活动中,学生通过亲身实践直接体验教育内容,有利于达到良好的教学效果,特别有利于培养情感态度、实践能力等。

显然,中外文化理解应该是当前的一个重要的实践的主题。中外文化理解的主题实践活动的类型包括:

(1)主题探究活动

这是就一个中外文化理解的主题进行信息形态的搜集、比较、分析等探索研究活动,比

如对不同民族的饮食文化与生活环境及其生活哲学的探究、对不同的中外文化认知途径的功效的分析研究等。

在中外文化理解活动中,主题探究活动所探究的主题可以包括对其他民族文化知识的获得探究与获得方法探究(方法探究更为重要,因为知识是无限的,学生可以通过获得方法而自己主动地探究知识)、对其他民族文化的态度与观念的比较探究(比较的方法有利于跨文化态度与观念的形成)、在探究过程中获得中外文化理解能力。

(2) 主题社会实践活动

这是直接对社会生活中的中外文化现象进行考察,直接参与中外文化理解的社会实践活动,包括主题性的社会考察与主题性的社会参与,如:考察少数民族的官方语言与民族语言的双语教育,考察社会对少数民族生活风俗、宗教活动的支持,参与接待外国来访学生的活动,参与大型的国际化的活动(如奥林匹克运动会、国际电影节、国际展览会等)。

社会考察能帮助学生直观地获得中外文化知识,形成直接的中外文化理解体验,从而促进跨文化意识和中外文化理解能力的养成,而社会考察之后就考察内容的专题讨论,也有利于形成积极的跨文化态度与中外文化理解能力。

社会参与是指学生参与社会问题的讨论与解决,比如对社区的垃圾问题的解决。在社会参与中,教师可以鼓励学生从不同的文化视点探讨同一问题,比如了解其他人是如何解决他们的垃圾问题的,从而展开跨文化教育,发展中外文化理解能力。学生也可以直接参与社区的跨文化交往活动,如接待外国人的访问,开展有关的讨论等。

(3) 主题生活学习活动

教师也可以通过学生自己的生活(学校生活与社会生活)中的跨文化活动,来展开跨文化教育,发展学生的中外文化理解能力。

在跨文化教育中,生活学习就是通过对社会生活的观察、分析、讨论等,获得跨文化的知识、态度与中外文化理解能力。

显然,主题实践活动有助于整体地展开跨文化教育,发展学生的中外文化理解能力。

在实践活动中,教师能够运用附加的方法让学生获得专题的跨文化知识。这样的知识比较系统,同时学生通过自我探究(查找资料、访谈、分析文献等)获得专题的跨文化知识,更有利于他们理解与掌握,这就如流行的外语教育口号所说的:"Tell me, I forget. Show me, I remember. Involve me, I understand."(你告诉我,我就忘了。你给我看,我记住了。让我参与其中,我理解了。)

主题实践活动可以涉及各个学科的知识,能培养学生对这些知识的综合运用能力,还能培养学生的实践能力。

这种综合的体验性的实践活动有利于帮助学生获得中外文化的知识,培养积极的跨文化态度,形成有效的中外文化理解能力。

养成积极的跨文化态度就是要帮助受教育者养成开放、平等(不歧视)、尊重、宽容、客观(无偏见)、谨慎的跨文化观念,显然,这些都可以通过主题实践活动展开。

教师应该通过实践活动让学生自己体验跨文化的交往,让学生从小养成良好的积极的跨文化态度。这种态度不是可以通过简单的道德说教就能完成的,教师必须让学生认识了解外来文化,参与各种跨文化教育活动(比如在实践活动中与外国人直接交往),引导学生在这些活动中建构积极的跨文化态度,特别是针对有的学生存在的泛民族主义情绪,教师应该重点引导,帮助他们在跨文化交往中形成正确的民族意识。

有效的中外文化理解能力是中外文化理解教育的主要内容。跨文化教育的主要目的是让学生学会与外来文化交往,并学习外来文化的优秀成分,而这都需要有效的中外文化理解能力。

如前所析,中外文化理解能力包括中外文化认知、比较、参照、取舍、传播的能力。而主题实践活动的最大特点就在于实践性、生成性。学生可以通过参加综合实践活动在实践中生成这些能力。

在目前的学校教育中,培养跨文化能力最有效的方法是综合性的主题实践活动(project)。根据国外的经验,主题性的综合实践活动可以在小学、初中、高中、大学分阶段开展,也可以在每个年级开展。

在主题实践活动中,教师可以组织学生获得尽可能系统、全面、深刻的中外文化知识,具体方法建议包括:

1. 引导学生整理从不同学科学习到的其他民族文化知识,听跨文化的专题知识讲座,与外国学生进行交往(最好是面对面的直接交往,也可以是通过网络等方式的间接交往),观看外国电视节目、外国电影等;阅读其他民族文化的书籍,访问外国网站,参观其他民族文化展览,观看外国体育比赛等,有意识地要求学生对获得的跨文化知识进行系统、全面、深刻的整理。

2. 组织学生参加有引导的专题讨论以及其他相关活动,让学生在讨论,甚至辩论中分辨出正确与错误、合理与不合理,判断出应该学习外来文化的哪些内容,应该舍弃哪些内容,如何参照外来文化建设自己的文化,从而形成合理的跨文化意识和足够的中外文化理解能力。

3. 让学生在活动中充分体验跨文化的交往,通过亲身的跨文化交往,体验其他民族文化的生活方式、价值观等,获得跨文化的知识和能力,并通过亲身体验,形成积极的跨文化态度。这种体验式的学习通常有利于学生更准确地把握跨文化的知识,也更有利于积极的跨文化态度和有效的中外文化理解能力的形成。

虽然跨文化知识可以在一次主题实践活动之后有明显的增加,但跨文化态度和跨文化能力则不是一次两次跨学科实践活动能够养成和提高的,因此,跨文化教育需要持之以恒。

在主题实践活动中,明确的中外文化理解教育的指导是至关重要的。

具有明确指导的主题实践活动能实现跨文化教育的目的;缺乏明确指导的主题实践活动不但没有起到跨文化教育的作用,反而很可能导致相反的效果。

因此,在主题实践活动之前,教师必须制定明确的指导方案。这个指导方案应该符合主题实践活动的要求,但也要具有跨文化教育的特点。

三、发展中外优秀文化传播能力的基本方法

英语课程发展学生传播中外优秀文化能力的基本方法是实践,如同骑自行车的能力、游泳的能力一样。

这一实践从过程而言,为以下基本过程:

```
指导学生理解中外文化现象
            ⇩
指导学生基于中外文化现象理解，分析与比较中外文化现象
            ⇩
指导学生基于中外文化现象分析与比较，判断与选择中外文化成分
            ⇩
指导学生基于中外文化成分判断与选择，选择中外优秀文化进行传播
            ⇩
促进学生基于中外优秀文化传播发展核心素养
```

图 13-2　发展中外优秀文化传播能力的基本方法

这一过程显示从中外文化理解到文化意识发展的全过程。发展传播中外优秀文化的能力，需从以下几个环节入手：

1. 发展中外文化认知能力

一切中外文化接触必然导致中外文化的认知，这也是人类的"新奇认知偏向"天性的规定（人类的大脑具有一种新奇刺激源更容易形成大脑神经认知的机制，此即人类的"新奇认知偏向"）。

中外文化认知是指通过观察、观看、了解、访问、调查、研究、阅读、分析、对话、交流等中外文化交往形式，形成对其他民族文化的理解。

中外文化实践告诉我们，全面、准确地认知其他民族文化的能力有助于促进中外文化实践走向世界性的中外文化交往。

那么，中外文化教育的目标应该包括培养学生全面而准确认知其他民族文化，进行中外文化对话交往的能力。

中外文化对话交流通常都是以语言为载体的，因此缺乏足够的外语能力往往成为中外文化理解的主要障碍。在英国，很多人对美国文化有着比较全面准确的了解，因为他们使用同一种语言。而世界上大多数国家和民族都使用不同的语言，这为理解其他民族文化带来了困难。因此，在向其他民族传播本民族文化时，使用其他民族的语言比使用本民族语言更加有效。所以，很多国家和民族总是不断地将本民族的文化翻译为外语，以此传播本民族的文化。同时，外语本身也是其他民族文化的一部分，因为语言不仅是文化的载体，也是文化的呈现形式。所以，在中外文化交往中，运用外语的能力也是一个非常重要的能力。

2. 发展中外文化比较能力

了解其他民族文化之后，必然会将本民族文化与其他民族文化进行比较，而中外文化比较能帮助我们把握本民族文化与其他民族文化的异同，加深我们对本民族文化和其他民族文化的理解。

更为重要的是，中外文化比较是中外文化取舍的前提。在依据文化评价基准对本民族文化和其他民族文化进行比较之后，才能决定是否要学习其他民族文化，或者学习哪一部分，而舍弃其另一部分。

中外文化认知的目的并不只是在于中外文化比较,而在合理的中外文化比较基础上,基于正确的中外文化认知进行中外文化选择。通过中外文化交往促进本民族文化的发展,同时促进人类文化的发展,这才是中外文化比较的根本目的。

因此,中外文化教育必须培养学生的中外文化比较的能力。

3. 发展中外文化取舍能力

中外文化取舍是指在认知其他民族文化之后,选择学习或者舍弃其他民族文化,或其某些成分。

在当今世界,没有一个人类群体能完全不学习其他人类群体的文化,很多人类群体的文化发展都是在中外文化摄取中获得其他民族文化因素,促进本民族文化的新的发展。比如正在建构现代化文化的中国文化自然需要与已经实现现代化并且已经认识到现代化的诸多矛盾的西方文化交往,摄取学习西方文化中的先进成分,舍弃西方文化中的落后成分。这也正是对中国的受教育者进行关于西方文化的中外文化教育的必然目的。

从文化的本质看,文化是一个人类群体区分于另一个人类群体的根本标识,文化的差异是文化的本质所规定的,全球文化完全的一体化是不可能的。就像自然界必然地存在生物多样性一样,人类必然地存在文化多样性。

显然,中外文化的摄取与舍弃都是中外文化的必然形态,但如何取舍、取舍哪些,则并不容易,合理的取舍依赖于开放的心态、准确的理解和比较,特别是合理的评价判断能力。

4. 发展中外文化参照能力

中外文化参照是指在认知其他民族文化之后,不是简单地对其他民族文化进行取舍,而是以其他民族文化为参照对象,来观照本民族文化,发现本民族文化应该弘扬的成分,或者应该舍弃的部分。

中外文化参照有着重要的意义,特别是在进入全面中外文化接触的当前时代。我们接触到全人类的文化,但不可能将全人类的所有文化都摄取到本民族的文化之中,否则本民族文化就不存在了,本民族文化就成了全世界文化的"大拼盘"了。但仍然有必要接触一切其他民族文化,因为全人类的文化是本民族的一面镜子,供我们进行中外文化的参照。

在人类历史上,形成更大生存可能的中外文化参照是屡见不鲜的,特别是在人类进入近代以后,由于中外文化交往的层面更广泛,地域更广阔,关联性更强,不同的人类群体往往面临相同的文化环境和中外文化选择,因而中外文化参照更具意义。在当代,中外文化参照更是全人类的共识。

但是,中外文化参照并不总是能促进本民族文化的发展,在其他民族文化参照下对本民族文化的错误变革可能带来灾难。这则是中外文化取舍中的错误所致。

这些中外文化实践告诉我们,要促进中外文化实践走向世界性的交往,就必须培养学生合理地依据其他民族文化参照本民族文化的能力。

5. 发展中外优秀文化传播能力

中外优秀文化传播是指本民族文化在与其他民族文化的交往中主动地展现、介绍自己的文化,从而让其他文化认知本民族文化。

人类文化历史上的中外文化传播有两种基本形式:血与火、笔与纸。血与火的传播形式给人类带来了很多的灾难,因此我们应该彻底放弃,而笔与纸的传播则更容易达到传播的目的。比如佛教在中国的传播就是笔与纸的传播,而基督教在中国的传播在近代就是血与火的传播,结果就是中国文化中融入了很多佛教思想,基督教思想却始终没有成为中国文化不可分割的组成部分。

在中外文化传播中,有两种展现介绍本民族文化的基本方法:强调与其他文化的差异性;承认与其他民族文化差异性,但强调差异中的共同性。前一种方式可称为强差异传播方式,后一种可称为弱差异传播方式。人类的中外文化实践表明,弱差异方法的传播效果优于强差异方式。

正是基于这一过程,学生逐步形成中外文化理解与分析能力,尤其是对优秀文化的判断能力,最终发展中外优秀文化传播能力。

文化交往的更有效方法不是传播,而是融入,就是一种文化(融出文化)与另一种文化(融入文化)经过接触而找到融入的需求和方式。在融入文化的主导下,使融出文化融入到融入文化之中。这一过程主要是融入文化的主导,融入文化接触了解到融出文化,发现其对于自身的价值,融出文化则主动、全面、深层地呈现自身文化,让融入文化更好地理解、把握融出文化,最后由融入文化自主地融入所需要的融出文化。

英语教育既应该对外传播中华优秀文化,也应该作为中华文化共同体成员,根据中华文化需求,而对内传播英语国家优秀文化,乃至以英语为载体的世界优秀文化。

至于发展上述能力的具体方法,则如同中外文化理解能力的具体方法,依然是整合学习路径的课堂教学方法、主题项目实践活动方法。具体方法说明在前一段已经阐述,此处不再赘述。

实 践

 请你回答

1. 培养文化理解能力的基本方法有哪两大类?
2. 培养文化传播能力的过程是什么?

请你分析

请根据本节对于文化传播与理解的方法,分析以下教学活动:

L老师请学生为加拿大学生编写中国著名故事绘本,先选择"孔融让梨"这篇语文课文作为基础,让学生学会如何向外国人讲述中国故事。

L老师首先向学生介绍了《后汉书》对于孔融与梨的故事起源的记载,故事中只是说到孔融取了一个小小的梨,客人问孔融为什么取一个小梨,孔融答小孩子就取小梨。

L老师然后向学生介绍,这个故事到宋代编入《三字经》时,就从"孔融取梨"变成了"孔融让梨",演绎出给他人大梨,然后自己取小梨这一故事。

请扫描二维码
查看参考答案

老师问学生,向外国人讲原本的故事,还是讲后来演绎的故事?学生选择讲原本的故事。然后老师引导学生探讨孔融所说的"小孩子就取小梨"的原因,是小孩子吃不了大个的梨(孔融为孔子后裔,儿时住在山东曲阜,山东梨一般个头比较大),还是因为孔融不想吃大个的梨,这其实是外国学生通常讨论的 by needs or by wants 的问题。学生决定提出这两种可能,让外国学生自己判断。

随后,学生完成了这个故事的绘本,并交给了加拿大学生,加拿大学生对这个故事非常感兴趣,并进行了热烈的讨论。

 请你设计

请结合语言技能发展,为高中学生设计一个传播中国月饼文化的活动。

第三节 跨文化品格教学方法

思 考

 现象反思

Z 老师观察发现本班出现了一些偏见现象,如有学生说"A 县的人就是坏""B 乡的人就是土""那些成绩好的就是聪明(而不是因为会学习,也不是因为刻苦)""他块头大,就是爱欺负人"等。Z 老师为学生播放了一个演讲 The danger of the single story,引导学生分析 single story 的危险。

你怎么评价 Z 老师的这个选择?

 学习目标

学习本节后,你能:
1. 了解跨文化品格教育的内涵;
2. 掌握跨文化品格教育的基本方法;
3. 了解文化意识中品格教育的学习目标。

 本节结构

学习

一、跨文化品格教育的内涵

如前所述,核心素养包含正确价值观念、必备品格和关键能力,而英语教育的文化意识内涵和其他素养的内容既包括了关键能力,也包括了正确价值观念、必备品格,亦即:英语教育包含品格教育,而且主要是文化意识维度的核心素养中,必然包含品格教育。

基础教育是人的终身教育的基础,其所教授知识可能不能影响一个人的一生,因为这些知识在20年后就会出现很多更新,但基础教育所塑造的品格则会影响人的一生,因为品格一旦形成,往往具有长期的稳定性。英语是作为基础教育的主要学科,英语教育必然具有所有学科教育的共同责任——品格教育,在英语学科的跨文化特性中表现为跨文化品格教育。

英语的 character 一词来源于古希腊语,原意是烙印(impression),指在硬币上刻下标记或印盖的封印等,当代语义是 the mental and moral qualities distinctive to an individual,是个人的道德品质和心理品质的总和。现代汉语中,品格的内涵是品质性格,是有关道德的行为。从学术的视角,品格具有哲学、心理学和教育学的含义。从伦理哲学角度,品格是指一个人在生活实践中因一定的生活习惯或方式养成的稳定的个性品质。从心理学角度,品格可视为性格,一般指人对现实的态度和行为方式中的比较稳定的、具有核心意义的个性心理特征。从道德心理学的视角来看,品格主要是指人的个性心理中那些积极健康的特征,是道德认知、情感、动机、行为等多种道德心理成分在个体身上的稳定表现,是人格的道德维度,是道德教育要着力培养的一个重要方面。从教育学角度,品格是指体现了一定道德规范(如核心价值和美德)、内在于个体的、包含了认知、情感和意志成分的道德习惯。

品格教育就是培养品格的教育实践,由于教育的规定性,品格教育以培养人的优良品格为目标。美国品格教育联盟提出,品格教育是一项培养青少年良好品格的长期过程。良好的品格应该包括理解、互助、公平、诚信、同情心、责任感、尊重自己和他人等核心品格。学校、家庭、社区三者需要通过不懈努力,帮助青少年形成良好的品格。

品格教育具有悠久历史,孔子、苏格拉底等人类早期教育家都有大量的品格教育实践。根据道德上的普遍主义和方法上的实质主义,品格教育有广义和狭义之分,源自亚里士多德的教育传统,一切以培养美德或品格为目的、不拘泥于传统德育模式的主张都可视为狭义的品格教育,而基于公民教育、宗教教育、自由主义等立场的品格教育论可称为广义的品格教育(蔡春,2010:74)。

基础教育的英语学科的跨文化品格教育是基础教育品格教育的组成部分,其学科特性在于其跨文化特性,形成其跨文化意识教育的内涵。

首先,英语课程教学内容中有不少其他学科教学内容不涉及的,或者英语课程更有特色的品格教育内容,如记忆单词所需要的意志力和克服困难的品格。

其次,英语国家的品格教育中有不少值得我国的品格教育学习的品格内容,这些内容应该成为我国英语品格教育的内容,如英国学生的绅士与淑女品格教育中的积极成分。

最后,从品格分析发现,我国学生的品格取向和英语国家的品格取向有着不少差异,这些差异可能制约跨文化交往,造成跨文化交往中的误解。英语教育的品格教育应让我国学生充分了解英语国家学生的品格取向,以在跨文化交往中能准确理解对方的品格取向。

请分析：所有学科都进行品格教育，英语课程的品格教育具有什么优势？

二、跨文化品格教育的基本方法

基于跨文化教育和品格教育的研究可知，英语课程发展学生跨文化品格的基本方法可以是：

把握学生跨文化品格教育内力呈现形态与时机

通过语言材料学习活动，创造跨文化品格教育外在环境与条件，形成对内力的促生作用

引导学生在语言学习活动中，理解跨文化品格内涵，体验跨文化品格教育情境

实现学生跨文化品格教育目标

图 13-3　跨文化品格教育的基本教学方法

对于英语课程开展跨文化品格教育的具体方法，与发展中外文化理解与传播能力的具体方法一样，主要是课堂教学、主题活动两大类，具体说明参见本章前一节相关说明。

跨文化品格教育可以在英语语言能力发展的各项活动中进行。根据冯德正的研究，英语课程的跨文化品格教育可以通过多元读写教学活动开展，具体方式为：

图 13-4　道德教育的多元读写教学法

根据冯德正的研究[①]，跨文化品格教育的读写可以通过多模态语篇建构而开展：

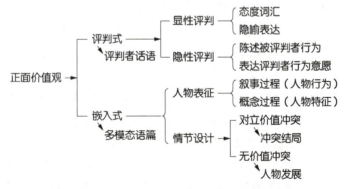

图 13-5　正面价值观的多模态语篇建构图

---

① 冯德正. 英语教学中的人文道德教育：正面价值观的多模态语篇建构[J]. 外语界. 2015(01).

有效的品格教育可以基于学生已有问题的分析而进行,所以在促进品格教育的英语课堂教学与主题活动中,教师应主要通过提问的方式,引导学生自主理解、分析品格发生的情境,教师自主发展品格。在这种提问中,最有效的方法是运用苏格拉底提问法,其具体操作过程可参考如下环节:

1. 分析教学内容,确定具有发展优势的品格领域,如以 Friendship 为主题的单元,显然具有发展友谊品格的优势。

2. 根据学生真实生活,或者课文内容,设定预设发展的品格的情境,尤其与预设发展的品格对立的情境,如发展友谊品格,则可预设必需友谊的情境,或者友谊出现冲突的情境。

3. 设计问题线,确定情境分析、品格教育的发展方向,按照问题线提问。问题线从 What do you think is … 开始,… thinks … is …,What do you think of his/her idea? 尤其是名人观点,然后设定情境 What would you do if you …? If this happened, what would you do then? 等。

4. 每一学生回答后,询问是否有不同意见。

5. 学生无不同意见后,教师提出新的相反的情境,让学生讨论 If this happened, what would you do then?

教师还可以经常使用这样的问题,引导学生深度分析、思考、理解情境。

What if the hero of a movie did that? How would you feel about the character? (Pose an objective, hypothetical situation.)

Remember, you're the hero of your own movie. (Compare the position with the students self-image.)

Would that be the right thing to do? (A consensus will probably develop. The kids will usually know what's right when pressed.)

6. 就不同观点展开协商式讨论,尽可能形成共识,引导学生形成符合预设发展品格的条件,从而引导学生自主发展相应品格。

7. 发现预设发展品格出现在学生行为之中后,及时提问:Why did you do that? 问其他同学:What do you think of his doing?

实 践

 请你回答

1. 为什么英语教育要发展跨文化品格?
2. 读写活动可以如何发展学生的跨文化品格?

请你分析

请根据本节对于跨文化品格教育的分析,分析以下教学活动:

L 老师发现学生中因为升学竞争而出现相互戒备、不借阅学习材料给同学、不帮助他人学习等现象。L老师为学生讲述英语国家对儿童的一项基本行为规范要求：Hold the door open for others. 也就是在你进门时为你身后进门的人把住门，以方便他人进来。以及由此发展形成的社会规则：成功者为后来者提供帮助。L老师为学生提供了相关英文阅读材料和英语演讲视频，引导学生展开讨论。最终，大多数同学接受了这一观点。

请你设计

请分析下面学生的情感态度，并设计一个解决方案。

张同学，男，15岁，某中学初三（2）班学生，父亲是一家小型私企业主。该生学习成绩一般，对英语学习尤其不感兴趣，他经常说："我学不会，再说学会了对我也没有用，我毕业后就接管我爸爸的企业。"作为一个英语教师，你会怎么办？

请扫描二维码
查看参考答案

本章小结

英语教育是语言教育，更是文化教育。文化意识作为英语课程培养的学生核心素养，要求培养学生相应的跨文化能力与品格。跨文化理解与传播能力是英语学科文化意识教育应着力发展的基础性目标，也是英语教育的基本目标，其方法包括课堂教学方法、主题实践方法。跨文化品格也是英语学科文化意识核心素养的基本内涵，尤其是学习英语自身所需要的意志力等品格，以及英语学科可以带给学生的英语国家值得我国学生借鉴的品格。跨文化品格发展的基本方法是课堂教学方法、主题实践方法。

进一步阅读建议

邓炎昌,刘润清.语言与文化[M].北京：外语教学与研究出版社,1989.

胡文仲,高一虹.外语教学与文化[M].长沙：湖南教育出版社,1997.

鲁子问,陈晓云.高中英语文化意识发展实践路径[M].北京：外语教学与研究出版社,2019.

第十四章
中小学英语学习能力教学方法

　　教学是教师促进学生学习的活动,学习是教学是否达成目标、取得成效的关键。学习是学生的行为,而且主要是自主行为,而学习能力是学生自主有效学习的基础。把握学习能力及其发展方法,不仅有助于指导学生有效学习,更是提高教学成效的关键基础之一。本章将介绍学习能力的内涵及其发展方法。

第一节　学习能力与学习策略

思　考

 现象反思

　　X老师是一位非常有经验而且教学业绩非常突出的英语教师,她被分配到一所乡村学校担任教导处主任。到任前,她总结了自己20多年教学经验和她的学生们留下的学习经验,准备到校后给学生做一系列英语学习方法讲座。可是到校后做第一次讲座时,她发现很多学生根本就没有认真听她介绍的一系列英语学习有效方法。她感到非常疑惑,因为这些既是她经验的总结,更是她的学生们已经验证非常有效的方法,而这些学生根本就不愿意听。

　　你认为是什么导致了这一现象?

 学习目标

学习本节后,你能:
1. 掌握学习能力和学习策略的内涵;
2. 了解学习策略的各种分类;
3. 理解几种主要学习策略的含义。

🏛 **本节结构**

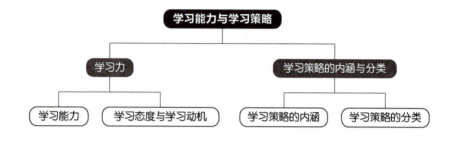

〰 学　习 〰

一、学习力与学习能力

我国《普通高中英语课程标准(2017年版)》从核心素养视角将"学会学习"这一素养规定为学习能力,并指出:"学习能力是指学生积极运用和主动调适英语学习策略、拓宽英语学习渠道、努力提升英语学习效率的意识和能力。"这一解释在广义上更接近学习力的内涵,体现了学习能力的时代性。根据著名学习理论学者、英国布里斯托大学认知科学家克莱克斯顿(Guy Claxton)的研究,学习力(learning power)是有意识地运用和提升有效学习行为的能力,并逐渐将其转化为学习习惯的心智活动,包括坚韧(Reselience)、资源(Resourcefulness)、反思(Reflectiveness)、互利(Reciprocity)四项内容。[①]

基于我国学生英语学习实践,我国学生英语学习力由学习能力、学习态度、学习动机组成。学习能力包括提高学习效率的意识和能力、发现学习资源与开展合作学习的意识和能力,即克莱克斯顿所设定的资源、反思、互利,反思的目的是提高学习效率,互利则更主要是合作学习。克莱克斯顿所设定的坚韧则属于学习态度,我国学生的有效运用学习还需要积极、主动的学习态度。而学习动机是中国学生学习英语所特有的重点领域,因为在中国这个英语作为外语、运用英语真实环境很少的社会,英语学习的动机往往只是通过各种考试,尤其是升学考试,这使得学习动机对中国学生的英语学习尤其重要。

建构学习能力的目的就是提高学习效率,所以提高学习效率的意识与能力是学习能力的基础。学习能力视角下的学习效率是检验学习能力水平的重要标准。积极的学习态度、科学的学习策略、丰富的学习渠道,追求的就是学习的高效。没有这种学习意识,也就没有实质意义的学习能力。长期以来,英语学习比较普遍地存在耗时多、收效低的现象。学习效率与学习态度、学习策略、学习渠道有着相互影响、相互促进的关系。学习动机、学习兴趣、学习毅力是提高学习效率的主观基础;学习计划、学习习惯、学习方法、学习目标是提高学习效率的过程保障;学习资源、学习平台、学习环境是提高学习效率的外部条件。学习效率好似一根线,将这些要素连在一起,形成学习能力的统一逻辑整体。

---

① Claxton, Guy. *Building Learning Power: Helping Young People Become Better Learners* [M]. TLO: Bristol, 2002.

学习能力视野的学习资源既包括内容性资源,即各种学习内容材料;也包含活动性资源,即开展英语学习活动的机会、对象等。建立有效的学习渠道是获得学习资源的基础,学习渠道就是获得各种学习资源、开展互利学习活动等的渠道,是学习活动的外部环境条件,包括学习资源和学习平台。随着信息技术的发展,"互联网+"的概念加入,学习的资源越来越丰富,学习的平台越来越多元。如何合理地开发学习资源、科学地利用学习平台,以拓展学习内容的宽广程度和学习途径的开放程度,是学习能力的重要组成部分。在现代的课堂教学中,课堂再也不是学生学习的唯一场所,教材也不再是学生学习的主要内容,而应以丰富、精彩的世界作为学生学习英语的资源,从以教材为世界转向以世界为教材。

英语学习离不开大量的交际活动,开展交际活动需要开展大量的合作学习活动,合作学习是获得学习活动资源的重要来源。一般而言,一个人的能力解决不了太多的问题,甚至解决不了自己面对的所有问题。在国际上,国与国之间的合作越来越紧密,全球化进程越来越深入。人的个体也是一样,合作、共享已经成为当今世界对于个人的基本要求。现代化的学校里,我们强调学生的自主学习,不是鼓励学生孤立单干,而是把合作学习融合在自主学习之中。作为学习主体,学生在自己的个性化学习中,需要有与他人合作、共享的意识。另外文化品格和跨文化沟通也需要学生具备合作能力,在合作中学会学习,在合作中提高开放、包容、共处的意识。帮助学生提升合作学习能力,教师要建构主题引领的六要素学习活动模式,设计各种需要多人完成的学习任务或项目,通过任务或项目的具体要求,引导学生实施既有分工又需合作的学习活动。在这个过程中,学生需要实践与同学沟通、协商、妥协、合作、共享等各种交际策略和技能。在课堂实践的基础上,教师还可以引导学生拓展课外的各种渠道,学习接触更广泛的社会。

二、学习态度与学习动机

任何学习都是学习者的主动行为,学习态度决定了学习的主动程度,主动、积极、努力的学习态度肯定会促进学习,而被动应付、消极、懒惰的学习态度肯定会阻碍学习。《普通高中英语课程标准(2017年版)》在规定学习能力的内涵时,使用了"积极""主动""努力"等副词,提出对学习态度的要求。学习态度与学生对学习的认识成分、情感成分和行动意向成分三者的协调一致性有直接关系。积极的学习态度是有健康的内部和外部的学习动机,对学习的价值有充分的认识;有浓厚的学习兴趣,对学习愿意投入精力,乐在其中;有主动参与学习的行为倾向,对学习表现出主体性。学习的成效与学习态度的积极性成正比。消极对待、被动接受、表现懒散的学习态度,肯定导致学习的失败。

自主学习是学习力不可缺少的组成部分。学习本身就是一种非常个体性的行为。外部各种因素可以影响一个学生的学习,但真正起作用的是学生的内因。所以培养学生的自主学习能力,首先要营造以学生为中心的课堂。教师从教学设计开始就要从学生的学习活动角度思考:学生已经用了什么?学生还需要什么?学生能够做什么?学生应该能够做什么?学生需要教师什么样的帮助?当然所有的这类思考都是建立在英语学习规律和课程标准要求的基础上。在课堂上,教师要"放手""不放心"。所谓"放手"就是要让学生以主体身份参与学习活动,学生能做的,就放手,而不是干预他们;学生不能做的,就提供帮助,而不是代替他们;所谓"不放心"不是不相信学生,而是教师从专业角度,专注学生在学习活动中的语言的质量、脸部的表情、肢体的语言、传递的思想，把心放在学生身上。所以在学生学习活动过程中，教师需要适当引导学生规划自己的学习、设定学习的目标、管理学习资源和时间、反思自我学习过程等。在课堂上，教师要允许学生出错误。只要不断实践、不断反思，学生可以在各种语言错误中提高语言能力，在各种学习行为失误中发展学习能力。

兴趣与动机也是我国学生英语学习力不可或缺的内容。"知之者不如好之者，好之者不如乐之者"，"兴趣和爱好是最好的老师"。兴趣在学习能力发展中有重要作用。激发学生的英语学习兴趣的方法有很多，但主要是激发兴趣和维持兴趣两大方面。教师可以利用自身的人格魅力、英语的社会意义、教学活动的趣味性、英语语言的美感等各种各样的手段、方法、资源和途径，激发学生学习英语的兴趣。如在每年新生入学，教师不必急于立马上新课，可以先安排导航课（Orientation），介绍英语在国际的广泛用途，让学生感受地道的英式或美式发音等。要维持学生的兴趣，教师需要多考虑自己设计的教学活动的多样性，把握好学习内容的难度，在平时与学生保持良好的沟通等。但青少年的兴趣毕竟处于不稳定期，一味为了维持学生的兴趣而违背教学的基本原则，是完全不可取的。所以，在激发学生的兴趣同时，教师更需要在他们英语学习动机下功夫。与学习动机有直接关系的是学生的需要。在新生入学时，教师有必要根据马斯洛需要层次理论，作学生学习需求分析，了解他们学习英语的最低需要和最高需要。基于此，在日常教学中，教师要关注学生的成就感、荣誉感，帮助他们设定合理的努力目标，在班级里建构良好的学习氛围，形成合理的良性竞争机制，以此启动他们的认知内驱力和自我发展的内驱力。在平时学习活动中，教师还要多给予肯定，并与家长沟通，给孩子多一些鼓励，以此启动他们的内驱力。通过这些方法，教师要把学生的英语学习内部动机激活。与此同时，教师要拓展学生的学习渠道，多让他们了解英语的社会意义，多介绍因英语而成功的人士的故事，从外围帮助学生树立英语学习的外部动机。只要这样，学生的英语学习热情才能维持在一定的水平上。

英语在我国是外语，与学生母语有着非常大的差异，而且学生接触和运用英语的真实环境很少，我国学生学习英语需要较强的意志与较为显著的自信。一般来说，年龄越低，兴趣对学习的影响越大，而且学生的兴趣相当不稳定，把学习动力完全建立在兴趣上，学生的学习动力是难以长久的。所以，随着学生的年龄增长，尤其到了高中阶段，教师需要有意识锻炼学生的学习毅力。加大学习难度、提高努力目标、设置学习活动障碍、实施一定的挫折教育，诸如此类的方法，都可以锻炼学生的学习意志。但是，实施任何的意志锻炼措施，都要确保学生稳定的学习动机，也就是要考虑他们的承受程度，同时要有弥补的预措施。譬如不断鼓励、及时帮助、共同分担等，其中学生的自信心培养是确保学生意志锻炼的最安全途径。成就感是自信心的前提。在日常英语学习中，教师要多创造机会让学生成功。譬如降低各种考试的难度，利用分数的杠杆作用等。在课堂学习活动过程中，教师要加强形成性评价，明确活动阶段性的要求，引导学生不断进行自评，不断进步。有些学生开始时可能是盲目自信，教师也不必说破，而是要逐渐引导，促进其具体学习行为跟进。现实中过早地进入常模参照型考试准备，强化横向比较，严重挫伤大部分学生的学习自信心，是非常不科学的举措。

三、学习策略的内涵

策略（strategy）是东西方自古就有的概念，最初较多地用于军事和国家管理中。而今天所讲的策略则使用范围广泛得多,策略的运用也扩展到更多的领域,为人们带来更多的有用性。

要对策略做出一个没有争议的概念,并不是一件容易的事情。首先,策略不等同于单一的方法。它不是一个一个的具体方法,而是一个方法系统。在这个系统里面,有数量或多或少的方法,它们都是用来解决某一类特定问题的,但它们中的任意一个方法都不能很好地解决这个问题,只有共同发挥作用的时候,这些方法才能产生更大的影响力,即这个方法系统或这项策略才真正有用。其次,策略不是宏观方法体系,即不是方法论,而是针对特定问题的微观方法系统。方法论是哲学世界观的反映,方法论是我们思考、解决一切问题的哲学依据,但它并不针对任何具体的问题。而策略却是有针对性的,是微观具体的。总之,策略不是某一个方法,也不是一些方法的简单相加,而是一个微观方法系统。

根据这样的定义可以看出,策略有如下三点重要的特性。第一,策略的运用可以是有意识的,也可以是无意识的。我们在运用某项策略解决特定问题的过程中,可能是有意这样做的,也可能做之前和做的过程中都没有意识到这样做是在运用某项策略。当然,事后反思的时候可能会想到,当时是运用了某项策略。不过,也存在这样一种可能,由于根本不知道这样的做法是一项策略,事后不论反思与否,都不大可能意识到这是某项策略的运用。因此,策略运用不应以之中是否存在意识过程作为判断标准。当然,也有学者认为策略应当是有意识的。这些观点均需进一步研讨。第二,策略本质上应当是思维性(mental)的,而不是行为性(behavioral)的。虽然有些策略的运用是行为性的,但策略本身是思维性的。策略是微观方法系统,是一种思维资源、一种思维构造,不论是否付诸实施,它都是客观存在的。关于策略的思维性与行为性问题,也有很多不同的看法。可见,学者对前两点特性的认识并不统一。但是,策略的第三点特性,多数人的看法是一致的,那就是,策略本身并无好坏之分,真正决定某项策略价值的,是我们能否将其恰当地运用于合适的问题情境中。因此,策略的运用往往比策略本身更重要。进而言之,策略的学习重在学习如何运用它们。

学习策略(learning strategy),顾名思义,就是关于学习的策略,是旨在从认知角度、元认知角度、情感角度和社交角度对学习直接或间接发生作用的微观方法系统。学习策略具有一定的特征:第一,学习策略是伴随着学习活动的展开而形成的;第二,学习策略的运用是一个动态的执行过程;第三,学习策略既有内隐、外显之分,又有水平之别。在英语学习中,我们也可以将英语学习策略大致分为认知策略(cognitive strategy)、元认知策略(metacognitive strategy)、情感策略(affective strategy)和社交策略(social strategy)四大类。

认知策略是感知、加工、理解、记忆、提取信息时使用的方法系统。元认知即关于认知的认知,或者说,是学习者用思维监测、控制自身思维的过程。那么元认知策略就是学习者用来监测、控制自己思维的方法系统。情感策略是学习者控制、调节自己的动机、情绪、态度和情感的方法系统。社交策略则是学习者在社会交往中运用英语,协调自己与他人关系,使交际和沟通顺利进行的方法系统。

四、学习策略的分类

随着学习策略研究的发展,对学习策略进行系统的分类越来越重要,多位学习策略研究者都对学习策略进行了全面的、多层次的、系统的分类。

(一) 学习策略分类简介

任何分类都是依据一定的标准进行的,如果分类前没有提出明确的标准,那么最多只能算是列举,不属于规范的分类。因此,此处仅介绍三种标准相对明确,且影响较为广泛的分类法。对每一种分类法,我们首先讨论它的分类标准,再介绍其基本框架,最后做一个简要的评价。

对语言学习策略较早的一次系统分类是奥马利(O'Malley)和查莫特(Chamot)完成的。她们首先用二分法将学习策略分为认知类和社交类,即与学习者自身认识有关的策略和与学习者社会交往有关的策略;对认知类策略,又按照其作用的对象不同,进一步分为元认知策略和认知策略,即作用于自身思维的策略和作用于自身行为的策略。因此,她们的分类法有三个主要组成部分:元认知策略、认知策略和社交策略。其中,元认知策略包括7项,认知策略包括14项,社交策略包括2项。表14-1为它们的具体定义。

表 14-1 奥马利和查莫特分类的具体定义

学习策略	定　　义
A. 元认知策略	
1. 事先计划	对将要学习的材料的大意和主要概念进行预习,通常是略读。
2. 指导注意力	事先决定把注意力集中在某个学习任务上,忽略不相关的因素。
3. 功能准备	事先为将要执行的某个语言学习任务做好准备并演练语言结构。
4. 选择注意力	事先决定把注意力集中在语言输入的哪些方面上。
5. 自我管理	了解有助于语言学习的条件并努力创造这些条件。
6. 自我监控	在听或读的过程中检查自己的理解情况,或在进行口头或书面输出时检查语言是否准确和得体。
7. 自我评估	某一阶段的语言学习结束之后,根据某个标准监测自己的学习结果。
B. 认知策略	
8. 使用参考资料	使用目的语参考资料,比如词典、百科全书、教材等。
9. 重复	模仿某个语言句型,既包括朗读操练也包括默读。
10. 分组/分类	根据单词、术语、概念的特征或意义进行分类。
11. 推理	利用规则来理解语言或进行语言输出,或根据语言分析总结规则。
12. 利用图像	利用图像(想象的或真实的)帮助理解或记忆新信息。
13. 听觉再现	在大脑中回忆/再现单词、短语或更长的语片的声音/读音。
14. 利用关键词	在母语中找一个读音与生单词相近的单词;在母语相近的单词与生单词之间建立某种容易回忆的影像。
15. 联想	把新知识与旧知识联系起来;或者把新知识的不同部分相互联系起来;或者与知识建立某种有意义的个人联系。
16. 转化	利用以前学习的知识或掌握的技能帮助语言的理解或输出。
17. 推断	利用已有的信息猜测新单词的意思,预测结果,或弥补错过的信息。

(续表)

学习策略	定 义
18. 做笔记	练习听或阅读时对关键词或概念做笔记,利用缩写、符号或数字等。
19. 小结	对听或读过的内容以口头、书面或只是在大脑中做一个小结。
20. 重新组合	用不同的方法把新学的语言素材组合成有意义的句子或更长的语片。
21. 翻译	以母语为基础理解或输出第二语言。
C. 社交策略	
22. 提问/澄清	要求教师或同学对某个语言现象再解释、重复、举例或证实。
23. 合作	与他人合作,共同解决问题、交换信息、检查任务的完成情况或就口头或书面的表达征求反馈意见。

(摘自程晓堂、郑敏,2002:26—28)

可以看得出,她们对学习策略的分类虽然标准比较明确,但在三类策略的列举上,非常不平衡。元认知策略与认知策略占了绝大多数,其中认知策略更多,而社交策略仅有两项。另外,三大类(尤其是认知策略)之下的具体策略似乎仍有做进一步归类的可能,但她们仅进行了列举。尽管如此,她们的分类为后续研究提供了重要的视野和参考,有很大的贡献。

奥克斯福德(Oxford)对学习策略的分类则较好地克服了大类下缺乏小类的问题。她首先将学习策略分为直接影响学习的策略和间接影响学习的策略。直接影响学习的策略又分为记忆策略、认知策略和补偿策略三类;间接影响学习的策略则包括元认知策略、情感策略和社交策略三类。在这六类策略之下,又细分了共19个小类,如表14-2所示。

表14-2 奥克斯福德分类的基本结构

直接影响学习的学习策略	间接影响学习的学习策略
1. 记忆策略 A. 联想 B. 利用图像和声音 C. 有计划的复习 D. 使用动作 2. 认知策略 A. 操练 B. 接受和发出信息 C. 分析和推理 D. 为输入和输出创造构架 3. 补偿策略 A. 合理猜测 B. 弥补缺陷和不足	1. 元认知策略 A. 制定学习重点 B. 安排、计划学习 C. 评估学习效果 2. 情感策略 A. 克服焦虑 B. 鼓励自己 C. 控制情绪 3. 社交策略 A. 提问 B. 与他人合作 C. 理解他人

(摘自程晓堂、郑敏,2002:29)

在这19小类下,奥克斯福德还列举了60多项具体的策略,形成了一个非常全面的"策略库"。后来她根据自己的分类,设计了一份已被广泛用于教学和研究的量表——语言学习策略使用情况诊断表,即 SILL(Strategy Inventory for Language Learning)。

奥克斯福德的分类从奥马利和查莫特所定义的认知策略中析出了新的类别,如记忆策略、补偿策略,并发现、归纳了情感策略这一新类别,使我们对学习策略的认识有了进一步的提高。但这一归类所包含的 60 多项具体策略之间存在一定的重复,有合并、删减的空间。而且直接影响学习和间接影响学习的区分并不是非常合理,两者之间的界限比较模糊,很难准确界定。

科恩(Cohen)的分类,最大的特色在于区分了语言学习策略与语言运用策略。语言学习策略包括确定需要学习的材料,区分需要学习的材料和其他材料,给材料分类,反复接触材料,记忆材料等;语言运用策略则包括语言提取策略、语言演练策略、补偿策略和交际策略四小类。这一分类对语言学习和语言运用的区分非常值得借鉴,但语言学习策略仅围绕材料进行说明,比较局限,忽视了语言学习本身的复杂性,而且与语言运用策略的小类划分缺乏对应关系,即小类分类的方法并不统一。

(二) 几种主要学习策略的含义

大多数学习策略分类法都包括认知策略、元认知策略、情感策略和社交策略这四类策略。下面结合英语学习,分别讨论它们的具体含义和作用。

1. 认知策略

认知策略是感知、加工、理解、记忆、提取信息时使用的方法系统。人脑对信息的处理是遵循一定的认知规律的。这些规律又是体现在各个处理环节的。一般来说,信息处理的过程主要包括感知、加工、记忆和提取四个阶段。而认知策略是帮助提高信息处理效率的方法系统。从认知科学的角度看,英语学习同样是人脑进行信息处理的过程。因此,认知策略与英语学习的方方面面都有紧密的联系,尤其是和语言知识的学习及语言技能的形成关系更为密切。

语言知识的学习主要包括语音学习、词汇学习和语法学习。对语音学习来说,学习者需要不断感知英语的发音特点,需要比较英语的发音和汉语的发音的相似之处和不同之处,以便更好地掌握英语的发音规律,同时还需要理解、记忆一些必要的与发音有关的规则。这些都需要认知策略的支持。对词汇学习来说,学习者需要首先感知新单词,然后加工其语音、拼写、词法等方面的内容,还要努力记住它,并最终达到能在需要的时候迅速提取,运用自如的水平。没有认知策略,完成这些工作几乎是不可能的。同样,语法学习也需要认知策略的帮助,而且语法学习对认知加工的要求可能还更高一些。学习者不但需要记住语法规则,还需要能准确运用语法规则产出正确的言语。另外,英语的语法规则有其特点,这些特点是英语语言特异性的重要组成部分,对它的感知和把握也需要运用认知策略。

语言技能的形成更需要认知策略的支持。不论是听、说、读、写、译哪个方面,要想形成过硬的技能,都需要认知策略的参与。首先,技能的形成往往是有效训练的结果。训练时,如何在听的过程中记录要点?如何在口语表达中纠正自己的错误?如何阅读英语课外阅读读物?是精读,还是泛读?练习写作的时候又如何借助工具书查找信息?这些都与认知策略有关。其次,语言技能和语言知识应达到良性互动,才能有效促进语言学习。那么如何在技能训练的过程中,有效地调动已有的语言知识并不断补充新的语言知识呢?这些也需要认知策略发挥作用。

2. 元认知策略

元认知策略是学习者用来监测、控制自己思维的方法系统。那么,元认知策略对认知过程本身就包含监测和控制两方面的作用。元认知是关于认知的认知,是一种非常高级的思维能力。首先,它能监测学习者认知过程的进度、方向和障碍。例如,在阅读某篇英语短文的时候,元认知策略能帮助学习者评估自己大概读懂了多少,哪些重要内容还没有明白,并据此做出下一步应采取何种认知策略的决定。再如,上完一天的英语课,学习者需要反思自己取得的收获和存在的问题。而这种反思是否能真正有效,能真正对后续学习有指导作用,那么就要看是否有效使用了元认知策略。如果学习者对收获和问题的判断遵循合理的思维框架,能从比较全面的角度逐一分析好的方面与不好的方面,那么反思的结果往往能清晰地勾画出已取得哪些收获,又存在什么问题。但在反思时,如果没有科学正确的思路,即没有有效运用元认知策略,那么可能所得结论既不清晰,又非常零乱,对后续学习的帮助也就大打折扣了。

对自己认知过程的控制也是元认知策略的重要任务。最典型的例子就是制定英语学习计划。很多学生制定学习计划,假设这些计划最终都被不折不扣地执行,每个学生的提高可能依然不尽相同,因为每个学生的计划的质量、实施的保障措施存在差异。而这种差别的来源则应当是元认知策略的使用有所不同。如果有效地运用了元认知策略,那么所制定的计划会更加符合自身实际,能够更好地促进学习,获得提高;但如果没有很好地运用元认知策略,那么所制定的计划就有可能会不尽合理,或是难于操作,或是无法实现预期目标。总之,元认知策略对监测、控制自己的思维过程,有着非常重要的作用和意义。

3. 情感策略

情感策略是学习者控制、调节自己的动机、情绪、态度和情感的方法系统。首先,学习动机与学习效率的关系很大。不能端正学习动机,并有效利用学习动机来促进自己学习的学习者,可能在情感策略的使用上存在一定的问题。情感策略虽然不能直接赋予学习者学习英语的兴趣,但能帮助学习者有意识地培养这种兴趣,增强学习动机。兴趣的培养有时也是需要策略的,并非所有的兴趣都是天生的、自发的。另外,情感策略能够帮助学习者在遇到困难的时候自己鼓励自己,在焦虑状态下调节自己的情绪,并形成乐于助人的心态及合作学习的精神。没有学生在第一节英语课对英语不感兴趣,但很多学生在英语学习之中随着学习内容增多、英语语言知识与语言技能和运用能力难度加大、学习要求提升,而逐渐失去学习兴趣,出现消极学习态度。这要求英语教师在学生开始学习英语之后的难度提升阶段,特别注意有效运用情感策略,促进学生学会自主调节学习兴趣、态度、动机等情感。情感策略对英语学习具有决定性作用,对改善英语学习中的精神面貌有重要作用。

4. 社交策略

社交策略是学习者在社会交往中运用英语,协调自己与他人关系,使交际和沟通顺利进行的方法系统。社交策略能帮助学习者识别并利用在真实语言环境中输出语言的机会,能够提高学习者在真实社会交往及课堂交际活动中学习英语的意识。在英语学习中及使用英语与他人交往的过程中,社交策略还能帮助学习者处理好人际关系,意识到交际习俗的差异，并克服语言知识的缺失对语言表达带来的障碍。

> **请分析：** 哪一类别的策略对学生的英语学习影响最大？为什么？

实 践

请你回答

你认为 X 老师应该如何指导她现在的学生学习英语？

请你分析

调查 10 名英语成绩较好学生和 10 名英语学习有困难学生的英语学习策略，比较其学习策略差异，总结发现可能有效的英语学习策略。

请你设计

下面是一个写作练习题，作为学生的课后作业。请分析，在完成这个练习题的过程中都有可能涉及哪些具体的元认知策略和认知策略。

On *Baidu Zhidao* (a website on which to post inquiries and expect others to reply), a student wrote: "I've been admitted to an ordinary senior high school. But my dad asks me to attend another school, a key school, and he's paid a lot of money for that. With two letters of admission, what should I do?"

There has been a continuously heated discussion about choosing schools for middle school students. Some believe that if they enter a key school, though they might have to pay more money, they have a better chance to get into a prestigious university on graduation; others argue that if choosing schools is allowed, those who can't afford the "admission fee" will be disadvantaged in terms of social equity. What's your opinion on this issue?

请扫描二维码查看参考答案

第二节　学习能力发展方法

思 考

现象反思

Z 老师很重视学生英语学习能力的培养。每周，她都会抽出一节课专门为学生讲授各种英语学习策略。但一个学期下来，她发现，学生除了对学习策略本身有了更多的了解以外,似乎其他方面的收获并不大,而且,讲授学习策略占用了不少课时,她的教学进度明显赶不上同年级的其他老师。她感到非常困惑。

你认为她运用此种方法发展学生的英语学习能力恰当吗?需要如何改进?

学习目标

学习本节后,你能:
1. 理解发展学生英语学习能力的基本原则;
2. 掌握在知识教学中培养学生英语学习能力的基本方法;
3. 掌握在技能教学中培养学生英语学习能力的基本方法。

本节结构

学 习

一、发展学习能力的基本原则

学习能力对学习具有重要的意义,但学习能力不是英语语言能力,而是发展语言能力所需的能力。学习能力发展渗透在语言能力发展之中。发展学习能力具有两项基本原则,即融入性原则和情景性原则。

融入性原则倡导以英语语言本身的教学,即语言知识的获得和语言技能的训练为英语教学的主要目标,并将学习策略的培养渗透并融入其中。语言知识主要包括语音、词汇、语法三个方面,而语言技能则涉及听、说、读、写等方面。将学习策略的培养融入语言知识与语言技能的教学中,有两条具体的操作路径,即一个"贯穿",另一个"交叉"。首先,一个"贯穿"指的是与语言知识学习相关的学习策略要贯穿语言知识的教学,与语言技能训练相关的学习策略也要贯穿语言技能的教学。例如,训练听力技能的时候,教师应当同时贯穿与听力相关的学习策略,如预测、判断情景等;训练阅读技能的时候,同样应当贯穿猜词义、归纳文章主旨等策略的培养;讲授词汇知识的时候,也要适当贯穿词汇学习策略的内容。第二,一个"交叉"指的是与语言知识学习相关的学习策略可以交叉到语言技能的教学中,与语言技能训练相关的学习策略也同样可以交叉到语言知识的教学中去。例如,练习写作的同时,亦可渗透语法方面的学习策略;同样,讲授语音知识的时候,还可以引入辨音策略的训练。总之,"融入性"应当是多维度的。

情景性原则倡导在与学习策略培养相关的教学设计中,应当充分关注教学情景的特殊性。这一特殊性主要体现在"语言"和"学情"两个方面。首先,语言材料本身的特点往往能够决定某一学习策略的培养较其他策略来说更容易"贯穿"或"交叉"到教学中来。例如,一段具有相当语法复杂性的课文,在训练阅读技能的同时,就更容易在其中"交叉"进语法知识学习策略的培养,而不太容易融入语音知识学习策略的培养。这就是教学情景中"语言"方面的特殊性。其次,学情方面的特殊性或许体现得更加明显。不同的班级、同一班级中具有不同知识基础、能力倾向、性格风格的学生,都需要学习策略培养方面不同的"贯穿"与"交叉"。教师应当在认真分析学情的基础上,再设计如何将学习策略培养有效融入语言本身的教学中。关注学情,是符合英语教学一般规律的。

二、融入发展模式

学习能力发展的基本模式是融入发展模式,即在英语学习活动之中发展英语学习能力,尤其是在语言知识、语言技能的学习之中,发展学生的英语学习能力。

(一)语言知识教学中发展英语学习能力

教师可以在语音、词汇、语法、语篇、语用等各类语言知识学习活动中发展学生的英语学习能力。

语音知识的学习策略主要包括主动辨音、有效模仿、重复训练等。如:

A. Try to read.

Three, think, through, theatre, Thursday.

These, father, mother, brother, they, there.

B. Try to say.

My father, my mother and my brother are talking with each other.

Three men are passing a theatre on Thursday morning.

这段材料主要涉及"th"的发音,分为清音和浊音两种。那么这里就存在这样一个机遇:教师可以借此培养学生主动辨音的策略。如果学生在接触到新语音单位的时候,能够主动尝试区分它们之间的差异,或区分它们与已学过的、相似的语音单位的区别,那么他们准确习得这个新语音单位的能力可能会得到提高。而这种主动辨音的意识,实际上就是一种策略。

教师在处理这段材料的时候,可以先利用 A 部分帮助学生形成主动辨音的意识。教师可以先呈现一个含有清音"th"的单词,再呈现一个含有浊音"th"的单词,两个单词为一组,然后再呈现下一组。要求学生告诉教师这一组组单词中两个"th"的发音有什么不一样。即使学生无法准确回答,他们也在无意间体验了辨音的过程。如果长期这样训练,学生主动辨音的意识会得到加强,即逐渐掌握这项语音学习策略。

在培养主动辨音策略的同时,教师还可以做"th"两种发音的夸张示范,要求学生注意模仿,还可以让学生听录音中的读法,也着重要求他们模仿。这样做的目的在于培养他们有效模仿的语音知识学习策略。重复训练的策略也可以按照类似的方式,在课堂上得到有效渗透。

由于词汇知识包含的方面非常广泛,如词形、词法、用法等。其学习策略也非常丰富,例如,在语境中学习单词、利用图示记忆单词、利用联想增强对同类词的记忆等。如以下案例所示。

> Huaxing Clothes Store SALE!
>
> Come and buy your clothes at Huaxing's great sale! Do you like sweaters? We have sweaters at a very good price — only ¥25! Do you need bags for sports? We have great bags for only ¥12! For girls, we have T-shirts in red, green and white for only ¥18! For boys, you can buy socks for only ¥5 each! Anybody can afford our prices!
>
> Come and see for yourself at Huaxing Clothes Store!
>
> 选自课程教材研究所,英语课程教材研究开发中心,圣智学习出版中心. Go for It(七年级上册)[M]. 北京:人民教育出版社,2012.

英语词汇知识的一个重要方面是搭配。英语单词的搭配非常活跃,有时候又没有太多的规律可循,因此应当是词汇知识教学的重点和难点。那么,在日常教学中,教师有必要经常渗透搭配意识,也就是有意识注意并识记单词搭配的策略。但是,搭配意识的渗透不应搞突击,集中一段时间天天讲、天天练,而应细水长流,碰到了就提示,这样不会单独占用太多额外时间,学生也能逐渐学会这项策略。

在这段材料中,涉及一些与习惯表达密切相关的词汇搭配知识,如 *at* Huaxing's great sale、*at* a very good price、bags *for* sports、great bags *for* only ¥12 等等。对这些词汇搭配知识,教师无需大讲特讲,只要引起学生的足够注意即可。

再以人民教育出版社《英语》必修4第三单元的"Using Words and Expressions"部分为例。

1. Read the following sentences and work out their meanings. Find the correct meaning of each underlined word from the right column.

Sentences	Meaning
When I got home, the house was in a complete mess. All she could do was to hope that she could sort out the mess.	• set of similar things • behave in a certain way • untidiness • become ill from eating particular food • talk secretly, especially when spreading rumours (谣言) • problem • several poems, stories, etc in a book • speak softly
You don't have to whisper. No one can hear us. People began to whisper that the company might go out of business.	
He reacted angrily to the stories people had made up about him. Quite a lot of children react badly to shellfish.	
This is my stamp collection that I've gathered for ten years. All my stories have been put together in one collection.	

查词典是词汇知识学习策略的重要组成部分。如果学生很好地掌握了这项策略,那么词汇知识教学往往会事半功倍。但查词典策略的培养也需要具体化,要在开始的时候给学

生非常详细的指导，甚至不妨手把手地演示、操作。

在这段材料中，教师可以让学生先自己查英英或英汉双解词典，以确定 mess、whisper、react、collection 等四个词基本义的英文解释，并认真学习词典中相应的例句。然后再带着学生一起比较查到的基本义与这些词在材料中的 8 个句子中的含义是否一致。当然，很可能有些一致，有些就不一致。然后可以再让学生继续查，看看每个词其他的义项解释是否与课本中句中单词的含义一致。这样做，学生至少能够了解到一个词可能有多种含义，但有一个含义属于基本义，是最"常用"或最"原始"的。最后，教师再让学生完成左右两栏内容的匹配练习。不难想象，如果教师仅让学生做匹配练习，那么学生就很难获得查词典策略的培养了。另外，要求学生查英文解释也是词汇知识学习策略的一个重要方面。

以上案例说明，发展英语学习能力可以融入语言知识学习活动之中。

（二）技能教学中发展学习能力

语言技能就是我们常说的听、说、读、写，也是语言基本功的重要组成部分。因此，与语言技能相关的学习策略的培养也是英语教学的重要目标。

但是，这些技能的训练往往是无法截然分开的，尤其是听、说具有较多的内在联系，读、写同理。因此，相应的学习策略培养也应当是综合性的，即培养听力技能学习策略的时候也会涉及口语技能学习策略，培养阅读技能学习策略的时候也会涉及写作技能学习策略。

如在以下阅读内容中，教师可以开展各项技能的整合学习，并同时发展学生的英语学习能力。

The Animals Who Play Music

1. One day, a cow runs away from a farm. He can play the horn and he wants to play music in the city.

2. On the way to the city, the cow sees a dog doing the dishes. The cow asks the dog, "Do you want to go to the city with me?" "Sure, I'd love to. But first, I have to do the dishes!" "Hurry!" says the cow. "We can play music together."

3. The cow and the dog walk to the city. On their way, they see a cat clearing a table. The cow asks the cat, "Do you want to go to the city with us?" "Sure, I'd love to. But first I have to clear the table." "Hurry!" says the cow. "We can play music together."

4. In the city, they see some robbers going into a house. "What should we do?" they ask. The cow says, "I exercise every day. I am strong. I should catch the robbers." The dog says, "I eat lots of good meat every day. I am strong. I should catch the robbers." The cat says, "I drink milk every day. I am strong. I should catch the robbers."

5. The cow says, "I have an idea! We should frighten the robbers away. We are going to give a concert. I am going to play the horn. Dog, you are going to play the drum. Cat, you are going to play the bells."

6. The three friends start to play music. They get louder and louder. Everyone in the town comes to the concert. The robbers hear the music and the people around. They're frightened and quickly run away far from the city.

7. The cow, the dog and the cat now have a new home in the city. Every day, you can hear the music of a horn, a drum and bells in the city.

这是一节故事课,属于阅读课的一种,但也可以作为综合技能课来设计。因此,可能涉及的学习策略培养可以包含听、说、读、写四个方面,只是重点应放在阅读技能学习策略上。

首先,可以让学生从看图听故事入手,并要求他们着重听懂故事的主人公都有谁,他们要去什么地方,准备做什么等最简单的信息。这也是在训练学生理解关键要素的听力技能学习策略。然后,可以要求学生通读故事,并标出传达重要信息的词,并通过这项活动培养学生在阅读中识别关键词的策略。对故事进行精讲之后,可以呈现出一些关键词,要求学生一段一段地复述。这样可以有效训练学生在关键词的帮助下复述故事的口语技能学习策略。最后,可以要求学生根据这篇故事的基本线索,做仿写(copy writing)。这又涉及写作技能学习策略的培养。

> **请讨论:** 学习能力发展与语言知识学习、语言技能发展的融合,具有什么意义?

由此可见,学习策略的培养并不需要占用语言知识和语言技能教学的时间,它们之间并不是此消彼长的关系。学习策略的培养实际上可以无处不在,关键在于教师是否能将它巧妙、有效地融入语言本身的教学中来。而做到这一点的关键又在于,教师是否真正领会学习策略培养的基本原则——"融入性原则"和"情景性原则"。

三、专项发展模式

学习能力发展还可以让学生进行专项的学习,也就是专门开展语言学习能力的发展活动。这种活动当然需要以英语语言学习活动为基础,而不是脱离英语语言学习活动而进行,但专项发展和融入发展不同的是,融入发展是以语言能力为目标,将学习能力活动融入其中,而专项发展活动是以英语学习能力发展为目标,以英语语言活动为载体。学习能力专项发展非常适合在学生出现严重学习困难时、学生需要为高厉害考试进行复习准备时开展。

学习能力专项发展中,教师要进行专项的学习能力介绍,包括对学习能力的总体介绍,更包括对学习能力的有效性介绍,尤其是结合本校、本班具体案例的介绍,让学生了解学习策略及其有效领域和方式。

在介绍学习能力及其有效性之后,可以让学生根据自身需要设定英语学习能力发展目标,如在学段开始之时引导学生栽下自己的"目标树",发展设定合理学习目标的能力,养成良好的学习规划习惯,尤其是基于人生规划的学业规划,基于学业规划的单元学习规划的习惯。对于词汇学习,教师可以教学生制定有数字、可检测的学习计划目标树,制定"目标卡",引导学生制作有单词、语句、作业正确率指标的单元学习目标卡等,然后进行目标学习训练。

如:让学生自己阅读课文,默写自选单词,并相互批改。

会默写的单词是需要在写作中运用的单词。因为学生的语言基础不同、学习目标不同、写作偏好不同,每个人写作需要运用的单词,也可以不同。

教师应该建议学生基于语言基础、学习目标、写作偏好,从本单元所包含词汇中,选取一定数量,作为默写单词。所选单词可以是本单元新学词汇,也允许基础较弱的学生从以前学过的词汇中选择。一个单元的默写词汇量应该不少于 20 个,可以不设上限。同时自主确定正确率,正确率不得低于 60%,同样不设上限。

每个学生在单元学习一开始就选择本单元自主默写的单词,到本单元学习中段,学生自主默写一次,默写以后同伴相互批改,达到正确率则过关,否则本单元学习结束前再次默写,直到达到标准。

以下课文为例:

Frog and Toad Together: The Garden

Arnold Lobel

Frog was in his garden. Toad came walking by.

"What a fine garden you have, Frog," he said.

"Yes," said Frog. "It is very nice, but it was hard work."

"I wish I had a garden," said Toad.

"Here are some flower seeds. Plant them in the ground," said Frog, "and soon you will have a garden."

"How soon?" asked Toad.

"Quite soon," said Frog.

Toad ran home. He planted the flower seeds.

"Now seeds," said Toad, "start growing."

Toad walked up and down a few times. The seeds did not start to grow. Toad put his head close to the ground and said loudly, "Now seeds, start growing!" Toad looked at the ground again. The seeds did not start to grow.

Toad put his head very close to the ground and shouted, "NOW SEEDS, START GROWING!"

Frog came running up the path. "What is all this noise?" he asked. "My seeds will not grow," said Toad. "You are shouting too much," said Frog. "These poor seeds are afraid to grow."

"My seeds are afraid to grow?" asked Toad.

"Of course," said Frog. "Leave them alone for a few days. Let the sun shine on them, let the rain fall on them. Soon your seeds will start to grow."

That night, Toad looked out of his window. "Drat!" said Toad. "My seeds have not started to grow. They must be afraid of the dark."

Toad went out to his garden with some candles. "I will read the seeds a story," said Toad.

"Then they will not be afraid." Toad read a long story to his seeds.

All the next day Toad sang songs to his seeds.

And all the next day Toad read poems to his seeds.

And all the next day Toad played music for his seeds.

Toad looked at the ground. The seeds still did not start to grow. "What shall I do?" cried Toad. "These must be the most frightened seeds in the whole world!"

Then Toad felt very tired and he fell asleep.

"Toad, Toad, wake up," said Frog. "Look at your garden!"

Toad looked at his garden. Little green plants were coming up out of the ground.

"At last," shouted Toad, "my seeds have stopped being afraid to grow!"

"And now you will have a nice garden too," said Frog.

"Yes," said Toad, "but you were right, Frog. It was very hard work."

学生1所选自主默写词汇(20词)：

garden, toad, wish, seed, plant, quite, growing, ground, loudly, shout, path, noise, afraid, leave, alone, candle, poem, music, frighten, whole

学生2所选自主默写词汇(20词)：

frog, garden, came, walking, fine, nice, hard, work, wish, flower, soon, asked, ran, home, start, shouting, too, much, grow, very

两个学生基于各自基础、目标、写作需要，选择了适合自己的默写词汇。教师先让学生在单元开始把这些单词抄写在单元学习目标卡上，在学习三个课时后时间，可让学生自主默写，两人相互对照彼此的学习目标卡进行检查，看默写是否正确，是否达到正确率60%以上。

教师让学生每个单元节如此自主默写、自主检查，学生的词汇量会有显著提升。

显然，这一专项的学习能力发展活动不是以阅读为目标的活动，甚至不是以单词记忆为目标的活动，而是以自主设定学习目标这一学习能力的活动。

实 践

 请你回答

1. 你认为"思考""现象反思"部分介绍的Z老师培养学生的英语学习能力的方法是否恰当？如何改进？

2. 学习能力专项发展过程中的策略介绍环节应该有哪些步骤？

 请你分析

请分析《英语教学论》课程教师所进行的学习能力教学方法，发现其对你的有效性。

 请你设计

请为以下阅读内容设计一个学习能力发展融入其中的方案，把尽可能多的学习策略培养(语言知识学习策略及语言技能学习策略)融入到教学中去。

Showing Our Feelings

Body language is one of the most powerful means of communication, often even more powerful than spoken language. People around the world show all kinds of feelings, wishes and attitudes that they might never speak aloud. It is possible to "read" others around us, even if they do not intend for us to catch their unspoken communication. Of course, body language can be misread, but many gestures and actions are universal.

The most universal facial expression is, of course, the smile — its function is to show happiness and put people at ease. It does not always mean that we are truly happy, however. Smiles around the world can be false, hiding other feelings like anger, fear or worry. There are unhappy smiles, such as when someone "loses face" and smiles to hide it. However, the general purpose of smiling is to show good feeling.

From the time we are babies, we show unhappiness or anger by frowning. In most places around the world, frowning and turning one's back to someone shows anger. Making a fist and shaking it almost always means that someone is angry and threatening another people.

...

Being respectful to people is subjective, based on each culture, but in general it is probably not a good idea to give a hug to a boss or teacher. In almost every culture, it is not usually good to stand too close to someone of a higher rank. Standing at a little distance with open hands will show that I am willing to listen.

...

请扫描二维码
查看参考答案

本章小结

英语学习能力是有效地学习英语的关键基础能力，是有效运用英语学习策略的能力。英语学习策略包括认知策略、元认知策略、情感策略、社交策略。认知策略是感知、加工、理解、记忆、提取信息时使用的方法系统；元认知策略是学习者用来监测、控制自己思维的方法系统；情感策略是学习者控制、调节自己的动机、情绪、态度和情感的方法系统；社交策略则是学习者在社会交往中运用英语，协调自己与他人关系，使交际和沟通顺利进行的方法系统。

英语学习能力发展应遵循"融入性原则"和"情景性原则"。融入性原则倡导以英语语言本身的教学，即语言知识的获得和语言技能的训练，为英语教学的主要目标，并将学习策略的培养渗透并融入其中。情景性原则倡导在与学习策略培养相关的教学设计中，应当充分关注教学情景的特殊性。这一特殊性主要体现在"语言"和"学情"两个方面。教师可以采用融入模式、专项模式发展学生的英语学习能力。

学习能力对我国学生进行有效的英语学习非常重要，其重要性是否足以成为英语课程培养的学生核心素养尚有不同意见，但发展学生的学习能力对我国英语学习者毫无疑问是非常必需的。

进一步阅读建议

Chamot A. U., S. Barnhardt, P. B. El-Dinary and J. Robbins. *The Learning Strategies Handbook* [M]. New York: Longman, 1999.

Cohen A. *Strategies in Learning and Using a Second Language* [M]. London: Longman, 1998.

O'Malley J. and A. U. Chamot. *Learning Strategies in Second Language Acquisition* [M]. Cambridge: Cambridge University Press, 1990.

Oxford R. L. *Language Learning Strategies: What Every Teacher Should Know* [M]. New York: Newbury House, 1990.

第十五章
中小学英语教育技术运用与资源开发

教学活动要实现其目标,必然借助一定的教育技术和教学资源,即使只是教科书和黑板这些最简单的教学资源和技术。本章将主要介绍教育技术的选择与运用,以及教学资源的开发与运用。

第一节 教育技术选择与运用

思 考

现象反思

刚从师范院校毕业的 P 老师计算机技术非常熟练,善于做出动画形态的 PPT 课件,甚至可以自己制作 flash 课件。于是他为每一节课都设计了很好的课件。可是他发现他的学生对于所学内容并没有掌握。他认为主要是自己的课件设计不好,因为只要是科技的,学生就会喜欢,然后就可以学习和掌握。他决定不断改进自己的课件,为自己的课件增加更多科技含量。

你是否同意他的观点?请说明原因。

学习目标

学习本节后,你能:
1. 了解教育技术的内涵;
2. 掌握教育基础选择与运用的方法。

本节结构

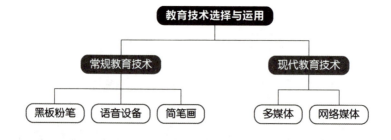

> 学 习

教师开始教学之时,总是习惯在黑板上写下单元标题,或者用 PPT 显示出单元标题,这是因为教育总需要各种有效的教育技术的支持。

根据国际公认的 AECT(美国教育技术与传播协会)教育技术 2004 年定义,教育技术是指通过创设、使用与管理适切的与技术相关的过程和资源来促进学习,提升绩效的研究与伦理实践(Educational technology is the study and ethical practice of facilitating learning and improving performance by creating, using, and managing appropriate technological processes and resources)。[①]

选择和运用合适的教育技术才能对教学形成必要的支持作用,因此教育技术的选择与运用是教学设计的一个重要环节。教师选择与运用教学媒体,应基于教学媒体的特征及功能,并且以学生中心、有效性和可操作性为选择和使用的基本原则。

> **请分析**:教学实践中,你是否真正考虑过教学媒体的有效性问题?你最喜欢用的媒体是最有效的吗?请解释。

任何教学都应该坚持以学生为中心,要充分发挥教育技术的作用,就必须首先分析学习者因素,把握学习者特征,然后根据教育技术的特点选择恰当的技术作为教育媒体。选择和使用教学媒体必须考虑到不同年龄、不同认知风格的学生。小学生好奇心强、生性爱动、注意力不能持久集中,抽象思维能力弱,喜欢直观性强、表现手法简单明了、图像画面对比度大的媒体,比如 flash 动画卡通就可能比较合适。高中生具有较强的逻辑思维能力和自我控制能力,适合用那些表现手法较复杂、展示教学信息连续性强的媒体,如真实生活视频材料就更加合适。

教师使用教育技术辅助教学是为了弥补人直接进行教学的不足,从而提高教学成效,所以选择和使用教育技术必须遵循有效性原则,有效地借助媒体实现课堂教学从单一的线性语言信息传播转变为多维的信息展现、多渠道信息输入、多感官刺激与多形式的语言交流,使学习者最大限度地接受语言信息,学习和运用英语,从而提升教学成效。

教育技术毕竟是非人的技术,不可能像人使用自己的肢体一样自如,而且很多媒体的使用还需要专门的学习。因此,教育技术的可操作性是选择和使用教育技术的一个不可忽视的原则。可操作性是指使用的便利程度,也就是说,学习场所、办学单位提供利用媒体的方便程度和教师对媒体使用时操作的难易程度。尤其是一些现代先进技术,往往操作比较复杂,即使这些技术的教学成效很好,也应以可以操作使用作为选择和使用的前提。所以,要使用这些技术就必须培训教师学会使用这些技术。

一、常规教育技术的选择与运用

常规教育技术主要是教师在日常教学中每天直接使用的一些教学媒体,如黑板粉笔、简笔画、图片、图示材料、实物等,这些可以为学生提供直接的感受和真切的体验,使知识的学

[①] AECT Definition and Terminology Committee(2004)[DB/OL], http://www.indiana.edu/~molpage/Meanings Of ET_4.0.pdf

习简单易懂,而且是捕获教学生成时机的最直接的媒体。

1. 黑板粉笔的作用和特点

> Look at this photo.
> We are in the park.
> I'm riding my bike.
> Sam is playing football.
> Lucy and her sister are flying a kite.

图 15-1　学习 be doing 结构的板书

这里用红色粉笔板书 riding, playing, flying 中的 ing,用蓝色粉笔板书 I'm, Sam is, Lucy and her sister are,其他文字用白色粉笔板书,以通过不同颜色的文字引导学生关注这些内容的异同,进而理解和掌握这一语法现象。若只有单色粉笔,则可以用不同形式的下划线、方框、斜体等视觉形式,引导学生关注、理解和学习掌握。

黑板和粉笔是课堂教学中最常用、最普遍的一种教学媒体。无论什么课程的课堂教学,都可以也应该非常充分地运用黑板和粉笔。只要教师有良好的语言能力,一支粉笔、一块黑板是有可能教好英语的。当然若拥有更先进的教育技术,教师可以更好地开展英语教学。

> **请讨论**：在互联网时代,课件已经非常普及,板书设计还有什么必要性?

在英语课堂使用黑板和粉笔可以很好地实现很多教学目标。

使用黑板粉笔可以直观、直接地呈现语言,如单词、语句结构等,这样的呈现可以起到示范作用,也可以帮助学生进行视觉拼读、整体拼读单词等。语法结构、构词法等还可以用不同颜色的粉笔来呈现。

在使用黑板时,通常把黑板分成不同的区域。一部分是固定内容区域,这部分内容是事先设计好的,在讲解的过程中根据教学内容呈现的次序写在黑板上,一般不随意擦掉;它体现课堂教学的基本线索和主要内容,应以合乎逻辑的方法展示给学生。另一部分是动态生成区域,具有生成性,是教师用来辅助说明的内容,更是学生到黑板进行板书演示,或者展示自己的作业等的一个重要区域,还是进行形成性评价时可能需要用到的区域。固定板书区域和动态生成区域的比例根据需要可以调整。

黑板具有生成性的特点,可以根据需要捕获教学中的任何有价值的生成,这是很多电子媒体不具备的。

板书的形式可根据教学内容而定,可以用提纲式、关键词语式,还可以用图表/表格式或混合式等形式呈现教学信息。最常用的一种板书形式是提纲式板书。提纲式板书概括性强、层次分明,便于操作和掌握。教师备课时将内容归纳总结,以教学内容的内在逻辑关系为主线,提炼出各层次内容的关键句,随讲授的次序逐步书写在黑板上。例如,在讲授媒体的发展与宏观的文化形态时,教师可以以提纲的形式将讲授的主要内容概括展示在黑板上。

关键词语式板书,顾名思义,由关键词语(key words)组成。它简洁易操作,而且可以帮助学生以点带面地掌握教学内容。备课时精选出代表性强、能准确反映讲授内容的关键性词

Unit 10 Computers

I. The kinds of computer
II. The development of computers
1. The development of the memory in computers
2. The development of the functions of computers
3. The development of the application of computers
III. The effects of computers
IV. The future of computers

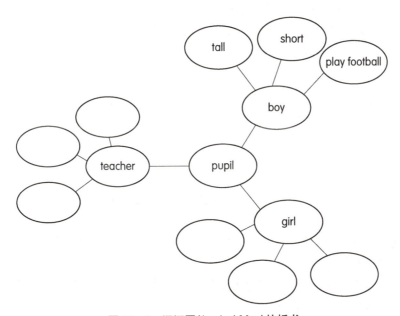

图 15－2　提纲式板书设计

图 15－3　词汇图(Lexical Map)的板书

语，讲课时适时写在黑板上即可。这样的板书特别适合开展结构比较复杂的课文的教学，也非常适合词汇图的教学，教师在进行新课文词汇学习、写作前的头脑风暴、词汇复习巩固等时候，都可以利用这一结构，在黑板上生成。

需要注意的是，课堂上不宜使用太复杂的板书。因为黑板版面有限，传递信息的数量和形式都受限。如果教师用过多的时间在黑板上写和画，尤其是长时间背对着学生书写，势必会影响师生的视线交流和学生的兴趣；另外，占用过多的时间也会影响教学进度，节奏的放慢易使学生产生松懈和厌烦情绪。

另外，黑板不仅仅是进行板书的区域，也可以用于画简笔画(这也可以看做是板书的一种)、张贴各种图片类教具等。

2. 简笔画

在英语教学中，简笔画是创设学习情境、呈现语境等非常重要的常用教学媒体。

简笔画就是用勾勒轮廓线条的简单笔法绘制的图画。简笔画简捷、形象、直观、易学、便用,使用范围广泛,既可用于词汇、语法等语言知识教学,也可用于创设交际环境,开展语言运用活动,也能广泛运用于很多学科的教学,还能激活学生的学习兴趣,增加教学的艺术魅力,并且有助于开展多元智能活动,培养学生积极思维和丰富想象的能力。因此,简笔画在儿童和中小学教学中发挥着重要作用,在英语教学中发挥着更为重要的作用,因为英语教学更需要创设语境,开展语言运用活动。

简笔画的使用很广泛,这里介绍一些可用于培养学生运用能力的简笔画使用方法。

(1) 模拟动画的简笔画

简笔画教学的最大不足就是画面单一、静态,不能像电脑动画一样,表现动作。所以在有电脑动画的条件下,简笔画只能成为电脑动画的补充。但若教室没有电脑、或电脑无法使用,在这一现实下,教师可以采用连续性的简笔画模拟动画进行教学。

简笔画模拟动画就是画一组描述连贯动作的简笔画,如下图就是一组连贯的描述走路动作的简笔画,把这组图画在一张折叠纸上,连续折叠、再打开,可以呈现动态场景,就像动画一样,因为实际上动画就是这么制作的。

图 15-4 通过持续抬腿放下模拟行走

在没有电脑的条件下,教师可以用这一方法教行为动词、动词时态等。

(2) 同题异态的简笔画

英语作为外语的教学中,机械性的重复是不可避免的,而且是非常必要的,因为只有这样的强化才能形成牢固的长时记忆。

但是,机械性重复肯定会使学生出现兴趣疲劳。比如教师要教"She's dancing"。教师可以呈现一幅跳舞的简笔画。但是,即使是一幅再精美的简笔画,若让学生看着这幅图说 10 遍"She's dancing."学生的兴趣肯定越来越衰减。同时,这样的重复由于从第 2 遍起就不再有真实的语境,所以就成为不指向运用能力的单纯的机械性重复。

其实,教师可以为同一主题画不同的简笔画,不断呈现,让学生看着不同的图说同样的话,不仅可以使学生保持持续的学习兴趣,而且还可以为重复性的机械练习提供真实语境,培养学生的真实运用能力。如我们教"She's dancing."就可以画以下不同的简笔画,让学生

图 15-5　多种姿势舞蹈图

反复重复"She's dancing."这个语句。

（3）夸张幽默的简笔画

人天然地具有对新颖的事物能形成更大兴趣的大脑神经机制，也就是说，对于习以为常的事物，即使非常美丽，学生也可能会出现审美疲劳。因此，教师可以经常使用夸张幽默的简笔画，来激活学生的学习兴趣。比如当学生对下图左边的兴趣衰减的时候，我们可以用右边这样的简笔画进行教学。

图 15-6　情绪简笔画

（4）尚待完成的简笔画

信息差活动是常用的进行真实交际的语言训练活动，但教师通常存在无法向学生提供不完全信息的困难，而简笔画可以一边画一边教学，帮助教师很好完成这一活动。比如进行现在进行时的问答教学，教师若拿出完成的图给学生看，这时问答的真实性往往是存在困难的，因为学生一眼就能看出图上的人正在做什么。但若教师运用简笔画进行教学，就可以画一部分，然后开始提问，然后继续画，再继续提问，最后完成简笔画，学生得出最后的答案。这样可以使整个问答教学非常真实。这既可以是教师画图提问、学生回答的信息差活动，也可以是学生之间学生 A 画图提问、学生 B 回答的信息差活动。如下图就可以用于 What's he doing? Guess! 的真实问答活动。

图 15-7　动作过程简笔画

其实，这只是部分覆盖图画的活动在简笔画教学中的表现。

显然，以上简笔画的教学方法的新探索对于激活学生学习英语的兴趣、培养学生运用英语的能力具有积极的作用。

简笔画虽然简便易学，但毕竟需要一个学习的过程。对于画简笔画还不熟练的老师，可

以这样提高自己的简笔画技术:

一是可以用白纸画简笔画。在教学之前,教师先在白纸上用铅笔把要画的简笔画的轮廓细细地勾画出来,教学时,用彩色笔在白纸上就可以迅速完成简笔画,而不影响教学,不因为画简笔画而耽误宝贵的教学时间。

二是可以用塑料膜画简笔画。在教学之前,教师先在纸上用浅色笔把要画的简笔画的轮廓勾画出来,教学时,把事先画好的纸垫在塑料膜下,然后用彩色笔在塑料膜上迅速完成简笔画,而不影响教学,不因为画简笔画而耽误宝贵的教学时间。

三是可以用计算机技术画简笔画。在教学之前,教师在计算机辅助下完成简笔画,或者从网络上,或者从计算机图库中找到自己需要的简笔画,或者用画图软件画出简笔画。

简笔画在英语教学中很有用,但切忌在课堂上花费很长时间去画简笔画,而浪费学生的学习时间。教师应加强简笔画训练,保证用合理的时间完成简笔画。

3. 语音设备、实物、图片等

英语是与汉语很不相同的语言,教学很重要的内容之一是语音,包括读音、语调、重音、节奏、意群等。这些对于学生获得真正的英语语感非常重要。因此便于携带、普及率高的语音设备对于中小学英语作用非常重要,尤其是对于起始阶段的教学、农村地区的教学、对自身语音基础不满意的教师的教学,语音设备更是基本工具。

教师可以利用语音设备让学生跟读课文,模仿语音、语调、节奏、意群,可以开展听力教学。对于农村学生,听教材录音是获得真实听说英语的最佳路径。

日常生活中的实物、照片、图片、图表、模型等都可以根据教学内容的需要作为教具使用。尤其是在起始学段,使用这类教具可以帮助学生克服汉语的语义干扰,从而直接获得语义,如教师拿着苹果教"Look, this is a red apple."就可以避免学生学习和记忆 apple 的汉语语义的负担。

在中学,教师还可以借助各种图表帮助教学,如出示使用互联网的不同功能的调查表,让学生开展讨论等等。

二、现代教育技术的选择与运用

随着科学技术的发展,越来越多的现代新技术被运用到教学中,这些现代教育技术为英语教学带来一些革命性的机会。

1. 多媒体的设计与使用

教育部早在 2000 年就开始在中小学以信息化带动教育的现代化,促进现代信息技术与各科课程整合,英语学科与信息技术的整合更是为英语教学带来新的机遇。

多媒体是指由两种以上媒体组合使用的信息处理系统,可以集文字、声音、图像、动画于一体,使多种信息形成动态组合或集成。多媒体信息源具有多维性、交互性和情景性等特点。在课堂上,教师应充分利用其优势,设计与之相应的教学活动,通过语言环境的创设和语言知识的输入及运用,使外语教学由单向知识传授向多维信息互动传播转变。

多媒体在教学中首先应该用于呈现语境。对于我国英语作为外语学习的背景下的英语课堂教学,语境的作用是首要的。语境有狭义和广义之分。狭义的语境是指语言内的上下文语境(linguistic context)，即词语或句子所存在的具体话语；广义的语境是指语言的客观环境(context of situation, context of culture)，即语言的社会文化背景。狭义的语境可以通过课文呈现，而广义的语境则可以利用多媒体呈现。教师应利用多媒体的技术优势，精心创设较为真实的语言环境，通过语境化语言输入帮助学生感知理解语言，因为多媒体集多种功能于一体，图文并茂，声像俱佳，表现力强，能为学习者提供大量较为自然真实、生动形象的语言信息以及与之相匹配的情境信息，使学习过程生动有趣；同时可以多层次多角度地呈现教学内容，对学生视听觉感官形成共同刺激，为其提供必要的学习支持条件，使学生在情境与语言输入之间建立联系，促进他们对知识的理解和掌握。如利用视听媒体为学生提供不同场景下的社会活动场面(如生日宴会、野餐、郊游等)，让学生身临其境地感知语言的运用，指导学生从立体多维的信息中归纳出适应于不同交际场合的交际规范和表达方式，使枯燥的规则与生动的场景相融合，从而激活他们的语言思维，使其有感而发、学以致用，在展现自我的过程中学习和运用语言。

运用多种媒体进行英语教学的另一优势就是能在有限的时间内增加语言的输入量和实践的机会。网络资源应有尽有，教师可以充分利用这些丰富的资源为学生提供真实语言材料或相关的语言学习网站，使学生根据自己的需求(兴趣、爱好、程度等)选择相关资料进行超文本自主阅读；也可以采取任务型阅读方式促进学生阅读，即给学生规定一定的阅读量或让学生做阅读后续活动(如寻找答案、要旨归纳、篇章总结、故事简述等)，通过大量的语言接触增强学生的语感和阅读能力。

2. 网络资源的设计与使用

互联网的发明把世界链接在一起，互联网使得英语学习可以在与英语国家人士直接的交往中进行。我们不再因为缺少外籍教师、缺少真正的交流对象而苦恼，因为我们可以通过互联网与任何在网络上的人进行交往，学生所有的语言活动，都可以借助网络成为真实的交际活动。

网络的英语资源非常丰富，是开展英语教学的直接资源。如开展介绍剑桥的课文的教学，教师可以到网络上找到剑桥的官方网站、各种介绍材料，这样即使学生自己没有机会去剑桥也可以借助网络了解真实的剑桥生活。

网络具有很强的交互性。我们可以直接在剑桥的相关网站的 BBS 留言，或者直接给剑桥的网站的相关机构联系人直接发邮件联系，甚至打免费的网络电话联系。教师可以让学生开展相应的真实交流活动。

博客也是很好的网络教学平台。教师可以通过个人博客，也可以鼓励学生建立班集体的博客，建立学习交互共同体。

教师还可以通过互动维客(wiki)促进学生的交互式学习。维客是一种超文本系统，是动态的个人或群体协同写作工具。维客往往以一个社区为中心，以知识点为主线进行写作交流。在维客页面上，每个人都可以自由地浏览、创建和修改文本，系统可以对不同版本内容进行有效控制管理。它体现开放、合作、平等、共享的网络文化特征。所以，教师可以借助这种较为强大的汇聚与沟通手段，运用头脑风暴这样集思广益的教学策略进行语言运用训练，使学生在分享知识与信息的过程中，形成语言学习社区，提高语言运用能力。例如，在英文写作时,教师可以将题目贴出,让学生用关键词增添具体的写作内容。在相互启发的基础上,学生再进行自主写作。这样会使他们的写作有依托、有内容,写作任务变得相对容易而有意义。或者是建立一个 wiki 专题,让学生不断丰富,介绍相关内容,如对于学生家乡的介绍等。

网络资源的使用需要注意的是网络的负面性,因为网络上存在很多对学生学习和发展不利的内容,教师必须善加管理和引导。

随着互联网技术的发展,"互联网+英语教育"成为现实。网络带来的大数据,使得教师可以基于信息技术支持开展精准教学,这是一种旨在借助信息技术实现高效减负的个性化教学方法,属于人本主义指导的教学实践,它通过采用适当的技术,生成个性化的精准教学目标,开发适切的教学材料,设计适宜的教学活动进行教学,并且频繁地测量与记录学习者的学习表现,以精确判定学习者存在的当前问题及潜在问题,针对判定的问题,采用适当的数据决策技术以对教学策略进行精准的优化和干预,进而提升教师教学过程中的科学分析力和决策力,提升教学效率。

实 践

 请你回答

1. 你在学习英语中经常使用哪些电子媒体?选择时考虑的是使用效果还是便利程度?请解释。

2. 你的《英语教学论》老师在课堂上用的最多的教学媒体是什么?是否有效?为什么?

请扫描二维码
查看参考答案

请你分析

以下是初一英语教学设计片段,请分析其教育技术运用的有效性。

任务 1:通过观看 flash 单词循环展示,在拟定时间内通过小组活动完成购物清单上的食品记录并播报。

任务 2:通过 flash "金字塔"游戏与小组合作完成食品分类。

任务 3:判断食品金字塔的健康度顺序 Most healthy — Most unhealthy 或 Most unhealthy — Most healthy。

任务 4:完成三餐调查表(网络环境)。

任务 5:完成调查表分析报告(网络环境提交老师)。

任务 6:(课下任务延伸)分析报告与同学或网友交流。

拓展作业:

网上查找"pizza hut"的相关资料,做一份食品调查和食品健康分析报告。

教学媒体准备

1. 食物金字塔展板

2. 多媒体食物排位置游戏

3. 采用 FrontPage 和 Flash 制作的网页

4. 网站具备站内搜索引擎功能；论坛；友情链接和邮箱

请你设计

下面是高中英语"The New Australians"的教学片段。本课采用任务型教学法，借助多媒体辅助教学，通过视频录像、图片音乐的播放与展示，使学生加深对澳大利亚文化的了解，并激发学生的学习兴趣与求知欲。请小组讨论分析这节课中现代教学媒体的使用是否得当。

教学过程

Step 1 Lead in

1. Show a saying said by Barry Humphries, Australian comedian："To live in Australia permanently is like going to a party and dancing all night with one's mother."

2. Let the students enjoy a video about Australia.

【设计说明】1. 教师以一名澳大利亚喜剧演员的话语引起学生的思考，激发学生对澳大利亚的兴趣。2. 通过对澳大利亚野生动物视频录像的放映，让学生了解澳大利亚地理及野生动物，为课文的阅读做好背景知识准备，激起学生的求知欲，从而切入教学主题。

Step 2 Fast reading

1. Before reading the text, let the students predict (guess) if the following statements are true or false.（略）

2. Listening exercise (Listen to what George and Fiona say and tell about Australian wild life).

3. Fast reading for true/false exercise.（略）

【设计说明】教师设计阅读前进行听及猜测，让同桌 2 人就课文提出的 10 个表层信息 statements 进行猜测，引起学生的好奇心，引导学生用略读、寻读的方法来判断和检测预测的正误，有利于学生带着问题去寻找答案，从而使学生又快又准的从阅读文章中获取信息。

Step 3 Further reading

1) Show the reading strategies：Identifying facts and opinions.

• To identify opinions, look for adjectives that express positive or negative feelings, e.g. They are great, really tasty. It's unfair.

• To identify facts, look for statements which are true and which do not depend on the opinion of the speaker, e.g. Most Australians live on the coast.

2) Let students work in groups to discuss about the material and then decide if the following statements are facts or opinions.（略）

【设计说明】从文章中辨别出事实和作者的观点是本节课的重点又是难点，教师设计小组讨论，让学生合作学习，这可以降低任务的难度，使学生对教学的重难点有较好的掌握。

Step 4　Watch a video about Australia

【设计说明】学生长时间学习比较累，教师让学生在音乐声中好好欣赏澳大利亚的优美风景，全面了解澳大利亚，为下一步的演讲写作（导游竞赛）做好铺垫。

第二节　教学资源选择与开发

思　考

现象反思

G老师为了提高学生的考试成绩，建议学生订阅英语报纸，他选择了一家每个版面都有高考题型的各种考试题的报纸推荐给学生，可是他的学生的考试成绩并没有因此而提高。G老师认为主要是学生没有认真做每一道试题。

基于你的理解，你认为G老师分析的原因准确吗？为什么？

学习目标

学习本节后，你能：

1. 了解教学资源的内涵；
2. 理解教学资源的选择与开发原则；
3. 基本掌握教学资源开发的方法。

学　习

一、教学资源的内涵

教学是人类的社会实践活动，必然需要相应的资源，包括物质资源和精神资源。教学过程中所使用的各种材料的总和称为教学资源。人虽然不是资源，但人的经验、智慧以及人际关系等都可以成为资源,教材也属于教学资源。

教学资源根据不同分类方式可划分为校内资源、校外资源,自然资源、人文资源,有形资源、无形资源,学校资源、家庭资源、社会资源,选择性资源、补充性资源等。

教学资源的基本要素是学生、学习内容、学习目标。一切教学都以学生为起点,教学资源当然也应以学生为起点。教材作为教学资源,教师对其运用,必须以学生为起点,要基于学生现在的学习起点、学生的学习风格特征、学生的认知水平与特点等进行教材的教学设计。当教师需要选择是使用动画资源形式进行现在完成时态的教学,还是用图表资源形式进行现在完成时态的教学时,首先应该考虑的不是资源形式,而首先应考虑的是学生现在的学习起点、学生的认知水平与特点等。

学校的正式教育与生活中的非正式教育最大的区别就在于学校教育总是基于学习一定学习内容的有计划行为,所以教学资源自然必须具有明确的学习内容因素。校园的一草一木是否是教学资源,关键就在于一草一木是否与学习内容一致或者关联,如所有学校都会在校园里挂上很多名人画像,这些都是学生的学习内容,因此这些画像都是教学资源;有些学校在建立植物园等,这也是学习内容,因此这些草木也就成为教学资源。而学校里只是起到绿化作用的草木,若写上 Please don't put your feet on me! Keep off the grass! Name: Daisy. Colour of flower: Yellow. Season of Blossoming: Autumn. 之类可以成为学习内容的文字,则也成为了教学资源。

作为教学资源,当然需要准确把握教学目标,而现在导致我国英语教学存在"费时较多、收效较低"的根本原因之一就是教学内容的教学目标严重偏离英语课程目标,教学资源作为教学内容之一,也广泛存在这一问题。一位老师曾经精心选择出 300 个定语从句的多项选择试题作为最重要的定语从句教学资源让学生学习,结果不但没有培养学生运用定语从句的能力,学生连运用定语从句进行基本表达都不行。出现这一问题的主要原因就在于这位老师对于学习定语从句的目标的设定严重偏离了国家《普通高中英语课程标准(2017 版)》规定的"综合语言运用能力"这一目标。根据国家《普通高中英语课程标准(2017 版)》,学习定语从句的目标应该是理解各种结构的定语从句所表达的信息、运用常用的定语从句结构说明具体信息等。若以此为基础设计教学资源,则可以设计出:理解阅读文章中的定语从句所表达的具体信息、运用定语从句说明具体信息(如 Please take me the book Mr. Lu lost on your desk yesterday. 这里我们无法用 Please take me the book on your desk. 准确表达具体所指的是哪本书)。

在实际教学中,很多老师重视有形资源,往往忽略无形资源,尤其容易忽略教师和学生自身的无形资源。其实,教师作为有十多年英语学习经历和经验的学习者,自身的英语学习策略、智慧、经历,甚至教训,对学生来说都是难得的教学资源。学生自身、同学之间的英语学习经历、经验或教训等,也是难得的教学资源。

当学生在转折时期,或者学习出现较大或较多困难时期,教师可以组织学生进行讨论,和老师一起分享英语学习的经历、经验与教训,促进学生全面、有效地反思自己的英语学习,寻找突破的可能路径。

当学生学习较难内容时,教师可以基于自己的英语学习和英语教学的经历、经验与教训,选择或设计合理的资源,甚至与其他老师交流,或者通过图书、网络寻找更多经历、经验或教训，获得更多的信息。任务教学就是当时在印度任教的 N. S. Prabhu 等人总结、交流、探讨英语教学、不断实践而形成的，是一种来自教师的教学经历、经验与教训的教学路径。当然，这样的总结应该特别注意以运用能力为英语教学目标，否则可能出现把不成功的经历当作成功的经验交给学生，导致学生出现更加严重的错误。如有些老师总结出牢记语法规则的很多歌谣，让学生记住。而学生记住这些歌谣，却仍然无法很好地运用这些语法项目。显然，这种语法规则歌谣并非学习语法的有效资源。

二、教学资源选择与开发的原则

对于教学资源，教师一般可以从已有的资源（如资源开发机构开发的资源、教材出版社开发的资源、其他机构开发的资源等）中选择使用适合学生的资源。当然，若没有恰当的资源，教师还可以开发教学资源。

无论是选择和开发教学资源，教师都应该根据学生、学习内容、教学目标等，合理选择和开发教学资源，注意采用恰当的教学媒体和手段。

教师应根据各地的实际教学条件，创造性地利用黑板、白板、卡片、简笔画、教学挂图、模型、实物等常规媒体，同时积极利用音像、网络以及电脑多媒体等现代教育资源，丰富教学内容和形式，尝试新的教学模式，提供个性化学习的机会，提高课堂学习的有效性。教师可以开发和利用广播电视、英语报刊、图书馆等多种资源，提供充足的条件，拓展学生自主学习的渠道和空间。师资条件相对薄弱的地区和学校应当充分利用远程教育资源，有效推进英语教学。教师应该充分利用教师自身的生活经历与经验以及学生的学习经验和实例，丰富教学内容，促进课堂交流与参与。在运用多媒体手段辅助教学的同时，教师要正确处理讲授与多媒体手段使用之间的关系。教师生动活泼、表情丰富，开展情景真实、随机应变、语言多样的教学活动仍是课堂教学的主要方式，应避免多媒体手段运用不当产生的副作用。

对于小学低年级的英语教学，教师更应注意使用丰富多样的教学资源，使教学内容、形式与过程更为生动、直观、形象，以适应儿童的心理特点。

1. 学生第一原则

教学资源是支持学生学习的资源，学生是资源实现其效能的直接对象。无论是为了教学而选择已有的教学资源，还是为了教学需要而开发更适合的教学资源，都必须以学生为第一要素。

教学资源选择与开发首先应分析教学要素，要分析的第一要素就是学生，无论老师对于教学内容多么熟悉，甚至相同内容教过多少遍，都应该认真分析当前学生的认知水平、认知特点、语言水平、兴趣爱好等。比如教师教 ABC 这样的字母，就要分析学生是否已经学过一些英语口语。如小学生一般在学习认知、识别、书写字母之前，都已经有了语言积累，可能已经学习了 cake, bee, see 这些都是学习字母的起始水平。若通过电子课件把其中的 a, b, c 的读音分离出来，似乎可以很好地帮助学生准确朗读字母读音，但是 see 可能干扰学生学习 c 的读音，甚至影响学习 s 的读音。若通过播放电视台新闻片段、呈现 CCTV 这样的方式学习字母，可能又影响字母表顺序的记忆。所以，若学生记忆字母表顺序的困难大于准确掌握字母读音的困难，那么就应选择字母表歌曲，边跳边唱边记忆字母表顺序；若学生准确掌握字母读音的困难更大,则可以运用 CCTV、KFC、CA、MI 等这样的资源帮助学生准确掌握字母读音。

很多老师认为英文报刊是帮助高中学生增加词汇量、培养语感的有效资源,但这也必须以学生为中心进行分析。报刊上的英文几乎都是新闻,所以其文体比较单一,几乎都是新闻体裁,其语言比较灵活,往往记者为了突出某些信息而创造很多生命力很短的生词。比如 zipper 这个词一直是使用频率不高的词,也不要求高中生掌握这个词。但是 zipper 因为某一影响广泛的新闻而成为在英文报刊出现频率非常高的词,报刊阅读自然要掌握这个词。但是随着克林顿任期结束,这个词很少有人提及了,那么 zipper 这个词也就成为一个使用频率很低的词。所以报刊阅读所扩大的词汇量可能并非常用的词汇。这样要求必须从学生需求出发,来判断报刊是否扩大词汇量的有效资源。

显然,任何资源都有可能帮助教学,但是选择与开发资源的第一原则应该是以学生为中心,否则可能形成适得其反的教学效果。

请分析:请选择任何一份学习资源,分析其是否体现学生第一原则。

2. 内容一致原则

教学资源是教学材料的组成部分,是帮助学生学习教科书中课文及其所含的语言项目的学习内容,是促进课文有效学习的基本内容。所以,教学资源必须与课文及其所包含的语言项目一致,也就是说,必须与教学内容一致。

在教学资源选择与开发中,很多老师习惯于从自己已有的资源进行选择,或者基于自己的资源优势开发新的资源,而往往忽略内容的一致性。比如,教学内容为"She's nice."等结构中形容词描述人物特征。教师找到学生很喜欢的动画片《樱桃小丸子》作为教学资源播放给学生看,然后说:"Look, she's nice."学生的确很喜欢看这个动画片,但对于 nice 却无法从动画片中体验,所以难以真正把握 nice 的语义特征,也很难把握描述介绍"She's nice."的语用目的。

在日常英语教学中,经常出现的问题是教学资源与学习内容在语法项目、语词等内容上一致,但是在语用目的上则完全不同,这对于以培养运用能力为目标的新课程而言,是非常大的不一致,会严重影响新课程教学目标的实现。因此,教师在把握内容一致原则时,必须重点把握教学目标一致这一内涵,尤其是要把握教学内容的语言运用形态是否一致、教学资源所促进的学习目标与教学内容的语言运用目标是否一致。

在学习一篇关于 Computers 的课文时,教师选择或开发的教学资源往往都与 computer 一致,很多老师能保证语法项目一致,但是很多老师往往忘记了分析课文 Computers 的语言运用目的是什么,也就是说作者为什么要介绍 computer 的发展,忽略其目标"通过介绍 computer 发展历程,激发读者对 computer 的更多兴趣,从而吸引更多的人投身到 computer science 之中去"这一目标,甚至误以为课文的语用目标是"让学生了解 computer 发展历史这一知识,以丰富学生的知识",实际上,课文本身所介绍的 computer 发展历程,比学生在信息技术课程所学的内容要简单得多,只是信息技术课程内容的百分之一。所以,这一课文的语用目的肯定不会是"让学生了解 computer 发展历史这一知识,以丰富学生的知识"。

那么在确定课文"通过介绍 computer 发展历程,激发读者对 computer 的更多兴趣,从而吸引更多的人投身到 computer science 之中去"这一语言运用目标之后,教师选择的教学资源就应该是促进这一目标实现的资源,比如更清晰地说明 computer 作为 computing machine 的特性,computer 的发展中为什么 memory 的发展更为关键,以及 huge computer 与 personal computer 的比较,甚至 computer 在气象预报中的作用,等等,以便实现"激发读者对 computer 的更多兴趣,从而吸引更多的人投身到 computer science 之中去"这一目标。当然,教师也可以选择"通过介绍……的发展历程,激发读者对……的更多兴趣,从而吸引更多的人了解、参与、从事……"作为语用目标。

选择与开发教学资源还应与教学内容的难易程度等一致。

3. 条件性原则

教学资源是促进学习的资源,学习是一定条件下的活动,所以教学资源要适合学习的条件,包括学生的学习条件、学校的教学条件等,要因生制宜、因地制宜,这里的条件主要是教育教学条件,但也包括政治、经济、社会、文化等条件。

英语教学需要一些特别的条件,比如英语资源,尤其是英文读物等文字资源,英语电影电视、英语录音材料等音像资源,英文网站等网络资源,以及外籍教师等师资资源。当然,这些资源未必都具备,或者同时具备,但这些资源肯定是英语教学的重要的条件性资源,所以若学校没有相应资源,则教师应该尽可能开发相应资源。

学校若有外籍教师资源,就可以开展大量真实的语言运用活动,如让学生向外籍教师介绍中国的传统节日端午节,学生可以进行相应的语言学习、文化传统知识的学习,然后进行介绍。若学校有多名外籍教师,学校还可以在校园设置一片区域举办英语口语活动,如 English Space(英语空间)。

学校应建立英文读物资源,尤其是适合学生阅读的多学科的综合性的英文读物、世界文学名著英文简写本、英文报刊等,这些读物应尽可能品种多样,同一读物可以多册,鼓励学生建立课外阅读小组,既可以是不同读物的阅读者组成的小组,进行阅读分享,也可以是同一读物的阅读者组成的小组,可以相互讨论,促进理解。

英语影视作品是促进学生语感培养的很好的资源。教师可以选择一些比学生语言水平略高一些的、符合学生认知能力的英语影视作品,定期或不定期播放给学生观看,或者布置一定的语言学习任务(如发现电影中某些特定的语句或某一语法项目的语法),或者布置纯粹的兴趣任务(如模仿你最喜欢的五个语句),当然还可以作为英语表演活动的学习样本,进行模仿比赛等,这些都对于培养学生的语用能力有很大的作用,因为学生可以英语影视作品中观察、学习、模仿到真实的英语语言运用形态。

当然,教学资源的选择与开发需要考虑到现有的、可能有的条件。教师首先应该充分运用学校现有的条件,尤其是创造性地把非英语的学习资源转化为英语的学习资源,如校园里的名人画像一般都是中文的资源,若教学需要,教师可以将其转化为英语资源,在这些名人画像的简介上增加学生可以理解的介绍。教师还应该在可能的条件下开发新的教学资源,如购买英文图书等,或者募集适合学生阅读的英文读物等等。

任何学习都需要一定的外在条件,在中国这样一个非英语社会学习英语,外在条件更是不可或缺的。所以,学校和教师应该根据现有的和可能的条件,尽可能为学生开发适合的资源。

4. 经济性原则

人类之所以放弃原始社会的家庭教育模式而开办学校进行教学,是为了让学生在生理成长期间学习到尽可能多的知识、获得尽可能多的能力,所以学校教育应该坚持经济性原则,也就是在规定的学习时间内,促进学生获得尽可能多的知识与能力。

教学资源也必然需要坚持经济性原则,这里的经济性不只是经费的经济性,更是学习时间的经济性、学习精力消耗的经济性等,即教学资源应该有利于用较少的时间、精力和经费实现教学目标。所以即使经济条件很好,经费很充足,教学资源依然需要考虑时间、精力等的经济性。

教学资源的选择与开发都必然涉及一定的费用,因此经济性原则的基本内涵还是使用尽可能合理的经费选择与开发教学资源。比如进行水果名词教学,就可以由教师自己在黑板上画出水果简笔画进行教学,或者使用水果图片介绍水果。若总是使用真实水果介绍,甚至把水果作为奖品奖励给能很好地说出水果英文名称的学生,则不是经济性的教学资源选择与开发使用。

潜移默化是很好的学习方式,总结归纳也是很好的语法学习方式,不过也是花费时间较多的方式。若让学生查看校园里名人画像下的英文简介,总结发现非谓语动词的用法,可能需要较多时间,因为学生不仅需要找到这些画像,阅读这些英文简介,而且需要分析这些简介的语言结构,找到非谓语动词,甚至可能需要较多时间分析理解这些简介中非谓语动词在语句中的功能。显然,这样的学习资源运用并不经济。但若让小学生查看名人画像,发现刘胡兰、孔子画像下面的简介哪个用的是 she、哪个用的是 he,则是比较经济的教学资源的运用,因为这两个人物之间的巨大反差可以帮助学生牢记 she、he 的语义差异。

学生的学习总是需要消耗一定的精力,经济的教学资源使用告诉我们,应该让学生消耗比较合理的精力达到学习目标。若要让学生学会用英语数数,让学生做侧手翻比赛,看谁做的侧手翻多,大家一起用英语数,学生可能很积极参与,很大声说出数字,但是对于这些参加侧手翻比赛的学生来说,可能消耗了太大的精力,而导致无法进行正常的学习。

总之,教学资源的选择与开发必须符合教学的需要,服从教学的基本原则,才能促进学生的学习。

三、教学资源开发

尽管教育行政部门、学校、教材出版部门、电教馆等教学资源开发机构等已经为教师和学生提供了很多可供选择使用的教学资源,但在实际教学中,教师仍然可能因为学生的实际需要、教学活动的实际需要、现有教学资源的不足或不适应等,需要开发所需的教学资源。

开发教学资源应该按照以下步骤进行:

1. 分析学习内容,发现与教学实际情况的差异

教材一般都是面向全国学生,不可能百分之百地完全适合每个学校、每个班级、每次教

学,也不可能百分之百地适合每个教师和学生。因此,教师应该非常理性地分析教材内容,发现与本校、本人实际教学情况的差异,补充开发必要的教学资源。教材对知识的覆盖往往比较清晰,而技能的覆盖往往并不那么清晰,教师尤其要关注教材在语言技能方面的不足,进行相应的教学资源开发。

以初中英语教材的阅读教学内容为例。一般情况下,初中阅读教学主要是阅读技能教学,也就是培养学生的阅读技能。这些教材本身有着很好的功能顺序、语法顺序、话题顺序,但其技能顺序则由于功能、语法、话题的原因而没有形成基于学生阅读技能发展需要顺序,往往是根据话题而设计尽可能相适应的阅读技能学习内容。若学生阅读技能存在明显不足,需要强化阅读技能训练,教师就应从阅读技能顺序入手,补充开发阅读学习资源。

在开发时,如何确定每一模块的阅读技能?是按照阅读技能内在的顺序设计,还是依据教材本身的阅读技能顺序设计?对于一般初中来说,单独开设阅读课是不现实的,所以应该按照教材本身的阅读技能顺序设计补充型的阅读资源,这样教师可以在教材的教学过程中使用这些补充资源。教师需要依据教材列出每一模块的阅读技能,然后依据这些技能,逐一开发设计补充型的阅读资源。

2. 根据学生实际需要,确定需要补充的内容

在发现教材不能满足教学需要的情况之后,教师应该弄清教学实际需要,根据教学条件、课时安排、课程设置、课外资源、学生家庭经济水平等多种因素,确定需要补充开发的课程资源。对于很多学生来说,词汇、语法学习往往具有比较直接的教材资源,但技能学习往往缺乏相应的资源,同时对于这些资源,学生自己可能难以寻找。因此,教师需要认真分析需要补充开发的课程资源内容。

3. 科学设计开发的教学资源内容

在确定需要补充开发的教学资源内容之后,教师需要按照课程设计的原理,依据教学资源开发的方法,科学地开发设计教学资源开发的路径,然后设计开发教学资源,经过试用之后,再确定为正式的教学资源,投入教学使用。

这里以《英语》(7年级下)Module 10 Unit 2 的阅读技能资源开发为例。

首先分析课文所规定的阅读技能可知,本单元的阅读技能是"发现与归纳段落主题"。但教材中只有课文对此技能进行了训练,课文后面的运用单元以及Workbook中都不再有相同技能的训练。对于学生而言,只是课文学习这一次训练活动,可能无法很好地掌握这一关键技能,而且学生阅读技能存在诸多不足,很多初一学生还缺乏英语阅读的一般技能和能力,教师就应开发相关教学资源作为补充学习内容。

以下是针对这一技能为7年级学生开发的学习资源:

技能讲解:

一般情况下,文章都有若干段落,每个段落有各自的主题,然后共同形成文章的中心。所以我们阅读时,有必要把握段落的主题。第十模块第二单元的课文阅读就是要我们把握段落的中心,然后回答每个段落的问题。

有些段落的主题非常清楚,如课文 C 段就非常清楚地说明"我有时玩《反恐精英》和《最

MODULE 10 Computers

Unit 2 How often do you use a computer?
Reading and vocabulary

Match the questions with the people who answer them.

1 When do you use a computer? ☐
2 What do you usually do on your computer? ☐
3 How many emails do you send? ☐
4 What games do you play? ☐
5 Do you have a computer at home? ☐
6 Do you usually use a computer at school? ☐
7 Do you often go online? ☐
8 Do you make travel plans on the Internet? ☐

People and their computers

A "I usually play games and I download music from the Internet. I don't send emails." *Satoshi, Tokyo*

B "Two or three in the evening. Our grandchildren live in Australia and we don't often see them. So we send emails and photos." *Panos and Elena, Athens*

C "I sometimes play *Counter Strike* and *Final Fantasy*. I never play *Tomb Raider*." *Jack, Sydney*

D "No, I don't. I don't use the Internet or send emails. I'm a writer and I write my novels on my computer." *Nam Da, Vietnam*

E "Yes, I check the train timetable. I don't usually buy tickets." *Karl Heinz, Berlin*

F "Yes, we do. We have two, a computer and a laptop. We don't often use them." *Marcella and Bruno, Buenos Aires*

G "Usually at home in the evening and at the weekend. I visit my website at the weekend." *Becky, London*

H "Yes, I'm a teacher, and I use my laptop for my lessons. I also get information for my lessons on the Internet. I don't play games on it." *Xiao Mei, Shanghai*

图 15-8　How often do you use a computer?

选自：陈琳,(英)西蒙·格里诺尔(Simon Greenall).英语(新标准,七年级上册)[M].北京：外语教学与研究出版社,2017：44.

终幻想》,从不玩《古墓丽影》",这显然是说自己玩什么电脑游戏,那自然是问题 4"What games do you play?"的答案。

但是,在阅读有些段落时,我们只读懂段落的文字未必能把握段落的主题。比如课文的 E 这一段,说的是"我只是查火车时刻表,但不(在网上)买票"。这似乎与文章前面的 8 个问题中的任何一个都没有关系,但概括一下主题,就可以知道"本段谈论的是旅行计划",所以就是问题 8"Do you make travel plans on the Internet?"的答案。

这就是说,段落的主题并不一定是直接说明的。所以我们阅读段落时要善于归纳段落的主题。这与语文课让我们归纳段落大意一样,主要从段落内容确定段落主题,特别是段落内容说的是具体活动时,我们就要从这样具体活动的目的来确定主题,比如订票、买票的目的是确定旅行计划,所以我们知道段落的主题是旅行计划。

这里我们介绍了直接发现段落主题、从具体活动目的归纳段落主题这两种方法。当然,段落主题的确定不是一次就可以学会的,我们以后还会有很多机会学习如何运用不同的方法确定不同段落的主题。

现在请你用今天学的这两种方法归纳两篇文章的段落主题。

随后附上两段训练把握段落中心的阅读材料。

以上案例说明,开发教学资源有时是必须的。开发教学资源时首先分析学习内容,发现学习内容与学生学习目标之间的差距,然后开发出与学习内容语言难度一致、与学习目标完全吻合的学习资源,供学生在学习课文的同时进行学习,从而促进学习目标的实现。

实 践

 请你回答

1. 选择学习资源是否越多越好?为什么?
2. 如何开发补充性学习资源?

 请你分析

请结合你自己在中小学学习英语中所使用的学习资源的有效性,分析为学生选择有效的学习资源的方法。

请你设计

请为以下内容设计补充性学习资源。

READING AND VOCABULARY

❶ Read the passage and match the photos with these descriptions.

☐ 1　a landmark in Paris
☐ 2　an art gallery in Florence
☐ 3　a church in Barcelona
☐ 4　a building in Athens

A　The Eiffel Tower　　B　The Parthenon　　C　The Uffizi Palace　　D　The Sagrada Familia

Great European Cities

PARIS

Paris is the capital and largest city of France, situated on the River Seine. It is one of the most beautiful cities in the world and is visited by more than eight million tourists every year. The most popular place for tourists is the Eiffel Tower, the famous symbol of Paris. One of the world's largest art galleries, the Louvre, is also located in Paris. The city is also famous for its restaurants, cafés and theatres. About two-thirds of France's artists and writers live in Paris.

BARCELONA

Barcelona is the second largest city of Spain and is situated on the northeast coast, about five hundred kilometres east of the Spanish capital, Madrid. One of Barcelona's most famous landmarks is the Church of the Sagrada Familia, which was designed by an architect called Antonio Gaudi. Gaudi worked on the project from 1882 until his death in 1926. The church hasn't been finished yet!

FLORENCE

Florence is an Italian city which became famous because of the Renaissance, a great artistic movement which began in the 1300s and lasted for three hundred years. During the Renaissance, some of the greatest painters of all time lived and worked in Florence. Many of Florence's most beautiful paintings and sculptures were produced by great artists such as Leonardo da Vinci and Michelangelo. Florence is visited each year by about a million tourists who come to see the art galleries, churches and museums. The Uffizi Palace is the most famous art gallery in the city.

ATHENS

Athens, the capital of Greece, is known as the birthplace of western civilisation. Two thousand four hundred years ago, it was the world's most powerful city. Buildings such as the Parthenon on the Acropolis Hill were built during this period. Greece's best writers lived in ancient Athens. Their work has influenced other writers ever since.

请扫描二维码
查看参考答案

选自：陈琳,(英)西蒙·格里诺尔(Simon Greenall).英语(新标准,高中必修三)[M].北京：外语教学与研究出版社,2017：2.

本章小结

教育技术可以协助教师提高教学成效。教师选择与运用教学媒体,应基于教学媒体的特征及功能,并且以学生中心、有效性和可操作性为选择和使用的基本原则。

使用黑板粉笔可以直观、直接地呈现语言,黑板具有生成性的特点,可以根据需要捕获教学中的任何有价值的生成。在英语教学中,简笔画是创设学习情境、呈现语境等的非常重要的常用教学媒体。语音设备是基本的教学设备。教师可以利用语音设备让学生跟读课文,模仿语音、语调、节奏、意群,可以开展听力教学。对于农村学生,听教材录音是获得真实听说英语的最佳路径。

多媒体信息源具有多维性、交互性和情景性等特点。多媒体在教学中首先应该用于呈现语境。运用多种媒体进行英语教学的另一优势就是能在有限的时间内增加语言的输入量和实践的机会。网络的英语资源非常丰富,是开展英语教学难得的直接资源。网络资源具有很强的交互性,基于大数据的精准教学,对英语教学具有显著作用。

对于教学资源,教师一般可以从已有的资源(如资源开发机构开发的资源、教材出版社开发的资源、其他机构开发的资源等)中选择使用适合学生的资源。当然,若没有恰当的资源或者教师可以开发出更合适的资源,教师还可以开发教学资源。无论是选择和开发教学资源,教师都应该根据学生、学习内容、教学目标等,合理选择和开发教学资源,注意采用恰当的教学媒体和手段。

进一步阅读建议

李运林,徐福荫.教学媒体的理论与实践[M].北京:北京师范大学出版社,2003.

鲁子问.小学英语教学设计[M].上海:华东师范大学出版社,2018.

鲁子问.中学英语教学设计[M].上海:华东师范大学出版社,2019.

第十六章
中小学英语学习评价与测试

学习离不开评价,因为只有评价才能确定学习目标是否达到。本章将介绍了形成性评价和总结性评价两种评价方式,然后介绍语言测试的基本方法,并探讨备考复习教学的合理方法。

第一节 形成性评价与总结性评价

思 考

现象反思

W老师长期带高三毕业班。根据学校要求,他开始转到高一教学。经过认真准备,他把高一教材每一单元的高考考点全部梳理出来,在课堂教学中主要进行讲解。可是他发现他的学生课堂上不是很积极,单元考试的成绩也并不理想。

请分析出现这一问题的原因。

学习目标

学习本节后,你能:
1. 了解形成性评价和总结性评价的内涵;
2. 掌握形成性评价的方法。

本节结构

> **学 习**

评价(assessment)是基于学生是否达到了目标所设置的标准而进行的决策过程。评价以促进教学和学习,指导和帮助被评价者自我认识、自我教育和自我发展为目标。评价侧重的不只是学生当下的水平,而是学生的进步,关注的不只是目前的结果,而是促成现在结果的过程,评价实施的不是同学之间的比较,而是学生的自我比较。

评价的类别很多,如真实性评价(authentic assessment)、过程性评价(process-based assessment)、形成性评价(formative assessment)、总结性评价(summative assessment)、表现性评价(performance-based assessment)、替代性评价(alternative assessment)、动态评价(dynamic assessment)、多元评价(multiple assessment)等,这些评价在内涵上有所交叉,但各有侧重。其中比较重要的是形成性评价与总结性评价,本节将重点分析。其他评价分类中,表现性评价与过程性评价也比较重要。表现性评价强调学生要实际完成某一项任务,而不是仅仅再认或知道一个正确答案。表现性评价的任务要求是进行构建反映,如写一篇论文,或动手做一个试验,或是口头陈述、作图、制作模型等。过程性评价是在教学过程中,为了解动态学习过程的效果,及时反馈信息,及时调节,使计划、方案不断完善,以便顺利达到预期目的而进行的评价。过程性评价采取目标与过程并重的价值取向,对学习的动机、效果、过程以及与学习密切相关的非智力因素进行全面的评价。

一、形成性评价的内涵与方法

形成性评价指在教学过程中为了获得有关学习的反馈信息,对学生所学知识达到掌握程度所进行的系统评价,是针对学生的学习行为与能力发展所进行的过程性评价,是教学过程的有机组成部分。与总结性评价不同,形成性评价是一种持续性评价,评价内容涉及学习行为、学习能力、情感态度、学习策略、参与情况、合作意识等各个方面。

形成性评价具有过程性评价、表现性评价、真实性评价等众多评价的特征。研究发现,形成性评价有利于促进学生语言技能的提高,有利于学生综合素质的发展。形成性评价具有诊断促进功能、反馈激励功能、反思总结功能、记录成长功能。

通过形成性评价可以了解学生学习过程中存在的不足,了解尚未达成的目标,辨认造成学习困难的原因,从而完善学习和教学。形成性评价强调以科学、恰当、有建设性的方式将评价结果反馈给学生,从而促进学生的发展。形成性评价可以帮助学生总结学习过程中的得与失,反思自己的学习过程,记录自己的成长过程,为学生提供一个自我展示的平台,激励其展示自己的努力和成绩。

形成性评价应坚持主体性、发展性、过程性、真实性原则。主体性原则指尊重学生在评价中的主体地位,采用教师评价、学生自评和学生互评相结合的方式,使学生通过自评不断反思自我,形成有效的符合个性特征的学习方式,作学习的主人;通过互评,培养学生的团队精神和合作意识。评价以促进学生的全面发展为目标,形成性评价同样以促进学生的学习为宗旨。因此,形成性评价必须秉持发展性原则。发展性原则是评价与测试最大的不同。把传统的单元测试、周考、月考赋予一定的权重,仍旧是测试的理念,而不是评价,也不能体现发展性原则。发展性的原则不是将学生学习过程之中的不理想的测试成绩记入最后的总评,而是允许学生多次解答一个问题、完成一个项目、完善一篇写作,如果记录也只记录最终的理想的成绩。与总结性评价不同,形成性评价所关注的是学生的学习过程,要求评价在学习过程和教学过程之中实施,关注学生在学习过程中的行为表现。形成性评价同样要贯彻真实性原则,通过学生完成真实的学习任务中的表现评价学生的行为,把形成性评价作为一个全新的评价体系,使评价真正起到促进学生自我知识建构、自我能力建构、自主发展的作用。

英语课程的评价体系要体现主体的多元性和评价形式的多样化。评价应关注学生综合运用能力的发展过程以及学习的效果,采用形成性评价和总结性评价相结合的方式,既关注结果,又关注过程,使对学习过程和对学习结果的评价达到和谐统一,更要注重形成性评价对学生发展的作用。

请分析:目前我国中小学英语教学中所实施的形成性评价存在哪些问题?

评价包括对学习成果的评价和对学习过程的评价,学习成果即知识和技能的达成,学习过程即知识和过程的认识、理解、掌握、应用等学习历程。评价时需要掌握什么样的工具可以评价学生的知识再认和理解,什么可以评价知识和能力的应用,什么可以评价过程本身。就形成性评价来说,常用的评价方法有以下几种:

1. 评价性测试

评价性测试指以评价为目的的测试。首先测试具有形成性,于学习的过程之中进行,而不是于期中或期末进行;其次,测试不是以知识的考查为目的,而是以知识的运用为目的,通过学生完成真实任务的表现检查学生语言知识的掌握、情感态度的发展以及文化意识、策略意识等等。如在检查学生对 be going to 语法知识的掌握时,没有必要采用语法选择的方式,可以让学生讨论其周末计划,然后在班级内陈述或写出一个计划,就可以判断学生 be going to 的运用能力。要检查学生的同情、关爱等情感,可以让学生读一则包含情感的故事,然后谈自己的感受。对览读策略的考查,没有必要设计调查问卷,问"如果要了解文章的大意应采用什么样的阅读方式",因这只能检查学生的策略意识,却不能检查学生的策略能力。最好是让学生读一段文字,第一选出文章的大意,同时选择自己的阅读方式。

在设计评价性测试时,要关注学生的多元智能差异,不能只采用一种方式。单元测试、周考、月考等由于多采用标准化测试的方式,并且只涉及语言智能,因此不能实施评价的理念,不属于评价性测试。评价性测试给学生提供多种多样的展示自己的理解和应用能力,如可以借助绘画、表演等方式评价学生的知识与技能。

2. 评价量表

评价量表是一种比较有效的评价工具,量表的使用使评价更加可靠、公平,可以节约时间,诊断学生的优势与不足。比如下面一份写作评价中的分项评价量表。

表 16-1　写作评价量表

Items	Item description	1	2	3	4	5
Grammar	Language is correctly used in terms of tense, sentence structure, spelling, and so on.					
Style	Language is formal in terms of choice of words and structure of sentences.			●		
Structure	There is a good introduction, a solid body and a reasonable conclusion.					
Data	The group has collected enough data and arranged them quite well.					
Design	The whole format is well designed with pictures, photos, charts and descriptions.					
Effect	Students' arguments are clearly stated and fully supported.					

借助这种量表,学生可以自评、互评,教师也可以借助量表对学生的行为进行各项评价。通过量表的使用,学生可以看到自己的优势与不足,而不至于全盘肯定或全盘否定。

3. 课堂观察

课堂观察是质性评价的一种方式,通过课堂观察评价者可以得到量表所不能得到的信息。课堂上,教师可以观察学生的行为表现、态度变化、参与情况、任务完成的过程与质量。课堂观察可以帮助分析学生课堂上的各种行为、教师的各种操作,为完善教学设计提供依据。

一般说来,在进行课堂观察之前,要进行仔细的设计。课堂观察之前必须根据观察的目的,选择观测点,选择适当的记录方式。教师可以选择观察全班同学,也可以选择观察个别同学,可以观察学生的参与、态度,可以观察学生在小组活动中的配合,等等。

4. 学习日志

学习日志不是日常意义上的学习日记,学习日记中学生可以记录自己的学习经历,可以记录自己学习中的各种感受。与学习日记不同,学习日志记录的是学习的历程,如下面的项目学习日志。

表 16-2　学习日志记录表

描述一下你是怎样收集信息的	描述一下你是如何处理信息的	描述一下你是如何应用信息的
阅读:	分析:	修改:
采访:	绘图:	评价:
上网:	整理:	检验:
其他:	筛选:	展示:

修改自 Berman 主编. 多元智能与项目学习——活动设计指导[M]. 北京:中国轻工业出版社 2004 年:28—30.

5. 成长记录袋

成长记录袋是一个有用的评价工具,可以用于总结性评价,更可以用于形成性评价,也可以用于选拔。根据记录袋中记录内容的不同,记录袋可以分为两种,一种是成果型记录袋,另一种是过程型记录袋。成果型记录袋主要记录学生的优秀作品,作为总结性评价的参考。过程型记录袋,通常包括学生的问题、说明、草案、最初的草稿、修改稿、最终产品以及对作品的自我评价。

表 16-3 学生成长记录袋记录表

学生姓名:_____   日期:_____
关于所收集项目的描述:
学生意见:
我选择该项目放进我的成长记录袋,是因为:
教师意见:
教师姓名:_____   日期:_____ 所选择项目的优点: 要考虑的事情或者要改进的领域:

选自:Berman 主编. 多元智能与项目学习——活动设计指导[M]. 北京:中国轻工业出版社 2004:218.

二、总结性学习评价的内涵与方法

1. 总结性评价的内涵

总结性评价是一种结果性评价,是在某一相对完整的教学阶段结束后对整个教学目标(或学习目标)实现的程度做出的评价。

总结性评价通常在学期结束和单元结束的时候进行,被用来确定教学目标达成的程度,主要用于给学生的表现打分,把握学生掌握知识、技能的程度和能力发展水平,为教师和学生确定后续教学起点提供依据。

也有人使用终结性评价这个概念,但我们认为,总结不等于终结,而且从评价的特征看,我们的评价不应该是终结性的,而是一个阶段的总结。所以,本书使用总结性评价这个概念。

虽然总结性评价与测试都要对学生的学习效果的评定,但是所采用的工具以及评分标准不同,所达到的目的也就不同。

(1)测量工具

测试一般以综合试卷为主要测量工具,采用标准化考试的方式,以选择题为主要测试工具,除写作外,很少有建构性试题。试题通常采用百分制。

而总结性评价采用的多为表现性工具,如作品、作文、研究报告、绘画、成长记录袋等。

除解释性练习为选择以外,总结性评价所采用的都是建构性的表现性任务。评价既采用分数制,也采用等级评分。

当然,总结性评价也不排除采用试题的形式,但试题形式不是总结性评价的基本形式,也不是主要形式,只是可能使用的形式之一。同时,总结性评价中的测试只作为总结性评价的一部分,而不是只使用测试分数作为总结性评价的结果。

(2) 评分标准

测试中除部分建构性试题(主要指写作或口试以外)外,多采用项选择的方式,属于客观试题,答案相对固定。总结性评价由于其对产出能力的侧重,评分都采用量表的评分方式,或是整体评价量表,或是分项评价量表。

2. 总结性评价的方法

总结性评价作为一种对学习效果和表现标准达到程度的测量,同时具有为学生提供反馈,激励其从事更具有挑战性任务和用于安排补偿作业、评价教学等多种功能。总结性评价不等同于单元测试和期末考试,它不是学习和教学的终结,而只是学习和教学过程中的一个驿站,是综合考虑各方面的表现,分析自己的优势与不足,为下一段行程做准备的一个环节。因此,总结性评价可以是形成性评价的总结,很多用于形成性评价的工具可以用于总结性评价,很多形成性评价的数据可以作为总结性评价的支撑数据。

(1) 测试

测试是总结性评价的基本方法之一,但不是唯一的也不是最重要的方法,不过因其信度得到广泛认可,而成为最常用的总结性评价方法。

(2) 成长记录袋

成长记录袋中记录了学生一个学习阶段中学习历程和学习成果,有过程性的记录,有阶段性的成果、作品。在总结性评价中可以对记录袋中的内容进行综合评定,根据其中的学生作品判断其语言能力的发展以及情感态度的发展。

(3) 论述

论述题主要用来测量概念化、建构、组织、整合、关联和评定观点等方面的能力。论述题可以分为两类,一类是限制性论述题,另一类是扩展性论述题。限制主要是对内容和反应的限制,比如"Describe two situations where people have to wear masks. Do not use the example in the text or we talked about in class."扩展则允许学生挑选任何他们认为相关的事实信息,选择自己认为的最佳方式组织答案,整合信息进行评价。比如"Suppose you and your friend witnessed a rob on your way to school. Can you tell the story and write it down?"

(4) 限制性表现

限制性表现指在选择基础上的论述。比如,教师首先让学生选择,然后解释选择的原因。如:

There are twenty students in Mr. Wang's class. Most of them say the clothes they wear have pockets. Which of the following diagram most likely shows the number of pockets the students have?

Explain why you chose that chart and why not the other two.

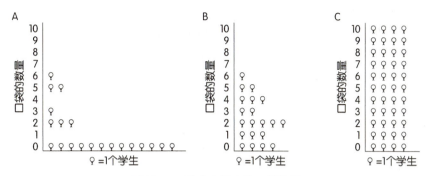

图 16-1 学生衣服上的口袋数量

选自 Linn, R. L. & N. E. Gronlund. 教学中的测验与评价[M]. 北京：中国轻工业出版社. 2003：80.

（5）项目

项目同样可以作为总结性评价的一种手段。比如，在小学阶段的结业考试中教师可以通过让学生表演"小红帽"等作品来检测学生的各种能力，而不必通过书面测试的方式。这样，项目学习本身既是一个活动，作为形成性评价的依据，同时其成品的展示可以作为总结性评价的一种方式。

再如在学习莎士比亚戏剧"Merchant of Venice"一课时，很多教师采用项目学习的方式，让学生在学习课文之后，研制剧本、排演戏剧，最终的学业评定以其最终的演出效果为依据。这种项目评价无疑可以给我们以启示。

项目的范围比较广，可以是招贴画制作、网页制作、调查报告、模型制作等等。总结性评价的方式很多，只要是能够让学生收集信息、组织信息、分析信息的活动，只要能让学生发挥思维、想象和创造性的产出活动都可以属于建构性任务，可以用于总结性评价。

实　践

请你回答

你的《英语教学论》课程开展了哪些形成性评价，哪些总结性评价？这些评价是否有效促进了你对这门课程的学习？

请扫描二维码
查看参考答案

请你分析

请你分析以下来自《普通高中英语课程标准（2017 年版）》的形成性评价案例，分析其特性。

在学完关于医学科学家 John Snow 的故事后，写作任务可以是完成一篇介绍中国医学科学家屠呦呦的短文，同学之间可从以下视角开展互评：
——作文是否开门见山、直奔主题？能否吸引读者？

> —故事脉络是否清晰？内容是否丰富？框架是否完整？
> —是否使用了新学会的词汇和句型？使用是否恰当？
> —是否基于客观事实，进行了清晰、合乎逻辑的表达？
> —每一段内容是否完整？段与段之间的衔接是否自然？
> —文章使用了哪些语篇衔接手段？使用是否恰当？
> —是否体现了中国科学家的奉献精神和严谨态度？是否给人以启迪？
> —结论是否简洁有力？有无需要改进的地方？
> —是否存在如下语言问题：拼写、词性、时态、搭配、主谓一致？
> —有无标点使用不当的情况？
> —能否总结出几条英语写作的经验？
>
> 《普通高中英语课程标准（2017 年版）》第 90—91 页

请你设计

请为初中毕业年级设计总结性评价方案。

第二节　试题设计与复习教学

思　考

现象反思

H 老师是一位 50 多岁的当地著名英语教师，而且很乐意接受和实施新的教学理念。可是，在谈到任务教学的时候，他说："新课程理念的确很好，任务教学也的确能培养学生运用的能力。可是，我们高中教学的目标是为大学培养合格新生。高考不考能力，我们培养学生的能力，学生就考不上大学。所以，我不能采用任务教学。"

你如何看待 H 老师的这番话？

学习目标

学习本节后，你能：

1. 了解试题设计的基本要素；
2. 理解复习备考教学的实质；
3. 设计合理的复习教学。

本节结构

学习

一、试题设计

无论是形成性评价，还是总结性评价，都离不开评价测试的试题。因此，测试首先就要编制试题。教学需要课程标准，测试当然也需要有测试标准（课程标准所规定的测试标准，或单独制定的考试大纲）。测试标准一般包括测试目标、测试题型、测试样题以及词汇表、题材表等附录。

确定测试目标，首先需明确是为了什么目的开展评价测试，也就是要依据测试类型确定。确定测试目标的内容并不难，但要确定科学的测试目标，则并非易事。比较托福（TOEFL）改革前后的考试大纲就可以发现，新的托福考试大纲比旧的考试大纲确定的测试更加科学，而这一改革经历了 20 多年的时间。比较我国 1949、1979、2009 年的高考英语大纲，同样可以发现，要制定一个更加科学的测试目标需要很多的努力。

> **请分析**：你如何评价当前高考英语改革方向？

在总体目标确定之后，还需要确定题型。如前所述，中小学英语评价测试的趋势之一是直接性的运用能力测试，也就是用直接的英语运用形式评价测试英语运用能力。所以，直接的英语运用形式就应该成为测试的题型，如直接的听、说、读、写活动，当然这些活动还必须具有真实的语言运用目的和意图。

测试标准还应提供测试的样题，以明确用具体的案例说明测试的标准。严格意义上，课程标准应该包括评价测试标准和评价测试样题，不过我国目前的中小学英语课程标准只有评价测试的说明，但并没有评价测试的样题样卷，但高考大纲、托福、雅思都有样题样卷。重大的考试、新增的考试（比如在初中毕业考试中增加口试）必须有样题，这样考生才能进行必要的准备。

测试标准可以列出词汇表、题材表等作为附件，也可以不列出具体的词汇、题材要求，这要根据测试的具体形式而定。一般来说，招生考试等非课程考试可以列出词汇表、题材表，当然也可以不列出词汇与题材。

英语运用能力作为测试总体目标，需要体现到具体的语言活动中。这就需要编制测试蓝图（blueprint）。蓝图在以前称之为细目表（specification）或双向细目表（two-way specification），但现在的做法是设计出试题蓝图。

在设计蓝图(细目表)之后,就应该进行试题的编制了。试题编制(item writing)是实现测试目标的具体活动,所以要按照细目表的要求来设计具体的试题。

编制试题时要首先设计好试题的导语,导语要非常简要、明确,既不能误导学生,又不能让学生花费太多时间去阅读和理解导语。

评价标准、测试目标是试题设计的宏观要素,题型、试卷构成是试题设计的中观要素,具体试题内容、题干、选项、评分标准等是试题设计的微观要素。三层次缺一不可,共同保障试题设计的科学性。

本节简要介绍一些常见试题的设计方法,更多的说明请参见专门的书籍。

(一) 多项选择试题设计

多项选择题是一种从多项选择项中选择最佳答案的试题,这是现实生活中我们在写作、说话中斟词酌句时的一种真实语言运用活动。斟词酌句在文学创作、艺术创作、学术创作等需要准确表达的真实语言运用活动中广泛存在。不过,多项选择语法词汇题并不适合中小学英语的教学评价,因为中小学生的英语运用目标与斟词酌句的运用能力还有很大距离。

1. 考点

多项选择语法词汇试题的考点主要集中在动词时态、从句、交际用法上,其他项目考查都比较少,这是因为这三类项目是基础的,也是学生运用中有一定难度的。一个小题一般只考查一个考点,即使是两个空也应是考查同一考点的。当学生掌握的语言很少时,并不可能需要进行斟词酌句,所以并不适合设计多项选择语法词汇试题。

2. 题干

题干要有真实的语境、真实的语用目的,也就是什么人在什么语境下,为了什么目的说了什么话。题干的语境设计可采用两部分结构,一部分设空,另一部分为答题需要理解的语境。题干可以是嵌入式,也可以是问答式,如:

嵌入式:The performance _____ nearly three hours, but few people left the theatre early.

问答式:Would you like to join me for a quick lunch before class?

题干应尽可能在语料库和英语国家著名词典中选择语句,不宜自造语句。如要考查完成时,则可在语料库查找 have done,则可搜罗出大批完成时语句,然后选择恰当的语句,再改造成题干。

题干的内容应主要是学生熟悉的日常话题,但也要有一部分的语句内容是学生有些了解但不是很熟悉的,以便考查学生的图式建构能力。如:

The wet weather will continue tomorrow when a cold front _____ to arrive. 这里的 cold front 是一个气象专业术语,不经常看气象预报的人可能不大理解。

3. 选项

选项本身必须语法准确,保证所有选项填入语句中时不存在语法错误,只是语境、语义、语用目的是否符合而已。

根据多项选择的一般要求，四个选项必须为同一范畴，结构、词类必须相同，结构与内容要么四个选项完全不一致，要么完全一致。四个选项长短应尽可能基本一致。选项总体要能短则短。一般不应设计 A，B and C，All of the above，Any of the above，Not of the above. 选项。

Encourage your children to try new things, but try not to _____ them too hard.
A. draw　　　　B. strike　　　　C. rush　　　　D. push

这四个选项都是动词，填入空格后语法上都正确。

One of the most important questions they had to consider was _____ of public health.
A. what　　　　B. this　　　　C. that　　　　D. which

这四个选项都是代词，填入空格后语法上都正确。

答案项要有机排列，可按照散点随机排列，也可人工无序排列。最后进行必要调整，保证合理分布。

（二）完形填空试题设计

完形填空是基于格式塔心理学设计的题型，用于考查学生在语境中选择恰当的语词完成语篇表达的能力，具体包括语篇理解能力以及在具体语境中准确运用语词的能力。

1. 考点

完形填空考查的语篇层面的语词运用能力，所以小题中大部分应该是通过语篇理解才能选择答案的，通过语句理解可以获得答案的小题应该只是少部分。考点应该覆盖考纲所规定的考点，但主要是实义词。

通过本句能选择的属于难度偏低试题，通过本句与上句下句能选择的属于难度适中的试题，通过本句与距离较远语句能选择的属于难度较大的试题，提示性语句离试题本句越远，难度越大。也应设计少量根据生活常识等图式才能判断选择答案的试题。

完形填空一般不考查语法项目，不考查短语词组搭配。完形填空的考点语词和干扰项语词一般应是常用词，偶尔有10%左右有一定难度的词。

2. 语篇

完形填空对于阅读理解能力的考查分两个层面：一是语篇本身一般为学生有些熟悉但不很熟悉、有些内容熟悉而有些内容不熟悉的语篇，这样可以考查学生的图式建构能力。二是选择填空是考查在一定语篇中选择恰当的语词完成短文的能力，学生要理解语篇、词义才能选择恰当的答案。

完形填空的语篇一般都是说明一定道理的记叙文，即有议论的记叙文。偶尔会用说明文作为完形填空的语篇，一般不用单纯的故事。

短文长度要与试题数量相适应，设有10空的短文一般在100—200词，设有20空的短文一般在200—400词之间。短文中应包含1%左右的生词，但应是学生可以运用词汇策略理解的生词，否则应加汉语注释。

3. 空距

短文首句（长句的前15词）不要设空，第一空应在第15—20词。最后一空应在离语篇结束 10 15 词之前。最大空距不宜超过 30 词,最小空距不宜少于 5 词。

20 词以上的空距要有适量安排,但不宜超过 5 个,以 3—4 个为佳。

4. 选项

选项本身必须语法准确,也就是任何一项填入空格语法结构都应无任何错误,只是语义不同。各选项一般为 1 词,个别小题可为短语。

根据多项选择的一般要求,四个选项必须为同一范畴,结构、词类必须相同,结构与内容要么四个选项完全不一致,要么完全一致(如三个人名一个地名就不合适)。

选项考点应以语篇理解背景下的考点为主,即要求学生理解语篇才能得出正确答案。通过理解语篇获得答案的小题占 70%,通过语句理解获得答案的小题占 30%。选项应该是常用词。

需要注意的是,完形填空试题形式较多,除了常见的基于多个选择项选择恰当的语词完形填空之外,还有基于多个语句选择项选取恰当的语句完形填空,以及不给选项或者给出一个词而使用该词恰当形式完形填空的形式。

七选五就是基于多个语句选择项选取恰当的语句完形填空。这一题型主要考查语句之间、语段之间的语义逻辑联系。从小句到语篇,在语义层面存在连贯关系(coherence relation),这种关系有微观与宏观之分。微观的语义逻辑关联包括:详述(解释与叙述)、添加(联合与并列)、时间(同时与延续)、比较(对照、选择、对比、析取)、条件(假设、让步)、因果(起因、手段、目的)。各种关系还有更低一级分类。宏观关系主要有添加、比较,概括—分述、总结等。语句之间、语段之间的逻辑联系不仅关涉学生对语义的准确理解,也关涉学生的书面表达能力。

(三) 听力试题设计

真实生活中的听大多与说相关,听录制的语言材料的机会远不如听说的机会多。不过,因为评价的限制性条件,中小学英语教学评价中的听几乎都是听录制的语言材料。考试中常用的听录制好的材料不回复这种听力活动,可类比于真实生活中的听新闻、看电影活动中的听等活动。

1. 考点

考点应该根据考纲确定的听力能力进行选择,中小学英语听力试题主要是细节类试题,推理判断类试题也主要是基于细节的推理判断,而不是基于常识、图式的推理判断,所以很多判断题在相当程度上也是部分意义的细节题。

短对话部分试题应以细节理解考点为主、适当设计简单的判断推理题;在长对话和独白部分,应以细节理解与判断推理为主,适当设计主旨大意、意图态度题。

2. 题干

题干一般是完整的问题,不宜是嵌入式问句,也不宜是嵌入式陈述语句。题干一定要有明确的语用目的,提出的问题应是询问具体信息、主旨大意、推理判断、说话人意图态度的问题。

问题要按照合理的比例覆盖所有考点,每个考点的问题要规范。不要设计"Who's

Michael Jordon?""Where is Sydney?"这类不需要听就能回答的问题,也不要设计"What day is today?"这类不明确的问题。

常见的题干形式有：

主旨大意问句：What are the speakers talking about?

细节问句：

What is the weather like?

What do we know about the woman?

What size does the man want?

Who will go to China next month?

Why did the woman go to New York?

How long does the class last?

推理判断：（若文章中提到具体信息,则推理可能变成细节）

What can we infer from the conversation?

What can we learn about flights to New Zealand at Christmas time?

Why does the speaker ask the questions?

How long will the man probably stay in New Zealand?

意图态度：

What does the man mean by saying sorry?

Why does Jimmy feel happy?

What does the woman think about the man's idea?

3. 选项

选项要与问题形成合理的交际,所答为所问,不要答非所问(交际需要除外)。

根据多项选择的一般要求,三个选项必须为同一范畴,结构、词类必须相同,结构与内容要么三个选项完全不一致,要么完全一致(如两个 in 短语与一个 on 短语就不合适,两个国家名一个节日名也不合适)。三个选项长短应尽可能基本一致。

4. 材料

听力材料的语言必须是真实的口语材料,不能使用书面语体的材料。对话应是真实的交际对话,独白应是真实的交际性独白,一般不宜把故事叙述作为独白,讲故事例外。对话的题材以日常生活为主,但要丰富,要有变化。

（四）口语试题设计

口试是对学生的口头表达能力进行评价,这是真实生活中常用的真实能力,所以很多题型也是真实生活活动。但口试由于其难度较大,因此目前使用不很广泛,尤其是在高考等重要考试中,尚在逐步推广使用。

1. 考点

口语测试的内容一般包括语音、语调、节奏等语音系统能力(主要指标准的发音、适当的语调、清晰的口齿以及恰当的节奏等)、语言的准确性、语篇能力、功能表达能力、社会语言能力以及策略能力,因为这些都是有效交际必须具备的能力。

2. 题干

口语试题的题干一般要给出完整的表达要求,若是问答则应是明确的问题。常用的题型有朗读、跟读、问答、自我表达、角色扮演、讨论等。

朗读方法可以考查考生的发音、语调、重读、意群、连读、送气减弱、节奏等语音表达技巧。由于试题设计简单,便于操作,为传统口试常见题型。

跟读是一种模仿能力,是语言学习的必要能力之一,因此也是口语测试的题型之一。通过模仿可以考查学生表达各种情感、功能时的语调。重复的句子可长可短,可以是句子重复,也可以是篇章重复。

问答是口语测试常用题型。问答一般指主考与学生之间的问答,比如口试中考生与主考的寒暄与日常问答,学生角色扮演后主考的继续性提问,学生自我陈述后主考的提问等等,都属于问答考试的范围。问答不一定是单独的考题,经常是与其他方式结合。

自我表达包括看图说话、根据题干表达、根据自己的准备自我陈述等。

角色扮演是一个很好的测试方式。目前比较常用的是采用信息卡提示角色任务,然后由两名考试进行角色对话。考官可以现场布置角色。

讨论是一种要求比较高的测试方式。试题设计的方式很多,可以指定角色,可以通过图片、图表、问题等提供信息给考生展开讨论。讨论时一般要有三名考生参与,也可以在两名考生中进行。

(五) 阅读理解试题设计

阅读理解是中国学生运用英语的最主要形态,所以也是各种英语试题中分值最大的题型。真实生活中的阅读理解一般读后不会做选择题,但需要理解,会思考一些问题,也就是会有自问自答。测试中一般用选择题、填空题、问答题等方式来考查学生的阅读理解能力。

1. 考点

试题应根据考纲的规定确定应该考察的阅读理解技能,不过主要是以具体信息和基于具体信息的推理判断为主。

2. 语篇

语篇的话题应该是生活中常见的话题,如社会、历史与地理、个人情感、人际关系、学习生活、健康;科普知识与现代技术、自然、世界与环境、天气、文学艺术、旅游与交通等课标规定的话题。

语篇的体裁应该以说明文、记叙文为主,辅之应用文、议论文。阅读理解短文的应用文主要采用广告、新闻等形式,不宜单纯出现图表内容,广告中图表一定要结合文字出现,而且以文字为主,否则会失去语言测试的性质。

试卷的阅读短文部分应有一定的生词。

3. 题干

短文问题要符合短文的真实阅读目的,即我们读故事是要了解故事内容、情节、从故事得到的启发,我们读新闻是要了解新闻要素,我们读议论文是为了了解观点、态度,我们读说明文是为了了解内容、特征等。我们读广告不会去问中心大意,读故事不会去比较价格、时间等。

题干一般要明确,中小学阶段的英语试题一般不要使用 NOT TRUE,EXCEPT 等形式。

题干有问题和嵌入式两种,两种要交替出现。嵌入式一般都采用句尾嵌入式,不太使用中间嵌入式,而且肯定不使用句首嵌入式。

如常用的中心大意的题干可以是:

What is the text mainly about?

Which of the following would be the best title for the text?

What is the best title for the passage?

The passage is mainly about _____.

The best title for the last piece of information would be _____.

任务型阅读一般采用匹配(matching)、问答、填空、补全短文等形式的题干,其中问答和填空一般不提供选项。

以下是一个信息匹配阅读试题:

E

F

以下是与广告相关的读者来信。请匹配来信与它们所对应的广告。

1.

May 15, 2006

Gentleman,

The enclosed advertisement for your organization comes from the April issue of *Cosmopolitan*. I am interested in doing volunteer work for abused children and would like to have your information booklet. My address is as follows:

6 Villa Maurice

92160 Antony France

Yours truly,

D. Gruber

2.

January 15, 2006

Dear Sir or Madam,

I am interested in writing adventure stories for children. Please send information on the course you offer to the following address:

5481 Torrance Blvd,

Torrance, CA 90503

Yours faithfully,

Irene Ponbs (Ms)

3.

April 14, 2006

Dear Sir or Madam,

I am interested in finding a part-time job in the morning. Please send information to the following address:

2955 Pacific Coast Highway,
Torrance, CA 90505
Sincerely,
M. E. Nielson (Mr)

4.
1068 Baxter Road,
Loveland, Ohio 45140
March 13, 2006
Dear Sir or Madam,

Please send me your catalog and information on the service you offer. I have a small business and have been robbed several times.

Yours truly,
J. Barnes

5.
Am Frankenheim 21,
5000 Koln 40 Germany
June 1, 2006
Dear Sir,

I would like to receive the list mentioned in your recent advertisement, as well as more information about L. A. Parent. I enclose a self-addressed envelope.

Yours faithfully,
H. Wolf

4. 选项

选项基本属于同一范畴,结构、词类基本相同,结构与内容要么四个选项完全不一致,要么完全一致(如三个人名一个地名就不合适)。

题干为问句时,选择应是答句,答句要符合交际原则,不要答非所问,要有标点符号。

(六) 书面表达试题设计

写本来是非常真实的语言运用形态,但由于我国学生英语能力有限,而且受到阅卷成本的制约,教师无法设计真实的写作活动。在中小学英语教学评价中,写的能力的评价一般采用的是一种半写作活动,即书面表达。

1. 考点

中小学阶段最高级别的高考考试大纲规定的书面表达考查的能力是:"准确使用语法和词汇;使用一定的句型、词汇,清楚、连贯地表达自己的意思。"显然,这里只是要求准确使用一定句型、词汇进行表达即可。

高考英语书面表达试题的最高分的要求为:

完全完成了试题规定的任务;覆盖所有内容要点;应用了较多的语法结构和词汇;词法

结构或词汇方面有些许错误,但为尽力使用较复杂结构或较高级词汇所致;有效地使用了语句间的连接成分,使全文结构紧凑;完全达到了预期的写作目的。

我们可以具体转化为:信息完整,内容无缺失;语言结构准确、丰富,有多种语法结构和词汇,有较复杂语法结构和较难词汇,有从句;语篇要连贯,语句之间要有逻辑联系。

其他级别的考试的要求应该以此类推。

2. 题干

题干包括材料和要求两部分。

所给材料要恰当,尤其是英文的背景材料不宜过多,不宜过细。说明外国背景时,可以给英文材料;说明中国背景时,可以给中文背景材料。英文材料应在 150 词以内,中文材料应在 100 字以内。也可以使用图、图表、表格都可以作为背景材料。

写作的指令一定要清晰,要突出真实写作的语境,一定要说明为了什么语用目的、以什么人为读者对象进行表达,尤其是要注意以外国人为读者对象,这样才能突出用英语进行书面表达的必要性。以中国人为读者对象时,要突出运用英语的必要性。要有一定的学生可以自由发挥的空间。

语境可以是与外国人书信交往、到国外学习或旅行、向外国人提供自己的相关信息、给外国人介绍自己的学习或学校生活以及家庭或社会生活、给英文报刊写稿或写信询问信息或介绍某些情况等。

在应用文写作中,向外国人介绍中国文化越来越成为主要内容,这也是我国学生学习英语的基本目的。

在写作中,还有读后续写、概要写作等非应用文写作要求,我们也需要进行相应分析。读后续写考查学生的逻辑思维能力,要求基于故事发展的逻辑性、人物性格的逻辑性、语言风格的一致性进行写作。概要写作则考查学生归纳能力,从段落中提取关键信息、主要观点等,然后写出概要。

二、备考复习教学

考试是一项需要进行准备的活动,因为考试往往是决定性的,以高考为例,其决定性直接影响到考生能否进入大学学习,高校能否招收到合格新生。所以,开展备考复习教学是必需的。

科学合理的备考复习教学有助于培养学生的综合素质和语言运用能力,但不科学的备考复习教学则会把整个教学导入一个死胡同。现在中小学英语教学在很大程度上就是受到不科学的复习备考教学误导,以至于中小学英语教学无法培养学生的运用能力。所以,中小学英语教师必须掌握科学的备考复习教学方法,其前提是准确把握考试评价的能力要求。

一般而言,考试的不同题型有着不同的能力指向,分析试题能力要求,在此基础上提出复习备考教学的方法。

1. 听力题型的能力指向分析与教学建议

听是真实生活中常见的语言运用形式,是接受信息的常见活动,真实生活中的听都带有一定的获取信息的目的。

听力考试的听和真实生活的听有所不同的是,真实生活中听完之后会直接给予反馈,听者是听说的参与者。在听力考试中,考生是在听别人的对话,是旁听者,不是参与者。在真实生活中,我们也会旁听,在旁听后获得信息,所以旁听仍然是真实的,比如看电视剧、电影、多人聊天时听别人说话等,这样的听都属于旁听。只是真实生活中虽然有旁听,但更多的听还是听了之后直接反馈的听。但由于考试的局限性,听力试题只能以考查旁听能力来考查学生听的能力,因为旁听也是一种真实的听,可以用于评价学生的听力理解能力。[①]

听力试题常设的问题都是在真实交际中会问到的问题,比如听他人对话弄清天气情况、听他人对话弄清活动安排、听他人对话判断人物关系等等,无不是真实的听力活动。

听力考试还应考查学生听了之后作出反应的能力,也就是听了之后做某事的能力,如听讲座的时候做笔记、听课之后提出问题、听他人发言之后与之辩论等,这些都是真实生活和学习需要的英语听力能力。

基于以上分析,听力备考复习教学应该做到:

(1) 听说必须结合教学

中小学阶段的听力测试内容大多数都与说结合起来,亦即所听内容大多是对话。因此,听力备考复习教学也应是听说的教学,通过大量的对话活动提高学生的听力能力。

(2) 选择真实的听力内容

既然听力试题应该开展指向真实生活,听力复习备考的材料就应来自真实生活,选择真实的听力内容也就十分必要。

(3) 开展指向真实能力的听力训练

英语是一种和汉语完全不同语系的语言,其语音与汉语语音完全不同,英语语音与语义大多没有直接关联,所以要理解听到的英语,教师必须首先要培养学生的英语语音听辨能力,以及把语音与语义建立直接关联的能力。

(4) 进行必要的听力技能训练

培养学生的听力技能。目前高考的听力材料和试题难度很低,不是区分度很大的试题,听力技能要求不高,所以教师的听力教学不应过多在技能层面展开,而主要应在语音与语义的关联层面进行训练,因为这才是中国学生听英语材料时的真正困难。

2. 多项选择题型的能力指向分析与备考复习教学建议

从多个可能的选择项中选择最恰当的一个词或短语完成一个语句,这是现实生活中在写作、说话中一种斟词酌句的真实语言运用活动。斟词酌句在文学创作艺术创作、学术创作甚至日常生活中需要准确表达的真实语言运用活动中广泛存在。一个非常著名的斟词酌句的案例是唐代诗人贾岛的"僧推月下门"还是"僧敲月下门"的"推敲"之择。在日常生活中要称呼一个人,也会选择最恰当的方式,比如要去拜访一个学者,他是教授、博士、院长,在与之交谈之前,拜访者会考虑是选择"张教授""张博士""张院长"还是"张老师"来称呼他,这其实也就是一个多项选择问题。

[①] 参见 Hughes, Testing for Language Teachers, Cambridge University Press, 1989, p134-139;刘庆思:《高考能力测试与试题设计(英语)》,北京教育出版社,2001,第3—4,94—96页;李筱菊:《语言测试科学与艺术》,湖南教育出版社,1997,第412—443页。

不过这一能力适合在较高语言运用级别的语言运用能力中考查,但不适合初级、中级的语言运用能力的考察,所以在中小学阶段应该尽可能不用这一题型。若使用,也应该如高考全国试卷一般,主要用于考察语句结构的准确性表达能力,而不是语词。

基于多项选择语法词汇题型的能力指向,在教学中应该注意以下三个方面:

(1) 阅读教学是帮助学生进行多项选择语法词汇试题备考复习的重要方法,因为这类试题的基础是学生的语感,而阅读是中国学生培养英语语感的最基本的方法。

(2) 培养学生运用基本语句结构、基本语词,在真实语境下、为了真实语用目的、选择真实语义,进行准确表达的能力。教师在英语教学中,不应该也不必要去教授难的语法项目、难词、结构和语词的很少运用的用法等。

(3) 在课堂教学中,明确培养学生尽可能丰富的阅读理解图式,或者图式建构能力,同时引导学生进行广泛的课外阅读,并在阅读中建构图式。

3. 完形填空题型的能力指向分析与备考复习教学建议

完形填空是一种基于格式塔心理学的题型,通过学生对语篇所缺语词的补充考查学生建构语篇整体的能力,也是在真实生活中偶尔遇到的一种真实阅读活动,比如看到一则标语,其中的一个字被风吹掉了,猜测缺失的是什么字,或者看书读报时,遇到有的文字被污渍遮住了,或者被图片压住了,猜测是哪些文字。当然,这是一种无选项的完形填空阅读,也就是完形填空中的自由填空形式。[①]

完形填空题型通常使用的是多项选择填空形式,也有根据首字母填空、根据所给单词填空、自由填空等。高考全国试卷现在主要使用的是选择填空形式,而真实运用形态的完形填空是无选项的自由填空,但自由填空属于主观试题,无法实现机器阅卷,人工阅卷成本相对增加,所以只能随着人工阅卷经费投入的不断增加,才可能逐步采用无选项的自由填空形式。

完形填空是考查学生在语境中选择恰当的语词完成语篇表达的能力,具体包括语篇理解能力以及在具体语境中准确运用语词的能力。完形填空对于阅读理解能力的考查分两个层面:一是语篇本身一般为部分内容学生熟悉、部分内容学生不熟悉的语篇,这样可以考查学生的图式建构能力。二是考查在语篇语境中,学生选择恰当的语词完成短文的能力,学生要理解语篇、词义才能选择恰当的答案,所以语词选择以语篇图式和词汇词义理解为前提。

对于语篇理解能力,完形填空试题主要考查学生基于已有图式理解语篇的能力,也就是图式激活与建构的能力。至于选择用词的能力,完形填空则主要是根据考纲规定,考查学生在真实语境、为了真实语用目的、表达真实语义的运用常用语词的能力。

完形填空的选项语词都是常用语词,不是考查学生的词汇量,也不是考查学生的词义记忆能力,而是考查学生在具体语境中运用语词的能力。

在现实教学中,很多老师经常抓住词汇的细微词义辨析不放,一定要让学生弄清楚一些以英语为母语的人都不一定清楚的词义辨析,如 take, bring, fetch, catch 的细微区别,但在

---

① 参见 Bailey, Assessment and Testing: A Survey of Research, Cambridge University Press, 1993, p60 – 63;Hughes, ibid, p62 – 70;刘庆思:同前书,第 17—20,158—159 页,李筱菊:同前书,289—322。

这里我们可以看到，take 可能是和 mind，change，save 放在一起进行选择，而 bring 则可能是和 leave，give，show 放在一起进行比较，显然不是在考查 take，bring，fetch，catch 的细微区别，而是在考查 take，bring 的基本语义在真实语境中的基本用法。显然，词义细微差异辨析的教学，其实远远超过考试的能力要求。

从以下两个方面入手开展教学，学生自然可以达到完形填空试题的能力要求：

（1）开展基本词汇的基本词义教学，不搞"难、繁、偏、旧"的词义辨析。完形填空的考试考查的就是学生运用基本词汇的基本词义的能力，不是考查"难、繁、偏、旧"词汇的"难、繁、偏、旧"的词义，完全没有必要去挖掘那些细微末节的辨析，而应该注重培养学生准确运用基本词汇的基本词义的能力。

（2）引导学生形成在阅读中基于已有图式建构新的图式的能力。完形填空本身就明确要求考查学生基于已有图式建构新图式的能力，也就应该认真培养学生的阅读理解能力、图式建构能力，这样才能从根本上促使学生达到完形填空的能力要求。

对于七选五这种从多个语句中选择恰当的语句对短文进行完形填空的能力，教师则应把握语义逻辑这一能力枢纽，引导学生在阅读理解中，尤其是课文学习这种深度分析文章的阅读活动中，学会深层次把握语句之间、语段之间的语义逻辑，并在训练中进行相对应训练。

如前所述，语句之间、语段之间的语义逻辑关联分为微观、宏观两种。教师引导学生训练时，也应基于此进行学习。教师可引导学生在阅读中归纳、发现、详述（解释与叙述）、添加（联合与并列）、时间（同时与延续）、比较（对照、选择、对比、析取）、条件（假设、让步）、因果（起因、手段、目的）等各种语义逻辑的常见形态，以及添加、比较、概括—分述、总结等宏观关联形态，从而引导学生在开展此类完形填空时进行基于理解进行选择。

4. 阅读理解题型的能力指向分析与备考复习教学建议

阅读是中国人运用英语的最主要形态，所以也是目前各种英语试题中分值最大的题型。真实生活中阅读之后一般不会做选择题，但需要理解，会思考一些问题，也就是会有自问自答。阅读测试很多是用选择题、填空题等方式来考查学生的阅读理解能力，因为这样可以在考试成本受限的情况下进行大范围的考查。[①]

阅读试题要求考生能读懂公告、说明、广告以及书、报、杂志中关于一般性话题的简短文章，具有基本阅读技能，试题主要考查理解文中具体信息、作出简单判断和推理两种基本阅读理解能力，对于较高层次的能力，如理解作者的意图、观点和态度等，则考查较少。

当然，阅读理解能力不是通过阅读技能培养就能提高的，还要从阅读理解图式去培养，这才是更为关键的阅读理解能力。[②]

基于这些能力要求，阅读备考复习教学应该按照以下要求进行：

（1）培养学生的基本阅读能力，不应片面追求阅读技能的难度，因为高考这个层面所要考查的运用阅读技能的理解能力还不是高难度的理解能力。

（2）着重培养学生建构阅读理解图式的能力，而这是被广泛忽略的。阅读本身就是一种

---

① Hughes, ibid, p116-129；刘庆思：同前书，第 20—22，97—99 页；李筱菊：同前书，第 336—339 页。
② 鲁子问：《中小学英语阅读教学理论与实践》，中国电力出版社，2005：1—4；李筱菊：同前书，第 350—352 页。

图式激活与建构活动,教师应该在阅读中认真、全面地引导学生形成建构新图式的能力。学生的已有图式越丰富,他们的阅读理解速度越快、理解程度越高,所以应该鼓励学生广泛阅读,不要只是读教材上的内容,因为那是无法建构广泛的图式的。

5. 书面表达题型的能力指向分析与备考复习教学建议

写是非常真实的语言运用形态,在真实生活中会经常写,但由于我国中小学生英语能力有限,而且受到阅卷成本的制约,目前的考试中无法设计完全真实的写作活动,只能设计一种半写作活动,即书面表达。顾名思义,书面表达就是要求学生用书面语言完成对信息的表达,信息的获取不是考查重点。[①]

英语测试对书面表达的能力一般规定是:考查学生是否能够"准确使用语法和词汇;使用一定的句型、词汇,清楚、连贯地表达自己的意思"。显然,这一题型要求学生具有准确使用一定句型、词汇进行表达。其最高分的要求为:完全完成了试题规定的任务;覆盖所有内容要点;应用了较多的语法结构和词汇;词法结构或词汇方面有些许错误,但为尽力使用较复杂结构或较高级词汇所致;有效地使用了语句间的连接成分,使全文结构紧凑;完全达到了预期的写作目的。而其语句结构要求并不高。

由此可知,写作的备考复习教学应该注意以下两个方面:

(1) 应该重点培养学生运用常用词汇、常用结构进行准确、全面表达的能力。这是考试的要求,也是学生到高中毕业运用英语进行真实写作的基本能力要求。学生不是没有话要写,而是没有能力用英语表达自己的观点和想法。所以应该重点培养学生运用所学词汇进行表达的能力。

(2) 写作应该有层次要求,关注学生的书面表达基础能力,更应该鼓励优秀学生写出非常有文采、非常得体的文章。

在向外国人介绍中国文化的应用文写作中,教师需要引导学生把握中国文化的内涵,然后进行写作。对于中国文化的理解,既是语文、历史等学科的责任,也是英语学科的责任。教师有必要对此进行较为系统的归纳。正如本书第十三章探讨文化意识教学时所介绍,教师可以通过开设中国文化英语选修课,让学生较为系统地掌握中国文化的英语表达形式,从而帮助学生为此类写作进行准备。

对于读后续写、概要写作等非应用文写作,教师要根据考查重点,在教学中,尤其是对文本进行深度分析的课文教学中,引导学生深度关注故事发展的逻辑性、人物性格的逻辑性、语言风格的一致性,然后引导学生进行此类写作的学校。

对于概要写作,通常是对于论说文的考查要求,教师则应在论说文阅读中,引导学生学习如何从段落中提取关键信息、主要观点等,然后基于段落写出全文的概要。当出现过渡性段落、背景性段落时,教师则要从全文结构进行分析,引导学生学习如何基于全文写出概要。

随着英语课程的不断推行,任务型听力、任务型阅读、任务型写作题型的广泛使用,对学生语言运用能力测试越来越直接。中小学英语教学也更应直接指向培养学生的综合语言运

---

① Hughes, ibid, p75-97;刘庆思:同前书,第 93、299—312 页。

用能力这一目标,其备考复习教学亦然。

实 践

请你回答

1. 英语试题设计有哪些不可或缺的层次?
2. 面对新题型,教师应该如何进行复习教学设计?

请你分析

请你分析下面试题质量分析。

阅读短文,根据短文内容,从短文后的选项中选出能填入空白处的最佳选项。选项中有两项为多余选项。

If anyone had told me three years ago that I would be spending most of my weekends camping. I would have laughed heartily. Campers, in my eyes, were people who enjoyed insects bites, ill-cooked meals, and uncomfortable sleeping bags. They had nothing in common with me.

　　__1__.

The friends who introduced me to camping thought that it meant to be a pioneer. __2__ We slept in a tent, cooked over an open fire, and walked a long distance to take the shower and use the bathroom. This brief visit with Mother Nature cost me two days off from work, recovering from a bad case of sunburn and the doctor's bill for my son's food poisoning.

I was, nevertheless, talked into going on another fun-filled holiday in the wilderness. __3__ Instead, we had a pop-up camper with comfortable beds and an air conditioner. My nature-loving friends had remembered to bring all the necessities of life.

　　__4__ We have done a lot of it since. Recently, we bought a twenty-eight-foot travel trailer complete with a bathroom and a built-in TV set. There is a separate bedroom, a modern kitchen with a refrigerator. The trailer even has matching carpet and curtains.

　　__5__ It must be true that sooner or later, everyone finds his or her way back to nature. I recommend that you find your way in style.

A. This time there was no tent.
B. Things are going to be improved.
C. The trip they took me on was a rough one.
D. I was to learn a lot about camping since then, however.

E. I must say that I have certainly come to enjoy camping.

F. After the trip, my family became quite interested in camping.

G. There was no shade as the trees were no more than 3 feet tall.

请你设计

1. 请结合下面材料设计阅读理解题，测试学生的细节理解能力。

Sam and Joe were astronauts. There was once a very dangerous trip and the more experienced astronauts knew there was only a small chance of coming back alive（活着）. Sam and Joe, however, thought it would be exciting though a little dangerous. "We're the best men for the job," they said to the boss. "There may be problems, but we can find the answers." "They're the last people I'd trust," thought the boss. "But all the other astronauts have refused to go."

Once they were in space, Joe had to go outside to make some repairs. When the repairs were done, he tried to get back inside the spaceship. But the door was locked. He knocked but there was no answer. He knocked again, louder this time, and again no answer came. Then he hit the door as hard as he could and finally a voice said, "Who's there?" "It's me! Who else could it be?" shouted Joe. Sam let him in all right but you can imagine that Joe never asked to go on a trip with Sam again!

2. 请你为以下试题设计较为具体的评分标准和参考答案。

书面表达（满分25分）

假如你是李华，你的外国朋友Billy发来邮件告诉你他在网上看到中国制作长寿面视频节目，请你介绍中国生日文化。

注意：

1. 词数100左右；
2. 可以适当发挥，以使行文连贯；
3. 开头和结尾已为你写好，不计入总词数。

Dear Billy,

___

Yours
Li Hua

进一步阅读建议

Heaton, J. B. 英语测试[M]. 北京：外语教学与研究出版社, 2001.

Webber, E. 有效的学生评价[M]. 北京：中国轻工业出版社, 2003.

刘润清, 韩宝成. 语言测试和它的方法[M]. 北京：外语教学与研究出版社, 2000.

罗少茜. 英语课堂教学形成性评价研究[M]. 北京：外语教学与研究出版社, 2003.

李筱菊. 语言测试科学与艺术[M]. 长沙：湖南教育出版社, 2006.

第十七章 中小学英语课堂教学评价

现在的中小学教学是全财政经费的教学,学校建设、教师工资、学生学费全部由国家和地方财政支付。因此,就像国家审计一项重大建设的资金使用一样,对于课堂教学质量的评价是非常必要的。本章将分析课堂教学评价的内涵与方法。

第一节 课堂教学评价标准

思 考

现象反思

L 老师是刚从事教学的年轻教师,根据教研组要求,上了一节教研课,他自己感觉不错,学生课堂学习目标也完全达到,但教研会上几位老师提出了完全不同的看法,认为 L 老师没有达到教研组集体备课预设的目标。L 老师很郁闷。

你认为 L 老师应该如何看待其他老师对他课堂教学的评价?

学习目标

学习本节后,你能:
1. 了解课堂教学评价的概念与基本原则;
2. 理解课堂教学评价的维度与标准;
3. 基本掌握新课程的课堂教学评价手段。

本节结构

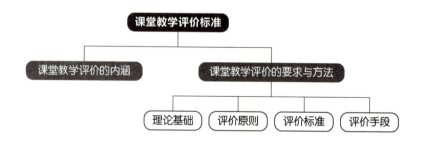

> 学 习

一、课堂教学评价的内涵

课堂教学观察的直接对象是教师的教学行为,但评价教学行为是否有效,则要看学生的学习行为,因为教师的教学行为的目的是促进学生的学习行为的发生、发展,并实现学习目标。观察分析中小学生英语学习行为,可以发现从哪些学生学习行为观察分析教师的教学行为的有效性。根据已有研究可知,从英语学习过程视角的常见有效英语学习行为主要有以下内容。①

表 17-1 中国学生常见英语学习行为

学习过程环节		常见英语学习行为
课前学习	无意识学习	无意识注意与观察,好奇性注意与观察,发现,归类,分类,总结,梳理,触类旁通,听取,口头交流与分享,阅读,观看,书写,制作思维图、视觉组织图(graphic organizer),记忆,回忆,记录,描绘,描述,分享,介绍,谈论,讨论……
	有意识准备性学习	了解学习目标,明确学习目标,理解学习目标,建立自我生活关联,建立目标关联(人生目标、学业目标、课业目标等),建立体系性关联(生活性知识体系、学科性知识体系、跨学科知识体系等),记忆,抄写,记载,听取,跟读,口头交流,阅读,观看,书写或写作,制作思维图、视觉组织图,制作个人或小组展示与分享 ppt、视频、文本等,确定重点,确定难点,确定已知,确定疑惑,自主探究,同伴请教,完成各种课前学习任务,凝练尚未解决的问题或欲在课堂进行探索的问题,有效运用信息技术,自主管理学习行为、学习过程、学习资源……
	上课之前	进入学习场域,收回思绪,调整身心,准备妥当学习材料,检视课前学习准备材料,思考自主问题提出时机、方式,有效运用信息技术,自主管理学习行为、学习过程、学习资源……
课堂学习	学习启动	进入学习状态,梳理与反思课前准备性学习,激活学习所需知识、能力与素养,把握学习目标,了解学习任务,快速形成课时学习计划,明确自主提问与发展时机……
	理解	了解学习内容,通过听、读、看接触、理解学习材料,感知语义、语境、语用,认知语言、文化、思维,与课前学习材料建构语言、文化、思维、学习能力关联,形成二者联系,发现从已知已能到学习目标的断点,有效运用信息技术,自主管理学习行为、学习过程、学习资源……
	训练	在教师引导下,开展语义、语境、语用训练,包括:听后选择、判断、匹配、填表、补全语句、画图、作图等整合性的听的训练,跟读、朗读、看图说话、基于情境开展对话、基于多模态信息口头表达事实、基于话题口头传递信息与表达观点和情感等或开展讨论与辩论等整合性的说的训练,多模态文本阅读理解之后的选择、判断、匹配、填表、补全语句、画图、作图等整合性的读的训练,图片、图表、视频、文字等各种视觉形态的看后选择、判断、补全信息、填表等整合性的看的训练,基于案例的抄写与仿写、基于信息获取与整理的补全写、基于信息的概要写与续写、传递信息与表达观点和情感等的写等整合性的写的训练,基于学习材料建构从已知已能到学习目标的语言、文化、思维、学习能力断点,有效运用信息技术,自主管理学习行为、学习过程、学习资源……

---

① 刘照惠,鲁子问,夏谷鸣.英语课堂观察量表设计与运用实践[M].上海:上海外语教育出版社,2021:41-42.

(续表)

学习过程环节		常见英语学习行为
课后学习	运用实践	基于信息获取与整理的口头、笔头、多模态的运用实践,传递信息与表达观点和情感等的口头、笔头、多模态的运用实践,有效运用信息技术,自主管理学习行为、学习过程、学习资源……
	巩固性学习	语言能力巩固性学习,文化意识巩固性学习,思维品质巩固性学习,学习能力巩固性学习,整合性巩固性学习,,有效运用信息技术,自主管理学习行为、学习过程、学习资源……
	拓展性学习	规约的语言能力、文化意识、思维品质、学习能力拓展性专题与整合的巩固性学习,自主的语言能力、文化意识、思维品质、学习能力拓展性专题与整合的巩固性学习,有效运用信息技术,自主管理学习行为、学习过程、学习资源……

当然,以上内容不可能涵盖所有学习行为,但可以确定为我国学生英语学习的基本行为,足以基于此开展学习行为观察。

课堂教学评价是对课堂教学活动的成效的评价,课堂教学的成效需要从学生发展的视角进行评价,但与学习成效评价不同,在进行课堂教学评价时评价学生发展,不是为了判断学生发展程度,而是评价教师在促进学生发展中的作用,亦即通过评价学生发展以评价教师的教学活动。

课堂教学评价包括对课堂活动的组织、管理、评价以及与此有关的各种因素的评价,是对课堂教学成效以及构成课堂教学过程各要素的分析与评价。课堂教学评价是完整的课堂教学过程的不可分割的组成部分,对促进课堂教学质量,推动教师发展有着不可替代的作用。

课堂教学评价是围绕课堂教学各个方面展开的信息的收集、阐释和使用过程。从评价的过程来看,传统的课堂评价方式存在以下不足之处。首先,在信息收集方面,传统的课堂教学评价,强调教学效果,只考察教师是否按照教案,讲完了该讲的内容,所收集的是教师教学行为的信息,而学生是否学会这些内容,是否学会了学习的方法,是否喜欢这样的学习未被加以考虑,忽略了学生学习的信息。其次,在信息阐释方面,在传统的课堂教学评价,信息的阐释者往往只是听课人。评估只重视听课人的意见,由听课人轮流点评,不给授课者机会发言阐述自己的观点,也不会听取学生的评价。最后,在信息的使用(或评价目的)上,传统的课堂教学评价方式重评估功能、轻发展功能;重行政管理、轻促进教学。"评价的目的比较功利,主要采用行政人事的管理取向,被用于对教师的考核评比。评价的目的被异化了,本应着重于过程的评价演变成了对人即教师的鉴定和证明;选拔被当作教师评价的主要功能,而教师评价的发展性功能——促使教师专业发展的功能常有意无意地被忽视"。[①] 传统的评价意在评估,未在评价过程中显示对于教师教学能力发展的作用。

二、课程标准的课堂教学评价要求

英语课程标准强调英语课程在促进人的全面发展中的作用,突出了使用各种理论资源

[①] 万伟,秦德林,吴永军.教学评价方法与设计[M].北京:教育科学出版社,2004:28.

和实践资源促进核心素养形成的重要性。课堂教学评价作为作为新课程的一部分,任务是支持新课程理念在课程实践中的落实,其基本理念应与上述新课程的理念保持一致。新课程课堂教学评价的基本理念应体现在以下三个方面:"一是促进学生的发展,二是促进教师成长,三是'以学论教',以学生的'学'来评价教师的'教'。"①促进学生发展这一理念首先体现在教学目标上,既要按照课程标准、教学内容的科学体系进行有序教学,完成知识、技能等基础性目标,还要注意学生发展性目标的形成,其次体现在教学过程中,教师要认真研究课堂教学策略,激发学生学习热情。促进教师成长,课堂评价重点不在于鉴定教师的课堂教学成果,而是诊断教师课堂教学的问题,制定教师的个人发展目标,满足教师的个人发展需求。提倡"以学论教",主要从学生情绪状态、注意状态、参与状态、交往状态、思维状态、生成状态六个方面进行评价。② 虽然十几年过去了,但上述关于课堂教学评价的核心精神并没有过时。简而言之,结合新的英语课程标准对课程论述,课堂教学评价的基本理念可以表述为:以学生和教师的发展为最高指导原则,通过开发和实施系统科学的评价过程,促进课程核心素养的形成,支持素质教育的落实和以德树人目标的实现。

外语教育面临着新的评价理念和方式所带来的挑战和变化,课堂评价方式已从传统的单纯量化、把评价作为奖惩的标准转变为更加质化、促进教师专业发展的手段。1985年,英国皇家督学团发表的报告基本改变了对课堂教学评价结果使用的基调,明确提出把课堂教学评价与教师的奖惩制度分离。这份报告为英国的课堂教学评价的目的由总结性目的向形成性目的的转向提供了保证。20世纪80年代后,受西方教育领域的影响,我国的评价体系也逐渐改变,但还是过于注重评估功能,重领导和他人评价。

课堂教学评价改革呈现出一些新的基本趋势和特点:一是在评价功能上,淡化评比与选拔,强调发挥评价促进课堂教学质量改进与提高的作用;二是在评价主体上,改变过去教师被动接受评价的局面,注重教师的自我评价,并将自评和他评有机结合起来;三是在评价内容上,既重视教师的教,又关心学生的学,课堂教学要促进学生在知识与技能、过程与方法、态度情感与价值观等几方面和谐发展;四是在评价标准与要求上,体现灵活性与开放性,弘扬教师个人的教学风格,鼓励教师创造性地实施课堂教学;五是在评价方法上,重视案例分析,课堂观察和成长记录袋等质性评价方法的应用等。③

随着评价研究进一步发展和英语课程改革的推进,课堂教学评价越来越呈现出多元化的发展趋势:(1)功能多元,在"重发展、轻评估"的基础上,课堂教学评价的功能扩展为学生学习提供导向和激励,为教师教学提供大量诊断和激励,为教育管理者提供科学决策和工作方针制定的依据④;(2)评价目标和标准的多元,比如对教师教和学生学的效果的评价跳出了传统的认知能力发展的范畴,将语言能力、文化意识、思维品质和学习质量都纳入了评价目标的范畴之内;(3)评价主体的多元,除了传统的听课人之外,还包括教师、学生、家长以及其他利害相关人(stake holder)——所有利害相关人的评价都可以为课堂教学的改革提供参

---

① 周勇,赵宪宇.说课、听课与评课[M].北京:教育科学出版社,2004.
② 万伟,秦德林,吴永军.教学评价方法与设计[M].北京:教育科学出版社,2004.
③ 教育部基础教育司教育部师范教育司.普通高中新课程研修手册——新课程的教学实施[M].北京:高等教育出版社,2002.
④ 卢立涛,梁威,沈茜.我国课堂教学评价现状反思与改进路径[J].中国教育学刊,2012(6):43—47.

考;(4)最后,信息收集方式的多元,课堂教学评价不排除任何评价信息收集方式,只要其能提供改进课堂教学改进的信息。

建构主义的观念为课堂评价提供了坚实的理论基础。建构主义认为教育就是赋予学习者独立思考的权利,教师对建构主义教育学的最好实践是使用对话而不是向学生灌输信息。教师以解决问题的形式向学生提出概念、论点等,问题留待他们去探究。问题解决活动可以使学生获得胜任感、成效感和快乐,这对促进学习是至关重要的。[①]

基于建构主义的教学观,在评价课堂教学是否有效性,可以参照以下几点:一是应引导学生积极主动地参与学习;二是应使教师与学生、学生与学生之间保持有效互动的过程;三是旨在使学习者形成对知识真正的理解;四是应为学生的主动建构提供学习材料、时间以及空间上的保障;五是必须关注学习者自我监控和反思能力的培养;六是应使学生获得对该学科学习的积极体验与情感。[②]

三、教学评价的原则与指标

(一) 课堂评价的原则

课堂教学评价中教师既是评价的客体,又是评价的主体,这就决定了课堂教学评价的主客体的多向评价特征。由于课堂教学本身所具有的动态过程性质,课堂教学评价一般应遵循以下原则:发展性原则、教师主体性原则、过程性原则、多元化原则[③](鲁子问、王笃勤2006:264)。评价原则中还可包括效益性原则和艺术性原则。[④]

1. 发展性原则。这一原则指的是评价一堂课的效果时应着重于衡量这节课是否促进学生和教师的发展,在评价的基础上使教学方法和教学设计有所改进。要考察教师在课堂教学的各个环节中是否有进步,是否体现了教师的专业化发展。

2. 教师主体性原则。以往的评价中,任课教师自己经常会被当做"局外人",倾听别人对自己课程的评论,完成讲课任务后就需要等待别人的评判,这样的评价没有把任课教师的主体性体现出来,只是一种行政手段,目的是为了评出优劣。科学的课堂教学评价应该是以教师为主体的,教师应该参与整个过程,包括指标的制定和评价的过程,以达到评价目的。

3. 过程性原则。过程性原则是指课堂教学评价不应只局限于评价教学效果,而应该注重教学过程的每一个环节,贯穿在教师的教学设计和教学实践的过程之中。

4. 多元化原则。"多元化表现在施评者的多元、评价方式的多元、评价内容的多元和分析方式的多元。课堂教学评价既要有专家评价、领导评价、同伴评价和学生评价,更要有教师自评;评价既要采用评价量表评价、也应增加对话式、研讨式评价;评价内容既要关注教学目标、计划、实践和效果,同样要关注输入因素;对评价结果既要有定量分析,更要有定性分

---

① Williams & Burden. *Psychology for Language Teachers* [M]. Beijing: Foreign Language Teaching and Research Press,2000.
② 张春莉. 从建构主义观点论课堂教学评价[J]. 教育研究,2002(7):37—41.
③ 鲁子问,王笃勤. 新编英语教学论[M]. 上海:华东师范大学出版社,2006.
④ 余林. 课堂教学评价[M]. 北京:人民教育出版社,2007.

析"。①

5. 效益性原则。效益性原则是指在单位时间内所取得的教学成果与所付出的物质代价和精神代价的比率。② 这是评价课堂教学中的教学活动是否适宜的一个重要标准。每一个教学环节和相应的教学活动都是为了实现课堂的教学目标。不同的教学活动,其效果和效率是不一样的。

6. 艺术性原则。教学艺术是教师素质的综合体现,不仅体现在教师的各种能力之中,也体现在课堂教学的各个环节之中。其中,教师的语言表达能力及体态语的表现力尤为重要。语言表达不仅要准确、清晰、简练,还要具有感染力。就课堂教学的环节而言,教学艺术包括导入艺术、介绍艺术、提问艺术等,每个环节的组织都能体现教师的教学功底。而评价过程中对教学艺术性的评价也主要体现在对教师素质和教学过程的评价上。③

(二) 评价的维度与标准

课堂教学评价最常用的评价指标体系是按要素分解法、采用等级量表制定的评标指标体系。一般情况下,评价指标包括"教学目标""教学内容""教学方法与手段""教学过程""教学基本功"和"教学效果"几大项目。这种评价指标被称为综合性评价指标,适合对教师的教学能力所做的综合评价。但是,课堂教学评价的新趋势是推动教师的专业发展和促进学生的学习,因此应该着重定项评价,增强评价的针对性。

课堂教学是促进学生学习的教育活动,学生学习成效是评价课程教学的关键因素。评价的维度应包括学生的学习方式、学生的学习水平、学生的学习效果、教师的角色把握、学习环境的营造、教育技术的应用。在学生的学习方式上,倡导学生主动参与,进行探究式、研究式学习,也不完全反对合乎我国大班教学实际的接受学习,但接受学习可以采取美国教育心理学家奥苏伯尔提出的有意义接受,而不是机械接受。衡量学生的学习水平可以从几个方面进行,包括学生是否积极参与、独立思考、主动探索、自由表达、善于合作、富于想象、敢于否定、兴趣浓厚等。对学生的学习效果从三个方面进行评价,包括知识目标,即学生是否学会了;能力目标,即学生是否会学了;情感目标,即学生学得有情趣吗。上述三个方面是从学生的角度出发的。而教师的角色把握、学习环境的营造、教育技术的应用则是从教师角度来进行评价的。教师应积极迅速转换自己的角色,使自己成为学生学习的组织者、引导者和合作者。教师应为学生创设宽松、民主、平等、互动的环境,促进学生自主学习、进行交流,促进学生发挥个性,各抒己见、进行研究性学习等。教育技术应被恰当地使用,精心设计,运用到教学过程中。在评价上,应注意把握课堂教学的以下几个方面:一是在教学要求上不能忽视基础性;二是在教学设计上要保证课程模块的整体性;三是强调关注学生的差异性;四是强调学生在教师引导下对知识的自主建构;五是课堂教学的开放性与动态生成性;六是关注课堂教学的情感性。

请分析:为什么说学生学习维度是课堂教学评价的关键维度?

---

① 鲁子问,王笃勤.新编英语教学论[M].上海:华东师范大学出版社,2006.
② 余林.课堂教学评价[M].北京:人民教育出版社,2007.
③ 余林.课堂教学评价[M].北京:人民教育出版社,2007.

就评价的标准而言,裴娣娜指出,当前我国中小学普遍使用的课堂教学评价标准是一个包括教学目标、教学内容、教学方法、教学进程结构以及教师教学基本功等几个主要方面的评课要求。① 她认为这一评价标准,虽然在一定程度上反映了课堂教学的内在运行机制,并在规范课堂教学行为、保证课堂教学基本质量方面发挥了重要作用,但是面临学校教育的现代发展以及国家新课程改革的要求,其不足和问题也越发明显,主要体现在以下四个方面:(1)以工具性追求代替价值性追求的倾向,具体表现为课堂教学的理性主义传统———对人的非理性发展的漠视及知识观的狭隘化;(2)求系统、求全面的形式化倾向,企图寻求尽善尽美的结论,而无视偶然的客观存在性,无视群体中存在的个性差异;(3)追求终极真理,单纯的因果解释框架,将教学看做一个封闭系统,未能体现动态发展和变革的保守倾向;(4)只看短暂效果的技术化和实用功利主义倾向,评价成为实现某种目的的手段或工具,教学评价失去了自身的发展性价值。基于上述不足,教师们强烈呼吁重新审视这一评价标准,希望教育理论工作者对"什么是有效的课堂教学""一堂好课的标准是什么"等问题做出理性的回答。对于上述问题的回答十分复杂,涉及研究视角和立场非唯一性以及课程与教学的文化性等基本理论问题,但是一些其他国家所采用的与我国不同的课堂评价标准可以提供一定程度的启示和参照的作用。

王斌华提到了英美两国的一些课堂教学评价标准。② 其中美国的一份标准中包括四个主要方面,分别为对学生学习内容的组织、创设学生学习的氛围、教学和教师专业发展。英国的评价方面包括学习气氛、课堂环境、教学资源、教师角色—规划者、教师角色—传授者和领导者、教师角色—促进者和引导者、学生角色。两个标准都比较重视学生和教师发展因素。在下面英国的这份标准中,列出的考察指标,非常具体,可以借鉴。

表 17-2 有效教学管理标准

一、学习气氛
目的:
营造或保持如下气氛:鼓励、认可和尊重进步,满足学生个人的需求。
指标:
教师不仅对教学要求表现出兴趣,而且对学生个人表现出兴趣。
在工作和纪律方面,教师积极培养学生的团队精神。
师生互相尊重。
教师频繁地、有分寸地、灵活地运用表扬、鼓励等手段。
教师频繁地采纳学生表达的想法。
学生表现出合作的意愿。
学生可以自由地说出他们的困难,指出教师的错误和问题,发表不同于教师的意见。
教师和学生互相支持。
课堂环境(略)
教学资源(略)
二、教师角色—规划者

---

① 裴娣娜.论我国课堂教学质量评价观的重要转换[J].教育研究,2008(1):17—22.
② 王斌华.教师评价:绩效管理与专业发展[M].上海:上海教育出版社,2005.

(续表)

目的：
根据授课计划开展教学工作，做到目的明确、指标明确和成果明确。
指标：
依据授课计划制定教学目的，依据教学目的制定详细的教学要求。
详细阐述授课计划的内容。
针对授课计划，制定各个阶段的教学活动。
确定评价方法。
准备各种教学资源。
建立监控每一位学生学业的步骤。
制定有效的记录制度，不间断地记录每一位学生的学业、进步和成就。
三、教师角色—传授者和领导者
目的：
在相互尊重和信任的气氛中，显示个性、技能和知识，促进学生的学习。
指标：
显示出自信和自控。
显示出创造性地应付各种实践的灵活性和能力。
讲授、描述和解释简单明了。
具备引导讨论的技能，保证学生积极参与讨论。
运用有效的提问技能，提高学生的思维水平。
显示出熟练掌握学科知识。
四、教师角色—促进者和引导者
目的：
实施有效的管理制度，做到措施有力、步骤恰当，逐渐提高学生的自觉性，最终脱离教师的指导和监督。
指标：
建立明确的个人目标，尽心尽力地为每一位学生服务。
明确说明教学的步骤，鼓励学生理解课程的结构。
简单而迅速地处理日常事务以及经常出现的问题。
鼓励学生参与有关教学工作的决策，在学生力所能及的范围内，赋予学生一定的职责，并让他们负责部分工作。
采用表扬、鼓励等积极的强化手段。
协调传授知识、课堂活动和维持纪律的时间。
有效地利用时间，定期复习教学内容。
学生个人和学生小组获得机会，报告他们的学习成果。
给予学生反馈信息，使学生及时了解自己的表现。
五、学生角色
目的：
保证学生了解教学目的和教学要求，积极制定学习计划和复习计划，形成责任意识和独立意识，参加小组活动和班级活动。
指标：
积极做好预习工作。
创造性地物色必要的教学资源和设施。
经常复习，完成家庭作业，充分利用图书馆和其他有关场所。
培养个人的组织技能和学习技能。
在小组活动中，尊重他人的意见，积极参与辩论(不是争吵)，发展各种技能。
将大部分时间投入到学习方面。
获得成功。

资料来源：Cyril & Doreen Poster 1993，引自王斌华(2005：201)

四、教学评价方法

课堂教学评价的组织形式通常包括专家评价、领导评价、同伴评价和学生评价，更要有教师自评。课堂评价的手段通常包括课堂观察、教师学生访谈、调查问卷、教学日志等。

1. 课堂观察(听课)

课堂观察简单地说就是指研究者或观察者带着明确的目的,凭借自身感官(如眼、耳等)及有关辅助工具(观察表、录音录像设备等),直接或间接(主要是直接)从课堂情境中收集资料,并依据资料作相应研究的一种教育科学研究方法。[①] 课堂观察要遵循一定的原则,包括确定观察重点、采用特定的步骤、保持观察者的身份,不要参与课堂。[②]

课堂观察可以采用定性观察工具和定量观察工具(鲁子问、王笃勤 2006:267)。定性观察工具包括观察者的书面记录,一般可以着重课堂的几个观察点进行观察,如教师指令、教师提问方式、课程教学环节的衔接、学生讨论和活动的时间、小组活动情况、课堂互动等。定性观察工具还包括课堂的录音和录像,教师和观察者可以利用这些数据,在授课后进行观看,并对教学进行分析。在使用这些定性工具时,可以使用简单的表格进行辅助,如:

表 17-3　教师提问方式观测

问题种类	提问次数	所占百分比%
信息性问题		
理解性问题		
应用性问题		
推断性问题		
分析性问题		
综合性问题		
评价性问题		

定量工具主要是指观察量表,观察者在听课过程中记录每项指标的实施情况,并给出等级,并据此判断课堂的教学情况。

示例 1:Classroom management

Rate the lesson according to the following key:

1. Does not at all reflect what went on

2. Only marginally reflects what went on

3. Neutral

4. Describes rather well what went on

5. Is a totally accurate reflection of what went on

[①] 郑金洲,陈瑶. 课堂观察指导[M]. 北京:教育科学出版社,2003:1.

[②] Richards, C. J. & Lockhart, C. *Reflective Teaching in Second Language Classrooms* [M]. Beijing: People's Education Press, 2000:24.

表 17-4 Classroom Observation

There were no cultural misunderstandings.	1	2	3	4	5
The class understood what was wanted at all times.	1	2	3	4	5
All instructions were clear.	1	2	3	4	5
Every student was involved at some point.	1	2	3	4	5
All students were interested in the lesson.	1	2	3	4	5
The teacher carried out comprehension checks.	1	2	3	4	5
Materials and learning activities were appropriate.	1	2	3	4	5
Student groupings and sub-groupings were appropriate.	1	2	3	4	5
Class atmosphere was positive.	1	2	3	4	5
The pacing of the lesson was appropriate.	1	2	3	4	5
There was enough variety in the lesson.	1	2	3	4	5
The teacher did not talk too much.	1	2	3	4	5
Error correction and feedback was appropriate.	1	2	3	4	5
There was genuine communication.	1	2	3	4	5
There was teacher skill in organizing group work.	1	2	3	4	5
There was opportunity for controlled practice.	1	2	3	4	5
Students were enthusiastic.	1	2	3	4	5
General classroom management was good.	1	2	3	4	5

选自 Nunan, D. 1988, 引自 Richards & Nunan 2000: 79

表 17-5 教师提问的有效性评价表

提问有效性标准	得 分				
清楚度：指问题必须能够使学生迅速抓住要害	1	2	3	4	5
学习价值：指问题应能刺激思维，有助于学生的学习	1	2	3	4	5
激励性：指问题必须有趣，具有挑战性	1	2	3	4	5
参与性：指问题能使大部分学生参与到活动中来	1	2	3	4	5
深度：指问题必须能激励学生作深入的延展性回答，使学生发挥想象，丰富答案的变化性	1	2	3	4	5
安全效应：指提问能给学生安全感，相信自己即使回答不当也不会受到教师的羞辱和嘲笑，相反会得到教师的尊重	1	2	3	4	5
总体评价	1	2	3	4	5

定性观察可以提供丰富的描写性的资料[①]，着重于研究视角的整体性和开放性，着重于

---

① Richards, C. J. & Nunan, D. Second Language Teacher Education [M]. Beijing: Foreign Langauge Teaching and Research Press, 2000.

研究过程的动态性,比较便于记录。但此类观察工具的弊端是目标比较宽泛,观察不够可靠,没有经过训练的人会感觉无从下手,同时研究结果易受观察者个人经验影响,主观性强,个体差异大。观察所获得的资料处理起来比较费时费力。定量观察与定性观察相比,更加简单易行。观察者不需要经过严格的训练就可以使用定量观察工具,观察相对客观,可信度较高,说服力较强,但定量观察比较忽视主观因素,忽视非语言性的信息,难以概括课堂的全貌。

基于核心素养对学生学习行为进行观察,从而评价教师教学行为质量,可以参考《英语课堂观察量表设计与运用实践》一书中提供的系列量表。①

2. 学生、教师访谈

对课堂教学进行评价,还可以采取学生和教师访谈形式。从访谈中可以得到课堂观察不能得到的学生及其他教师的反馈。访谈时,需要准备访谈提纲,可以针对课程的教学环节进行访谈,要具体,切不可只简单地用"这堂课好不好"这样的问题进行访谈。

表 17-6 小组活动实施访谈(访谈对象为学生)

1. 你在刚才的小组活动中的角色是什么?小组领导、计时员、还是记录员?你们有明确的分工吗?
2. 老师是否要求你们在小组内分工?
3. 你喜欢你们小组的氛围吗?
4. 你从小组活动中学到了什么?
5. 对于小组活动的实施,你有什么建议给你的老师吗?

3. 调查问卷

对课堂教学进行评价还可以采用调查问卷的方式。调查问卷相对客观一些,也比较容易进行数据的整理与分析。下文为一个标准的关于课堂气氛的学生反馈调查问卷。通过该问卷,教师可以了解到学生对于课堂教学气氛的感知,以此作为评价教师营造良好教学氛围方面的表现。Wylie 及同事(2012)提供了一份学生课堂氛围问卷。②

表 17-7 Student Feedback on Classroom Climate

Please answer honestly and do not put your name anywhere on this form.
Indicate whether you think the statement is always true, sometimes true, or never true.

	3 Always True	2 Sometimes True	1 Never True
1. My teacher wants me to learn a lot.	3	2	1
2. My teacher teaches me in many different ways.	3	2	1
3. I learn lots of things in this class.	3	2	1

---

① 刘照惠,鲁子问,夏谷鸣.英语课堂观察量表设计与运用实践[M].上海:上海外语教育出版社,2021.
② Wylie, E. C., Gullickson, A. R., Cummings, K. E., Egelson, P. E., Noakes, L. A. & Norman, K. M.. Improving Formative Assessment Practice to Empower Student Learning [M]. Corwin, A SAGE Publications Company, 2012.

(续表)

	3 Always True	2 Sometimes True	1 Never True
4. My teacher believes that I can learn.	3	2	1
5. My teacher helps me when I don't understand something.	3	2	1
6. I believe that I can learn lots of new things.	3	2	1
7. My teacher answers my questions.	3	2	1
8. I can get smarter if I try hard.	3	2	1

资料来源：Wylie 及同事(2012).

实　践

 请你回答

课堂教学评价的原则、标准、手段各是什么？

 请你分析

请分析以下课堂教学评价表的课堂教学理念。

请扫描二维码
查看参考答案

评价项目	评 价 要 点	赋分
教学目标(10分)	全面、具体、明确,教学重难点的提出得当,符合课程标准要求。	
教学过程(25分)	思路清晰,结构严谨,教学密度合理;突出重点,抓住关键,信息反馈及时,教学调控有效,不拖堂。	
教学方法(25分)	符合教材和学生实际;教学手段运用得当,能加强教学的直观性、形象性。	
教学基本功(20分)	普通话标准,语言表达能力较强;板书规范、工整、条理;教态大方;组织教学能力强。	
教学效果(20分)	课堂气氛活跃,学生积极性高;目标达成度高,"双基"落实扎实,教学效果好。	
总成绩		

 请你设计

请改进以上"请你分析"部分的课堂教学评价表。

第二节 课堂教学反思评价

> 思 考

现象反思

J 老师是一个有着 10 年教龄的老师,她发现自己的课堂教学逐渐僵化。为分析自己的课,寻找解决对策,她决定在每次课堂教学结束后,在自己的笔记本上简单记下自己上课的感受,把自己在教学中的困惑记录下来,然后思考对策,她也记录了教学中的亮点、教学中令她兴奋的地方。你认为这是否可以促进她的教学能力发展?

学习目标

学习本节之后,你能:
1. 了解教学反思的概念;
2. 理解教学反思的重要性;
3. 掌握教学反思的基本方法。

本节结构

> 学 习

一、反思教学的内涵

作为一个日常概念,反思是指思考过去的事情,从中总结经验教训。人们通常将反思等同于"内省",从这个意义上看,反思就是对自己过去的思想、心理感受的思考以及对自己体验过的东西的理解、描述、体会和感悟。儒家弟子往往以反省作为自我要求,曾子曰,"吾日三省吾身"(《论语·学而》),即强调通过反思来促进自我的发展。在西方哲学史上,对自身行为观念的认识、内省可追溯到亚里士多德和柏拉图;洛克较早探讨了反思现象,他认为反思是获得观念的心灵的反观自照,在这种反观自照中,心灵获得不同于感觉得来的观念。可见,洛克在这里所谈的反思是把心理活动作为认识对象的认识活动,是对思维的思维。斯宾诺莎把自己的认识论方法称为"反思的知识",即"观念的观念",就是对所得的认识结果进行再认识(反思),这种理智向着知识的推进,便能促进自身的发展。

将反思教学的概念引进外语教师教育的是英国语言教师教育专家沃利斯(Michael J. Wallace)。他提出了基于教师专业发展的反思性实践模式,从而颠覆了传统的匠人学艺与应用科学模式下的外语教师培训机制。[①] 反思性实践模式的核心机制是教学实践与教师反思交替进行,并借助理论知识与经验知识的相互作用,最终促成教师专业能力发展。反思教学因而可以理解为教学及师资培训的一种方法,即教师通过批评性地反思他们的教学体会可以提高他们对教学的领悟能力和自身的教学质量,旨在培养教师对教学过程进行有创见、有分析和客观性的思考的能力,以作为改进课堂实践的一个途径。

反思可分为五个阶段,包括从态度上准备反思(engaging with reflection);从思维上准备反思(thinking reflectively);学会运用反思(using reflection);持续反思(sustaining reflection);实践反思(practicing reflection)。[②] 有学者将反思分为五个层面,包括迅速反思(rapid reflection);整理(repair);反观(review);研究(research);重构(retheorizing and reformulating)。迅速反思指当场自觉的反思;整理指认真思考即时反思;反观指事件过去后的某个时间非正式的思考;研究指持续一段时间的更为系统化的思考;重构是指根据众所接受的理论在较长一段时间对某一现象的思考。[③]

> **请分析**:尝试用这种五阶段方法,反思你自己作为教师的教学反思,或者作为学习者的学习反思,这种五阶段反思是否有助于你更有效地反思?

孔子曰:"学而不思则罔,思而不学则殆。"教学也是遵循着这种规律。如果教师只教书,从不进行研究,只会成为教书匠,只研不教,就会成为空谈者。因此,教师必须边教边反思,才能促进自己的教学。叶澜曾指出:"一个教师写一辈子教案不可能成为名师,如果一个教师写三年教学反思就有可能成为名师。"这种对反思在提升教学技能和促进教师发展中的作用在西方学界得到了呼应。教师在反思过程中,能够观察教学,并能对所发现的现象进行批判性的反思,在反思中所得到的各种数据可以用来使教师更好地了解自己对教学的理解以及自己的教学实践,可以用来作为自我评估的基础,是教师职业技能发展的重要组成部分。无独有偶,沃利斯也提出了类似的教师专业发展模式:实践+反思=教师专业发展。该模式强调了反思与教学实践在教师发展中的必要性和重要性,认为教学实践和反思是教师发展的基础,而教师发展又是教学实践和反思的必然结果。通过教学实践与反思的不断循环,外语教师最终具备专业素质,获得专业发展。

二、教学反思的方法

教学反思中常用的方法包括教学日志、教学报告、调查与问卷、课程教学现场录音录像、

[①] Wallace, M. *Action Research for Language Teachers* [M]. Beijing: People's Education Press, 2000.
[②] Stanley, C. A Framework for Teacher Reflectivity [J]. *TESOL Quarterly*, 1998. 32(3): 584–591.
[③] Zeichner, K. M. and Liston, D. P. *Reflective Teaching: An Introduction* [M]. Lawrence Erlbaum Associates, Mahwah, NJ, 1996.

听课、教学行为研究、建立教学档案袋、学生反馈等。① 这些方法都各有优势和局限,一些方法比另一些方法就探索某个教学方面而言可能更有用,教师必须决定何种方法对于对种目的是有用的。这里将介绍几种常用的教学反思方法。

1. 教学日志

教学日志指教师在教学后对自己课堂教学中所发生的教学事件、自己所获的教学感受以及所思所想的真实记录。教学日志的内容是非预设的,是教师经过教学实践和对实践的反思之后归纳与总结而成。根据日志内容的性质,教学日志一般可以分为描述性日志和思考性日志两类。在描述性日志中,教师主要是对教学中有意义的事件、发现的问题和个人的感受等进行回顾,做实事性的陈述;而在思考性日志中,教师主要是对课堂教学的反思,反思的对象可以包括:学生的学习成就、师生互动、课堂意外事件、教学计划的落实、教学中个人的困惑、课堂教学的得失、出现的问题、对问题的理解以及解决问题的方法等。在一篇真实的教学日志中,往往是描述性内容与反思性内容并存,前者是后者的事实基础,后者对前者的意义挖掘。

有研究者提出了教师的教学方面、学生的学习方面以及自己作为语言教师三个方面的话题,供教师撰写教学日志参考。②

教师教学方面:

What grouping arrangements did you use?

Did anything amusing or unusual occur?

Did you depart from your lesson plan? If so, why? Did the change make things better or worse?

Was your philosophy of teaching reflected in the lesson?

Did you discover anything new about your teaching?

What was the main accomplishment of the lesson?

学生方面:

Did you teach all your students today?

Did students contribute actively to the lesson?

What didn't they respond well to?

How did you respond to different students' needs?

What do you think students really learned from the lesson?

自己作为语言教师:

What are my strengths as a language teacher?

What are my limitations at present?

Are there any contradictions in my teaching?

---

① Fatemipour, H. The Efficiency of the Tools Used for Reflective Teaching in Esl Contexts [J]. *Procedia-Social and Behavioral Sciences*, 2013, 93(1): 1398 – 1403.
② Richards, C. J. & Lockhart, C. *Reflective Teaching in Second Language Classrooms* [M]. Beijing: People's Education Press, 2000: 24.

How am I helping my students?

What satisfaction does language teaching give me?

教师日志的撰写方式是灵活多样的。普洛格伏就曾建议,日记的格式或段落可以包括:教学过程中的经历、与他人的对话、深度的感触、隐语和期望等。日记反思应体现专题,也可以就自己刚刚结束的教学活动进行全方位反思。反思日记可以分为三栏:第一栏对教学中包含问题的教学事件进行详细、忠实的描述;第二栏谈谈你的看法和体验,提出问题;第三栏可以提出改进的教学建议。教师不但应将自己教学中的诸多感悟记下来,还要特别牢记日记中提到的专题性问题和改进建议,以真正促进教师的成长。教师可以定期写日志,可以每周一到两次,甚至每天一次。每次课后花五到十分钟写一点教学日志。同时也要定期温习日志,有没有什么内容在写日志的时候没有凸显出来,后来变得清楚明朗了?记日志的间隔因人而异,但无论怎样,都应该记相对长的时间,这样教师才能从中发现自己的教学规律,发现自己组织教学的方法和习惯。

认真、系统地撰写教学日志对于教师的发展和职业生活至关重要。首先,它可以帮助教师改进教学,提升教学技能。教学日志的内容往往是针对教学中出现的问题以及解决问题的思考。撰写日志写作过程本身就是进一步理解问题和寻求解决之道的过程,教学改进的意义显而易见。其次,它可以促进教师的科研。写教学日志是积累教学数据的一种途径,可以为日后的科学研究,特别是教学科研研究提供基本数据。教学日志积累的都是宝贵的教学一线资料,这些资料在经过科学方法进行分析和提炼之后,往往可以产生关于教学的新发现、新观点和新知识,把它们用按照一定的学术规范,撰写成文,发表出版,就可以成为教师自己的科研陈成果。最后,它也是教师生活的一部分,为教师提供积极的情感体验。Isabella,一位来自意大利的教师,曾这样评论自己的日志写作:"回顾我自己的日志,阅读这些日志,让我重新回味了那些日子的各种滋味,困难和愉悦——它们来自学生对我尝试的新教法的有效性的反馈。"[1]

教学日志具有上述重要作用,研究表明在教学日志、听课、学生反馈和课堂录音四种方法中其效果最好,但是作为一种反思方法,它仍有自己的局限性。教学日志是自己不假思索记下的东西,内容未经选择,不宜拿给别人看,可是这样教师就会陷入孤军奋战的局面。[2] 因此他们都提出了"合作记载日志(collaborative journal keeping)"。几个同事可以分别记合作记载日志,也可以共同记。每个人分别记载以后,交由其他人阅读并给予简单的书面反馈,然后在固定的时间一起进行讨论分析。合作记载日志为教师提供了鼓励与支持,使教师对教学问题有更清晰的认识,从别人的反馈中发现自己的"盲区",使教师产生合作的感觉,为教师提供好的教学想法和建议,可以使教师们彼此在一个"安全的距离"观察其他教师的教学。但实施合作记载日志也有一些困难,比较耗时,在时间上难以保证;在记载的过程中,教师的热情可能会逐渐减弱,可能会把日志记载当做负担。也有的教师喜欢将自己的想法用录音设备录下来,记"有声日志"。课后利用几分钟,将自己的想法轻松地录下来,但这种办

---

[1] Burns, A. *Doing Action Research in English Language Teaching* [M]. Beijing: Foreign Language Teaching and Research Press, 2011.

[2] Bailey, K. M., Curtis, A & Nunan, D. *Pursuing Professional Development: The Self as Source* [M]. Beijing: Foreign Language Teaching and Research Press, 2004.

法的不便之处在于如果以后需要进行数据分析,还需要进行录音稿誊写工作,是很耗时的一项工作。

2. 教学报告

教学报告指以一定形式对一次课堂教学重要特点的回忆所做的记录。教学报告的作用是帮助教师定期地检测课堂教学情况。教学报告可以针对课堂教学的任一方面,包括课堂各项活动时间的安排、课堂教学活动的效果。教学报告可以由教师本人来写,也可以像上面提到的合作记载日志一样,由老师共同完成。在写教学报告时,可以遵循下面的几个步骤:

确定自己的课程教学理念(教学思想)、课堂中使用的不同活动、课堂步骤、想要使用的资源等。如讲授语法的老师们需要首先讨论他们教授语法的方法,阐明他们所认定的课程的教学目标,阐明他们计划使用的课堂活动、课堂步骤、教学资源等。

准备一个教学报告表格。如上面提到的语法教师应该准备一个清单,列出课堂内教授和练习语法所用的方法。可以事先尝试使用以改进课堂的设计。

在整个教学过程中定期使用教学报告表格,记录下整个课程使用的活动、教学步骤及教学资源。

与讲授此门课程的其他教师定期会面,探讨,比较教学报告。你会发现教学中产生的不同,大家可以探讨产生这些不同的原因是什么。必要时可以重新考虑或改进教学策略或所使用的教学材料。教学报告表格也可以自己填写使用,为自己下一次讲授同样的课程做准备。

表 17-8　教学报告表格示例

Lesson report form for a grammar lesson
The main focus in today's lesson was:
Mechanics (e.g., punctuation and capitalization)
Rules of grammar (e.g., subject-verb agreement; pronoun use)
Communicative use of grammar(e.g., correct use of past tense forms in a narrative)
Other
The amount of class time spent on grammar work was:
The whole class period
Almost all of the class period
Less than that(_____ minutes)
I decided what grammar items to teach:
According to what was in the textbook
According to what was in the course syllabus
Based on students' performance on a test
Based on students' errors in oral and written work
Other
I taught grammar by:
Explaining grammar rules
Using visual aids
Presenting student errors
Giving students practice exercises from a textbook
Giving students practice exercises that I designed
When assessing student work on grammar, I had students:
Study rules of grammar
Practice exercises orally in class
Practice exercises orally in the language lab

(续表)

```
Do exercises for homework
Do exercise based on errors noted in their writing
Go over each other's homework or classwork
Keep a personal record of the errors they make
Do sentence-combining exercises
Create sentences or paragraphs using specific grammar rules or sentence patterns
Identify and correct grammar errors
Identify and correct grammar errors in their own writing
Identify and correct grammar errors in other students' writing
Other
```

(资料来源: Richards & Lockhart, 2000: 19)

除了使用教学报告表格外,教师还可以选择简易的教学报告法,利用课后几分钟,回答一些简单的问题,如:

What were the main goals of the lesson?

What did the learners actually learn in the lesson?

What teaching procedures did I use?

教师写出这些问题的书面答案,这些答案可以作为今后分析教学、进行反思的素材。教师回答上述问题的过程也是一个自我反思的过程。

3. 调查与问卷

教师可以利用调查与问卷了解学生的情况,包括学生的学习态度、学习兴趣、学习方法等,教师也可以利用调查与问卷了解教师自己或同事对教学的认识。这种方法能够使教师相对快速地获取相关信息。如教师可以针对学生的课前展示或值日生报告的形式进行调查,了解学生对这种形式的态度、改进的方法、他们从中学到的东西、做好值日生报告所需要的技能、哪些话题比较适合于值日生报告等,从而促进值日生报告活动的开展。调查与问卷可以由教师自己设计,也可以参考其他相关书籍提供的问卷或调查问题等。

表 17-9　Teachers' Beliefs Inventory — Beliefs about Language Learning

Read the following statements about language learning. For each statement indicate if you agree or disagree with the statement (1= strongly agree; 2= agree; 3= neutral; 4= disagree; 5= strongly disagree). For numbers 22 and 23, circle your answer.

1. It is easier for children than adults to learn a foreign language.
2. Some people have a special ability for learning foreign languages.
3. Some languages are easier to learn than others.
4. People from my country are good at learning foreign languages.
5. It is important to speak English with excellent pronunciation.
6. It is necessary to know about English-speaking cultures in order to speak English.
7. You shouldn't say anything in English until you can say it correctly.
8. It is easier for someone who already speaks a foreign language to learn another one.
9. People who are good at mathematics or science are not good at learning a foreign language.
10. It is best to learn English in an English-speaking country.
11. The most important part of learning a foreign language is learning vocabulary words.
12. It is important to repeat and practice a lot.

13. Women are better than men at learning foreign languages.
14. If beginning students are permitted to make errors in English, it will be difficult for them to speak correctly later on.
15. The most important part of learning a foreign language is learning the grammar.
16. It is easier to speak than understand a foreign language.
17. It is important to practice with cassette tapes.
18. Learning a foreign language is different than learning other academic subjects.
19. People who speak more than one language are very intelligent.
20. Everyone can learn to speak a foreign language.
21. It is easier to read and write English than to speak and understand it.
22. English is:
    (a) a very difficult language
    (b) a difficult language
    (c) a language of medium difficult
    (d) an easy language
    (e) a very easy language
23. If someone spent one hour a day learning a language, how long would it take them to speak the language very well?
    (a) less than a year
    (b) 1–2 years
    (c) 3–5 years
    (d) 5–10 years
    (e) you can't learn a language in 1 hour a day.

(资料来源：Richards & Lockhart，2000：51)

4. 课程教学现场录音录像

随着现代科学技术的应用，教师在技术人员的帮助下，可以完整地记录自己的教学过程。在教学过程的摄制中，教师可以要求技术人员重点记录课堂教学的某一方面，如可以着重于教师的组织，可以着重小组活动时特定小组的表现，可以着重于学生对于教师问题的回答等。课堂教学现场的录音录像被认为是教师获得教学反思数据的适当工具。观看自己的教学录像可以使教师站在一个客观的角度考察自身的教学实践。教学录像不仅能反映自己教学中的一些优点和不足，也能把很多并没有注意到的细微做法或姿态呈现出来。课堂教学的录音与录像可以在课后反复播放，这样教师可以在课后对自己的教学环节进行反思与反复的研究，找出自己的问题，发现自己的组织课堂的亮点，发现学生活动时存在的问题，发现学生们互动的特点、优点等。同时，教师还可以截取其中的一个片段做出具体的分析，分析教师语言的特点、教师与学生之间的互动语言、教师对于学生的反馈，甚至包括教师的肢体语言的使用等，这样可以使教学中的一些细节得以放大，进行研究。

当然，对课堂教学进行录音和录像也有自己的局限之处，如学生可能会对录音和录像设备产生兴趣，对课堂产生干扰；录音和录像具有一定程度的侵入性，可能影响教师的行为。录音和录像设备的可及范围并不很广，有时只能覆盖到班级的部分地方，不能反映整体的教学情况；有时技术人员难以操控课堂的具体层面，某些任课教师希望捕捉到的教学环节没能抓住；有时技术人员不能完全跟着教师的教学节奏走，录像的效果只是展现了全班的宏观教学，不能完全展示教师与学生之间的互动；有时录像的内容只展现了教师讲课，没能将学生包括其中;录像和录音完成后的观看和分析过程比较耗费时间。因此,教师可以在特定的环境下,选用课堂录音和录像,如录制一门课程的开始、中间和结束部分,进行自己的反思教学。同时,注意在录音录像前,考虑好相关的细节,与技术人员沟通,或者请自己的同事协助技术人员进行录音录像工作,为后面的分析打好基础。

5. 听课

同事之间可以互相听课,在听课的过程中可以对自己的教学进行反思。听课是观察教师课堂教学的各个侧面的常用方法。这种同事之间的听课不应以评估别人为目的,而是以提高自己、反思自己教学中的情况、发现自己的问题、向自己的同事学习为目的。在听别人讲课时,听课教师可以事先确定听课重点,也可以与被听课的教师沟通,然后在听课过程中填写听课记录,观察课堂教学的不同方面。

操作方法:通过同事进行教学反思,一要有外部环境的支持,主要是来自学校的支持;二要有一种民主、平等对话的氛围。有了这两个外在条件的支持,教学反思才有可能。(1)与同事就教学中共同感兴趣的话题(问题)进行交流,并从各自教学的角度彼此提供有效的改善建议。(2)带着良好的建议进行教学,可以邀请(或学校组织)同事去听课,也可以对教师的教学进行全程录像(条件许可的话)。(3)进行教学对话,就反思教师教学中的得失进行交流。如果反思者不在场(有时不仅对反思教师还是其他同事都是有益的),交流的结果经整理后送达反思者本人。(4)反思者将同事们的教学交流意见做认真的研究和分析,并做出书面的个人看法,如果必要的话,还可以进行局部范围内的教学交流。(5)再次带着就自己实际教学的改良建议组织教学,与环节(2)相同。(6)看前后教学有无实质性进展,并进一步提出教学改善的建议。

在听课过程中,有一些事情需要双方注意,如:

当我听课时,你应该:

告诉我你对我作为听课者的要求,如果有一些规矩,请告诉我;

如果有一些特殊的情况会影响到你和你的学生,请说明一下;

把我介绍给大家,但不要在课上反复提到我;

我如何保证既搜集到我需要的数据,又不让你的学生感到不舒服、不安全? 你可以就这方面给我提些建议,同时告诉你的学生我不是来评估他们的;

不要在课上叫我参与课堂活动,如果这样做,请提前告诉我;

不要因为我改变你的教学,跟你平时上课一样,表现自然;

不要因为有人听课而慌张;

不要在全班面前让我谈论对你教学的反馈。

当你听我课时,你需要:

提前到班里,做一下自我介绍;

别告诉我你打算听哪些内容;

坐在学生后面,不要让他们直接看到你;

与学生们一样遵守班里的规矩,尊重学生的意见;

不要分散学生的注意力,打扰学生的活动,不要参与学生的活动,除非你被邀请参加;

不要未经允许使用我的材料,不要占用我的休息时间;

在听课时,要保持开放的态度,不要斤斤计较于小错;

对我提出的具体的问题给予反馈。除非我问你,否则不要告诉我应该做什么,不应该做什么。

听课时可以在以下方面进行观察,如教学方式、教师在课堂上的作用、学生在课堂上的作用、教师有没有脱离教案的地方、教师的课堂互动策略使用的情况、教师在课堂上的角色、课堂活动进度、课堂过渡环节、课程导入、课程结束环节、教师与学生交流的频率、课堂小组活动的情况等。

虽然听课是一种为教师反思提供数据的方法,但也有其自身的局限之处。比如,一些教师不愿自己的同事听自己的课,因此,在有外人在场时,教课的方式与平时不一样。[①]

6. 建立自己的教学档案袋

教学档案袋作为一种质性评价方式,通过要求教师对一个主题下的相关教学资料进行收集整理和不断地分析、反思,从而达到展现教师能力和促进教师专业发展的目的。教学档案袋可以包括的内容有教师个人的教学理念、所教课程的重点与难点描述及教学目标、教学观摩记录、教学日志、教学录像、学生反馈、学生作业样本、课堂教学材料(包括练习材料)、教学笔记、教学研讨会记录等。教学档案袋有利于教师进行教学反思和自身发展。

7. 从学生征询意见中反思

我国两千多年以前的《学记》就曾明确写道:"是故学然后知不足,教然后知困。知不足,然后能自反也;知困,然后能自强也。故曰,教学相长也。"这里讲的教学相长并不是指现在理解的师生彼此可以得到促进,而是指通过教学来学习,以教师之教促教师之学。因此,在教学这种互动过程中,受益者不仅仅是学生,教师也是师生互动的受益者。通过学生,教师可以更好地理解教学;通过学生,教师可以摒弃自己的许多"霸权假定"[②];通过学生,教师会把教学当作一项研究来对待,从而切实改进自己的教学。

如果教师是真诚的(这是反思型教师的特征之一),则通过向学生征询意见这种师生互动的操作是比较简单的。(1)最好确定向学生征询教学意见的主题,并设计为表格形式。当然,教师也可以要求学生不加限制地提出对自己的教学意见。(2)向学生解释自己向他们征询意见的动机,并告知学生应注意的规范,每位学生填写意见时可以匿名。(3)学生认真回忆教师教学的各个方面(或与主题相关的方面)并逐条加以审思和记录,其间教师最好不要有干预行为。(4)教师将学生的教学意见加以整理分类。一般而言,学生的意见往往是真诚而中肯的,但就意见的性质来讲,可以分为三类:合情合理的、合情而不合理的(可以做到,但属无理)、合理而不合情的(超越实现的可能)。(5)要对学生意见做出说明和解释。对于合情合理的教学意见,教师要有一个明确的态度,言明要真诚接受,并告知学生可以在自己以后的教学中监督,即使暂时还难以改进的教学意见,也要做出真诚的说明。

[①] Farrell, T. Tailoring Reflection to Individual Needs: A TESOL Case Study [J]. *Journal of Education for Teaching*, 2001, 27(1): 23-38.

[②] Brookfield, S. D. *Becoming a Critically Reflective Teacher* [M]. San Francisco: Jossey-Bass Press, 1995.

实　践

 请你回答

1. 反思性教学的方式都有什么？你会选择哪些呢？
2. 作为学生，你对自己在"教学反思"这一节的学习成效是否满意？你对于本节内容的学习成效与你的学习反思能力有哪些相关？

 请你分析

请分析你的同伴对"请你回答"问题2的回答，发现其反思优势与需改进之处。然后看同伴对你的回答的建议，分析同伴对你的建议，发现自己需要反思之处。

请扫描二维码
查看参考答案

请你设计

教学反思的目的是提高教学成效，提高教学成效的标志是学生学习成效的提升。请从学生学习成效提升视角设计一个教师反思自己的词汇成效的教学反思活动。

本章小结

课堂教学评价应体现新课程的教学理念，应体现发展性原则、教师主体性原则、过程性原则和多元化原则。应采取他人评价与自我评价相结合的原则、采用课堂观察量表、访谈等多种形式相结合的方法，着重学生的学习效果评价，着重发现教学中的问题，将课堂教学评价作为促进教师发展的手段。教师的反思教学对促进教师的教学、促进教师的成长都有着非常重要的作用。教师可以通过写教学日志、填写教学报告、与同事之间互相听课、观看自己的教学录音录像、进行教师行为研究、建立教学档案袋等活动对自己的教学行为进行反思，从而提高自己的教学质量，促进学生的专业学习与发展。

进一步阅读建议

Bailey, K. M., Curtis, A & Nunan, D. *Pursuing Professional Development: The Self as Source* [M]. Beijing: Foreign Language Teaching and Research Press, 2004.

Burns, A. *Doing Action Research in English Language Teaching* [M]. Beijing: Foreign Language Teaching and Research Press, 2011.

Richards, C. J. & Lockhart, C. *Reflective Teaching in Second Language*

Classrooms [M]. Beijing: People's Education Press, 2000.

林敦来. 中小学英语教师语言评价素养参考框架 [M]. 北京: 外语教学与研究出版社, 2019.

罗少茜, 黄剑, 马晓蕾. 促进学习: 二语教学中的形成性评价 [M]. 北京: 外语教学与研究出版社, 2015.

刘照惠, 鲁子问, 夏谷鸣. 英语课堂观察量表设计与运用实践 [M]. 上海: 上海外语教育出版社, 2021.

第十八章
中小学英语教学研究

教学总会遇到各种问题,如何解决这些问题,需要对教学进行研究。教学本身是一种实践活动,教学研究是一种对于实践的研究。本章将介绍开展中小学英语教学研究的校本教研、磨课教研和教学实验这几种方法。

第一节 校本教研

思 考

现象反思

W老师今年刚刚从一所师范大学毕业,到实验中学教英语,还当了初二(3)班的班主任。经过两个月的时间,她和同学们逐渐熟悉了,但一些问题也随之而来。学生上课开始不怎么认真听讲了,不完成作业的情况也时有发生,有个别学生甚至开始上课说话。W老师请教了三四位老教师,可她们对这些情况发生的原因做了很不一样的判断。W老师忽然想到大学时学过一门"校本教研"的选修课,因此决定自己设计一个研究来寻找答案。

你认为她应该怎么进行这个研究呢?

学习目标

学习本节后,你能:
1. 了解校本教研的定义、分类及意义;
2. 掌握校本教研的基本过程和方法;
3. 独立设计一个校本教研课题。

本节结构

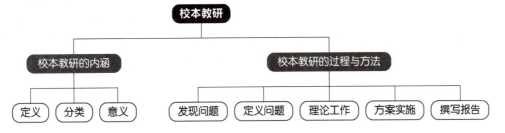

学 习

一、校本教研的内涵

（一）校本教研的定义

校本教研是一种科研，分析校本教研，需先分析科学研究。科学研究有三个方面的规定性。首先，科学研究应当使用相关领域认可的方法。如，使用眼动仪观察记录学生阅读过程中对单词的识别方式，就是一种广泛认可的科学研究方法。第二，科学研究应当具有系统性。我们对事物的一般性认识往往是零碎的，是不系统的，但科学研究却能系统地解释现象或事件的来龙去脉和深层次规律。例如，英语学习中对词汇的掌握问题。学过英语的人都能谈得出自己的一些体会，但科学研究却能揭示词汇学习的深度、广度等内在规律。第三，科学研究的目的在于增加人类的理论认识，并用它们来指导实践活动，为人类带来益处。有的科学研究更多地用来建构理论，以解释众多复杂的现象，例如牛顿的三大定律和爱因斯坦的相对论，它们似乎和我们的生活没有太多直接的联系，现实的"有益性"体现得并不那么明显。但它们大大扩展并深化了人类对客观世界的认识。也有很多科学研究，则着眼于解决实际问题。例如，一个班的同学，最近普遍产生厌学情绪，教师需要研究其原因，并有针对性地采取应对措施，以调整学生的学习情绪，提高学生动机。

由此可见，科学研究有方法、特点、目的等方面的特性。按照方法论不同，科学研究可以大致分为理论研究和实证研究；按照研究目的的差异，科学研究还可以分为基础性研究和应用性研究。

"校本"指的是以校为本，这里具有多重含义。首先，所研究的教育教学现象和事件应当是发生在某一个体学校的，具有较强的特殊性和个体差异。其次，大多数情况下，校本教研的研究者也同时具有教学实践者的身份。也就是说，校本教研的研究者一般都是一线教师和教学管理者。再次，校本教研应该符合教育研究的一般特征，遵循一定的研究程序。另外，校本教研的主要目的是改进个体学校的教育教学，而非提出"四海皆准"的理论或理念，因此具有很强的应用性和个别性。

（二）校本教研的分类

由于是针对具体教育教学问题开展的研究，校本教研具有相当的内容广泛性和方法多样性。对它的分类不是一件容易的事。但大体来说，按照研究内容，校本教研可以分为校本课程研究、校本教学研究、校本学习研究和校本教师发展研究等。

校本课程研究探讨国家课程标准在本校的实施情况、方案、特色等。这类研究对于理解、把握国家课程标准中的国家需求、本校的具体需求及二者之间的融合关系有很大的意义。不难理解，开设、实施英语课程的过程中，国家有整体性的需求，而各校由于地区环境、社会环境、文化环境等各方面的差异，也有自身的课程需求。如果不能协调好国家需求与本校需求的关系，课程实施的效率与效益都会受到影响。校本课程研究一般需要学校管理者主导，众多教师直接或间接参与才能顺利进行。

校本教学研究则是教师主导、教师参与的一种研究。教学过程与环境中的方方面面，不管是优势还是问题,教师的直接感受最深刻也最灵敏。因此,教师最容易提出校本教学研究的研究问题,也最有能力实施研究并解决问题。校本教学研究一般以教材分析、教学设计、教学方法、教学测试等和教学息息相关的问题为研究内容。这些研究的成果一般也可以直接应用于教学实践,有时甚至会有"立竿见影"的效果。

校本学习研究是在一般学习理论和语言学习理论的指导下,探索本校学生学习特殊性的研究。我们知道,学校和学校的生源状况是不尽相同的,即便是在一个学校,不同的班级之间也会在学习动机、学习习惯、学习风格、学习策略等诸多方面存在或多或少的差异。对这些微观差异的细致研究有助于教师更有针对性地设计教学,提高教学实效。这种研究可以是针对某个年级、某个班的,也可以是针对某个学生的个案分析。

校本教师发展研究则着眼教师自身的专业发展,研究如何促进本校教师教育理念的提升、教学能力的提高以及教师信念的增强。这种研究不仅关注本校教师发展的特点,往往还从教学管理的角度探索促进本校教师发展的特色机制和方法。

(三) 校本教研的意义

上述是对校本教研内容视野的大致勾画。由于校本教研具有针对性强、应用性强等特点,因此有其特殊的价值、意义及不可替代性。第一,它对本校教学的促进是非常直接的。由于校本教研的出发点就是基于本校教学实际的具体问题,因此其归宿点也自然是这些具体问题的解决,即教育教学水平的相应提高。第二,校本教研对教师的专业发展也具有不可替代的作用。它可以算得上是教师发展最直接、最灵活、最能满足实际需要的支撑。教师的发展都是发生在具体环境中的,校本教研则恰恰是研究这一具体环境与教师发展之间的关系的。第三,长远来看,校本教研是一个学校内涵发展的必由之路。

二、校本教研的过程和方法

校本教研并无严格的过程规定和方法规定。为有助于理解,此处从"发现问题""定义问题""理论工作""方案实施"和"撰写报告"五个环节逐一介绍。

(一) 发现问题

问题意识是现代教师的重要思维素质之一。在英语教学中,过程与环境都具有相当的复杂性和动态性。因此,问题是永远存在的,那么改进的可能也是永远存在的。在教学实践中,教师又是如何不断改进的呢?迈向改进的第一步往往是发现问题。只有发现了问题,才有可能针对问题开展研究,采取措施,并在问题解决的过程中获得提高。总之,发现问题是所有校本教研的根本起点。

在复杂动态的教学环境中,教师发现问题的基本途径有二。一条是"自上而下(top-down)"的思维模式,另一条是"自下而上(bottom-up)"的思维模式。

采用"自上而下"的思维模式,需要预先有一个分析框架。这个分析框架往往来源于现成的理论。例如,在教学中,教师感到某班学生在英语学习策略方面比较薄弱,学生自主学习能力不是很强。按照"自上而下"的思维模式,教师可以使用已有的学习策略问卷来锁定学生的薄弱点。这个问卷就是一个现成的分析框架。问卷本身对学习策略做了分类,例如,认知策略、元认知策略、记忆策略等。也就是说,对学习策略的各种情况已经有了预先的假设和规定。问卷回收的结果会以数字的形式告诉教师这个班的学生在哪些策略的使用上比较成熟,又在哪些策略的使用上有所欠缺。

"自下而上"的思维模式则对研究者的观察能力和问题直觉有更高的要求,因为研究者需要在现象分析的基础上自己归纳出问题到底是什么。例如,某个一向非常活跃的班级,最近英语课上不太爱主动回答问题了。那么教师可能会在课堂上有意识地观察学生的具体表现,课下也会与一些同学沟通、交流。最终,教师可能会得出初步结论,问题很可能是正在讲授的这个单元的课文生词量太大导致的。这就是"自下而上"发现问题的过程。这个过程一般要费时费力一些,但它往往可以有效避免将真伪问题混淆的情况发生。简单来说,真问题指的是本质问题,而伪问题则是表面问题,或是本质问题的表面现象。就像刚才举的例子一样,学生不爱回答问题实际上就是一个伪问题,如果后续的研究仅针对这个问题进行,那么大多会不得要领,事倍功半。

需要特别说明的是,不论采用哪种思维模式,都要从本校的教学实际出发,发现与本校教学需求密切相关的研究问题,才能不失校本教研的本意。

(二) 定义问题

单纯发现了问题,不等于就可以立刻展开研究了。教师还需要确定研究变量,包括自变量、因变量及二者之间的关系。还需要把发现的问题转化成表述清晰的、可操作的研究问题。有效陈述问题需从两方面入手。一是表述清晰,即研究问题的表述没有歧义且囊括研究的对象和内容,这个要求不难达到。二是可操作,即研究问题对研究过程有直接、明确的指导,换个角度看,就是不管是谁看到这个研究问题,都会按照相近的操作方法实施研究的。例如,有位教师现在想考察将阅读教学与写作教学结合在一起进行是否对本班学生的英语学习有帮助。假设他的研究问题是:读写结合教学模式对英语学习有什么作用?可以肯定,这个研究问题的表述是清晰的,其可操作性却存在不足,基于所设计问题,依然无法开展下一步的研究工作。如果把这个问题给十个不同的老师看,他们会按照相似的操作方法实施研究?答案应当是否定的。

出现上述不足的关键因素是:问题不够细化。如果我们把这个研究问题细化,那么可能会有如下几种可能性:

(1) 读写结合教学模式对学生阅读效率的提高有什么作用?
(2) 读写结合教学模式对学生写作的流利性、准确性和复杂性有什么作用?
(3) 读写结合教学模式对学生阅读/写作动机的提高有什么作用?
……

我们甚至可以无限地罗列下去。不难看出,这三个研究问题的可操作性比原来的问题要好很多:细化后的研究问题(1),比较明确地指示研究者需要对学生的阅读效率进行测量;研究问题(2)详细规定了对学生写作的考察维度,研究范围很清楚;而研究问题(3)则将研究对象指向动机这一特定领域。

在定义问题的过程中,教师一般可以通过不断追问来达到细化的目的。读写结合教学模式对英语学习有什么作用?对英语学习的哪个方面?语言知识的掌握?语言技能的提高?情感态度的升华?如果是阅读技能的提高,那么到底指的是阅读速度,还是阅读理解率,还是两者兼有? 当然,也不用问得过细,只要达到可操作的程度即可。

总之,对问题的定义,使之细化是核心步骤。一个好的研究问题,一定是表达准确、易于操作的。

(三) 理论工作

如前所述,可以通过追问的方式来细化研究问题。毋庸置疑,追问也需要有一定的思路。这样的思路一般有两个来源,一是常识,二是理论。虽然常识可以帮我们判断事物的基本属性,但一旦问题越问越细,就需要理论的支持了。比如,为什么可以把"读写结合教学模式对英语学习有什么作用"这一问题细化成"读写结合教学模式对学生写作的流利性、准确性和复杂性有什么作用"呢? 这些问题的设计具有明确的理论依据:对二语/外语写作质量的研究,通常是从流利性、准确性和复杂性这三个角度出发的。由此可见,理论方面的工作也是必不可少的,如果正确对待和利用理论,对校本教研的实践有着重要的指导意义。

> **请讨论**:阅读这部分内容之前,请想想你是怎样看待"理论"的。理论是什么? 理论有什么用处? 理论与实践相结合又是什么意思?

一般认为,对理论的认识和理解是一个长期积累的过程,而不是要做研究了,临时拿来几本理论文献突击一下就能达到很好效果的。对英语教师来说,有些方面的理论要经常性地学习,如教育理论、(英语)课程理论、(英语)教学理论、教育心理学理论(尤其是其中的学习理论)、第二语言习得理论等等。阅读这些文献不一定能立刻对教学实践产生什么作用,却能大大拓宽教师的视野,帮助教师积累理论素养,以便在今后的校本教研中厚积薄发。当然,这些理论本身也会不断发展变化,所以教师也应与时俱进,不断更新自己的理论知识储备。

对于某一特定的校本教研课题来说,理论工作也包含了更为具体的内容。首先,研究者需要通过各种渠道查阅近期(如三到五年内)出版的文献中与本课题的研究问题相关的内容。这类文献一般都以期刊的形式存在。在英语教学领域,国外期刊暂且不说,仅在国内,就有很多份相关的刊物。有的学术性强一些,如《外语教学与研究》《现代外语》《外语与外语教学》《外语教学》等;有的专业性强一些,如《中小学外语教学》(包括中学篇和小学篇)、《英语教师》《基础英语教育》《中小学英语教学与研究》等。检索这些刊物上是否有与本课题研究问题相关的内容,往往会得到很多启发,同时也是一个宝贵的学习过程。另外,现在很多期刊文献都可以通过网络检索获取摘要或全文(例如中国期刊网、万方数据库等),非常便于查询。

理论工作的意义不在于能直接帮助教师解决实际问题,也就是说,理论并不一定能直接回答教师的研究问题。但它能提供一种更宏观的视野,一种方向上的指引,一种操作上的框架。重视理论不等于轻视实践,轻视理论却往往于实践没有裨益。

(四) 方案实施

方案实施是这五个环节中最复杂的一个。其复杂性并不是指其难度大,而是涉及的方面很多,需要研究者有较好的统筹思维能力和执行、协调能力;同时还应熟悉并掌握各种研究方法,例如课堂观察、编制问卷、访谈、个案研究、实验研究、行动研究等。方案实施环节还可以粗略分为制定计划、实施计划和收集数据三个阶段。

研究问题进行细化定义后,需要依照它制定详细的研究计划。制定计划的过程包括两项工作:画流程图和可行性分析。先谈如何画流程图。流程图可以分为纵横两条线索,横轴与研究本身有关,纵轴则代表阶段安排(一般应注明具体时间)。流程图也可以做成表格的样式(表18-1)。假设研究问题是:在本校(假设是一所初中校),正在请英语家教的学生(假设这一现象在该校已非常普遍)从家教辅导中有哪些语言知识、语言技能和学习方法上的收获?表18-1即为一个流程表样例。

表 18-1 研究计划流程表示例

阶段	研究者	参与者	方法	数据
1. 先导研究(pilot study)	初一王老师、初二李老师、初三赵老师	三个年级各4名学生;其中2名学优,2名待达标	5分钟左右的访谈,要录音	转写成文字材料
2. 归纳总结	同上		对访谈的文字材料做编码分析,最终归纳成一个列表	
3. 问卷设计	同上		编写问卷,请校外专家提修改意见	
4. 问卷施测	同上	三个年级请家教的学生	利用校会的统一时间	
5. 数据处理	同上		将数据录入Excel,求出平均分、标准差等指标	
6. 数据分析	同上		分析数据,得出结论	

在表18-1中,我们可以清楚地看到,这个校本教研课题计划包括六个阶段。其中阶段1与阶段2属于一个相对独立的前期研究。研究者计划首先通过小规模的访谈,初步归纳出家教辅导对学生语言知识、语言技能和学习方法方面可能的影响,为之后的问卷设计提供依据。参加访谈的学生三个年级各选4名,分为"学优"和"待达标"两类,这样可以增加样本的代表性。但如果也涉及学习成绩居中的学生会更好。对访谈进行录音并转写成文字材料非常重要,这样就能为后续的访谈分析(即阶段2)提供准确的数据。访谈分析预计使用编码分析方法,即对受访学生提到的每一类具体的(家教辅导带来的)影响都做一个特殊标记,最后再将所有标记整理出来,并进行归类。

这个课题的阶段3到阶段6为问卷调查部分。首先,研究者计划依据访谈分析整理出的列表,编制一份问卷。编制完成后,请校外专家提出修改意见,这样可以较好地保证问卷的内容效度。之后,计划利用统一时间施测。收集上来的问卷中的数据录入Excel,方便做描述统计。统计出一些指标后,再依据这些指标做分析,得出最后的结论。这个研究计划整体制定得比较理想,思路很清晰。

流程图画完后,需要进一步做可行性分析。要将研究设计中的各个环节都假想一遍,看看会不会出现无法实施的情况。例如,对学生的访谈,他们会不会不配合,或不敢说实话?访谈数据的分析会不会花费太多时间?帮助修改问卷的校外专家是否可以落实?利用校会统一施测是否可行?等等。

上述两项工作都做好了,制定计划阶段就比较圆满地完成了。下面介绍实施计划阶段的一些注意事项。第一,研究的实施不应给正常教学带来太多干扰。校本教研本是为教学服务的,为的是促进教学,因此,如果研究过程本身给教学带来了太多负面影响,是有违其初衷的。当然,校本教研课题的实施要想做到一点影响没有,也是不大现实的。只是研究者应尽可能将这种影响降到最低程度。第二,课题实施过程中,对原计划的调整甚至改变是一件很正常的事情。校本教研大多属于行动研究,往往需要边研究边改进,以研究促发改进,以改进带动研究。在理由充分的情况下,不必死板地执行初始计划,要体现一定的灵活性。第三,实施过程中需要做详细的研究记录,要把每个步骤的操作方法、遇到的问题及处理办法等尽可能精确地记录下来,以便研究进程中和研究结束后,对研究过程本身进行反思,获取关于研究的经验。当然,这同样是为了研究结束后撰写研究报告时能够提供准确的过程描述。第四,校本教研课题往往不是一个教师单独实施的,因此需要注重团队的协作,参与研究的教师要能乐于分享个人体会,听取不同见解,促进共同成长。

收集数据是第三个阶段。这个阶段需要研究者有较强的"数据意识"。数据意识包括如下三个方面的内容。第一,要注意对原始数据进行迅速备份。原始数据一旦丢失,带来的损失是不可挽回的,有时整个研究都会受到严重影响。收集到的原始数据应迅速拷贝、复印、制作副本,以防出现意外。第二,收集到的数据应力求精确。这个精确体现在两个方面。首先,要严格保证数据收集过程本身的质量,如问卷的施测时长是否统一,口头进行的指导语是否标准等。其次,数据在录入的过程中也可能出现误差,因此需要做好复核工作。在数据量不大的情况下,可以进行一到两次完整的检查;完整检查的可行性不大的时候,也应做抽样检查,如抽检30%左右的数据,然后再根据抽检数据的准确率推测整个样本数据的准确率。第三,尊重真实情况,不弄虚作假。切忌为了便于做出某种倾向性结论就肆意篡改数据。这样做首先是有违科研道德的,其次,篡改的数据是无法反映真实情况的,也就不能给教学实践以准确的指导。

需要说明的是,根据研究类型和设计的不同,实施计划阶段和收集数据阶段有时是交叉重合的。

(五) 撰写报告

研究报告的撰写是最后一步,但也非常重要。只有完成了研究报告,没有直接参与研究中的其他人才有可能全面、详细地了解研究的全过程及结果,并做出自己的判断与评价。研究报告的撰写包括如下四个要点。

第一,研究报告要结构清晰,可读性强。一般来说,研究报告的主体包括引言、文献综述、研究方法、研究结果与讨论、结束语等五个部分。引言中应简要说明研究背景,明确提出研究问题,适当点明研究意义,即给读者一个概览,知道这个研究是怎么来的,要做什么,做了有什么用。文献综述则包括"综"和"述"两个部分。首先需要归纳前人研究的成果,然后再评述它们的贡献和不足。前人的贡献是本研究的基础,而前人研究的不足往往正是本研究要解决的主要问题。研究方法部分一般涉及受试者(participants)、工具(instruments)、程序(procedures)等内容。研究结果与讨论则是报告发现、解释发现的部分。结束语往往对讨论部分的主要内容做总结,即写出结论。另外,多数的研究报告都包含参考文献部分。如果再加上摘要和关键词,研究报告可以很容易地改写为一篇论文。

第二,研究报告要严格遵照相应的写作规范,即做到格式准确。但格式要求根据情况不同也不是一成不变的。例如,不同的刊物对来稿的格式要求往往是有差异的。因此,需要根据读者对象确定使用什么样的格式要求。

第三,研究报告要认真修改,改的次数越多,往往质量越高。修改时也可请其他人帮忙审读,有时他们会提出一些非常有用的建议,能够丰富作者看问题的角度。

第四,要有发表意识。研究报告的写作过程对研究者来说的确是一个进一步理清思路并加深认识的过程。但这并不是它的主要功能。它的主要功能是在更大的范围内交流,使他人获得启发和帮助。这一功能的实现途径有很多,其中最主要的一条是发表在公开发行的刊物上。发表后的研究报告或论文会创造更大的价值。

另外,有时在完成研究报告之后,还需要提炼出一份咨询报告,供有关部门参考。咨询报告只需简要描述研究报告中的主要内容,提纲挈领,阅读起来不需要太多时间,但需要附上对应的研究报告,以供参考。

实 践

请扫描二维码
查看参考答案

 请你回答

1. 你认为小王应该如何设计这个研究?
2. 她又该如何实施这个研究呢?

 请你分析

回忆你在中学读书时的英语学习经历,从你作为学习者的视角,分析你所读的中学的校本教研需求。

 请你设计

假设你是某中学的英语教研组长,希望通过一项校本教研课题来了解组里教师使用英语教材的策略,最终达到提高教材使用水平的目的。

初步设想如下:首先研究教师们如何解读、分析、整合教材,即教材使用的具体策略状况;进而归纳其中的优秀传统和存在的问题;最终,形成一套既来源于教学实际,又有先进理论指导的教材使用策略指导方案。

请你在此基础上进行研究设计,编制校本研究计划表。

第二节 磨课教研

思 考

现象反思

T老师是具有三年教龄的教师,教学质量一直在年级居后,教研组长让他上了几次教研课,请专家、教研员、同校老师诊断,他们提出很多批评意见,既有教学目标不符合学生实际问题,也有教学内容难度与重点把握不准的问题,还有计算机课件过于花哨的问题等,同时纷纷分享自己的有效做法。T老师面对这么多方方面面的建议,不知如何选择。

你认为他该怎么办?

学习目标

学习本节后,你能:
1. 了解磨课的基本内涵与特点;
2. 掌握磨课的基本流程;
3. 掌握磨课的评价标准。

本节结构

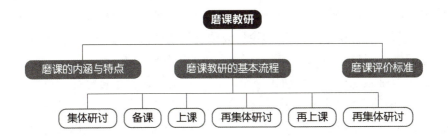

学 习

一、磨课的内涵

简而言之,磨课就是通过多次打磨一节课,提高教学有效性,从而提高教师专业能力。从完整的定义而言,磨课是一个教学集体(通常为一所学校的一个学科的教研组,也可以是几所学校同一学科的教师组成的跨校教研组),为了解决某一教学问题,通过在一定时期内,对该教学问题的相关教学内容进行反复地、深入地学习、研究与实践(至少是五次集体研讨、三次个人备课、两次课堂活动),通过不断地去粗取精、精细加工,找到对这一教学问题比磨课之前更为有效的解决方案,从而显著提高整个教研集体对这一问题的教学有效性,并掌握解决教学问题的方法,形成解决教学问题的能力,实现教师的专业发展,从而显著提高教学质量。

对于在职教师,磨课可以是一种在职在岗的专业发展,与教学教研同步进行,既可开展教研,又可提高教师专业能力。对于职前的教师教育,亦即师范教育而言,磨课可以成为微格教学的基本形态,亦即,把没有精细化加工过程的微格教学,转化为磨课形态的微格教学,使学生教师(student teacher,即教师教育专业学生)可通过磨课使自己的教学体验转化为精细化的教学经验。

从以上定义我们可知磨课的内涵:

WHO(谁磨课):一个教学集体(通常为一所学校的一个学科的教研组,也可以是几所学校同一学科的教师组成的跨校教研组,或者一名教师教育者带领的几名学生教师)。

HOW LONG(多长时间):通过在一定时期内完成至少五次集体研讨、三次个人备课、两次课堂活动的时间,至少一周,一般不超过一个月。

HOW(如何磨课):对某一教学内容进行反复地、深入地学习、研究与实践(至少是五次集体研讨、三次个人备课、两次课堂活动),不断地去粗取精。

FOR WHAT(为了什么结果):

1. 找到对这一教学问题比磨课之前更为有效的解决方案;
2. 显著提高整个教研集体对这一问题的教学有效性;
3. 教研集体掌握解决教学问题的方法、形成解决教学问题的能力;
4. 实现教师的专业发展;
5. 显著提高教学质量。

磨课源于课例研究(Lesson Study)。课例研究是指围绕一堂课的教学在课前、课中、课后所进行的种种活动,包括研究人员、上课人员与他的同伴、学生之间的沟通、交流、对话、讨论。课例研究是以教师的教学实践为基础,通过对一节课的全程描述或其中若干件教学事件的描述,使之形成个人反思的对象、理论研究的素材或他人学习的范例。课例研究起源于中国,盛行于日本,从日本走向世界,已经形成一定的国际影响力。

磨课,其实就是教学设计的精细化(elaboration),是教师对于自己教学行为的精细加工(refine),是教学中的去粗取精的过程。这一活动每一位老师在自己的日常教学中都会自觉不自觉地去做,磨课只是把这一非规定性行为转化为一个规定的流程,以此进行有意识的精细加工,把经历转化为经验。从这个意义而言,磨课是 Lesson Study 的升级版,是基于其共同的基本理念,更加强调精细化加工的课例研究,其英语表述应为 instructional elaboration,这一表述可以更加准确地说明其研究目的在于精细化,而不在于研究(study)。

> 请讨论:为什么说磨课是一种精细加工过程?

二、磨课的有效性

从磨课的定义就可以知道,磨课是为了寻找有效的教学方法。在教学意义上,磨课的目标是：基于教学问题，找到对这一教学问题比磨课之前更为有效的解决方案，从而显著提高教学质量。这是磨课的直接目标，或者说，是磨课在教学层面的目的。

磨课是一种集体教研活动，那么也有着教研层面的目的，而这则是磨课的伴生目的。在教研意义上，磨课的目的是，显著提高整个教研集体对这一问题的教学有效性，教研集体掌握解决教学问题的方法，形成解决教学问题的能力，实现教师的专业发展，从而显著提高教学质量。

无论是从教学意义，还是教研意义看，磨课的终极目的是：显著提高教学质量。这是国家对于教育改革与发展的基本要求，也是国家和社会发展对教育的本质要求。对于提高教学质量，有着多种方法，而其中最为关键的，则是提高教师专业水平和能力。教师的专业发展是教育质量的基石，教育质量是人类社会发展的基石。

我们现在的教学与国家社会所要求的教学质量存在一些差距，我国教育还不完全适应国家经济社会发展和人民群众接受良好教育的要求。教育观念相对落后，内容方法比较陈旧，中小学生课业负担过重等。

导致和存在这些问题的原因较多，其中从教师的课堂教学而言，其原因主要在于：教师的日常教学总体上是基于教师个人的教学经历的，存在着不少低效甚至无效乃至负效的教学活动，从而导致如今的教学与国家社会所要求的教学质量存在一定的差距。即使对于那些相当成功的、有效的经历，教师也可能没有把经历上升为经验，没有形成理性的、系统的反思，没有找出规律，没有形成指导解决同类问题的方法和原则。磨课就是把经历中的低效甚至无效乃至负效的教学实践磨掉，把经历磨成经验，上升到系统的理性的反思总结，形成经验，从而为以后解决同样、同类、相似问题找到方法和原则。

磨课，不是磨教师的每一节课，因为没有任何人能够承受得了每一节课都用这么长时间、这么多精力去磨。而是要磨一部分的课，磨出一种解决教学问题的方法和原则，磨出教师解决教学问题的能力。当我们具有了更高的能力，掌握了更高效的方法之后，我们的"应付"也是高水平的"应付"了，是高效的"应付"了，这样就能在不把我们变得"非正常"的情况下，在我们还是正常的情况下，显著提高教学有效性。

所以，从问题的视野看，磨课的目的，就是通过反复研究和实践，磨去教学上那些低效，甚至无效、负效的教学设计和教学实践，找到解决低效，甚至无效、负效的教学问题的方法，形成解决这些问题的能力。

当然，从教师发展的视野来看，磨课还是培养教师解决教学问题的能力、促进教师专业发展的活动。而这也就是教研层面的磨课目的。磨课还可以用于区域教研，比如组织本地区教师共同开展磨课，集中解决本地教学中存在的主要问题。

显然，磨课的目的可以从多层次、多维度分析。

综合而言，磨课的教学目的是解决当前教学中存在的问题；磨课的教研目的是寻找解决当前教学问题的方法，培养整个磨课集体解决教学问题的能力。

三、磨课组的组建

磨课组是一组为了提高教学成效而愿意相互批评的人，所以磨课组的组建一定应该自愿组成，否则一定会影响磨课质量，或者因为磨课而影响人际关系。

磨课组是一群自愿组合的人，磨课组成员之间应该坦诚相见，能够接受相互之间的针对问题本质、可能一针见血的批评，因为大家有一个非常明确的共同的基本目标：解决教学问题，优化教学过程，提高教学质量，从而提高学生的学习成效和教师的教研能力。

如今存在部分因行政因素组成的磨课组，如大家在同一学校，或者在同一教师指导下的同一班级，故而组成一个磨课组。这可能导致磨课过程中因为相互批评而影响人际关系，导致磨课无法正常完成，或者达不到预期目标。

若教师必须基于行政因素组成磨课组，磨课组应该坦诚沟通，全组应该明确一些基本原则，如哪些是必须坚持的批评；也应该照顾所有成员的接受程度，哪些是某些、某一成员不愿意接受的批评内容（如语法错误、语音错误等），或者批评形式（如不能接受当面批评、会议批评、直接批评等）；哪些是某些、某一成员可以接受的批评内容，或者批评形式（如可以接受发邮件批评、在批评他人时一起批评、建议式批评等）。

磨课组可以确立磨课讨论原则，之后磨课组成员遵照执行。即使是职前教师教育的磨课，指导教师也应与学生教师共同商定磨课讨论原则，然后切实执行，不可一味以教师身份独断言行，甚至妄加指责。

对于在职教师的磨课组，若组内没有具有权威性的带头人教师，建议适当要求校外专家作为指导者加入磨课组，因为有些问题可能组内讨论找不到头绪，或者相互争执无法达成一致，此时需要专家指导，或者进行综合协调。

四、磨课的基本流程

磨课可以没有严格的流程，但设计一个基本流程，有助于磨课达到其最基本的成效。在掌握基本流程，尤其是基本原则之后，流程就可以变化了。形成或制定一个基本流程（基本形式），然后在此基础上根据需要进行调整和变化（变化形式）。

磨课的基本流程应该包括：至少五次集体研讨、三次个人备课、两次课堂活动。每个环节的主要内容如下，每一步骤的具体要求会在随后一一说明：

首先是"第一次集体研讨：磨课设计"，责任人是磨课组全体成员，包括七项主要工作：问卷设计（选用已有、修改调整、自行设计）、问卷调查、问题分析与聚焦、已有理论与课例学习、设计解决方案、选择磨课效果观察点、分工，形成完整的磨课方案。

然后是"第一次个人备课"，责任人是授课教师，包括三项主要工作：分析学情、校情、教情；基于磨课目标设计教学目标；根据磨课目标设计教学过程与教学活动。

然后是"第二次集体研讨：集体备课与课堂观察量表设计"，责任人是磨课组全体成员，包括四项主要工作：授课教师陈述，各观察教师陈述观察量点的选择，集体研讨教学设计与磨课目标是否相符，集体研讨观课量表设计，观课教师根据集体讨论的意见，设计观察量表。

然后是"第二次个人备课"，责任人仍然是授课教师，主要工作是分析集体研讨意见，决定取舍，根据取舍重新备课。

接下来是"第一次课堂活动：课堂教学与课堂观察"，责任人是磨课组全体成员，主要工作是：在 A 班进行课堂教学，根据分工进行课堂观察。

再接下来是"第三次集体研讨：对第一次课堂观察的分析与集体备课"，责任人是磨课组全体成员，主要工作是：授课教师陈述是否完成教学目标和磨课目标；各观课教师基于观课数据与案例说明磨课目标是否实现；集体讨论如何进行教学调整。

然后是"第三次个人备课"，由授课教师负责，主要工作是：分析第一次课堂观察数据与案例；分析集体研讨意见，决定取舍；根据数据、案例和意见重新备课。

然后是"第二次课堂活动：课堂教学与课堂观察"，责任人是磨课组全体成员，主要工作是：授课教师在B班进行课堂教学，课堂观察成员根据分工进行课堂观察。

接着是"第四次集体研讨：对第二次课堂观察的分析与集体备课"，责任人是磨课组全体成员，主要工作是：授课教师陈述教学设计修改以及是否完成教学目标和磨课目标；各观课教师基于观课数据与案例说明第一次教学的问题是否解决以及磨课目标是否实现；集体讨论如何进行教学调整。

最后是"第五次集体研讨：磨课总结与教学案例材料完善"，责任人是磨课组全体成员，包括以下主要工作：集体讨论本次磨课收获与存在问题，形成对磨课目标问题的基本解决方案，并完成全组磨课总结；授课教师整理三次备课教案，归入磨课档案；授课教师根据观察数据和案例以及研讨建议，修改教学设计，形成此次磨课最终设计，归入磨课档案；观课教师整理观课记录，归入磨课档案；观课教师根据观课过程发现的问题，修改观课量表，归入磨课档案；所有成员完成个人磨课总结，归入磨课档案。显然，建立"总结与磨课档案"是这一环节的主要工作，其中总结更加重要，因为教师需要提高总结形成解决问题的方法，磨课组成员在总结讨论中形成自己反思总结、归纳提炼的能力，为培养个人反思与总结的能力。

五、磨课的评价标准

是否达到预设目标，是我们判断一项活动是否取得成功的基本标准。磨课是否成功，就是看预设的目标是否实现，即：是否找到了计划解决的教学问题的方案，磨课群组的磨课教研能力是否得到显著提升。若此二目标实现，则磨课成功。

当然，我们也可以设计一系列标准来判断磨课是否成功，尤其是在磨课的过程中不断对照磨课标准进行检查，以此从过程评价保证最终实现目标。教师可根据以下磨课合格标准，在每一环节对照检查，保证磨课最终确实能解决相关问题。

表18-2 磨课合格标准

评价项目	评 价 内 容
磨课计划	是否进行了教学问题调查？调查问卷是否合理、科学，是否针对本校问题？ 是否对问题进行了聚焦？聚焦是否合理、科学？ 磨课目标是否设计？目标是否合理？ 对聚焦后的问题的解决方案，是否学习了相关理论，如《义务教育英语课程标准(2022年版)》《普通高中英语课程标准(2017年版 2020年修订)》等？是否学习了其他学校解决这一问题的方案？是否深度分析了其他学校的解决方案？是否广泛寻找了相关资源？ 磨课分工是否合理？是否发挥了每个老师的优势？是否每个老师都能深度参与？ 观课点是否经过讨论确定？观课点是否与磨课目标一致？观课量表是否设计？是否科学？是否指向计划解决的教学问题？
个人备课	是否有授课教师至少三次个人备课？每次备课是否解决了前一次教学中存在的问题？是否吸取了群组集体研讨的意见？每次的教案修改是否更加有助于解决计划解决的问题？

(续表)

评价项目	评价内容
集体研讨	是否有群组集体备课？集体研讨？集体备课和研讨是否有明确记录,尤其是对问题解决方案的讨论的记录？观课分工中是否有合作？观课之后的议课是否基于观课发现的事实案例和数据？研讨和建议是否指向计划解决的问题？
课堂教学与课堂观察	上课是否有实录(视频或文本)？是否在不同班级上课？ 上课时,观课教师是否进行了有效观察？是否针对观课目标和计划解决的问题？观课数据是否准确？案例是否关键,有说服力？
磨课总结	是否进行了全组讨论总结？是否形成了解决计划解决的问题的有效方案？这些方案是否适合本校？是否每个人都进行了反思总结？群组和个人反思总结是否归档？授课教师是否完成了教案完善、整理和归档？观课教师是否完成了观课量表的完善、观课记录的整理和归档？磨课群组的磨课教研能力是否有显著提升？有哪些具体表现、数据？

对于这些问题,还可以赋予分值,这样可以进行有效的量化评估,尤其是需要对磨课进行最终评价时,量化评估有助于最终结果的合理性。

实 践

 请你回答

1. 你认为磨课是否能解决 T 老师的问题？
2. 在磨课中,新教师主要应向老教师学习什么？

请扫描二维码
查看参考答案

请你分析

分析一节全国课堂教学展示课例,发现其值得进一步打磨之处。

请你设计

请为 T 老师设计第一次磨课的基本流程。

第三节　教学实验

思 考

 现象反思

M 老师是外国语学校的英语组组长。学校计划以数学课程为试点实施一个学年的双语教学,并希望通过此次实验检验双语教学在促进学生数学学习、英语学习以及学习策略和动机等方面的作用。这个教学实验的设计工作由 M 老师负责。她现在比较困惑,不知道应该如何入手。

你能给她提些建议吗?

 学习目标

学习本节后,你能:

1. 了解与实验研究相关的基本概念;
2. 掌握教学实验的基本过程和方法;
3. 独立设计一个教学实验及其数据收集的方法。

本节结构

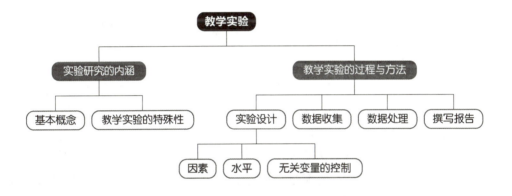

学 习

一、实验研究的内涵

(一) 基本概念

实验研究(experimental study),顾名思义,就是采用一定范式的实验设计与控制作为基本方法进行的科学研究,一般属于定量研究。定量研究(quantitative study)通过对某种特征进行量化,来确定它的质的属性。不同质的属性之间有量的界限。例如,通过量表测量智商,就属于定量的范式。最终的测量结果用量化的数字来表示,并且智商正常、超常和低下这三种不同的"质"的属性之间有量的界限,比如,80 到 120 分属正常,80 分以下和 120 分以上分别属低下和超常。其实,在英语教学中,定量的情况也很多,例如期中、期末考试中的"得分"。与定量研究相对应的概念是定性研究(qualitative study)。定性研究探索事物本身的特征以及事物与事物之间的关系。它不以量化作为主要手段,有时甚至还反对用数字代表事物的特征。例如,研究对教师课堂决策产生影响的因素都有哪些。

研究可能会涉及教师的理念及水平、教材的难度、班级的学情、学生的生理心理状态、环境的状况等等。研究这些影响因素是如何发挥作用的,定量研究可能不如定性研究具有解释力,因为我们很难用数字来表示这些因素对教师决策的影响力,它们始终处于动态的互动之中。而定性研究则能更清楚地揭示出它们自身的性质,发现起主要作用的是外部因素还是内部因素,它们之间是什么关系,如何相互影响等。

实验研究大多属于定量研究,一般而言,实验的方法,其核心内容是实验设计(experimental design)。实验设计指的是通过巧妙的设计,尽可能排除无关因素的干扰,来检验假设中的自变量是否对因变量产生影响。首先是变量,例如身高、体重、智商、血压等。其次是自变量与因变量。例如,英语老师在课堂上对小明进行了表扬,小明的学习积极性得到了提高。这里,表扬就是自变量,学习积极性则是因变量。

检测自变量对因变量的影响是所有实验研究的根本目的。发生在前的不一定就是原因,发生在后的也不一定就是结果。因此,老师表扬后,小明的学习积极性提高了,严格地讲,不能武断地认为表扬就是"因",积极性的提高就是"果"。在表扬之外,仍有存在其他"因"的可能性。那么,实验设计就是通过巧妙的设计来排除这种可能性,最终使得对因变量产生影响的原因只可能是自变量。

实验设计最常见的方法就是设定实验组和对照组。例如,为了检测某种新的教学法是否更有效,可以选择各方面条件(语言水平、学习环境、男女比例、任课教师等)都比较相近的两个班级,一个班级使用新的教学法,另一个班级继续使用原来的旧教学法。经过一段时间之后(例如一个学期),考察两个班的语言学习进步程度是否产生了差异。在这个例子中,使用新教学法的班级是实验组,使用旧教学法的班级是对照组。实验组与对照组的根本差异在于对自变量的处理不同。不难看出,这个实验的因变量是语言学习的进步,而自变量是使用的教学法,有新、旧两种处理。实验组和对照组分别接受了自变量的两种不同处理。那么,在其他可能的影响因素和条件都非常相近的情况下,如果最后产生了因变量上的差异,我们就可以比较有把握地说,是自变量对因变量产生了影响,即教学方法对语言学习的进步有影响。因此,实验设计的本质是,将对自变量的不同处理分别运用于实验组和对照组中。

由于是定量研究,实验的结果大多是以数字形式呈现的,称之为数据(statistics)。数据大致有四种类型:称名数据(nominal statistics)、等级数据(ordinal statistics)、等距数据(interval statistics)和比率数据(ratio statistics)。称名数据只代表特征的属性,例如,性别、民族、国籍等都属于称名数据。等级数据代表排序,等级数据有大小关系,但没有相等单位。例如,考试的排名,第一名的成绩高于第二名,第二名高于第三名,但第二名与第一名的差距,不一定等于第三名与第二名的差距,因此没有相等单位。等距数据则既有大小关系,又有相等单位,但它没有绝对零点。比如智商,90 分与 100 分的差距在理论上等于 80 分与 90 分的差距,但没有人的智商等于 0(即便他在某次智商测验中的成绩为 0)。而比率数据则有绝对零点,例如长度、高度、时间等。

(二)教学实验的特殊性

教学实验与一般的实验研究相比有其特殊性。首先,教学实验不是严格的实验研究,多数属于准实验研究(quasi-experimental study)。因为,教学实验不应影响正常教学,因此往往发生在自然的教学环境中,是不大可能移植到实验室的环境中去的。脱离了实验室的环境,众多的无关因素就很难完全控制了。教学实验不比化学实验,可以在实验室中很完美地控制温度、气压、湿度等可能对因变量造成干扰的自变量以外的因素。总之,教学实验无法做到绝对精确。第二,教学实验往往以定量研究为主,还辅以一些定性的工作。鉴于教学实验无法做到精确无误,因此在其中获取一些定性的数据,如访谈、观察等,对确认研究结果的可靠性会有很大的帮助;同时,定性的数据也能帮助我们更好地解释研究结果。例如,我们通过定量研究证明了使用新的教学法比旧的教学法更能促进学生语言水平的提高,那么定性的数据可以进一步帮助我们揭示更深层次的原因。

教学实验对学校教学的改进和整体的发展都有积极的意义。首先,教学实验往往与新方法、新途径、新尝试有关,属于教学创新,对教学的改进可能会有非常大的启发意义。其次,在实施教学实验的过程中,教师能切实提高自身的研究能力和思维能力,对教师发展也有促进作用。总之,教学实验是发展创新教育的一种可行途径。

二、教学实验的设计

教学实验的设计虽然比较复杂,但有很强的规律性和操作性,在认真学习与实践的基础上是可以较快掌握其基本要领的。实验设计主要包括三个方面的内容:因素设计、水平设计及无关变量的控制。

(一) 因素

在实验设计中,我们将自变量称为因素(factor)。其实,因素就是自变量,只是在实验设计中采用了不同的术语而已。因素分为组间因素(between-group factor)和组内因素(within-group factor)。

例如,研究时间限制对学生英语写作考试成绩的影响。时间限制是自变量。假设研究者设计了对自变量的三种不同处理:60分钟、45分钟和30分钟。那么研究者可以选出90名学生,将他们随机分为3组,每组30名。假定这三个组的基本情况(尤其是写作水平)相同,即没有原始差异。现在让这三个组做同一个写作题,但时间限制不同。在这个例子中,自变量"时间限制"的三种不同处理分别由三个组来实现,每个组接受一种不同的处理。这时,这个自变量就是一个组间因素,这种设计就叫做组间设计。

再如,研究不同的话题对学生英语口语表达的影响。话题是自变量。假设研究者这次也设计了对自变量的三种不同处理:学习类话题、娱乐类话题和社交类话题。研究者只选出30名学生构成一个受试组。然后让他们分别就三个话题进行口语表达,即每个学生都要谈论所有三个话题。在这个例子中,自变量"话题"的三种不同处理仅由一个组来实现,即组内的每名受试都接受了三种不同的处理。这时,这个自变量就是一个组内因素,这种设计就叫做组内设计。

组间设计和组内设计各有各的优势和劣势。组间设计比较节约时间,但需要较多的受试;而组内设计占用时间较多,但比较节约受试。比如,上面讲到的口语研究的例子。其实也可以像那个写作研究一样,找三组受试,这样每组受试分别谈论一类话题,能节约三分之二的时间,但需要的受试数则是组内设计的三倍。

另外,在有的教学实验中,可能不只涉及一个自变量。而在多个自变量中,有的可能是组间因素，有的则可能是组内因素，这时，这个实验设计叫做组内组间混合设计，简称混合设计。需要注意的是，设计有混合设计，但因素没有混合因素。

（二）水平

在实验研究中，对自变量的不同处理分为不同"水平(level)"。例如，60分钟、45分钟和30分钟就是自变量"时间限制"的三个水平；学习类、娱乐类和社交类则是自变量"话题"的三个水平。

"水平"的选择和界定也是实验设计的重要环节。首先，水平的选择需要有充足的依据。为什么要选择这些水平来体现自变量的变化，是需要认真思考和严密论证的。例如，研究者经常会将学生的语言能力视为自变量，来研究它对英语学习其他方面的影响。那么有的实验将语言能力设定为两个水平，即"高""低"两种区分；而有的实验则将其设定为三个水平，即"高""中""低"三种区分。不同的做法应当是有相应的原因的。一般来说，将语言能力分为"高""低"两个水平就可以满足研究需要了，但在有的研究中则需要分为"高""中""低"三个水平。比如，研究分班教学中，不同语言能力的学生的心理感受有何不同。我们不妨推测一下，分班教学对什么样的学生会造成较大的心理冲击？是最好的学生吗？还是成绩最不理想的？可以想象，心理波动最大的很可能是排名中等的学生，因为在分到"好"班与分到"差"班之间可能就是"一念之差"。因此，这样的研究将语言能力分为三个水平，是非常合理的。另外，水平的划分应当尽可能体现水平之间的差异性。还以语言能力为例，如果分成"极高""非常高""比较高""一般""比较低""非常低"和"极低"七个水平，理论上是可以的，但在研究实践中，这种区分没有太大的意义，因为它不能有效地反映自变量的不同水平如何"敏感"地对因变量造成影响。也就是说，水平设定得过多，一般是不可取的。

与水平的选择一样，水平的界定也非常重要。如果对各个水平的界定不合理或不清楚，研究结果的效度也会受到影响。水平界定的关键方法是给出操作定义。例如，要讲清楚判定语言能力"高""低"的具体操作标准。比如，近三次期中期末考试的综合排名在前27%的学生属于"高"组，排在后27%的属于"低"组。总之，水平的界定要保证能够帮助研究者进行精确的区分操作，才能达到实验设计的要求。

（三）无关变量的控制

在对因素和水平进行合理设计的同时，也应注意控制无关变量的影响。无关变量指的是自变量以外的，但有可能对因变量产生影响的因素。对无关变量的控制最能体现实验设计的精细与严密。

无关变量往往不容易被观察到，但它们发挥着不可忽视的作用。无关变量的这些作用，一般称之为"影响效度的因素"。影响效度的因素一般有如下几种：

第一，受试自身的成熟。它指的是导致因变量发生变化的原因不是自变量，而是受试自身的变化发展。例如，教师在初中一年级的一个班里开展了为期一年的英语短文阅读活动，每人每周读一篇。希望比较活动前后学生对自己阅读能力的评估是否有变化。研究假设是，英语短文阅读活动能够提高学生对自己阅读能力的评估。实验开始前，教师用自制问卷测量了学生对自己阅读能力的评估，实验结束后，又进行了一次测量。结果发现，后测的成绩反倒低于前测，即学生在活动之后对自己阅读能力的评估低于之前的评估。这时，教师得出结论:"英语短文阅读活动对学生阅读能力的评估造成了消极影响。这样的结论是不可靠的。学生对自身能力的评估很大程度上受自我意识的影响,对于处于青春期的初一、初二学生来说,更是如此。因此,后测成绩反倒低于前测的原因,很有可能是学生自身的成熟造成的,而不一定是英语短文阅读活动这个自变量所带来的影响。

第二,序列效应。序列效应指的是实验程序的特定顺序对因变量造成了影响。例如,研究英语短文中生词的比例对学生阅读成绩的影响。研究者选了两篇短文,字数都为500词,每篇短文后面都有10个单项选择题,只是A篇的生词率为3%,而B篇为12%。现在让30名学生来完成这两项阅读任务。如果我们让所有学生都先做A篇,然后再做B篇,那么这里就有产生序列效应的风险。先做A篇后做B篇,这种特定的顺序,是有可能对因变量造成影响的。做生词较少、比较容易的A篇,会不会对完成B篇的阅读任务来说是一种"预热"呢?那么如果所有学生都先做B篇,然后再做A篇呢?同理,这样也可能会产生序列效应。因此,最好的办法就是,将30名学生随机分成两组,一组先做A篇,另一组先做B篇,就有效避免序列效应发生的可能了。

第三,练习效应。练习效应多发生在前测、后测为同一套测题的情况中。例如,一个学生今天做了某智力测验,得105分。对他进行为期一周的数学思维训练后,再让他完成同一套智力测验,发现他第二次得了115分,提高了10分。这时,我们并不能肯定地说,他在智力测验分数上的提高是数学思维训练的结果。我们可以设想,即使是没有这一周的数学思维训练,他一周之后再做一次该测验的成绩也很可能会有较大的提高。这就是练习效应。

第四,霍桑效应。霍桑效应指的是研究者对受试的额外关注引起了因变量的变化。研究者在实验中,往往对实验结果都有一些具有倾向性的期待,而这种期待一旦被受试感知,就可能会造成受试的表现有变化,而这种变化并不是自变量带来的。因此,为了保证实验结果的真实性,研究者应当有效藏匿这种期待,防止对受试施加额外的影响。例如,研究新旧两种教学方法的教学效果,确定一个实验班(新教学方法)、一个对照班(旧教学方法)。如果不小心让两个班的受试知道了这种安排,那么实验班的受试很有可能会因为感觉受到了关注而更加努力,成绩提高很快,最终导致无法解释到底是新教学方法起了更大的作用,还是学生因受到关注而做出的努力起了更大的作用。

除上述四种影响实验效度的主要因素之外,还有很多不太典型、更微观的无关变量需要教师给予较好的控制。总之,教学实验的设计需要经过深思熟虑之后才能付诸实施。

三、数据的收集

实验设计主要是针对自变量进行的,而数据的收集则通常与对因变量的测量有关。例如,研究多媒体教学对学生英语单词的记忆是否有帮助,就需要对学生单词记忆的效率进行测量。因此,数据收集不单单是记录数据这么简单,也需要设计详细的方案,以确保收集上来的数据能够准确地代表因变量的状况。实验设计与数据收集是教学实验中最重要的两部分内容。

获取数据的操作规范和前后测数据的收集,均需重点关注。获取数据要事先制订完善的操作规范,否则就很难保证数据收集程序的可靠性。例如,研究词汇量大小对学生英语写作成绩的影响。因变量是英语写作成绩。那么研究者往往需要让受试按照一定的要求写一篇短文。短文收集上来以后，需要打分，最后的分数就是要收集的数据。那么怎样打分呢？这就需要选择评分方法并制订详细的评分标准。在英语写作评估中，一般有两种给作文打分的方法。一种是整体性评分，即评分人根据其对作文的综合印象打分；另一种是分析性评分，即评分人分别给作文的内容、词汇、语法、结构等方面打分，然后再将分项分加在一起得到总分。具体采用哪种评分方法，需要根据具体的研究目的和研究条件来决定。但不论采用哪种方法，都应当制订详细的评分标准，以保证评分的效度。

一些教学实验需要对前测与后测两次成绩进行比较，这就涉及制作"等值复本"的问题。等值复本指的是与一套测题具体内容不一样，但考察的方面和难度都相同的另一套测题。比如，平常在考试中用到的 A、B 卷就互为等值复本。两份试卷的具体题目不尽相同，但考察的知识点和答题的难度应当是一致的。如果必须进行前后测，那么最好在实验正式实施之前就设计好测验的等值复本，原测验用于前测，等值复本用于后测，反之亦可，以避免练习效应的发生。

数据收集之后，需要进行录入和保存。建议将教学实验的相关数据直接录入到 SPSS 软件中储存，以方便之后对数据进行统计处理。SPSS 全称为 Statistical Package for the Social Science，是社会科学领域常用的统计软件。具体的录入方法可参考软件附带的使用手册或查阅相关的辅导书，SPSS 软件的数据录入后界面示例可见图 18-1。

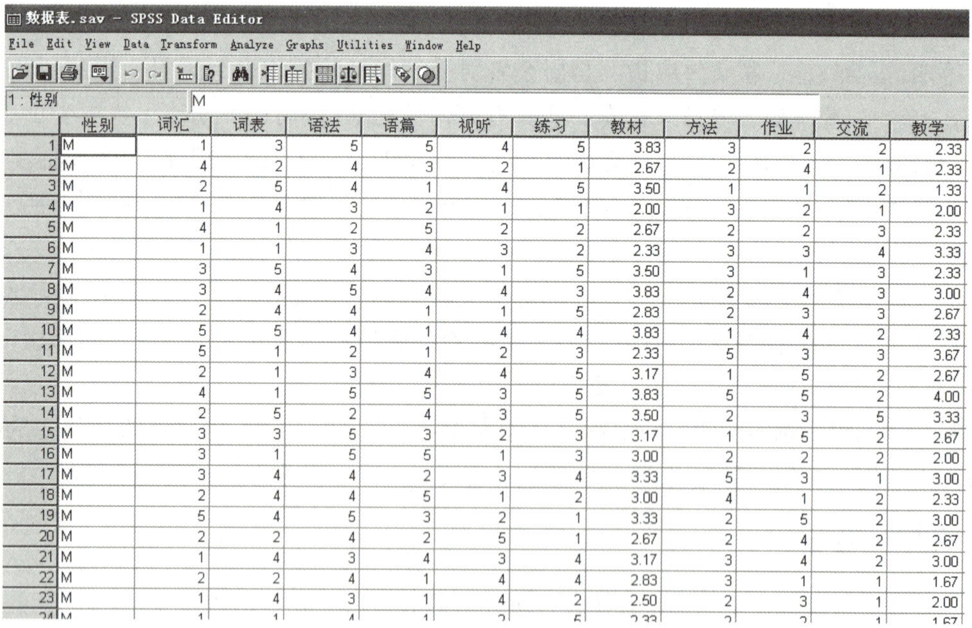

	性别	词汇	词表	语法	语篇	视听	练习	教材	方法	作业	交流	教学
1	M	1	3	5	5	4	5	3.83	3	2	2	2.33
2	M	4	2	4	3	2	1	2.67	2	4	1	2.33
3	M	2	5	4	1	4	5	3.50	1	1	2	1.33
4	M	1	4	3	2	1	1	2.00	3	2	1	2.00
5	M	4	1	2	5	2	2	2.67	2	2	3	2.33
6	M	1	1	3	4	3	2	2.33	3	3	4	3.33
7	M	3	5	4	3	1	5	3.50	3	1	3	2.33
8	M	3	4	5	4	4	3	3.83	2	4	3	3.00
9	M	2	4	4	1	1	5	2.83	2	3	3	2.67
10	M	5	5	4	1	4	4	3.83	1	4	2	2.33
11	M	5	1	2	1	2	3	2.33	5	3	3	3.67
12	M	2	1	3	4	4	5	3.17	1	5	2	2.67
13	M	4	1	5	5	3	5	3.83	5	5	2	4.00
14	M	2	5	2	4	3	5	3.50	2	3	5	3.33
15	M	3	3	5	3	2	3	3.17	1	5	2	2.67
16	M	3	1	5	5	1	3	3.00	2	2	2	2.00
17	M	3	4	4	2	3	4	3.33	5	3	1	3.00
18	M	2	4	4	5	1	2	3.00	4	1	2	2.33
19	M	5	4	5	3	2	1	3.33	2	5	2	3.00
20	M	2	2	4	2	5	1	2.67	2	4	2	2.67
21	M	1	4	3	4	3	4	3.17	3	4	2	3.00
22	M	2	2	4	1	4	4	2.83	3	1	1	1.67
23	M	1	4	3	1	4	2	2.50	2	3	1	2.00
24	M	1	1	4	1	2	5	2.33	2	2	1	1.67

图 18-1　SPSS 数据录入后界面图

四、数据的处理

对数据的处理是通过统计的方法使得数据产生"意义"的过程。不难理解，堆砌在 SPSS 界面中那些数据，本身是无法说明任何问题的。只有对它们进行统计处理，才能让它们"说出"研究者所需要的信息。

统计方法一般分为描述统计与推论统计。描述统计旨在描述样本的基本信息。样本即参加实验的受试全体。这些基本信息主要包括平均数和标准差。平均数代表集中趋势,即这些数据向哪一个数值集中。例如,1、4、6、7、9的平均数是5.4,表明这组数据在数值大小上向5.4集中。而标准差则代表离中趋势,标准差越大,数据自平均数向两端离散的程度越大,或者说,这组数据相互之间的差距较大。

推论统计是在描述统计的基础上,考察此次教学实验样本的状况是否具有普遍性。我们知道,样本很可能不具有普遍性,它的状况或许无法代表普遍规律,因此需要用推论统计的方法来检验它是否具有普遍性。这里,我们只简要介绍两种推论统计方法:t检验(t test)和方差分析(analysis of variance)。

教学实验中,经常需要对实验班和对照班的成绩进行比较。但对两个班的平均分做简单的数值大小比较,并不可靠。这时可以用t检验来确定这两个班的成绩到底有没有显著差异。由于进行比较的成绩来自不同的班级,因此此时的t检验为独立样本t检验(independent-samples t test)。如果进行比较的成绩来自同一组受试,那么应当使用相关样本t检验(paired-samples t test)。相关样本t检验的使用也很常见,例如,比较前测与后测成绩是否具有显著差异,就应当使用相关样本t检验,因为两次成绩来自同一组受试。需要说明的是,t检验只能用于两组成绩的比较,三组或三组以上的情况不适用。

方差分析则用来考察自变量对因变量的作用。分析的结果为"有显著影响"或"无显著影响"。根据实验设计的不同情况,方差分析也有不同的类型。如果采用的是组间设计,那么应当使用组间方差分析;如果采用的是组内设计,则使用组内方差分析;同理,如果是混合设计,则使用混合方差分析。

需要特别说明的是,使用t检验和方差分析,一般需要保证样本容量大于或等于30,即受试的人数应当大于或等于30。

实验数据的收集与处理对英语教师可能并非易事,甚至可以说要求很高,必要时应请具有相应能力的人给予帮助,切勿轻易降低要求,以避免实验结果没有说服力的现象发生。

> **请讨论:** 教育实验要求这么多,这么高,普通教师如何开展教育实验?

五、实验报告的撰写

和校本教研课题的研究报告一样,教学实验报告也应结构清晰、符合规范。而且实验报告在写作方面对结构和规范的要求更为严格。

实验报告的基本结构与一般性的研究报告大致是一样的,只是对实验方法及结果部分有一些特殊的要求。首先,实验方法部分应当有专门一节介绍实验设计,即需要清楚地说明本实验研究的自变量、因变量分别是什么,自变量有几个水平,本实验属于什么设计,是组内、组间还是混合设计,等等。其次,实验报告的结果部分在报告推论统计数据之前,务必首先报告描述统计数据,即平均数和标准差。表18-3为一个样例。

表 18-3　描述统计数字的报告示例

	男生		女生		全体	
	平均分	标准差	平均分	标准差	平均分	标准差
教材部分	3.03	0.544	3.02	0.582	3.03	0.511
词汇	2.62	1.371	2.40	1.161	2.81	1.515
词表	3.15	1.389	3.04	1.455	3.24	1.328
语法	3.21	1.404	3.60	1.249	2.87	1.454
语篇	3.18	1.414	3.13	1.454	3.22	1.384
视听	3.08	1.383	2.91	1.369	3.23	1.386
练习	2.92	1.397	3.06	1.399	2.79	1.390
教学部分	2.87	0.801	2.67	0.779	3.05	0.782
方法	2.87	1.399	2.32	1.152	3.35	1.429
作业	2.79	1.394	3.06	1.370	2.55	1.378
交流	2.95	1.469	2.62	1.424	3.24	1.455
测验部分	2.92	0.829	2.89	0.870	2.94	0.796
次数	2.81	1.313	2.90	1.401	2.73	1.231
难度	2.91	1.405	2.87	1.380	2.94	1.434
反馈	3.03	1.425	2.90	1.483	3.15	1.368

实验报告在写作方面的规范比较多。其中比较重要的两点是引用问题和表格的画法。引用的具体格式可以参见 APA(American Psychological Association)引用指导手册,或根据不同期刊的具体要求进行写作。表格则一般采用三线表的形式,即表格的标题下面和表底各有一条粗线,另有一条横向的细线将数据部分与项目栏分隔开,一般不再使用其他线条。另外,表格的标题应置于表格的上方。

实　践

请你回答

1. 你认为 M 老师应该如何设计这个教学实验?
2. 她在实验中又该如何收集数据呢?

请你分析

请从学术期刊选择一篇英语教育实验报告,分析其实验数据的科学性。

请你设计

故事复述是英语教学中的一种手段。有人认为,复述有助于学生真正学会使用生词,而有些人认为复述与背诵差不多,只能达到机械记忆的目的,还有人认为是否真能掌握生词的使用与复述的遍数有关系。请你设计一个实验,考察复述的遍数与学生对生词掌握的关系。

提示:请写出自变量、水平、设计、数据收集等方面的内容。

请扫描二维码查看参考答案

本章小结

校本教研是一种以个体学校中发生的教育教学现象和事件为研究对象的应用性研究,重在解决实际问题。按照研究内容,校本教研可以分为校本课程研究、校本教学研究、校本学习研究和校本教师发展研究等。

一个完整的校本教研课题一般包括"发现问题""定义问题""理论工作""方案实施"和"撰写报告"等五个环节。它们是相互联系,层层递进的关系。发现问题是所有校本教研的根本起点。对问题的定义,应表达准确并使之细化,才能做到易于操作。理论工作能提供一种更宏观的视野,一种方向上的指引,一种操作上的框架。方案实施则包括制定计划、实施计划和收集数据三个阶段。研究报告的撰写及发表使得研究成果在更大的范围内交流,让他人获得启发和帮助。

磨课教研是有助于教师专业发展的一种课例研究教研形式,这一形式对于新教师成长为成熟教师,具有非常显著的作用,对于大面积提高教学成效,也具有显著作用。

磨课有一定流程,更为关键的是通过集体教研发现问题,并寻找解决问题的有效方法,将这些方法转化为普遍的日常教学行为。

实验研究是用实验的方法进行的科学研究,一般属于定量研究。实验研究的重要环节之一是实验设计,即通过巧妙的设计,尽可能排除无关因素的干扰,来检验假设中的自变量是否对因变量产生影响。实验设计最常见的方法就是设定实验组和对照组。教学实验则多数属于准实验研究。

实验设计与数据收集是教学实验中最重要的两部分内容。教学实验的设计涉及因素、水平及无关变量的控制等三方面的内容;而数据的收集则通常与对因变量的测量有关。之后,对收集到的数据进行处理,即通过统计的方法使得数据产生"意义"。统计方法一般分为描述统计与推论统计。其中,推论统计的两种常见方法为 t 检验和方差分析。另外,教学实验报告的撰写应结构清晰、符合规范。

进一步阅读建议

McDonough J. & S. McDonough. *Research Methods for English Language Teachers* [M]. Beijing: Foreign Language Teaching and Research Press, 2000.

Richards, J. C. & C. Lockhart. *Reflective Teaching in Second Language Classrooms* [M]. Cambridge: Cambridge University Press, 1996.

王蔷. 英语教师行动研究[M]. 北京：外语教学与研究出版社, 2002.

文秋芳. 应用语言学研究方法与论文写作[M]. 北京：外语教学与研究出版社, 2004.

第十九章
中小学英语教师专业发展

从开始教学到成长为有经验的教师和优秀教师,需要经历一个专业发展的过程。本章分两节,分别介绍中小学英语新教师的成长和优秀教师的发展,介绍新教师与优秀教师专业发展的内涵与方法,并说明可持续专业发展的路径。

第一节　新教师成长

思　考

现象反思

X 老师刚从师范大学毕业,她雄心勃勃地来到一所中学任教英语。可是不到两个月,她就感到困惑和苦恼,因为她发现身边的同事说到高考题能如数家珍,并不关注课程标准规定的语言运用能力的内涵是什么;更让她难受的是她设计的发展学生思维品质的教学设计,交给学科组长看了之后,学科组长不但没有一点儿赞赏的表示,反而建议她直接使用老备课组长的教学设计,可她知道老备课组长的教学设计基本上只是语言知识的教学!

基于你的理解,你认为 X 老师该怎么办?

学习目标

学习本节后,你能:
1. 对新教师成长中可能的困惑和误区有所了解;
2. 掌握新教师成长的种子发展模式的基本特征;
3. 运用种子发展模式分析应对新教师成长中可能的困惑和误区;
4. 运用种子发展模式思考设计自己未来的专业发展。

学 习

一、新教师成长的困惑和误区

新教师刚踏上讲坛,成为一名人民教师,有着很多新鲜感和使命感,不过,很快就感觉到困惑(乃至迷茫)。这也是每位教师成长所必经的情感之路,换言之,这是教师专业发展的阶段性特征,这一阶段一般称为"新教师成长期(early professional development)",它从一开始从事教师工作开始,大致可延续三到五年之间。本节所讨论的就是这一时期的中小学英语教师的成长。

新教师成长早期除了存在专业发展困惑的特征之外,还包括以下特点:
- 忙于应对每天的工作;
- 摸索应对日常工作的程序与策略;
- 亦步亦趋地按照规章和程序开展教学;
- 无暇顾及思考学生的学习成效。

> **请讨论**:你作为很快就要走上讲台的新教师有什么困惑?理想与现实之间会存在哪些矛盾?

(一)教育教学的理想图式与现实环境的不一致

新教师在经历多年教育(尤其是师范教育)的过程中逐渐形成对教师教育教学工作的理想图式。简单地说,"理想图式"就是新教师关于教育教学工作应该是什么样子的设想。举例说,它可以是教师所理解的课堂教学如何展开的程序,它也可能是教师所设想的课堂里有多少学生,课室的布置如何等。

这些理想图式的形成一般源自新教师所曾接受的教育及其人生经历,如教育教学实习的经历,甚至他们自己作为中小学生时候的经历,或者听过他人相关情况介绍等经历。显然,一位新教师对课堂教学如何开展的理想图式主要是源自他所接受的师范教育(尤其是教学论课程)的影响,但也有可能包括他所受到的某一位中小学老师的课堂教学的影响。换言之,理想图式的形成可能源自多种途径的影响,同时也因为这些途径的因人而异而使新教师的理想图式各自不同。

显然,当新教师走上工作岗位,现实环境与他们的理想图式并不绝对一致,这其中的冲突也自然给新教师带来困惑,甚至是迷茫。如组织、控制课堂对有经验的教师来说是轻而易举的事情,但新教师却可能备感吃力,因为现实的课堂常常无法按照所预设的程序组织,也就是说,新教师理想的课堂控制程序图式难以应用到现实的课堂里。又如,以学生为中心开展教育教学是新教师所坚信的教育教学原则,因而在具体的教学设计中也就有基于此原则的理想图式,于是这些理想图式就成为教案中的具体设计,但来到现实课堂的时候,这样的设计却带来很多麻烦,譬如课堂的失控,或者是学生突然冒出莫名其妙的问题而令毫无防备的老师涨红着脸半天答不上来。更糟糕的是后来发现同事的教学以及学校的教育教学指导意见等并没有体现以学生为中心这一原则,甚至是相反,即以教师为中心。这一现实显然与新教师关于同事和学校教育教学工作的理想图式并不一致,因而新教师逐渐对实施以学生为中心的教育教学感到困惑,甚至是迷茫。

(二) 忙于日常工作的应对而疏于专业发展的思考

如前所述,新教师早期的专业发展特点之一就是忙于应对日常的教育教学工作。换言之,新教师在日常工作中花费大量的时间是正常的现象,不过,这一阶段新教师专业发展可能的误区是疏于对个人专业发展的思考。

举例说,新中小学英语教师走上工作岗位后很快就发现自己的英语词汇遗忘了很多,原来认识的好些词汇先是忘了拼写,然后是连意思也忘记了,或者单词拼写和语义都一起忘了,根本就想不起那单词。很多英语教师发现,教了十年高中英语,自己的英语水平就回到了高中的英语水平;教了十年初中英语,就回到了初中的英语水平。显然,这并不绝对准确,却说明英语教师的英语专业水平如果没有进步的话,就有可能退步。其中的原因显然与从事中小学英语教育教学工作之后接触和使用英语的机会与在大学专业学习时不一样有关。问题是,中小学英语教师有没有必要维持或者提供其原有的英语水平? 若有,又该如何维持,或如何提高? 这些问题很尖锐,而且不容易回答,因此,本已疲于应对日常工作的新教师可能会回避或者忽略这些问题。但回避或忽略这些问题显然都是新教师专业发展的误区。

不言而喻,中小学英语教师的专业发展误区不仅限于欠缺对个人英语专业水平提升的思考。埋头于日常教育教学工作之中而对个人专业发展方向缺乏思考因而可能在多方面影响新教师的发展,也是新教师成长不容忽视的误区。

二、新教师成长的发展模式

本部分将讨论中小学新教师如何走出专业发展的困惑,避开误区。首先,通过国外新教师成长的发展模式以进一步把握新教师专业发展的特征,然后提出种子发展模式以便我国中小学教师应对专业发展的困惑和误区。

(一) 国外的新教师成长发展模式

新教师成长的过程会受到多种因素的影响,因此,针对来自不同的方面的各种因素,国外学者们提出不同的新教师成长发展模式(Calderhead & Shorrock, 1997, pp. 11-18),其中尤其值得关注的是文化适应模式、技术学习模式、反思实践模式。

1. 文化适应模式

文化适应模式(enculturation model)强调的是专业发展中的社会化进程,即新教师适应工作所在地的当地教育教学文化(尤其是所在学校的文化)的过程。这一模式认为教育教学是在有着强势影响力的物质和文化环境下进行的。其中,教学单位的文化不只是受到重视和信仰,还往往与很多被认为想当然的习惯做法结合在一起对新教师施以强势的影响。有学者甚至称这种影响为"淘汰效应(wash out effect)"[1],因为这些影响可能会压倒甚至推翻新教师在大学所学习到的做法或形成的认识。如前面提到,新教师会因为自己以学生为中心的有关理想图式与学校文化环境现实不一致而感到困惑;显然,学校文化环境的影响甚至还可能使新教师放弃以学生为中心的理念,而选择教师控制性更强的做法。

2. 技术学习模式

技术学习模式(technical model),也称作知识技能模式,因为它强调的是教师开展课堂教学所需的知识和技能。

显然,教师所需要的学科知识与教师自己作为学生时所需要的是不一样的。通俗的形象比拟说欲予他人一杯水,自己须有比一杯更多的水。从学历教育上说,教师所掌握的学科知识肯定比自己的学生多,也就是说教师有多于一杯的"水",但事实上,光大学所学到的是远远不够的。在职业生涯的前几年,教师往往需要花费大量的时间为了教学工作而重新学习学科专业知识。这是因为要担任某一学科的教师不仅需要有丰富的学科专业知识,还需要能融合贯通,清楚知识系统的脉络和关联。

此外,教师还需要有"学科教学知识(pedagogical content knowledge)"[2],即能促进学生掌握学科知识的相关知识,如相关知识的例子、轶事、实验,以及对学习过程中可能出现的困难的判断和其他帮助教师传授学科知识技能的知识。由于学生来自各自不同的背景,因此教师需要丰富的学科教学知识以应对不同的学生差异,如某一则趣闻轶事可能对某个班的学生是很好的引入材料,但对另一个班则可能不是,原因也可能是他们对该趣闻轶事已经十分熟悉等。这也就是说,教师的学科教学知识不只是与学科知识相关,还与教学策略的运用和对学生的理解力有关,例如能否恰当判断学生的能力、兴趣以及预期教学反应等。

3. 反思实践模式

教学反思是20世纪90年代以来教师专业发展方面所关注的主题之一。反思实践模式(reflective practitioner model)所强调的是教师作为教学的实践者对教学的反思作用。一般认为教学反思可以帮助教师分析、讨论、评估和促进他们的教学实践;理解他们教学实践中的育人功能;计划自己的专业发展;以及影响未来教育发展的方向等。其中,有研究者[3]提出两种形式的教学反思,一是同步反思(reflection-in-action),即教师在教学过程中同步监控和调整自己的教学,二是事后反思(reflection-on-action),即教师在教学事件之后对教学进行反思。由于教学有其复杂性和不可预测性的存在,因而教师不可能完全依靠教案应对实际教学,因此教学的过程就涉及对教学的同步监控与反思并就此不时地做出相应的教学调整。

---

[1] Zeichner, K. M. and Tabachnick, B. R. Are the Effects of University Teacher Education 'Washed out' by School Experience[J]. *Journal of Teacher Education*, 1981,32(3),7-11.

[2] Shulman, L. S. Knowledge and Teaching: Foundations of the New Reform [J]. *Harvard Educational Review*, 1987, 57(1),1-21.

[3] Calderhead, J., & Shorrock, S. B. *Understanding Teacher Education. Case Studies in the Professional Development of Beginning Teachers* [M]. London: The Palmer Press, 1997. 详见 D. A. Schön, 1983,1987,转引自 Calderhead & Shorrock, 1997, p.17。

而一节课后或一天的教学后,教师可能会反思其中出现的问题,并分析问题出现的原因以及日后如何避免解决等。

(二)新教师成长的种子发展模式

新教师成长的种子发展模式是一种引导我国中小学新教师专业发展走出困惑,避开误区的发展模式,它主张新教师像种子发展一样,既适应当地(尤其是学校)教育教学文化的土壤,又保持自己新生力量的本质,既从当地土壤中汲取营养,又能全面布局发展。

1. 融合守本的发展原则

新教师成长的种子发展模式首先强调新教师要适应工作所在地的当地教育教学文化,但也不放弃自己已有的先进教育教学理念的根本,简而言之,即融合守本的发展原则。

如前所述,新教师成长期有其阶段性特征,其中突出的是努力完成每天的工作任务,并逐渐熟悉完成任务的程序以及形成自己应对的策略。这也就是说,新教师普遍都能自发地努力适应自己的教育教学工作。不过,这是对具体工作任务的适应,而不是自觉、有意识地去适应学校教育教学文化。当缺乏这种有意识的适应时,新教师会因为自己的教育教学理想图式与现实不一致而感到困惑。

新教师成长的种子发展模式主张的是,新教师要有意识地去适应工作所在地的当地教育教学文化以应对专业发展的困惑。当新教师自觉融入当地教育教学文化的时候,他是在有意识地协调自己原有的教育教学理想图式与现实的不一致。因此,他对引致专业发展困惑的原因是有认识的,这显然是应对困惑所必须的基础。

不过,如种子发展模式的基本比喻一样,种子虽与土壤相融合,但不会放弃自己作为新生力量的本质,同理,新教师在努力适应当地教育教学文化的同时,原有的先进教育教学理念是不应放弃的。新教师由于其所接受的是最新的师范教育,所以所学的教育教学理念是当前最先进的,一般来说也是超前于现实中小学教育教学实践的。从这个意义上说,中小学教育教学的发展也因此是随着一代代新教师的成长而得以推进发展的。这也就是说,坚持先进的教育教学理念是时代赋予新教师的必然义务。就新教师个人职业和专业发展来说,放弃先进的教育教学理念就可能令新教师无"新"可言,因此也等于放弃自己的职业竞争力。不言而喻,这是不利于新教师个人发展的。

新教师如何做到既能与当地教育教学文化融合,但又能坚持先进的教育教学理念?

首先新教师应该明确融合的目的是为了汲取当地教育教学文化的营养,以便把先进的理念引进到现实的教育教学实践中。当地教育教学文化通常是前辈教师结合当地教育教学现实背景因素实践不同历史时期的先进理念的智慧沉淀。换言之,由于教育教学理念的实施会受到实践因素的制约,因此体现当地文化的习惯做法通常是前辈教师努力的最佳结果。显然,这也是新教师实施最新教育教学理念的基础。因此,新教师需要首先尊重当地文化及其习惯做法,并虚心请教学习,以了解其中的实践制约因素,然后才可能结合这些因素成功实践最新的教育教学理念。

其次,对新教师来说,融合守本的基本方式是学习借鉴前辈教师具体的方法和策略,并使之为自己实践先进教育教学理念服务。举例说,新教师在尝试应用以学生为中心的原则时出现了控制课堂的困境,为此,他需要观察、请教学习老教师控制课堂的策略和方法。显然,老教师的做法并不都是以教师为中心的,譬如应对学生突然冒出的莫名其妙的问题,老教师可能建议学生自己课后寻找答案,也可能让同学就此展开讨论等,如此的应对事实上反映的是以学生为中心的原则。换言之,老教师的课堂教学设计可能是以教师为中心的,但其组织课堂的具体方法和策略并不一定不可取;另一方面,新教师以学生为中心的课堂教学设计可能引致课堂控制的困境,但并不一定需要放弃该设计才可以组织好课堂。

2. 分秧成林的布局原则

新教师成长的种子发展模式强调新教师在融合守本发展的基础之上,积极思考专业发展的方向,全面布局,为日后的专业发展奠定良好的基础,这就是分秧成林的布局原则。其中的类比是,新教师逐渐适应教育教学工作之后,如种子成秧之后,需要全面布局分秧移植以期成林。

分秧成林的布局原则是针对新教师成长中可能的误区(即忙于日常工作的应对而疏于对专业发展的思考)而提出的,因此,尽管它强调的是全面的专业发展布局,但其前提显然是新教师要有积极思考专业发展方向的意识。

新教师可按照以下方法规划自己的专业发展。

首先新教师需要判断自己的专业发展可能涉及什么方面的学习发展。一般来说,新教师的专业发展涉及两大方面的学习发展:

- 为了开展课堂教学所需的学习发展。
- 为了反思课堂教学所需的学习发展。

如前所述,新教师的成长可以是技术学习模式的发展,即新教师的成长过程就是学习开展课堂教学所需的知识和技能的过程。这其中要求新教师进行两方面的学习发展,即学科专业知识(subject matter)的深度学习发展和广度学习发展,以及学科教学知识(pedagogical content knowledge)的学习发展。而由新教师成长的反思实践模式可知,新教师的发展布局还需要考虑学习发展教学反思的知识与能力。这就要求新教师既要考虑实践反思活动(如同步反思和事后反思),也要考虑教学反思的理论学习,以发展自己的教学反思能力。

在把握学习发展方向的基础上,分秧成林的布局原则建议新教师根据专业发展所可能涉及的方面具体细化并使之在自己的日程安排中得以体现。以英语新教师学科专业知识的深度和广度学习发展为例,其核心显然是中小学英语教师如何提高自己综合的语言运用能力,但从语言技能方面细化的话,则包括对自己听、说、读、写、译等语言技能的发展和提高,因此在日常日程安排中就可能有针对这些方面的安排,如养成收听或收看英语新闻、电视节目的习惯,养成利用英语网络资源工作的习惯等。

显然,分秧成林的布局原则强调的是布局,也就是说新教师有思考专业发展的意识,并有全面布局的专业学习发展安排,换言之,是为日后的发展打基础,因此,分秧成林是种子发展模式中的布局原则,而不是发展原则,它是在融合守本的发展原则的基础上建议新教师所要遵循的布局原则。

实 践

本节所介绍的新教师发展方法,哪一项或哪几项你可以付诸实践?为什么?

请你分析

这是一位新任教师的专业发展三年规划:

小的时候觉得老师是神圣的职业,不知不觉中,自己也由一个学生长成为一名老师,即将走上人生另一个舞台。在这个漫长的暑假,我思考了很多。我要怎样发展,怎么才能不断进步,怎么才能让我的学生在愉悦的氛围里学到知识……现在,我只是一名即将踏上讲台的青年教师,没有丰富的教学经验,没有娴熟的教学技术,没有引以为荣的教学成绩,但我相信:成功是一种忍耐,需要在实践中不断磨练,最终成为人生中一笔精神财富。为了成为一名合格的老师,我制定了三年的发展目标。

请扫描二维码
查看参考答案

第一年:明确自我发展目标,实现角色转变

明确作为教师的基本要求和发展方向,树立正确的价值观和责任意识。同时尽快适应工作环境,实现从学生到教师的角色转变。

第一,加强理论学习,提高自己的政治思想素质,积极参加各级各类的师德教育实践活动,主动向老教师学习,向同行教师学习,在实践中提高自己的师德表现,树立扎实的工作作风。

第二,在学校拜老教师为师,积极听课、说课,在有经验的老师的指导下,扎扎实实地进行学科教学,掌握教学规律,从实践中获得专业技能的成长。

第三,学习是教师成长的源泉,只有在不断的学习中,我们才能获得进步。在这一年,我需要不断学习,扩大自己的知识面,提高自己的教学基本功。

第二年:加强教育技能培养,提高班级管理能力,强化自我修炼

第一,学科课堂技能是立足讲台的关键,这就需要我们向成为研究型教师方向努力,要善于在教育教学实践中发现问题、分析问题,总结经验以指导教育教学实践活动,使提高教育教学质量的得到最优化,切实打造"效率课堂"。

第二,在教育技能基本熟练的基础上,积极参与班级管理工作,提高班级管理能力。

第三,要给学生一桶水,自己必须要有一池水,也许一池水也是不够的,因为学生对知识渴望是永无止境的。在扎实的学术根底与理论底蕴之上,不断加强学习、进修,始终将专业化水平与时代前沿接轨。在跨上讲台的第二年,在做好教学工作之余,我希望有机会进一步深造,从而将新的知识教给学生。

第三年:教学相长,教研并进,形成初步自我教学特色

第一,能基本熟练地教育教学技能,有一定的教学经验和反思能力,并能在反思的过程中不断调整自己的教学行为,在教育教学过程中初步形成自己的教学特色。

第二,时刻关注教育界的最新动向,通过各种信息传播渠道广泛获取现代教育教学信息和教育教学改革经验,进一步加强教育理论学习,为成为研究型教师打下基础。

请分析其专业发展规划,提出改进建议。

请你设计

请根据新教师发展的种子发展模式中的分秧成林的布局原则,尝试具体细化自己将来的专业发展的布局及其相关的可能日程安排。

第二节 优秀教师发展

思 考

现象反思

F老师工作兢兢业业,工作认真肯干,可是就是怕申报高级职称,因为要申报高级职称就要写教学论文。从教已经10年,他这次好不容易才通过了中级职称的评审,所以他说以后再也不申报职称了,然后就是他的那句口头禅:"教书好就行了,为什么要写论文呢?"

你认为,F老师的口头禅是否存在问题?是否应该要求晋升高级职称的教师撰写教学论文?

学习目标

学习本节后,你能:
1. 了解教师专业发展的阶段特征;
2. 掌握优秀教师的发展方向及其路径;
3. 了解教师可持续专业发展的目标与实现途径;
4. 分析、设计优秀教师专业发展规划。

本节结构

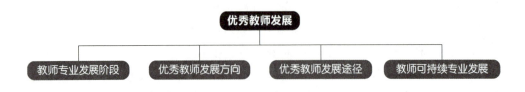

学 习

优秀教师的发展起步于新教师。在上一节的讨论中,种子发展模式就强调新教师成长期全面布局地发展,以为日后优秀教师的发展奠定基础。同理,本节关于优秀教师发展的讨论,我们首先讨论的是教师专业发展阶段,为成长为优秀教师从全局上认识把握自己的专业发展,进而从实践的角度介绍优秀教师发展的方向及途径,最后介绍教师的可持续专业发展,为优秀教师自主发展提供理论视角。

一、教师专业发展阶段

不同的教师发展理论由不同的切入点划分教师专业发展的阶段,其中切入点大致有二:一是把教师的职业生涯划分为不同阶段,二是从教师的关注点转换的角度划分。

教师的职业生涯大致可以划分为以下五个发展时期,而在不同的发展时期,教师都需要应对不同的危机:

- 摸索与安顿期(exploration and stabilization):教师忙于应对每天的工作,无暇关注学生的学习成效,并努力形成应对日常工作的程序与策略。需要应对的危机是,如何领悟来自不同环境的教与学的信息。
- 投入期(commitment):教师积极关注学生学习成效,大胆尝试并逐渐丰富自己的教学策略与技巧。需要应对的危机是,如何尽可能地因材施教。
- 分化期(diversification):教师发现并非所有学生都能学好,并开始质疑自己的教学成效。大多教师在这一时期离开教师行业。潜在的危机:如何把握职业归属感。
- 从容或疏离期(serenity or distancing):教师通过确认自己对教学工作的热忱,或者转向行政或教师培训工作,或者离开教育行业等方式解决了第三阶段的职业归属感危机。潜在的危机是,若教师可以实现抱负,则进入从容期,否则,他们虽维持职业稳定但表现沉寂。
- 保守与追悔期(conservation and regret):教师退休。潜在危机:一些人会追悔过去,一些人则坚持没有别的教学方法能比得上自己的。

另一方面,不少学者则以教师关注点的转换去划分教师专业发展的阶段,其中经典的模式认为教师专业发展大致经历以下三个阶段:

- 关注自我生存阶段(Survival Stage);
- 关注教学任务阶段(Task Stage);
- 关注教学效果阶段(Impact Stage)。

在关注自我生存阶段,面对扑面而来的工作,教师担心的是自己能否熬得过去,在这阶段教师用得最多的词是"我",因此也有学者也称这一时期为"自我中心期"。[①] 在第二阶段,教师关注的是如何完成教学任务。直到第三阶段,教师才有精力关注学生以及教学对学生学习的影响。值得指出的是,这三阶段的发展并非是线性的,即这三个阶段在教师的职业生涯中可能会有多次的循环反复。

> **请分析**:为什么 F. Fuller 提出的教师专业发展三阶段可能会在教师的职业生涯中多次循环反复?

---

① Cheung, D. Refining a Stage Model for Studying Teacher Concerns about Educational Innovations[J]. *Australian Journal of Education*, 2002, 46(3), 305 – 22.

二、优秀教师发展方向

(一) 教学工作:形成自己的教学风格

简而言之,教学风格是教师在引导学生学习时其决策的规律性范式(pattern)。由于它涉及教师在正式与非正式教学场合中的态度、情感、动作等,因此,教学风格通常是他人(尤其是学生)眼里的难以描摹清楚的印象。但正因为这种一般不可言喻的微妙,使得教学风格与学生的学习风格一样对教学效果有着不可忽视的影响力。中小学教师的教学风格甚至会被理解为一种魅力因而影响学生的终生。因此,优秀教师都通常被认为有其独特的教学风格而常常令人叹服。

事实上,影响教师教学风格的因素有很多,其中不外乎两方面因素,一是内在(或个人)的,二是外在(或环境)的因素。内在因素反映的是个人的特性,而外在因素反映的是环境的共性,如时代环境、学校文化环境等。作为优秀教师,其个人特性方面有其过人特质外,其环境共性方面体现的则是优秀的方面,换言之,是时代精华,学校优秀文化的代表等。

细分析之,影响教师教学风格主要有以下几方面:①
- 专业发展阶段特征:如在从容或疏离期的从容等。
- 专业精神因素:如专业归属感、心目中最理想的专业表现是怎样的等。
- 知识结构因素:如学科专业知识的深度与广度、学科教学知识以及其他知识、阅历等。
- 个性特征:如教师本人的学习风格、学习经历及其教育观、学习观(living theories about teaching and learning)等。
- 学校课程管理因素:如过度重视高风险考试(譬如高考)的课程管理可以迫使教师形成应试型的教学风格等。
- 学校文化氛围因素:学校氛围(climate)是学校师生对学校的心理感觉(feel),而学校文化(culture)则是由信念、仪式、价值观、象征物和历史故事等构成的学校的公众印象(persona)。

(二) 教研实践:提出有价值的教学实践案例

研究的目的就是使我们对事物规律的理解和认识更加逼近事实。因此,人们围绕此目的而进行的活动都可以称为研究活动,譬如为了了解某个学生上学的路线的规律而进行的相关活动,如向别的学生询问、向当事人询问,甚至每天伴随该学生上学等。显然,上述例子的研究一般来说不具有什么研究价值。这就是说,我们要做有价值的研究,而不是无价值的研究。同理,任何中小学教师都可以提出自己的教学实践案例,因为拥有丰富的教育教学案例是一线教师的必然,但问题是我们提出的案例是否有价值。显然,优秀教师与普通教师的区别也就在于他能提出有价值的教学实践案例。

有价值的研究需要具备以下特征:
- 有意义:对人类的发展具有积极意义。如上述调查某一学生上学路线规律的例子一般来说是没有意义的研究。

---

① Diaz-Maggioli, G. *Teacher-Centered Professional Development* [M]. Alexandria VA, USA: Association for Supervision & Curriculum Development, 2004.

- 有效：能达到研究的目的，即不是缘木求鱼。如上述例子对了解小学生英语阅读能力提高的规律一般来说是无效的。有效的研究是基于已有研究的基础之上的，并存在推进人们对事物规律的理解和认识的可能。
- 可靠：能提供与研究目的最相关的最靠近事实的数据。如上述例子中每天伴随该学生上学所获得的数据一般会比询问别的学生或当事人所得到的数据更靠近事实，因而更可靠。当然，在该学生不知情的情况下而尾随录像比通过其他方式所获得的数据会更可靠，但值得注意的是这种方式却有可能违背研究人员的工作操守。
- 可操作：可以在可能的实验环境或真实的生活环境中实施。如上述例子中可以调用军方卫星跟踪数据，但一般来说这是不可能实施的。

有价值的教学实践案例是有价值研究中的教学实践案例，或者说是其中的数据，因此，优秀教师所提供案例的"有价值"关键是在于其可靠性。一节课的课堂录像可能是最靠近事实的教学实践案例，但不一定与研究目的最相关，因而也不一定可靠。优秀教师与普通教师之间的区别也在于他能从众多实践案例中提取到与研究目的尽可能相关的数据。显然，优秀教师对研究的目的是明确的，因此，优秀教师所提供的教学实践案例往往是他为了验证某理论假设而开展的教学案例，或者是能指向某理论假设的教学案例。

（三）理论探索：提出自己的教育思想

中小学教师显然也可以开展理论探索，其中的理据很简单，因为理论思考并不仅限于任何人，除非只有部分人有思维，而其他人不可以思维。更重要的是，理论来源于实践，而中小学英语教师所拥有的却是丰富的实践。不过，如前所述，关键的是我们是否提供有价值的思考，或者说，我们的思考是否基于有价值的研究之上。

优秀教师在教学工作上能形成自己的教学风格，而在教研实践中能提出有价值的教学实践案例，基于此，水到渠成，优秀教师可以提炼出自己的教育思想，或者说，就教育教学的规律提出自己的见解，从而推进现有理论以更逼近其所要反映的事实。

三、优秀教师发展途径

优秀教师的发展途径可以很多，但基本的大致有二：动笔与问为什么。

（一）教学反思性写作

优秀教师的发展首先始于教学反思性写作。如前所述，教师比自己作为学生时所需的学科专业知识在深度和广度上都要求高，其中关键的原因在于表达自己要比理解他人更困难。同理，教师执笔写的过程就是一个不断加深对教学认识和理解的过程。因此，优秀教师发展始于写，换言之，写是优秀教师发展的基本途径。

1. 教学笔记

教学笔记是教师在教学事件之后把该事件用文字记录下来，并附以简短的点评或反思说明，包括自己对事件的感觉、看法，由此引发的思考问题以及解决问题的办法等。教学笔记记录的可以是课堂的教学事件，也可以是别人的一句话，或者是学生的行为反应或对话等。教学笔记可以直接写在教案的相应位置，也可以另立笔记本记录，因此它也可以有固定的框架格式以便填写记录。

教学笔记的记录可以帮助教师关注到他们可能忽视的教学事件,而对教学事件的分析点评可以引导教师进一步学习与思考,并由此改进自己的教学。良好的记教学笔记习惯可以为教师提供教学案例素材,并由此发现其中规律性的东西。

显然,教学笔记关键好处在于它促使教师养成反思教学并提出问题的习惯。这无疑是优秀教师所必需的。

2. 工作总结

对我国大部分中小学教师而言,写工作总结一般是被要求的。这里所讨论的工作总结不是指这类如教师为年度考核而写的工作总结(当然不排除其中的定义交叉)。这里的工作总结指的是教师就某一阶段时间内的教学做全面的记录与反思,并针对其中的成功经验与存在问题提出下一工作阶段的方案。

在第二章我们提到,我国当前基础教育英语课程的总目标是培养具有中国情怀、国际视野和跨文化沟通能力的社会主义建设者和接班人,而具体目标是培养和发展学生语言能力、文化意识、思维品质、学习能力等核心素养。其中,跨文化沟通能力或语言能力又涉及语言知识、文化知识、语言技能、学习策略、交际策略、文化意识、思维品质等。显然,我国21世纪英语新课程理念要求教师在理念认识上从英语教学转向英语教育(张荣干,2017)。[①] 换言之,作为优秀的英语教师负责一个班,不仅仅是负责该班的英语教学,而是英语教育。为此,他在工作过程中除了遵循新课程理念中的交际语言观和语言学习观要求外,还要遵循相应教育观的要求。具体来说,一名优秀的英语教师不仅关注课堂,也关注课外,不仅关注学生英语语言学习,也关注学生素养发展。简而言之,优秀的英语教师负责一个班不仅仅是上那么几节课,更是从英语学科的角度对该班学生的成长负责。为此,优秀英语教师除了用心上好课外,他还会比照英语课程目标对该班的英语语言学习以及素养发展、课内外学习与发展活动作全面的布局引导。

基于此,工作总结有以下几方面的作用:
- 回顾记录过去一阶段全面的教育教学措施;
- 监控班级成绩以及素养发展走向;
- 分析、发现成功做法与存在问题;
- 提出下一工作阶段的全面教育教学方案。

就优秀教师的发展而言,工作总结更重要的是可以促使教师相互联系,而不是孤立地理解英语教育的相关方面,并由此全面把握和开展工作。

3. 教学论文

如果说工作总结是优秀教师"全面的工作总结"的话,教学论文则是优秀教师关于"某一个问题的工作总结"。因此,这里讨论的教学论文是指以论文的形式围绕一个主题记录、分析、提炼自己的实践经验的文章,而不是理论研究性的学术性论文。当然,攻读学位的教师撰写的学位论文,不属于教学论文,而是学术性的研究论文。

教学论文有别于教研(或科研)论文,后者一般是在教学实践或实验中检验某理论假设

[①] 张荣干.基于真实任务的英语整合学习路径探究[J].兴义民族师范学院学报,2017(6),95—101.

的报告,而教学论文则是为成功实践经验寻找理论解释的报告。换言之,理论与实践在教学论文与教研(或科研)论文所报告的研究中其方向是相反的。因此,教学论文的撰写为优秀教师的发展提供了独立于理论假设干预之外的空间,并使成功的实践经验得以记录和提炼。

4. 教研论文

教研论文报告的是基于某理论假设而开展的实验研究的成果。教研论文可以是教师自己开展行动研究(action research)等教师探究式研究的成果报告,也可以是教师参与区域性或全国性课题为验证某理论假设而开展的实验研究的成果报告。撰写教研论文可以帮助教师熟悉学术论文的写作,同时可以发展学术研究的思辨与论证思维。

(二) 探究式追问

为自己的教育教学决策寻找理论依据是优秀教师发展的基本内驱力,其表现形式是问为什么。教师对自己的教育教学决策问为什么并由此寻找相应的理论依据,经过分析之后再回到实践,这一过程是教师学习与实践最直接相关的理论,并应用到一线实践中形成自己基于实践的理解的过程。如此循环反复,螺旋式上升,教师的理论认识与实践能力得以逐步提高,因此,它是优秀教师发展的基本内驱力。

这也是自20世纪80年代中叶以来先后形成的探究式教师专业发展模式(inquiry-based approaches)的核心理念。这些模式包括反思教学(reflective teaching)、行动研究、教师研究(teacher research)等。这些模式为教师尝试解释实践提供了理论依据,并使教学反思与探究得以重视并成为改进教学与促进教师专业发展的有效机制。①

如果说就自己的教育教学决策问为什么是普通教师成长为优秀教师的内驱力的话,教师向书本或他人提供的理论问为什么则是优秀教师可能形成自己的教育思想的基本保证。不言而喻,就他人理论提问为什么与向自己的实践决策提问一样可以促使教师在探究其中问题的过程中加深对该理论的认识。但就优秀教师发展而言,其关键的好处在于使教师保持独立的思想和自由的思考。

显然,优秀教师能提出自己的教育思想需要经过在理论与实践之间长期的游走探索、严谨的治学、矢志的追求,其间的精华沉淀才是有可能存在价值的教育思想,从而推进人们对教育教学规律本质的认识。而这一切,其根本在于问为什么,对自己的一线实践问为什么,对他人或书本的理论问为什么。

四、教师可持续专业发展

优秀教师的发展历程受诸多因素影响,并非一帆风顺,困难与误区也各不相同。为此,我们需要对教师专业发展有相应的理论认识,并在教师可持续专业发展理论的指引下自主发展。

"专业发展"在文献中是一个涵盖性术语②,横向来说,教师专业发展可涵盖提升教师专

---

① Johnson, K. E. *Second Language Teacher Education: A Sociocultural Perspective* [M]. New York: Routledge, 2009. P15.
② Desimone, L. M. Improving Impact Studies of Teachers' Professional Development: Toward Better Conceptualizations and Measures [J]. *Educational Researcher*, 2009,182,38(3),181-99.

业表现的"任何活动"①,包括"正式的与非正式的"②,例如专业教育、专业培训、专业会议、专业交流、专业实践等;纵向来说,则可涵盖职前专业学习阶段及至此后的整个职业生涯乃至终身。③ 简而言之,教师专业发展有双重内涵,一方面是教师专业提升的过程性内涵,另一方面则是教师专业提升过程中的活动性内涵。

(一) 终身专业发展范式

教师专业发展的传统实践主要是教师或学校的自发行为(如偶尔的学术会议、专业交流等)。随着相关研究在20世纪七八十年代兴起,国家介入和全国性推动跟随增加,其形式以在职培训(INSET,In-Service Training)为主,且常与新的课程教学改革相关,强调教师知识与理念的更新。④ 20世纪90年代至今,教师专业发展研究与实践在此基础上逐渐形成以终身发展为核心理念的终身专业发展范式(Lifelong Professional Development,LPD)。终身专业发展范式认为教师专业发展是一个"有计划的、持续的、终身的过程"⑤,"学习与发展永无止境"⑥,因而常把教师专业发展简称为CPD(Continuing Professional Development 或 Continuous Professional Development),即"继续或持续专业发展"。

终身专业发展范式存在诸多问题,其中最突出的表象问题是教师对专业发展活动反应冷淡。这与教师专业发展实践的自上而下决策、教师主体归属感缺位、忽视或不能匹配教师真正的专业发展需求等问题表征相关。⑦ 但究其本质,终身专业发展范式诸多问题共同的背后推手是终身发展核心理念的单一指向性。具体说,终身发展作为教师专业发展的单一核心理念,它在逻辑上排斥了其他理念,因而让理论研究者和实践操作者把指向职业生涯乃至人生终点的终身发展作为教师专业发展的单一取向,都心安理得地追问如何驱使教师在走向职业生涯乃至人生终点之前持续不断地学习发展。因此,教师终身专业发展范式研究更多地从外部的视角一再研究强调教师自主但忽视其主体,以致实践中外因作用过度,教师专业发展生态系统失衡。⑧

(二) 可持续专业发展范式

教师专业发展生态系统主要由教师自主与环境支持两方面构成。与终身专业发展范式不同,可持续专业发展范式(Sustainable Professional Development,SPD)以可持续发展为核

---

① Little, J. W. Teachers as Colleagues. In V Richardson-Koehler (Ed.), Educators' Handbook: A Research Perspective (491-518). New York: Longman,1987,491.
② Fullan, M. & Steigelbauer, S. *The New Meaning of Educational Change* (2nd ed.)[M]. New York: Teachers College Press,1991,326.
③ Bubb, S. *The Insider's Guide to Early Professional Development* [M]. London: RoutledgeFalmer,2004.
④ Kennedy, A. Models of Continuing Professional Development: A Framework for Analysis[J]. *Journal of In-Service Education*,2005,31(2),235-50.
⑤ Padwas, A. & Dixit, K. *Continuing Professional Development: An Annotated Bibliography* [M]. Kolkat, India: British Council,2011, P. 7.
⑥ Earley, P. & Bubb, S. *Leading and Managing Continuing Professional Development* [M]. London: Paul Chapman Publishing,2004, P. 6.
⑦ Diaz-Maggioli, G. *Teacher-Centered Professional Development* [M]. Alexandria VA, USA: Association for Supervision & Curriculum Development,2004.
⑧ 鲁子问.英语教师可持续专业发展的生态困境与可能对策.//中国基础外语教育2016年度报告[R].北京:外语教学与研究出版社.

心理念,因而主张教师自主与环境支持良性互动,并由此构建可持续发展的教师专业发展生态,保证教师的可持续专业发展。可持续专业发展范式认为教师不仅是专业发展学习者,也是独立的社会人。教师在可持续专业发展范式中如同一株小苗,与环抱可亲的土壤良性互动,多元发展。

教师可持续专业发展以与教师个人人生成功一致的专业工作成功为目标,以教师自主与环境支持的良性互动为其实现路径。个人人生成功或失败由社会认同和个人理解判断。社会认同的成功是个人对环境的正面影响程度,而失败则是负面影响程度;而个人理解的成功或失败则与个人认识相关。环境的三大要素为人、地、时,而地点要素是有不同层面的[①],因而个人人生成功是指个人对环境的正面影响所达到的地点要素层面,其影响由个人发展所处的最近场所往外至城镇、区域、国家、地区、世界,达到的层面距离个人发展所处的场所越远其成功越大(如图19-1虚线箭头所示)。个人人生成功还涉及环境的时间要素,即在从个人发展所处的时间点(此时)由近及远的未来时间轴上,个人人生对环境的正面影响越远,其个人人生成功越大。教师的专业工作本质是给予年轻一代正面影响,亦即教师对环境的正面影响可以达至较其人生更远的未来,因而社会认同的教师个人人生成功要大于其他行业达到同等地点要素层面的人士。因此,可持续专业发展范式认可教师专注于日常教育教学的育人工作,同时也认可教师通过对外交流或论文写作等方式由环境中人的要素(如学生、观课者、观众、读者)层递扩展其对环境的正面影响。

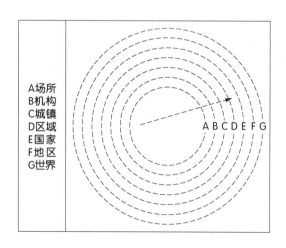

图 19-1 教师所接触环境层次对教师专业发展的影响

可持续专业发展范式肯定了教师专业工作成功与教师个人人生成功的一致性,指明教师专业发展的方向的同时,还厘清了教师与其他专业工作之间的个人专业发展逻辑通道,为教师个人人生发展提供多元开放的可能(如任中小学教师之后成为教研员,或任职政府部门,或运营教育机构等)。换言之,教师追求专业工作的成功同时也是追求个人人生的成功。

---

① Wedell, M & Malderez, A. *Understanding Language Classroom Contexts: the Starting Point for Change* [M]. London: Bloomsbury, 2013.

(三) 可持续专业发展的实现

可持续专业发展范式下的教师专业发展目标指向的是与教师个人人生成功一致的专业工作成功。个人人生成功离不开个人自主与环境支持,同样,教师专业发展目标的达成也有赖于教师自主与环境支持的良性互动,这也是教师可持续专业发展的实现途径。

教师自主(teacher autonomy)研究自20世纪90年代中期兴起,首先关注的是与教师专业行为相关的教师自主(如教师在课程实施过程中的自主),近年来也开始探讨教师作为学习者的自主,即教师学习自主(Teacher-learner autonomy)。① 学习自主(learner autonomy)的核心内涵是学习者对自己的学习负责。② 在教师专业发展中,教师是独立的社会人,更是学习者,因而教师自主的核心内涵是教师对自己的专业发展负责。换言之,教师若失去或放弃或不能实施对自己专业发展负责的权利,教师自主就无从谈起。因此,教师专业发展中的教师自主包括教师对其专业发展管控的自由、自主开展的意愿以及能力等三方面内容。③ 为此,可持续专业发展范式中的环境支持首先指的是尊重、保护教师对自己专业发展负责的权利,其次是为教师专业发展创造机会以供教师自主选择,再次是通过环境支持引导发展教师自主开展专业发展的能力。

教师专业发展中教师自主有应对自主、资源自主、课程自主等三重由初级到高级不同层次的境界(见表19-1)④,可持续专业发展范式要求环境支持就教师所处的不同层次相应地支持、引导教师向更高层次的教师自主境界发展,而教师本身也由此积极提升各自教师自主境界。基于教师自主与环境支持的良性互动以达至教师的可持续专业发展。

表 19-1 教师专业发展中的教师自主三重境界

层次	自主境界	关注问题	关注对象	行为动作
高级	课程自主	发展什么?	终身专业发展所需的领域与课程	自主规划
中级	资源自主	怎么发展?	一切可利用的资源	自主调用
初级	应对自主	怎么办?	外部引发的专业发展机会	组织管理

实 践

 请你回答

1. 你认为F老师的口头禅("教书好就行了,为什么要写论文呢?")是否存在问

---

① Smith, R. & Erdogan, S. *Teacher-learner Autonomy*: *Programme Goals and Student-teacher Constructs*. In T. Lamb and H. Reinders (Eds.) Learner and Teacher Autonomy: Concepts, Realities, and Responses [M]. Amsterdam: John Benjamins Publishing, 2008, PP. 83-102.
② Holec, H. *Autonomy and Foreign Language Learning* [M]. Oxford: Pergamon Press, 1981.
③ Smith, R. & Erdogan, S. (2008). *Teacher-learner Autonomy*: *Programme Goals and Student-teacher Constructs*. In T. Lamb and H. Reinders (Eds.) Learner and Teacher Autonomy: Concepts, Realities, and Responses [M]. Amsterdam: John Benjamins Publishing, 2008, PP. 83-102.
④ 张荣干.试论教师自主课堂观察:以中小学英语展示课例的可观察为例[J].英语学习(教师版),2016(9):30—34.

题？为什么？

2. 理论探索如何促进优秀教师的教学工作、教研实践发展？

 请你分析

以下是一位优秀英语教师的困惑。

我是一名高中英语教师，这几年每年上高三毕业班的复习备考课，学生高考成绩很不错，每年都得到学校表扬。但我自己却非常自责，因为我知道，我每年给学生讲的那些考试方法不是真正的语言运用能力，学生们无法在未来基于此而运用英语，他们可能会在未来责备我，甚至恨我。我该如何解决帮助高考取得好成绩与促进学生发展英语运用能力之间的矛盾？

请分析，这位教师的专业发展存在哪些问题？如何可能使他走出困境，成长为一名优秀教师？

请你设计

请根据本节理论学习，设计自己的可持续专业发展规划。

请扫描二维码
查看参考答案

本章小结

新教师在成长过程中会因为其教育教学理想图式与现实环境的不一致而感到困惑，也可能存在因忙于应对日常工作而疏于思考专业发展的误区。国外新教师成长的发展模式（如文化适应模式、技术学习模式、反思实践模式等）强调了新教师成长的过程中的不同影响因素，而我们提出的新教师成长的种子发展模式则是一种引导我国中小学新教师走出困惑，避开误区的发展模式，它主张新教师像种子发展一样，既适应当地（尤其是学校）教育教学文化的土壤，又保持自己新生力量的本质，既从当地土壤中汲取营养，又能全面布局发展。

优秀教师的发展起步于新教师成长期良好的开篇布局以及对教师职业生涯发展阶段以及此过程中关注点的循环转换的把握。在教学工作上形成自己的教学风格，在教研实践中提出有价值的教学实践案例，以及在理论探索方面提出自己的教育思想是优秀教师发展的三大方向，而在众多的优秀教师发展途径中，动笔和追问为什么，则是其中基本的两大途径。

教师专业发展研究与实践可分终身专业发展和可持续专业发展两种范式。终身专业发展范式当前广泛实践但问题也同样广泛，究其本质在于终身发展核心理念的单一指向性。可持续专业发展范式以可持续发展为核心理念，主张以与教师个人人生成功一致的专业工作成功为目标，并通过教师自主与环境支持的良性互动以实现教师的可持续专业发展，构建可持续发展的教师专业发展生态。

进一步阅读建议

Diaz-maggioli, G. *Teacher-Centred Professional Development* [M].

Alexandria, Virginia: Association for Supervision & Curriculum Development, 2004.

Richards, J. C. & Lockhart, C. *Reflective Teaching in Second Language Classrooms* [M]. Cambridge: Cambridge University Press. 北京:人民教育出版社, 1996/2000.

Wedell, M & Malderez, A. *Understanding Language Classroom Contexts: The Starting Point for Change* [M]. London: Bloomsbury, 2013.

在线课程,Foreign Language Teaching Methods (utexas.edu), https://coerll.utexas.edu/methods/